Josef Polišenský
Josef Kollmann

Wallenstein
Feldherr des Dreißigjährigen Krieges

Aus dem Tschechischen übersetzt
von
Herbert Langer

1997

Böhlau Verlag Köln Weimar Wien

Titel der im Academia Verlag, Prag,
erschienenen Original-Augabe:

Valdštejn. Ani Císař, ani Král
© 1995 by Josef Polišenský und Josef Kollmann

Die Deutsche Bibliothek – CIP-Einheitsaufnahme

Polišenský, Josef:
Wallenstein : Feldherr des Dreißigjährigen Krieges /
Josef Polišenský ; Josef Kollmann. Aus dem Tschech. übers.
von Herbert Langer. – Köln ; Weimar ; Wien : Böhlau, 1997
Einheitssacht.: Valdštejn <dt.>
ISBN 3-412-03497-5

Gestaltung: Karin Krause
Satz und Lithos: Punkt für Punkt GmbH, Düsseldorf
Gedruckt auf chlorfrei gebleichtem, säurefreiem Papier
Druck und Bindung: Friedrich Pustet, Regensburg

Printed in Germany
ISBN 3-412-03497-5

Wallenstein
Feldherr des Dreißigjährigen Krieges

Inhalt

Einleitung

Wie es sich für einen Mann geziemt, der auf dem Gipfel seiner Laufbahn die Titel Herzog von Mecklenburg, Friedland und Sagan, Fürst der Wenden, Graf von Schwerin, Herr der Lande Rostock und Stargard, der Römischen Kaiserlichen Majestät Oberster Feldhauptmann und General des Ozeanischen und Baltischen Meeres trug, so sind die Schriftstücke, die irgendwann einmal durch seine Hände gingen und seine Unterschrift tragen, über die Archive und Bibliotheken fast ganz Europas verstreut. Das meiste dieses Schrifttums befindet sich im Gebäude des Waldstein-Schlosses zu Mnichovo Hradiště, das einst einem Führer der böhmischen Adelsrebellion von 1618–20, Václav Budovec von Budova, durch Konfiskation entrissen wurde. Der Schloßbau beherbergt heute die Zweigstelle des staatlichen Bezirksarchivs. Nicht weit davon, über einen Parkweg zu erreichen, steht eine Kirche, in die 1785 die wenigen Reste des Skeletts aus der Kartause von Valdice überführt wurden – Überbleibsel des Menschen Wallenstein, die die Zeit, Andenkensammler verschiedener Art, vom schwedischen General Banér über König Friedrich II. von Preußen bis zu Anthropologen unseres Jahrhunderts, verschont haben.

Die Zeitgenossen benannten ihn zunächst Albrecht Wenzel Eusebius von Waldstein (Valstein, Wallenstein), dann Herzog von Friedland und schließlich Reichsfürst und Herzog von Mecklenburg. Wie aber nannte er sich selbst? Seine Unterschriften, oder besser seine Siglen und Chiffren, änderten sich je nach den Würden, die er bekleidete und an denen ihm am meisten lag. Darin unterschied er sich von Napoleon Bonaparte, der von seinem Taufnamen niemals abwich. Den Sammlern nutzloser Statistiken folgend, hätte ansonsten einzig Napoleon – was Historiker, Biographen und Romanschreiber vielleicht interessiert – Wallenstein übertroffen, welcher wiederum seine berühmten Zeitgenossen, den Schwedenkönig Gustav II. Adolf, den französischen Minister Kardinal Richelieu und den ersten Ratgeber des spanischen Königs Graf Olivares, überflügelte.

Zu Beginn des schicksalhaften Jahres 1634 wurde in Madrid ein Bühnenstück aufgeführt, das den Generalissimus Wallenstein noch feierte. Im Jahre 1639 schrieb der Engländer Henry Glapthorne ein englisches Stück über Wallenstein, und ein Jahr darauf verfaßte J.H. Hagelgans die erste deutsche Biographie über ihn. Im Jahre 1643 publizierte schließlich der Italiener Galeazzo Priorato seine Biographie, und Jean-François Sarrasin war von Wallensteins Schicksal und Person so gefesselt, daß er ihn zum Helden seiner unvollendeten Studie „De las conjuration de Valdstein" (1655) machte.

1

Das erste tschechische Echo zu Wallensteins Tod erscholl kurz nach 1634. Es war der Prager Neustädtische Kantor Václav Frantšiek Kocmánek, der in einer Versdichtung die Auffassung vertrat, Wallenstein habe den Kaiser nicht verraten, davon zeuge das unglückselige, jämmerliche Ende des Feldherrn. In seinen späteren Erinnerungen bekräftigte Kocmánek seinen Standpunkt damit, daß Wallenstein ohne ordentliches Gerichtsurteil ermordet worden und also unschuldig sei. Die einschlägige Literatur des 17. und 18. Jahrhunderts beschäftigte sich dann fast ausschließlich mit der Frage nach dem „Verrat" Wallensteins. Erst an der Wende vom 18. zum 19. Jahrhundert erscholl eine andere Stimme. Jan Jeník von Bratřic (1756–1845), ein streitbarer Verfechter und Chronist der sog. nationalen Wiedergeburt, sammelte aus Archiven und aus Registraturen vernichteter Institutionen umfangreiches Schriftgut, das u.a. auch die Wallensteinfrage betraf. In seiner Handschriftensammlung unter der Bezeichnung „Bohemika" formulierte er seine Ansicht über Wallenstein wie folgt: Wallenstein, „ungeratener Sohn seines Vaterlandes", habe Beihilfe geleistet, das tschechische Volk zu unterjochen. Er habe, um seine Landsleute zu demütigen, Kaiser Ferdinand so beflissen gegen die Tschechen gedient, daß sich im Gebiet um Königgrätz die verarmten, unter einer landfremden Obrigkeit lebenden, durch ungeheuerliche Qualen in die Verzweiflung getriebenen Bauern zum Widerstand erhoben. Wallenstein habe von den Aufständischen, soviel er fassen konnte, grausam verstümmeln lassen. Später, als der siegreiche Kaiser seiner nicht mehr bedurfte und befürchten mußte, daß er, der sein Vaterland und sein Volk so schändlich verriet, schließlich auch Verrat am Kaiser üben werde, habe er ihn durch Mörderhand sterben lassen. Jeder wahre Tscheche, so fährt Bratřic fort, habe sicher damals gemeint: „Wallenstein ist nicht wert, daß man ihn bedaure, weil er uns verraten hat, und weil er sich befleißigte, uns, seinen Landsleuten, die überaus schwere Fessel anzulegen."

Friedrich Schiller und der Beginn der „Wallensteinfrage"

Jan Jeník von Bratřic antwortete damit auf eine Handschrift mit dem Titel „Die Beschreibung des Lebens und der heldenmütigen Taten Albrechts Graf von Waldstein, alias Herzog von Friedland", aufgefunden im Jahre 1786 im Kloster Sedlec. Den Lobversen der Schrift hielt Jeník entgegen, der Verräter seines Landes – Wallenstein – sei, im Verein mit den Jesuiten, den größten Feinden des tschechischen Volkes, dessen Unterdrücker gewesen. Etwa zur selben Zeit begann der Bibliothekar des Grafen Waldstein auf Schloß Dux, Giacomo Casanova (1725–1798), sein Versepos. Er nannte es Albertiada, führte es aber, wie vieles andere, nicht zu Ende. Es besteht kein Zweifel daran, daß die Dichtung ein weiterer Lobgesang werden sollte, geschrieben im Geiste der humanistisch-rhetorischen Tradition. Wir wissen nicht, ob Casanova im Jahre 1791 dem jungen Professor für Universalgeschichte an der Jenaer Universität, Friedrich Schiller

(1759–1805) begegnete, der zu dieser Zeit in Böhmen nach Quellen für seine dramatische Wallenstein-Dichtung suchte. Schiller war damals schon ein bekannter, aufsteigender Stern am deutschen Literaturhimmel und hatte die ersten Arbeiten bereits hinter sich, die die Geschichte des 16. und 17. Jahrhunderts betrafen. Die erste dieser Schriften war die „Geschichte des Abfalls der Vereinigten Niederlande von der spanischen Herrschaft" (1788). Schiller arbeitete daran seit 1785, mit unverhohlener Parteinahme für die Rebellen, die – begünstigt durch die natürlichen Bedingungen ihres Landes – im Kampf gegen die spanischen Habsburger einen neuen Gesellschafts- und Kulturtyp hervorbrachten. Seit dem Jahre 1789 arbeitete er auf Anregung des Leipziger Verlegers Göschen an der „Geschichte des Dreißigjährigen Krieges" (1791–93), die wiederum den antihabsburgisch-protestantischen Standpunkt Schillers erkennen läßt. Er stützte sich auf zeitgenössische erzählende Quellen, auf Sarrasins „Verschwörung", aber auch auf das „Theatrum Europaeum" und Khevenhüllers „Annales Ferdinandei" und wurde mehr und mehr von den großen Persönlichkeiten angezogen: Wallenstein und Gustav Adolf. Zu gleicher Zeit erkannte er, ähnlich wie später Karl Marx, daß sich erst im 16. Jahrhundert das europäische Staatensystem herausbildete, und daß der Dreißigjährige Krieg ein Konflikt war, der ganz Europa erfaßte und großen Einfluß auf die Entwicklung der internationalen Beziehungen und des Großteils der europäischen Länder ausübte.

Doch die Arbeit an der Geschichte des Dreißigjährigen Krieges hörte bald auf, Schiller zu beschäftigen; der Dramatiker gewann in ihm die Oberhand über den Historiker. In den Jahren 1793–99 erschien seine „Dramatische Dichtung", die Wallenstein-Trilogie, aus drei Teilen bestehend: „Wallensteins Lager" (1798), „Die Piccolomini" (1799) und „Wallensteins Tod" (1799). Die Quellenbasis seines Werks vergrößerte sich im Vergleich zu den vorausgegangenen Arbeiten kaum, und namentlich aus Böhmen stammte offenbar nichts. Schiller relativierte die Schuld Wallensteins; seine Soldaten und verräterischen Generale haben darüber unterschiedliche Auffassungen, bevor Wallenstein (diese Namensform fand Schiller bei spanischen, französischen und italienischen Zeitgenossen) überhaupt auf dem Bühnen-Schauplatz erscheint. Der Wallenstein, wie ihn im Drama Max Piccolomini (der fiktive Sohn des verräterischen Ottavio Piccolomini), der den Feldherrn begleitende Astrologe Seni (eigentlich Zeno) und Thekla (die erfundene Tochter) sehen, ist ein Held, der einzig den Frieden erstrebte und der dazu den Kaiser und die Repräsentanten der alten Ordnung drängen wollte. Vergessen wir nicht, daß Schiller seine „Dramatische Dichtung" schrieb, als sich Millionen Menschen in Europa nach Frieden sehnten und in General Napoleon Bonaparte noch immer jenen Mann sahen, der mit der Kraft der Waffen des nachrevolutionären Frankreichs den Frieden durchsetzen könnte. Auch Wallenstein – der Einzelgänger, der in Erwartung der günstigen Konstellation der Planeten Venus und Saturn lebt – will Frieden, und statt dem Kaiser als dem Vertreter der alten Ordnung will er dem Reich dienen, das im 18. wie ebenso im 17. Jahrhundert ohnmächtig und zerrissen schien. Er ist zum Verrat gezwungen, und sein Sturz folgt aus der Gefangennahme des Gewährs- und Mittelsmanns der geflohenen, gegen den Kaiser von außen konspirierenden böhmischen Herren – Sezima Rašín – und aus der Denunziation Ottavio Piccolominis. Sein Tod bedeutet, da seine Ideale dem gemeinen Ehrgeiz allzu großen Tribut zollten, zugleich den Tod zweier junger Menschen, Max' und Theklas, die die Liebe und die gemeinsame Bewunderung für Wallenstein verband. Schillers Wallenstein ist also ein tragischer, hohen Idealen verpflichteter Held.

Kurze Zeit später wurde die „Wallensteinfrage" zu einem Problem, an der führende Historiker ihr Talent prüften. Vor allem Leopold von Ranke (1795–1886), der keineswegs blind war gegenüber den Schwächen Wallensteins, sah ihn, im Geiste eines liberalen Verfechters der preußischen Reichseinigung von oben, als zwar selbstsüchtigen, aber idealistischen Kämpfer für den Frieden. Rankes Wallenstein (1869) sollte beweisen, daß es nicht unmöglich ist, einen anderen Kaiser als den aus dem Hause Habsburg zu haben – wie das tatsächlich im Jahre 1871 eintrat, als ein Hohenzoller Oberhaupt des „Deutschen Reiches" wurde. Des weiteren wollte Ranke zeigen, daß Wallenstein dem Kaiser als seinem Kriegsherrn entsagen und sein eigener Oberbefehlshaber sein wollte. Was die Schuld Wallensteins anbelangt, so war Ranke der Meinung, der Wiener Hof habe im Jahr 1634 geglaubt, Wallenstein wolle sich der Macht des Hauses Habsburg und sogar der spanischen Habsburger entledigen und das gesamte europäische Staatengefüge reorganisieren. Nach einer anderen Auffassung hätte Wallenstein das alles schon weit früher als im Winter 1633/34 erreichen können. Es war in der Tat wenig wahrscheinlich, daß ein Mensch, dem die Ärzte höchstens noch zwei Lebensjahre gaben, dessen Körper von Krankheiten zerrüttet war und der keine direkten Erben hatte, auf einmal nach der Kaiserkrone greifen und um sie kämpfen wollte. Nach Ranke ließ sich ein solch schuldhaftes Vorhaben weder im Jahre 1634 noch später nachweisen.

Einer der Begründer der modernen tschechischen Geschichtsschreibung, František Palacký (1798–1876), gelangte, entgegen seinen ursprünglichen Absichten, nicht bis zum 17. Jahrhundert der tschechischen Geschichte. Einer seiner Fortsetzer, Anton Gindely (1829–1892), sah in Wallenstein 1882 den Teilnehmer am großen Kampf um Macht, um Land und Untertanen. Dieses Ringen wurde im 17. Jahrhundert durch Glaubenskräfte und konfessionelle Feindbilder genährt: Man kämpfte nicht nur um die Güter dieser Welt miteinander, sondern auch um die Verwirklichung einer göttlich vorherbestimmten Ordnung. Doch zwei Jahre darauf, bei Herausgabe eines weiteren Bandes der „Geschichte des böhmischen Aufstandes", äußerte Gindely im Vorwort die Überzeugung, daß das ein Kampf um materielle Güter gewesen sei, der die Grundlage des Ringens um Macht darstellte. Im 17. Jahrhundert sei es mit religiösen, im 19. mit nationalen Idealen verbrämt worden, und die Zukunft werde im Zeichen der ökonomischen Motivierung stehen. Die tschechischen Kritiker Gindelys, vor allem

T.V. Bílek, bezeichneten sein Ansichten als materialistisch. In der Tat näherte sich Gindely den Auffassungen Franz Mehrings, der davon überzeugt war, daß dem Dreißigjährigen Krieg ökonomische Ursachen zugrunde lagen. Das Essay, in dem Mehring diesen Standpunkt vertrat, erschien allerdings erst 1894. Gindely war von Wallensteins Schuld nicht überzeugt. Vom Jahre 1887 an verfolgte die österreichische Öffentlichkeit mit geteilter Sympathie das Duell zwischen zwei Historikern – dem kritischen, ja skeptischen Gindely und H. Hallwich, der im Generalissimus einen Vorläufer der Bewegungen „Los von Rom" und „Los von Habsburg" im 19. Jahrhundert sah.

Gegen diese deutsche bzw. großdeutsche Auffassung wandte sich J. Pekař (1870–1937), einer der Nachfolger Gindelys auf dem Lehrstuhl für österreichische Geschichte an der Prager tschechischen Universität, und später der erste Professor für tschechoslowakische Geschichte. Seine Hauptthesen blieben unverändert. Sie gingen vom tschechischen Nationalismus aus, der vor 1918 scharf antihabsburgisch gerichtet war, und führten ihn dahin, daß er die Grundzüge des nationalen Empfindens anachronistisch auf das 17. Jahrhundert übertrug, und von dieser Basis aus beurteilte er Wallenstein.

Nach Pekař scheiterte Wallenstein, weil er sich nicht für eine der möglichen Alternativen entschied: für die „tschechische" oder für die „deutsche". Diese empfahl Hans Georg von Arnim, zuletzt als General in sächsischen Diensten, dem Generalissimus, obwohl er sich keiner Illusion darüber hingab, daß es Wallenstein „um die Ausweitung seiner Besitztümer und die Erhöhung seiner Position" ging. Wallenstein habe nach einem gerechten Frieden trachten und die politischen und konfessionellen Verhältnisse auf den Stand vor 1618 zurückführen wollen, und das sowohl im ganzen Reich als auch in Böhmen. Die zweite, die „tschechische" Alternative hätten die radikalen Gegner des Hauses Habsburg durchsetzen wollen, eingeschlossen die böhmischen Emigranten (nach der Schlacht am Weißen Berge 1620), Schweden und Frankreich. Die Macht Habsburgs sollte von ihnen mit direkter Hilfe der Großmächte gebrochen, Böhmen aus dem habsburgischen Besitz herausgelöst und ein selbständiges Königreich werden. An der Schwelle des zweiten Generalats, so meint Pekař, habe Wallenstein – im Geiste der Verhandlungen mit Arnim 1632 – den ersten Plan vorsichtig verfolgt, vom folgenden Jahre an zugleich auch den zweiten, vor allem bis zum September und Oktober 1633. Danach habe sich Wallenstein abermals dem ersten Plane zugewandt und in seinen letzten beiden Lebensmonaten wiederum mit beiden Möglichkeiten gespielt. Er sei jedoch schon nicht mehr imstande gewesen, an die Spitze der Verschwörung zu treten. Diese Rolle aber hat Pekař am meisten hervorgehoben. Wallenstein erscheint so als „das Produkt eines Teils der böhmischen Gesellschaft, dessen Zustand damals symptomatisch für den Verfall und die Korruption der Nation war." Die deutschen Historiker, meint Pekař, seien nicht imstande, Wallenstein zu begreifen, weil sie nicht seine Verknüpfung mit den Hoffnungen der böhmischen Emigration in Erwägung ziehen, und deshalb erfaßten sie nicht den Kern der Tragödie Wallensteins. Seine Ermordung in Eger sei – so Pekař – der späte Wiederhall des tragikomischen Debakels am Weißen Berge gewesen.

Gegen die Auffassungen Pekařs wandte sich der Wiener Historiker Heinrich von Srbik (1878–1951) in der zweiten Auflage seiner 1920 erstmals erschienenen Schrift „Wallensteins Ende. Ursachen, Verlauf und Folgen der Katastrophe" (1952). Der Verfasser meint, Wallenstein sei erst dann zum Hochverräter geworden, als er um sein nacktes Leben ringen mußte. Das Verlangen nach Rache und Macht sei nicht das einzige Motiv seines Handelns gewesen, vielmehr habe er sich – das könne auch Pekař nicht leugnen – zu Beginn des Jahres 1632 aufrichtig bemüht, den sächsischen Kurfürsten für den Frieden zu gewinnen. Srbik meinte, Pekař mißverstehe Wallenstein, wenn er dieses Vorhaben als reine Täuschung eines Selbstsüchtigen interpretiere, der das Haus Habsburg, den Kaiser und seine Verbündeten mit Hilfe der Schweden habe vernichten wollen. Damit wäre der „tschechische Weg" zum Frieden eingeschlagen worden im Gegensatz zum „deutschen", den Hans Georg von Arnim verfocht. Wallensteins wirkliche Tragödie sah Srbik in dem Umstand, daß ihm im Laufe des zweiten Generalats klar wurde, er werde niemals imstande sein, seinen Friedensplan mit Zustimmung des Kaisers zu verwirklichen, sondern nur durch Aufruhr und Verrat gegen diesen. Doch Zaudern und Schwanken des Generals, seine militärische und politische Fehleinschätzung sowie die Machenschaften seiner Feinde hätten ihn zu Fall gebracht. Erst nach seiner Ermordung sei dem deutschen Volke die innere Größe dieses Mannes aufgegangen – eines großen Idealisten, der das Opfer feindlicher Mächte wurde, die keinen baldigen Frieden wollten und den unentschiedenen Kaiser unter ihre Kontrolle brachten. Die Menschen hätten geahnt, daß der Verrat des toten Wallenstein durch ein alleredelstes Ziel gerechtfertigt sei. Das Ideal vom Frieden und fruchtbringender Arbeit sei mit seinem Tode zunichte gemacht worden. Er starb, als er seine schwindenden unzureichenden Kräfte habe einsetzen wollen, um einen weltgeschichtlichen Prozeß zu beschleunigen: die Überwindung des habsburgisch-katholischen Universalismus der gegenreformatorischen Epoche durch das Ideal der Gleichberechtigung aller christlichen Konfessionen und der politischen Selbstbestimmung aller Staaten. All das habe das deutsche Volk mehr instinktiv als bewußt erkannt , und deshalb werde die Wallensteinfrage niemals gänzlich abgetan sein.

Es ist überflüssig zu betonen, daß die Deutung beider, Srbiks und Pekařs, abwegig ist. Im Falle Srbiks geht es um einen tragischen Irrtum, der den Autor vom groß-österreichischen über den groß-deutschen Nationalismus zum Nationalsozialismus führte. Aus dessen Ungeist resultierte die Benennung einer SS-Division mit Wallensteins Namen.

Das Ende des II. Weltkrieges brachte radikale Veränderungen, es öffnete den Historikern die Tore zu Archivfonds, die ihnen bislang versperrt geblieben waren, und so erschloß die Edition der Bände II, III und IV der Documenta Bohemica

Bellum Tricennale Illustrantia (1971–1980) unbekannte Dokumente aus tschechischen Archiven zur Geschichte des Dreißigjährigen Krieges sowie neue Möglichkeiten, eine Reihe von Teilproblemen der „Wallensteinfrage" zu beantworten. Man kann nicht sagen, daß die Historiker wirklich diese Möglichkeiten nutzen, die das siebenbändige Werk bietet. Das gilt vor allem für das gelehrte historische Werk „Wallenstein. Sein Leben erzählt von Golo Mann" (1307 Seiten). Sein Autor verfaßte ein voluminöses Kompendium, das für ein breites Lesepublikum der Bundesrepublik bestimmt war. Es erwies sich auch als eine Fundgrube für Zeitschriften und eine Fernseh-Serie. Auch ein Bildband zum Thema erschien. Mann verwertete eine breit gestreute Literatur, darunter auch tschechische Arbeiten. Er benutzte überdies Materialien, die ihm vor allem M. Hroch (Prag) bereitstellte, doch er gab sich mit der Feststellung zufrieden, daß neue archivalische Quellen bald auch neue Versuche ihrer Auswertung erfordern. Golo Mann macht in seiner Erzählung, die sich zwischen einem historischen Essay und Belletristik bewegt, nicht den Versuch, die „Wallensteinfrage" auf neue Weise zu behandeln. Er verarbeitete eine gewaltige Menge von Fakten, deutete sie zurückhaltend und beschränkte sich darauf zu konstatieren, daß Wallenstein wegen der Widersprüchlichkeit seiner Auffassungen der Denkweise des sich neigenden 20. Jahrhunderts nahe sei. Manns Umgang mit der Geschichte geschieht multikausal, es geht ihm darum, das Gewebe der mannigfachen Ursachen zu ergreifen, die zur blutigen Lösung von Eger führten oder führen konnten. Er verschließt dabei weder die Augen vor den Unzulänglichkeiten noch vor den Fehlern Wallensteins. Am meisten neigt Mann also zur Auffassung, die in unserem kurzen Überblick über die uferlose Wallenstein-Literatur vor allem Friedrich Schiller vertrat.

Im Herbst 1976 beendete Josef Janáček sein Buch „Valdštejn a jeho doba" (Wallenstein und seine Zeit), Prag 1978, 887 S.. Der Autor stützt sich in seinem Kompendium, das nur um ein Drittel kürzer als Manns Buch ist, auf seine älteren Arbeiten und benutzt Quelleneditionen oder Kopien von Schriften, die in den Prager Archiven und Bibliotheken zugänglich sind. Im Vorwort zu seinem Buch betont Janáček, daß es ihm um die böhmischen und mährischen Wurzeln von Wallensteins Aufstieg geht. In der Tat behandelt er betont die Zeit bis 1625, also bis zu jenem Moment, seit dem Wallenstein zu einer hervorragenden Figur der europäischen Politik wurde. Janáček meint, daß das bisherige Wallenstein-Bild stark europäisiert sei, und hält es für notwendig, der böhmischen Seite der Tragödie mehr Aufmerksamkeit zuzuwenden. Das ist, wie wir sahen, keine neue Ansicht. Janáček konstatiert selbst, daß die tschechische Geschichtsschreibung sie schon früher vertreten hat – vor allem seit Josef Pekař, der, ähnlich wie Janáček, eine bestimmte Konfrontation zwischen „tschechischer" und „deutscher" Politik sah. Heute können wir anstelle der „deutschen" Orientierung eher sagen, daß im Lichte der marxistischen Forschung über den Dreißigjährigen Krieg der Konflikt nichts weniger als europäische Ausmaße annahm und daß es daher eine „europäische" Dimension der Politik gab.

Im abschließenden Kapitel seines Buches faßt Janáček die Ergebnisse seiner Interpretation zusammen. Der Fall Albrechts von Wallenstein erscheint ihm als der Fall eines Angehörigen der herrschenden tschechischen Feudalklasse, die in eine Krise geraten war. Wallenstein nutzte als Einzelgänger diese Krise zu seinen Gunsten aus, und im Zeitraum von 1625 bis 1634 spielte er eine weit über die Grenzen Böhmens hinausreichende Rolle. Wallenstein war also weniger das Opfer habsburgischer Willkür als vielmehr der Fall eines „Aristokraten, der in einer Zeit des tiefen Verfalls der politischen Rechte und gesellschaftlichen Ambitionen seiner Klasse bestrebt war, sich als Individuum zu höchster Geltung emporzuschwingen...“ Sein Aufstieg war, nach Janáček, von Anfang an gekennzeichnet von der gesellschaftlichen Krise der Feudalklasse – der böhmischen, aber auch der italienischen, österreichischen und manch weiterer. Zu ihr gehörte indes auch der Großteil seiner Gegner. Die europäischen oder mitteleuropäischen Ambitionen Wallensteins gerieten in Konflikt „mit den Grenzen des Aufstiegs, die die Zeit setzte, in der er lebte“. Als er aufhörte, diese Grenzen zu respektieren, entstand daraus der tragische Konflikt, den Wallenstein beschleunigte, den er aber nicht verursachte. „Die Geschichte der letzten vier Jahre seines von körperlichen Leiden gezeichneten Lebens war die Geschichte eine Katastrophe, die weder Wallenstein noch der Kaiser abwenden konnten.“

Aus der böhmischen Krise zu europäischer Berühmtheit?

Große Bedeutung mißt Janáček den Ergebnissen der Untersuchung zu, die an Wallensteins körperlichen Überresten im Jahre 1975 von E. Vlček vorgenommen wurde. Nach der These des Vortrags von Vlček, dem bis auf den heutigen Tag keine Veröffentlichung der Analyse und noch viel weniger eine Diskussion unter Fachleuten folgte, litt Wallenstein seit dem Jahre 1604 nicht an Gicht, sondern an der Syphilis. Deren tertiäres Stadium habe seit 1620 Wallensteins Organismus zu Leistungen herausgefordert, die seiner bis dahin gepflogenen Lebensweise nicht entsprachen. Auf diese Möglichkeit verweist auch Golo Mann, aber er mißt ihr bei weitem nicht eine solche Bedeutung bei wie Janáček. Es ist durchaus wahrscheinlich, daß Wallenstein sowohl an Gicht als auch an Syphilis litt – aber offen bleibt die Frage, wann sich sein Gesundheitszustand so verschlechterte, daß er seine Handlungen beeinflußte.

Janáček führt in seinem Buch die Züge der Namen-Unterschriften Wallensteins – oder besser deren Chiffren – vor, um den fortschreitenden Verfall der Persönlichkeit zu dokumentieren. Das überzeugt nicht, weil irgendwelche graphologischen Schlüsse mehr voraussetzen als die Analyse irgendeines kurzen Schriftzuges. Wallenstein „unterschrieb“ größtenteils mit einem Kürzel seines Namens. In den älteren tschechischen Dokumenten war das das Sigle AzV (Albrecht z Valdtejna), später AHzF (Albrecht Herzog zu Friedland) und AHzM (Albrecht Herzog zu Mecklenburg). Warum bestand Wallenstein, den die Zeitgenossen den „Friedländer" nannten, bis zu seinem Tode hartnäckig auf dem mecklenburgischen Herzogstitel, obwohl sich das Land nur etwas länger als ein Jahr in seiner Gewalt befand und die Schweden es ihm 1631 entrissen?

Sicherlich gehört Wallenstein mit den Wurzeln und Anfängen seiner Karriere in die böhmische Gesellschaft vor und nach dem Weißen Berge, aber wohl kaum reichen sie bis in die Zeit seines Todes. Der scheinbare Gegensatz zwischen einer „tschechischen" und „deutschen" Politik Wallensteins, wie ihn Pekař konstruiert, oder die Krise des böhmischen Adels und die europäischen Ambitionen des Generalissimus, wie es bei Janáček heißt, ist in Wirklichkeit künstlicher Natur. Es existiert keine „Welt-" und „National"-Geschichte, es gibt nur allgemeine Probleme der europäischen oder einer anderen Gesellschaft und Probleme der nationalen Gemeinschaft. Das Exempel Wallenstein ist sehr geeignet, die Rolle der Einzelpersönlichkeit in der Geschichte zu untersuchen, und diese immer wieder aufs neue erregende Problematik ist nicht anders zu lösen, als durch das Studium der Beziehungen des Individuums zur Gesellschaft. Am allgemeinsten gesagt, ging es um die Gesellschaft im Prozeß des Übergangs vom Feudalismus zum Kapitalismus. Die Triebkraft dieses Prozesses war der Kampf, der im 16. und 17. Jahrhundert in einer Reihe von Versuchen gipfelte, die inneren Widersprüche im Schoße der Gesellschaft West- und Mitteleuropas zu lösen.

Seit Beginn der fünfziger Jahre suchten westeuropäische marxistische Historiker die These Lenins über die allgemeine Krise des Kapitalismus auf die Spätphase des Feudalismus anzuwenden. In den Jahren 1954 bis 1962 wurde die Diskussion in den Heften der Zeitschrift Past and Present geführt, später (1965) fand sie eine Zusammenfassung in dem Sammelband „Crisis in Europe 1560–1660". Mit fast zwanzigjähriger Verspätung äußerten sich auch die tschechischen Historiker M. Hroch und J. Petráň zur Problematik. Das alles hat jedoch kaum die Auffassung erschüttern können, die J. Polišenský in seinem Buch „Nizozemská politika a Bílá hora" (Die niederländische Politik und der Weiße Berg) 1953 darlegte. Er hielt die These von der „allgemeinen Krise" für nicht geeignet, den Dreißigjährigen Krieg zu analysieren. Eher als von einer allgemeinen Krise des Feudalismus, die nach Ansicht einiger Autoren vom 15. bis 17. oder 18. Jahrhundert andauerte, sollte man besser von einer Reihe von Krisen verschiedenen Charakters sprechen. Nach Erik Hobsbawm fanden die Krisen der Niederlande und Englands während des 16. und 17. Jahrhunderts eine revolutionäre Lösung, in deren Ergebnis eine soziale und politische Ordnung neuen Typs entstand. Im Gegensatz dazu führten der deutsche Bauernkrieg 1524–1526, der Aufstand der kastilischen Comuñeros, der Aufruhr der niederösterreichischen Städte (alle fallen in die zwanziger Jahre des 16. Jahrhunderts) sowie der Aufstand der Stadt Gent gegen Karl V. und der böhmischen Städte im Jahre 1546 nicht zum Ziele; sie hatten zur Folge, daß der Weg zur kapitalistischen Entwicklung, zum Aufstieg der Bourgeoisie und zu einer neuen Klassenherrschaft, für lange Zeit verbaut war.

Von einer „allgemeinen Krise des Feudalismus" zu Beginn des 17. Jahrhunderts kann man auch in den böhmischen Ländern nicht sprechen. Die wirtschaftliche Lage wies keine Krisenanzeichen auffälligen Ausmaßes auf. Man kann weder der Ansicht des britischen marxistischen Historikers A.L. Morton beipflichten, Böhmen habe Anfang des 17. Jahrhunderts an der Schwelle zu einer frühbürgerlichen Revolution gestanden, noch älteren Ansichten zustimmen, die einen wirtschaftlichen, sozialen und kulturellen Verfall der böhmischen Gesellschaft vor 1620 konstatieren. Zweifellos waren die königlichen Städte Böhmens nach 1547 ihrer Macht beraubt, und in einer Reihe aufblühender untertäniger Städte erwuchs ihnen eine Konkurrenz. Der Adel war den Folgen der Preisrevolution des 16. Jahrhunderts und den Veränderungen in der Struktur der agrarischen Produktion ausgesetzt. Seine schwächeren Teile verloren an Boden, während anderseits in Böhmen die großen Landbesitzkomplexe der Rožmberk, Pernštejn und der Herren von Hradec weiter anwuchsen und neue Geschlechter aufstiegen wie die Smiřicky von Smiřice und die Trčka von Lípa (Leipa), in Mähren die Boskovic-Liechtenstein, Žerotin u.a.. Wo die Adelsfamilie mit einer großen Kinderzahl gesegnet war, kam es unweigerlich zur Zersplitterung des Besitzes und zur Verarmung des ganzen Geschlechts. Von da führte der Weg zum Ausverkauf, zur Belastung des Bodens und seines Eigentümers mit Anleihen – und damit zwangsläufig zu erhöhtem politischen Engagement, weil davon am Ende die Existenz der Familie oder der ganzen Sippe abhing. Wenn ein männlicher Erbe fehlte, ging der Besitz von Hand zu Hand, damit öffnete sich der Weg zum Aufstieg ehrgeiziger Männer, die reichen Erbinnen nachjagten. Auf diese Weise gelangten die Brüder Liechtenstein nach oben, denn sie ehelichten zwei Erbinnen der Boskovic in Mähren. Vilém Slavata begann sein Emporkommen, als er der Gatte der Ottilie von Hradec wurde, der letzten ihrer Familie. Wem so ein Glück nicht beschieden war, der mußte den Dienst der Mächtigen – des Herrschers, der Magnaten und der Kirche – als Beamter, Soldat oder geistlicher Würdenträger suchen. Eine solche sozial-politische Krisenlage war jedoch nicht nur für die böhmischen Länder charakteristisch – ihr begegnen wir auch anderswo in Europa.

Die böhmischen Länder – das Königreich Böhmen, die Markgrafschaft Mähren, Schlesien und die beiden Lausitzen – waren allerdings seit 1526 besonders empfänglich für jederlei Konfliktstoff, der sich in der europäischen Politik ansammelte. Sie bildeten, zusammen mit den österreichischen und ungarischen Ländern, einen Bestandteil des Hausbesitzes der österreichischen Habsburger, und diese waren seit der Mitte des 16. Jahrhunderts auf die Finanzhilfe ihres spanischen Zweiges angewiesen. Diesem gehörte neben Kastilien, Aragon und (seit 1530) Portugal, die mit dem Ruf märchenhaften Reichtums umwobenen Besitzungen in West- und Ostindien sowie in Europa des weiteren die Niederlande, Mailand und Neapel. Die böhmischen Länder waren eingebunden in das Gewebe der europäischen Politik, und die drehte sich um zwei Hauptfragen: die türkische und die niederländische. Im ersten Falle ging es um den jahrhundertealten Konflikt zwischen dem islamischen Osten und dem feudalchristlichen Europa. Im zweiten handelte es sich um einen Konflikt, der aus dem regionalen Ständeaufstand des Adels und der Städte in den Niederlanden in europäische Dimensionen hinüberwuchs. Niederländische bürgerliche Historiker nennen ihn den Achtzigjährigen Krieg (Tachtigjaarige Oorlog). Damit meinen sie die niederländische bürgerliche Revolution (diesen Terminus benutzen einige von ihnen wie J.M. Romein und J. Presser, J. Schöffer jedoch nicht) und den ganzen Dreißigjährigen Krieg. Die böhmischen Länder halfen mit, die Grenzen gegen die Türken zu schützen. Diese Grenzen verliefen nach 1541 vom Báláton nach Gran, den Unterlauf der Gran und an den Vorbergen der Karpaten entlang bis zur Linie zwischen Kaschau und Prešov/Eperies. Südlich der Grenze lag das den Türken direkt gehörige Gebiet des Paschas von Buda, das von ihnen abhängige Fürstentum Siebenbürgern (Erdély), dessen Kern das heutige rumänische Ardeal war, dazu noch das obere Theißgebiet. Vor allem Oberungarn, d. h. der größte Teil der heutigen Slowakei mit Preßburg als Haupt- und Krönungsstadt, bildete das Königreich Ungarn mit einem habsburgischen Herrscher.

Für die Türkenabwehr mußten alle Länder Leistungen erbringen, die von den Überfällen der Türken und der mit ihnen verbündeten Krimtataren betroffen waren, außerdem noch die österreichischen und böhmischen Länder. Es hieß, Ungarn sei der „Friedhof Europas". Schon vom Beginn des niederländischen Aufstandes an waren sich die böhmischen Freunde der niederländischen Adelsführer Egmont und Hoorn bewußt, der Verlust der Niederlande könne bedeuten, daß die Habsburger das Reich und den Kaisertitel sowie die böhmischen Länder verlieren würden. Diese reagierten daher empfindlich auf alles, was sich auf der großen politischen Szene Europas abspielte.

In den politischen Schriften, die damals in Böhmen erschienen, werden drei Arten von gesellschaftlicher und staatlicher Organisation unterschieden: die Tyrannis in Gestalt des türkischen Sultanats, die absolute Monarchie (imperium absolutum), bei der der Regent die gesamte Macht der herrschenden Feudalklasse innehat, und schließlich die repräsentative oder ständische Monarchie (imperium mixtum), wo der Herrscher die Macht mit Vertretungen der Stände (Adel, Bürgertum) teilen muß. Alle bürgerlichen Revolutionen oder revolutionären Bewegungen begannen als Ständeaufstand, und dort, wo diese in eine bürgerliche Revolution hinüberwuchsen, wurde das feudale Element in den Hintergrund gedrängt. In Spanien sahen führende politische Köpfe Böhmens, namentlich Kocín von Kocinét, die Verkörperung der absoluten Monarchie. Die Vereinigten Niederlande hingegen erschien ihnen – vor allem dem Prager Gelehrten Jan Jessenius/Jesenský – zu Beginn des 17. Jahrhunderts als das Muster einer ständischen Monarchie.

Diesen Typen der gesellschaftlich-politischen Organisation entsprachen drei Typen der Zivilisation – d.h. einer relativ entwickelten Gesellschaftsform, die

durch bestimmte Arten ihrer inneren Beziehungen und Widersprüche gekennzeichnet ist. Lassen wir die Zivilisation des islamischen Orients beiseite, dann
existierten zwei solche Typen mit- und nebeneinander, die beide aus einem
gesellschaftlichen Kern erwachsen waren – dem mittelalterlichen feudal-christli-
chen Europa. Im Laufe des 13. Jahrhunderts wurde in seinem Schoße die Renaissance-Zivilisation, vornehmlich in den Städten Nord- und Mittelitaliens, geboren. Doch nach dem Aufstand der Wollkämmer (Ciompi) von Florenz 1381
geriet sie in eine Sackgasse; die städtische Produktion in Florenz, Genua, Venedig und weiteren Zentren wählte den Weg der Herstellung teurer und Luxusgü-
ter, zurück traten die Waren des Massenbedarfs, die für den verbreiteten Han-
dels- und Geldverkehr bedeutungsvoll waren. Diese Situation begünstigte den
Aufstieg „großer Familien" (Medici, Spinola) in die Reihen der Adelsoligarchie,
die hervorragende Kriegsunternehmer und Condottieri hervorgebracht hat. Der
französische Historiker Fernand Braudel spricht in diesem Zusammenhang vom
„Verfall der Bourgeoisie". In der Tat – nach dem Falle von Florenz (1531) war
Italien schon kein stadtbürgerlich geprägtes Land mehr, sondern ein Terrain
vieler kleiner Feudalherrschaften. Die italienische Renaissance-Zivilisation ver-
festigte sich zur humanistisch-katholischen Variante, verankert in den italienisch-
spanischen, mediterranen Gebieten. Die humanistisch-protestantische Variante
der Zivilisation bildete ihren Kern im Gebiet zwischen dem schweizerischen
Genf und den Vereinigten Niederlanden aus.

Im Jahre 1583, als Albrecht von Wallenstein geboren wurde, war Prag die
Residenz Kaiser Rudolfs II. und zugleich eines der anziehendsten Kulturzentren
Europas. Am Hofe auf dem Hradschin und in seinem Umfeld verkehrte eine
vielsprachige, multinationale Schar von ständigen und außerordentlichen diplomatischen Vertretern, Geheimagenten, Emigranten verschiedener Herkunft,
daneben zu des Kaisers Gefallen auch Maler, Bildhauer, Musiker, Gelehrte und
Pseudogelehrte, Astrologen und Alchimisten. Hier begegneten sich die Träger
verschiedener Kulturen: der englische „christliche Ritter" Sir Philip Sidney und
seine Landsleute Dee und Kelley – oszillierend zwischen Naturwissenschaft und
Spionage. Der spanische Orator (ständiger Gesandter) Don Guillén des San Clemente nahm sich hier des als Flüchtling umhergetriebenen Giordano Bruno an
und verbreitete die Lehren seines katalanischen Landsmanns Ramón Lull. Ähnlich sah es draußen im Lande aus, weil viele, die am Hofe verkehrten, in engem
Kontakt mit der protestantischen (utraquistischen) Universität standen. Das gilt
u.a. für Tycho de Brahe und Johannes Kepler. Die Hof-Gesellschaft war keineswegs identisch mit der Hof-Partei im politischen Sinne, welche der pro-habsbur-
gischen und prokatholischen Tradition verpflichtet blieb. Ihr Patron war der
ständige päpstliche Nuntius, und zu ihr gehörte die zunächst geringe Zahl großer
weltlicher und geistlicher Feudalmagneten Böhmens und Mährens. In Böhmen
waren das die Rožmberk, Lobkovic und Pernštejn, freilich nicht alle Glieder
dieser Familien. So galt das vorletzte Oberhaupt des Hauses Rožmberk als guter,

wenn auch maßvoller Katholik, sein Bruder aber, das letzte Haupt des Geschlechts, war Mitglied der Brüdergemeinde. Die Lobkovic stellten eine Säule der Hof- bzw. „römischen" Partei dar, doch die Gemahlin des Oberstkanzlers Zdeněk Vojtěch von Lobkovic, Polyxena von Pernštejn, hatte eine Großmutter, die aus dem Schoß der katholischen Kirche zu einer protestantischen Sekte überging. Die konfessionelle Trennlinie, aber auch die politische Wasserscheide, ging häufig mitten durch die Familien und Geschlechter. Diese alten, im Lande schon seit Generationen ansässigen Geschlechter wurden immer weniger: von den Ende des 16. Jahrhunderts etwa tausend Adelhäusern stammte ein gutes Drittel aus „Neuschild"-Familien, die zu Anfang des Jahrhunderts entweder nicht dem Adel angehörten oder außerhalb der Grenzen des Königreichs wohnten.

Der bei weitem größte Teil der ständischen Gesellschaft – d.h. jener Teil, der mittels der Landtage bei der Regierung des Landes mitzusprechen hatte – gehörte allerdings zur „einheimischen Partei", die im wesentlichen die ständische Opposition bildete. Der Kaiser schwankte; an der Religion lag ihm nicht allzuviel, aber er brauchte die Unterstützung Roms und Madrids. Doch war er kein ergebener Mitläufer seiner spanischen Vettern – König Philipps II. und dessen Sohn Philipp III. –, die den österreichischen Verwandten seit den sechziger Jahren alljährlich Subsidien zahlten. Diese sollten der Türkenabwehr zugute kommen, sie wurden aber gewöhnlich zur Finanzierung der gesamten Wiener Außenpolitik verwendet. Der Urheber dieser Subsidien-Einnahmen war Adam von Dietrichstein, der in Madrid und Valladolid die Interessen der österreichischen und in Wien wiederum die Interessen ihrer spanischen Vettern vertrat. Seit der Mitte des Jahrhunderts, also gegen Ende der Regierung König Ferdinands I., welcher als „Don Fernando" am kastilisch-aragonesischen Hofe seines Großvaters Ferdinand des Katholischen erzogen worden war, gruppierte sich um seine Schwiegertochter Maria, die „Emperatriz Maria" (Gattin Kaiser Maximilians II.), jener Teil der Hofpartei, der eher nach Madrid als nach Rom blickte. Ihre Protektoren waren die spanischen Oratoren Hurtado de Mendoza, Guillén de San Clemente, Baltazar de Zuñiga und Graf Oñate. Dieser „spanischen Partei" (partido español oder facción espaňa) gehörten vor allem jene Mitglieder des Hofes an, die mit spanischen Aristokraten verschwägert waren – die Dietrichstein, verwandt mit der Familie Cardona und die Pernštejn und Lobkovic, verwandt mit den Familien Manrique de Lara und Hurtado de Mendoza. Des weiteren zählte zu ihr die zweite Generation der Mitglieder des Jesuitenordens, die schon nicht mehr von dem gemäßigten Geist des Humanismus eines Erasmus von Rotterdam beeinflußt waren. Diesen Kräften gegenüber stand der äußere Flügel der ständischen Opposition, die „Niederländer", die der niederländischen Freiheit Bewunderung zollten.

Sowohl die „spanische" als auch die „niederländische Partei" bedeuteten nicht viel mehr als einen kleinen Bruchteil der ständischen Gemeinschaft; es überwogen die Verfechter eines gemäßigten Kurses, die in Kaiser Rudolf II. ihr Muster sahen. Von ihm war bekannt, daß er den Ehrgeiz hegte, Spanien und die Niederlande zu einem Waffenstillstand zusammenzuführen und danach eine große Offensive des vereinigten Europa gegen die Türken zu organisieren. Zu diesem Thema schufen die Künstler seine idealisierten, imaginären Porträts, die ihn vor allem in der Pose des zu erwartenden Triumphes abbildeten. Es erschienen dazu auch gelehrte Traktate und eingängig geschriebene politische Pamphlete. Als Rudolf II. sich auf der Prager Burg niederließ und der Lebenslauf Albrechts von Wallenstein begann, waren das alles noch große Hoffnungen. Um die Wende vom 16. zum 17. Jahrhundert zerstörte sie die rauhe Luft der Realitäten.

Im Falle Wallensteins geht es um fünf Hauptprobleme. An erster Stelle sind das seine Beziehungen zum böhmischen und mährischen „Hintergrund", aus dem er als junger Mensch hervortrat. Unter Berücksichtigung dessen, was wir heute über die Formung des menschlichen Charakters wissen, stellt sich hier eine ebenso wichtige wie schwierige Aufgabe, weil wir zur Entwicklung der kindlichen Psyche gewöhnlich nur wenige Quellen besitzen. Der Zeitabschnitt von 1583 bis 1616, um den es zunächst geht, ist so reich an Wendungen und Brüchen, daß die Gefahr besteht, sein Bild könnte in den Hintergrund der Biographie gedrängt werden. Das zweite Problem ist die Beziehung des Kriegsunternehmers, Feldherrn und Herresorganisators zu den „Lagern" der europäischen Politik in den Jahren 1618 bis 1623, also zur Zeit des „böhmischen Krieges", der Anfangsphase des Dreißigjährigen Krieges. Es muß versucht werden, Wallensteins Rolle im beginnenden großen militärisch-politischen Konflikt zu bestimmen, der aus vielerlei ökonomisch-sozialen Wurzeln erwuchs. Das allerdings erfordert, daß wir den Charakter des böhmischen Ständeaufstandes 1618 bis 1620 erhellen, sowohl für Böhmen als auch für Mähren.

Die Jahre von 1621 bis 1625 waren eine Zeit, in der sich der europäische Konflikt lokalisierte, auf Mitteleuropa begrenzte, weil das spanisch-niederländische Kriegsfeld für Offensivbewegungen ein riskantes Terrain darstellte. Welche Rolle – zum Dritten – spielte Wallenstein, der schon die Grundlagen für sein späteres Fürstentum Friedland legte, in den Jahren der Münzverschlechterung, der Rebellengüter-Konfiskation und der Bestrafung der Aufständischen durch den Kaiser? Ist es richtig, daß die Folgen dieser Ereignisse aus ihm einen Protagonisten der tschechischen Geschichte machten? Und wenn ja, in welchem Sinne? Zum Vierten: Aus dem Herzog von Friedland wurde im Verlaufe der Jahre 1625 bis 1630, während des ersten Generalats, ein Herzog von Mecklenburg. Was bedeutete das für Wallenstein? Was bedeutete es für ihn, in die große Politik Europas hineingezogen zu werden, also vor allem in das Ringen zwischen Spanien und den bürgerlichen Niederlanden? Wandelte er sich zu einem gefügigen Vollstrecker der spanischen Pläne? Ist das Gedeihen der friedländischen terra felix, die sein Kriegsmagazin und die Basis seines Kriegsunternehmertums wurde, sein eigenstes Werk? Wer waren die Urheber seines ersten Sturzes, und wen mußte er künftig als seinen Feind ansehen? Und endlich fünftens: Die Beziehungen zwischen Individuum und Gesellschaft nahmen in den letzten nicht ganz vier Lebensjahren (1631–34) besondere Formen an. Kämpfte er in dieser Zeit für oder gegen Habsburg? Können wir seine Wirksamkeit oder gar seine Pläne nachvollziehen? Vernichtete er sich selbst, verzehrten ihn seine Leiden oder wurde er das Opfer einer Hof- oder gar internationalen Intrige?

Weil die Persönlichkeit aus dem Kriege emporwuchs – einem Kriege, der um europäische Angelegenheiten (cosas de Europa) ging, wie spanische Quellen es ausdrückten – darum ist es notwendig, diesen besondere Aufmerksamkeit zu schenken. Und schließlich: Ist es möglich, auf der Grundlage neuer Arbeitsmethoden und Quellen eine neue Interpretation der Wallenstein-Frage zu wagen? – Das ist eine Frage, die vor allem dem Leser zu beantworten anheimgestellt wird.

I

Ein ehrgeiziger junger Mann

Sein Geburtsdatum vermerkte Wallenstein selbst im Horoskop, das Johannes Kepler im Jahre 1608 für ihn anfertigte – es ist der 14. September 1583. Aus anderer Quelle wissen wir, daß seine Wiege auf dem elterlichen Herrensitz Heřmanice/ Hermsdorf stand. Dort lebten und starben, als der Sohn zehn oder elf Jahre alt war, seine Eltern Wilhelm von Waldstein und Markéta, geb. Smiřická von Smiřic; dort, nahe der Kirche, befinden sich auch ihre Grabsteine, die der Sohn später anfertigen ließ. Neben ihm hatten die Ehegatten, die 1593 und 1595 starben, noch zwei Töchter, die das kritische Alter bis zu einem Jahr überlebten, in dem damals die meisten Kinder starben: Katharina Anna und Maria Bohunka. Erstere wurde im Jahr 1604 keinem geringeren als dem Haupt der mährischen Ständeopposition und der Brüderunität angetraut – Karl d.Ä. von Žerotín. Sie starb jedoch schon ein Jahr später. Maria Bohunka lebte im Elternhaus ihres Vetters und starb nach 1610, ein genaueres Datum ist nicht überliefert. Die Familie gehörte in jenen Kreis, an dessen Spitze Žerotín eine bedeutende Rolle spielte, sie waren alle Mitglieder der Brüderunität.

Ansonsten verband die Familien das Alter ihres Geschlechts; die Waldstein und Žerotín waren schon im 13. Jahrundert Mitglieder des Herrenstandes, also Angehörige des Hochadels. Aber die Waldstein waren zumeist mit Kindern gesegnet, deshalb wurde ihr Landbesitz, der vor allem im nördlichen Böhmen lag, immer mehr zerteilt. Aus dem Zweig der Familie, der sich von Jan von Waldstein (er besaß um 1500 Horitz) herleitete, erwuchsen in der weiteren Generationsfolge drei Linien, die sich nach ihren Gütern benannten: Lomnice, Arnau und Bradlec. Der Sohn des Begründers Zdeněk der Linie von Arnau Albrechts Großvater Georg (gest. 1584), wurde im Jahre 1547 wegen seiner Beteiligung am Ständeaufstand gegen König Ferdinand I. bestraft. Doch das hinderte ihn nicht daran, mittels dreier Ehen in verwandtschaftliche Beziehungen zu drei hervorragenden Familien des Landes zu treten – zu den Slavata, Žerotín und Lobkovic. Nach seinem Tode mußten die nordböhmischen Güter Arnau und Miletín unter sechs erwachsenen Söhnen und vier Töchtern aufgeteilt werden. Das waren allzu viele Erben, und so war Albrechts Vater Wilhelm (gest. 1595) froh, daß er nach der Ehe mit Markéta Smiřická auf seinem Gut in Heřmanice selbständig schalten und walten konnte. Es hatte seinem Onkel Jan gehört, der 1572 kinderlos gestorben war.

Das Gut Heřmanice war nicht groß, es bestand aus einem befestigten Burggebäude und sieben Dörfern, die in drei Teilen zerstreut lagen. Zu Beginn des

17. Jahrhunderts zählten nicht mehr als 92 Untertanenfamilien dazu. Dieser Besitzstand ordnete Vater Wilhelm und Sohn Albrecht weit unten auf der Stufenleiter der feudalen Grundherrn ein. Aber mit Überfluß an liegenden Gütern war keiner von den Waldsteins gesegnet – ausgenommen Adam d.J. aus der Linie, die Hrádek an der Sázava mit fast tausend Untertanen besaß. Er war der Vetter von Albrechts Vater Wilhelm. Wohlhabender waren die Angehörigen des mährischen Zweiges der Familie, sie besaßen auch Herrschaften im Westen Mährens. Albrechts Altersgenosse war Zdeněk Brtnický von Waldstein, der 1623 starb. Albrecht hatte nicht weniger als sieben Onkel und eine Menge Tanten, davon allerdings wenige väterlicherseits. Es scheint, daß die weit verzweigten Waldsteins ihren Familienzusammenhalt pflegten.

Der Ort Heřmanice war indes kein einem Herrengeschlecht angemessener Sitz, und Albrechts Mutter konnte ihren Haushalt kaum mit dem Hofe der Smiřický in Náchod vergleichen. Deren Herrschaften, durch unternehmende Angehörige der Familie im Laufe des 15. Jahrhunderts zusammengebracht, erstreckten sich vom Fuße des Riesen- und Adlergebirges bis in die Umgebung von Kuttenberg und Prag hin. Die Smiřický, oder vielmehr ihre Verwalter und Beamten, genossen den Ruf guter Wirtschafter. Sie verließen sich nicht allein auf die Arbeitsleistungen der Untertanen und trieben nicht deren Geldzahlungen hoch, sondern sie suchten Einfluß auf ihre landwirtschaftliche Produktion und die Naturalrente zu nehmen sowie auf das, was die Bauern aufkauften oder auf die Märkte der untertänigen Städte und Städtchen brachten – so in die Bergbaugebiete und überall dorthin, wo es eine größere Aglomeration von nichtagrarischer Bevölkerung gab. Die Untertanen lieferten im flachen Land Korn und Gerste, in den Vorbergen der Ostsudeten Flachs und Leinen, und von den Herrenhöfen nahmen sie Bier und andere Waren ab. Die Smiřický-Herrschaften verkörperten den progressivsten Typ spätfeudaler Agrarproduktion in Böhmen. Mit ihren Erträgen waren sie den königlichen Kammergütern weit voraus; das galt auch für jene Herrschaften im fruchtbaren Mittel-Elbe-Gebiet, die mit unproduktiven Ausgaben stark belastet waren. Ihre Verwaltung mußte sich darauf einstellen, daß sie unwirtschaftliche Aufgaben zu erfüllen hatten: Jagd, Versorgung ausgedienter Angestellter u.a.m. Die Herrschaften, die östlich von Heřmanice am Fuße des Adlergebirges lagen, gehörten einer Familie, die sich erst jetzt vorschob – den Trčka von Lípa. Auf ihren feudalen Besitzungen waren sie und ihre Verwalter bestrebt, von den Dorfbewohnern vor allem Geldzahlungen zu erhalten: Was den Untertanen gedeiht, gedeiht auch den Herren, hieß es. Aber Heřmanice selbst war zu klein, um an irgendwelche wirtschaftliche Eigenbedarfsdeckung zu denken. Weder die herrschaftlichen Brauereien noch die Fischteiche konnten, bei einer so kleinen Zahl von Bauern, namhafte Gewinne bringen. Sie dürften einige zehntausend Schock Groschen betragen haben. Wilhelm setzte in seinem Testament für die Töchter je 500 Schock Groschen an Mitgift und Aussteuer fest. Für die Söhne blieben, grob geschätzt, also höchstens 500 bis 1000 Schock Groschen jährliche Einkünfte.

Mit dieser Summe mußten die Vormünder – Onkel Karl auf Poličany und der Vetter der verstorbenen Markéta Smiřická, Jindřich Slavata von Chlum auf Košumberk – bei der Erziehung des jungen Waldstein auskommen. Für dessen Schwester sorgten die Tante Jitka von Waldstein und der Onkel Hanibal von Waldstein.

Die Bildung des jungen Albrecht

Über die ersten Kinderjahre Albrechts in Heřmanice wissen wir nichts. Nach dem Tode des Vaters kam er in eine Privatschule, die sein Vormund Jindřich Slavata auf Košumberk unterhielt. Dieser gehörte der Brüdergemeinde an, und die Schule war sicher in der Hand ihrer Geistlichen. Derartige private Schulen, die auf das Studium vorbereiteten und die dazu notwendigen Erfahrungen vermittelten, gab es viele in Böhmen und Mähren. Die Unterweisung stellte keine hohen Forderungen an die Schüler; es ging hauptsächlich darum, daß sie lesen und schreiben lernten und sich die notwendigen „mores" (Sitten) aneigneten. Auf Košumberk lernten die Kinder des Herrn Jindřich und seiner Verwandten – neben Albrecht von Waldstein auch Jindřichs Neffe Vilém Slavata, der wahrscheinlich von Jugend auf seinen entfernten Verwandten Albrecht nicht ausstehen konnte.

Zwei Jahre später (1597) wurde der Vierzehnjährige auf die Lateinschule im schlesischen Goldberg geschickt. Dort brachte er zwei Jahre zu. Einer unsicher verbürgten Nachricht zufolge soll er in Konflikt mit einheimischen Lutheranern gekommen sein, die ihn als „Picarden" beschimpften. Das war der Spitzname für Kalvinisten und Böhmische Brüder. Wenn man der Nachricht vertrauen kann, dann zeugt sie davon, daß sich der junge Albrecht nicht für einen allzu glühenden Protestanten hielt. Weder in seinem Fall noch im Falle Vilém Slavatas war es also bei der Erziehung in Košumberk zur Ausprägung abgegrenzter konfessioneller Überzeugungen gekommen. Im Frühling 1599 kehrte Albrecht aus Goldberg nach Böhmen zurück, und weil Jindřich Slavata inzwischen gestorben war und der Onkel Karl krank darniederlag, wurden zu neuen Vormündern der Waisen in Heřmanice bestimmt: die Tante Jitka, die für die Schwester Albrechts sorgte, Christoph Bukovansky von Hustiřany und Adam d.J. von Waldstein, der reichste und erfolgreichste Vertreter des Waldstein-Clans.

Diese schickten den sechzehnjährigen Albrecht mit einem Präzeptor (Lehrer) und einem Famulus (Diener) im August 1599 auf die Universität zu Altdorf. Das war die der Reichsstadt Nürnberg zugehörige Hohe Schule. Dort wirkten bedeutende Gelehrte aus den deutschen Territorien, aber auch Italiener, Schweizer und französische Hugenotten. Mancher von ihnen hatte an der berühmten niederländischen Universität Leiden studiert. Offiziell galt Altdorf als lutherische Hochschule, aber man sagte, sie sei in Wahrheit eine kryptokalvinistische Lehranstalt. Tatsache ist, daß dort aus den österreichischen und böhmischen Ländern jeder studierte, der künftig ein führender Kopf der Ständeopposition wurde: Václav Vilém von Roupov (Ruppa), später Präsident der Direktorialregierung von 1618 in Prag, und Georg Erasmus Tschernembl, das Haupt des österreichischen Adelswiderstandes gegen den Kaiser. Die Lehrer in Altdorf hatten es nicht weit zu ihren Kollegen an der Prager Carolina, vor allem zum späteren Prorektor Petr Fradelius von Štiavnica. Die Beziehungen zwischen den Altdorfer und Prager protestantischen Humanisten waren eng und herzlich.

Doch Albrecht von Waldstein konnte von alledem noch nichts begreifen. Schon Ende Dezember 1599 geriet er in eine Rauferei mit einheimischen Bürgern, bei der einer von ihnen schlimm zugerichtet wurde. Der Student Albrecht landete vorübergehend im Nürnberger Stadtgefängnis, wurde aber mit Rücksicht auf seine Verwandten und die guten Beziehungen zwischen der Reichsstadt Nürnberg und Böhmen in Hausarrest entlassen. Aber schließlich, nachdem er noch seinen aus Altdorf stammenden neuen Diener verprügelt hatte, war er froh, „nach eigenem Willen" im Februar 1600 unrühmlich nach Böhmen zurückzukehren. Was er in den folgenden drei Jahren tat, ist unklar. Einigen Nachrichten zufolge diente er als Page am Hofe des katholischen Markgrafen Karl von Burgau; sicherer überliefert ist, daß er sich auf die „große Reise" begab, die ihn durch das Reich in die Niederlande, nach Frankreich und, vor allem, nach Italien führte. Das war ein Itinerar, vergleichbar mit dem seines mährischen Namensvetters Zdeněk Brtnický von Waldstein. Wir können dessen Weg gut verfolgen, weil davon ein lateinisches Tagebuch überliefert ist. Von Albrechts Reise hat sich keine Spur erhalten – oder es gelang bisher nicht, sie zu finden. Es ist allerdings zu bedenken, daß Zdeněk Brtnický weit besser für seine Reise als Albrecht gerüstet war. In England informierte er sich beispielsweise ausführlich über die Universitäten. Für Albrecht ist das kaum anzunehmen.

Aus seinen späteren schriftlichen Äußerungen zu seiner Bildung läßt sich lediglich schließen, daß er mit gewandter Hand eine gutes Tschechisch und ein flüssiges Deutsch schrieb. Ein wenig Latein eignete er sich offenbar auch an, etwas stärker tritt das Italienische hervor. Ein eifriger Leser und Kenner von irgendwelcher Literatur war Wallenstein offenbar nicht. In seinem Prager Palast fand man 1634 ein einziges Buch – eine italienische Abhandlung über Festungsbau. Doch diese konnte auch seinem Architekten Pieroni gehört haben. Seine Ausdrucksweise war faßlich, sein Stil zeichnete sich mehr durch Konkretheit als durch blumige Wendungen aus. Neben Tschechisch und Deutsch beherrschte er das Italienische, das Spanische las er fließend, vom Französischen hatte er zumindest einen sicheren Begriff. Italien übte auf ihn den tiefsten Eindruck aus. Bis zu seinem Tode bemühte er sich um die Pflege des italienischen höfischen Lebensstils, des viel besprochenen cortegiano, auch wenn dieser damals schon etwas veraltet wirkte. Er bewunderte alles Italienische und umgab sich mit italienischen Kameraden – bis gerade diese Hinwendung für ihn schicksalhaft werden sollte. Er lernte von den italienischen Kriegstheoretikern, stellte italienische Offiziere, Architekten, Bildhauer, Maler und Fechtmeister an.

Wir wissen indes nicht, ob er sich in irgendeine weitere ausländische Universität einschrieb. Am wahrscheinlichsten ist das bei einer italienischen Hohen Schule, denn mit der Einschreibung wurde der adlige Bewerber Angehöriger der akademischen Gemeinschaft und war aus dem Rechtsbereich der städtischen Behörden ausgenommen. Auch wenn über den Aufenthalt tschechischer Studenten an italienischen Universitäten viel publiziert wurde, so ist doch offenbar, daß unsere Kenntnisse – namentlich über die Universitäten an den Hauptrouten der jungen Edelleute – bisher unvollständig sind. Man kann annehmen, daß der Hauptteil, der sich nach Venedig wandte, die Universität in Padua bevorzugte und daß die nach Rom Reisenden Siena besuchten. Das will freilich noch nicht viel besagen. In Padua studierte sowohl ein Führer des böhmischen Ständeaufruhrs, der Rektor der Carolina Jan Jessenius/Jesenský, als auch der Oberstkanzler Zdeněk Vojtěch Popel von Lobkovic. Es bleibt die Tatsache: Während Goldberg und Altdorf in die protestantisch-humanistische Bildungsrichtung fielen, konnten die italienischen Zentren der katholisch-humanistischen Richtung dauerhaften Einfluß auf den jungen Wallenstein ausüben. Er lernte später in seinem Leben schätzen, was die Niederländer leisteten, dauerhafter aber zeigt sich in seiner schriftlichen Hinterlassenschaft der italienisch-spanische, der mediterrane Einfluß. Wir können zwar den Zeitgenossen glauben, daß der junge Wallenstein „wie ein Holländer" zu trinken pflegte, aber im übrigen bevorzugte er den Reichtum, die Genußfreudigkeit und die Blütenvielfalt des italienischen Lebensstils.

Im Jahre 1602 kehrte Albrecht nach Hause zurück. Dort hatte Kaiser Rudolf II. unter dem Druck der „römischen" Partei die Mandate gegen die Brüdergemeinden erneuert. Es war klar, daß derjenige, der seine Karriere am Hofe oder in kaiserlichen Diensten machen wollte, nicht als „Picarde" verschrien sein durfte. Seit 1599 bekleideten gute Katholiken älteren und neueren Datums die höchsten Landesämter. Oberstkanzler war der „lange Spanier" Zdeněk Vojtěch von Lobkovic, das Haupt der „spanischen Partei", der sich anschickte, seine Vermählung mit Polyxena von Pernštejn, der Witwe Vilem von Rožmberks, zu feiern. In Mähren wurde der in Spanien geborene Franz von Dietrichstein Bischof, Kardinal und einflußreicher Politiker. Am Prager Hofe Rudolfs tauchte auch der später in Böhmen führende Karl von Liechtenstein auf, der erst kürzlich von der Brüdergemeinde abgefallen war. Die Zeit der Gemäßigten neigte sich ihrem Ende zu, in den Vordergrund traten die Radikalen.

Für den protestantischen Edelmann, der von seiner Reise durch Europa als galantuomo (galant homme) zurückkehrte und der auf eine Gelegenheit wartete, sich zur Geltung bringen zu können, war das eine Entscheidungssituation. Der reizbare, zornige junge Herr Albrecht würde es nicht leicht haben. Sein Besitzstand verwies ihn auf die eher bescheidene gewöhnliche Lebensform eines Landadligen, wie sie Vater und Großvater gepflogen hatten. Doch dies konnte den Ambitionen des jungen Heimkehrers wohl kaum genügen. Ende des Jahres 1603 dankte er seiner Tante Jitka für ihre Sorge um seinen bescheidenen Besitz. Das konnte auch ironisch gemeint sein – er hatte an derlei Fürsorge kein Interesse mehr. In der Tat: Als er im Frühjahr 1604 eine Eintragung in die Landtafel über die Verwaltung seines eigenen und des schwesterlichen Besitzes veranlaßte – wie das gewöhnlich beim Übergang in den Kriegsdienst geschah –, vertraute er alles seinem Onkel und zwei Prager Prokuratoren (Anwälten) an.

Seine Wahl, das Glück im Kriege zu suchen, war begreiflich. Der Krieg mit den Türken, von dem sich der Kaiser viel versprochen hatte, wurde seit 1593 mit wechselndem Erfolg geführt. Im Jahre 1603 focht der kaiserliche General Rußworm mit Erfolg bei Buda, und im Winter 1603/04 kam er nach Prag, um seinen Lohn zu ernten, erhielt ihn während des Karnevals 1604 jedoch in einer völlig unerwarteten Weise: Er wurde angeklagt und hingerichtet. Rußworm war weder der erste noch der letzte, der sein Leben im Strudel der Intrigen verlor. Albrecht überließ seinem Oheim Adam von Waldstein die Verhandlungen mit Karl d.Ä. von Žerotín über die Vermählung mit seiner Schwester Katharina Anna, er selbst ging, im niedrigsten Offiziersrang eines Fußvolk-Fähnrichs, im August 1604 auf den ungarischen Kriegsschauplatz. An der Hochzeit seiner Schwester nahm er sicher nicht mehr teil. Seine militärische Ausbildung nahm ihren Anfang.

Späteren Zeugnissen zufolge – und die sind immer verdächtig – rettete Herzog Don Carlo di Gonzaga-Nevers vor Esztergom dem „tollen Waldstein" das Leben, und einen Monat später ließ dieser fast sein Leben bei der Belagerung von Kaschau. Die kaiserliche Armee, geführt von Giorgio Basta, verteidigte Esztergom gegen die Türken. Diese gaben nach drei Wochen Belagerungskämpfen auf und zogen ab in die Winterquartiere bis nach Belgrad. Das konnte man als Erfolg der Kaiserlichen auffassen. In ihren Reihen kämpften Freiwillige aus nahezu ganz Europa. Der „närrische Waldstein" hatte sich offenbar ausgezeichnet, denn er wurde vor Kaschau zum Hauptmann, also zum Kommandeur einer Kompanie Fußvolk, ernannt. Die Einheit, die etwa 200 Mann zählen sollte, aber selten so stark war, gehörte zum Regiment Kolonich; wir wissen darüber wenig, weil es nicht in Böhmen geworben worden war. Von denen, die ihm späterhin immer wieder begegnen werden, dienten unter Basta, allerdings schon als Obrist, Heinrich Mathias Thurn und der Kommandeur der kaiserlichen Leibwache, der aus Valencia stammende Don Balthasar Marradas y Vique.

Da Waldstein nur kurze Zeit – rund ein halbes Jahr – in Ungarn diente, ist schwer auszumachen, was er 1604 im Kriegshandwerk hinzulernte. Die kaiserlichen Generale Basta und Belgiojosa führten es nach den Regeln der „spanischen Schule", für die Anfang des 16. Jahrhunderts der berühmte Generalkapitän Gonsalvo Fernández de Córdoba den Grund gelegt hatte. Ihr Kern waren mächtige, quadratisch formierte Fußvolkhaufen zu je zehn Kompanien Musketiere und

Pikeniere, im ganzen etwa 4000 Mann. Den Angriff eines Tercio unterstützten an den beiden Flügeln aufgestellte Kanonen-Batterien; der Reiterei, vor allem der leichten, die ebenfalls mit Feuerwaffen (Arkebusen) ausgerüstet war, kam nur eine Hilfsrolle zu. Im Verlaufe des Krieges in den Niederlanden seit den sechziger Jahren des 16. Jahrhunderts bildete sich die „niederländische Schule" heraus, die mit dem Namen des Statthalters der Vereinigten Niederlande und Sohnes von Wilhelm von Oranien, Moritz von Nassau-Oranien, verknüpft ist. Moritz konnte nicht darauf rechnen, die Spanier an Zahl zu übertreffen. Er ging deshalb, unter freier Übernahme des Musters der altrömischen Legionen, dazu über, linear angeordnete, unterteilte Infanterieeinheiten zu schaffen, die gewöhnlich nicht über Regimentsstärke hinausgingen. Er stellte sie schachbrettartig in drei Linien auf, an den Flügeln Reiterabteilungen. Die Zahl der Fußsoldaten, die Feuerwaffen führten, überstieg die Zahl der Pikeniere. Es war nötig, die Fußsoldaten gut auszubilden, damit sie den Angriffen der Tercios standhalten konnten – vor allem durch erhöhte Feuerkraft mit einer größeren Zahl von Geschützen.

Auf dem ungarischen Kriegsschauplatz verfuhren die kaiserlichen Generale, ausgebildet unter Herzog Alba und anderen spanischen Heerführern in den Niederlanden, nach den Regeln der spanischen Taktik. Nur hatten sie gewöhnlich nicht so viel gut geübtes Fußvolk, um es der spanischen Infanterie gleichtun zu können; sie mußten daher einen größeren Anteil an leichter Infanterie und Reiterei ins Feld führen, die vor allem aus den ungarischen Komitatbereitschaften (Banderias) stammten. Sie hatten meist nicht genug Artillerie zur Verfügung, aber gegen die Türken und ihre Verbündeten reichten die Qualitäten der sog. ungarischen Schule aus.

Ihre Gegner – die ungarische Ständeopposition und deren Bundesgenosse, der siebenbürgische Fürst István Bocskai – standen im wesentlichen auf demselben Niveau der Kriegsführung. Die Hauptkraft der Bocskaischen Streitmacht waren Haiduken von der Theiß-Ebene – aus Hirten gebildete leichte Reiterei, kampfgewohnt, aber schwer beherrschbar. Namentlich im Winter waren sie zu nicht mehr als zu kleinen, zerstreuten Aktionen verwendbar. Das lokale oder landesweite Milizaufgebot schließlich zerrann immer dann, wenn die Bauern und Knechte zu Frühjahrs- oder Herbstarbeiten auf den heimatlichen Höfen gebraucht wurden.

Vier Wochen Herbstfeldzug führten die Einheiten Bastas und Belgiojosos an den Rand der Auflösung, so daß ihnen nichts weiter übrig blieb, als sich aus dem Gebiet Habsburgisch-Ungarns – also von Kaschau bis 80 Kilometer nördlich in Richtung Prešov/Eperies – unrühmlich zurückzuziehen. Aber auch dort war ihre Situation schwierig; es mangelte, wie gewöhnlich, an Geld zur Auszahlung des Soldes, und die Soldaten meuterten. So wurde beschlossen, im Namen der Offiziere und Mannschaften, die von den Ständen des Königreichs Böhmen unterhalten wurden, eine Deputation nach Prag zu schicken, um die Zahlung des Soldes zu beschleunigen. Die Wahl fiel auf zwei Offiziere, die aus Böhmen stammten und die Voraussetzungen mitbrachten, in Prag auch etwas auszurichten. Für die Reiterei war das Rittmeister Heinrich Hieserle von Chodau, für das Fußvolk Hauptmann Albrecht von Waldstein. Hieserle diente im Reiterregiment Wolf von Vřesovic, Waldstein – wie bereits erwähnt – im Infanterieregiment Kolonich. Hieserle war ein gestandener Kriegsmann mit langjähriger Erfahrung, seine Wahl daher verständlich. Albrecht von Waldstein wurde ihm beigesellt – möglicherweise wegen seines Namens, aber auch vielleicht deshalb, weil er an der Hand verwundet und krank war. Oder er wurde, wie das gewöhnlich geschah, im Winter nach Hause geschickt, um sich auszuheilen.

Die Reise von Prešov nach Prag glich im Winter keineswegs einem Ausflug, und das umso weniger, als der passierbare Weg in der Hand der Parteigänger Bocskais war. Es blieb also keine andere Route für die beiden Offiziere als durch Zipser Gebiet, das vom 15. bis 18. Jahrundert zu Polen gehörte, und weiter über Käsmark in die polnischen Vorberge der Tatra und Beskiden. Hieserle war, im Unterschied zu Waldstein, ein Mann der Feder und hinterließ einige Memoirentexte, tschechisch und deutsch geschrieben. Diesen Notizen zufolge litten die beiden Abgesandten nicht nur einmal Mangel; es bedrohten sie die Natur, der strenge Winter und die wenig freundliche Bevölkerung, die in jeder Gruppe Soldaten berechtigterweise Feinde sah. Schließlich gelangten sie doch irgendwo bei Bielitz auf schlesisches Gebiet des mit Habsburg befreundeten Herzogs von Teschen und von da nach Böhmen. Dort verhandelte Hieserle mit wenig Erfolg in Finanzangelegenheiten, während der erkrankte Waldstein ihn verließ, um sich auszukurieren.

Die rätselhaften Krankheiten Wallensteins[1]

Vor Kaschau erlitt Wallenstein eine Wunde an der Hand, aber sie blieb, wie es scheint, ohne dauerhafte Folgen, und sie war auch nicht die Ursache seiner langen Krankheit in der ersten Hälfte des Jahres 1605. In den Unterlagen für das Horoskop von 1608 bemerkte Wallenstein selbst, daß er im Januar 1605 an der „ungarischen Krankheit und Pest" erkrankte. Die Diagnosen waren im 17. Jahrhundert meistens zweifelhaft. „Ungarische" nannte man die von der Malaria herrührenden Krankheiten, ähnlich wie „französische" oder „italienische" und weitere, die sicher Geschlechtskrankheiten bezeichneten, und die man sich in den ungarischen Feldlagern holte. Nach E. Vlčeks Hypothese, die auch J. Janáček annimmt und G. Mann erwägt, litt Wallenstein an Syphilis. Sie wurde damals geradezu als Berufskrankheit angesehen. Vor einigen Jahrzehnten publizierte K. Stloukal die These, daß die Syphilis das Aussterben einer ganzen Reihe alter böhmischer Familien mitverschuldete, und aus erhaltenen Arzneirechnungen

---

1   Der Schillerschen Namensform folgend, im weiteren „Wallenstein".

schlußfolgerte er, daß sie auch die Ursache für das Erlöschen der Herrenfamilie von Hradec war. Es ist durchaus wahrscheinlich, daß auch Wallenstein Syphilitiker war, aber die Frage bleibt offen, wann er sich infizierte. Auf seiner Reise im Winter 1604/05 könnte er, nachdem er sich schwer erkältete, an einer Lungenentzündung erkrankt sein; oder aber es zeigte sich bei ihm eine Lungentuberkulose, an der möglicherweise auch seine beiden Schwestern starben. Die Symptome der Pest oder der „ungarischen Krankheit" sind aus jener Zeit so unsicher überliefert, daß man nicht weiß, worum es sich handelte. Eine Syphilis ist schwer zu diagnostizieren, vor allem wenn wir den Feststellungen Vlčeks und Janáčeks folgen, Wallenstein habe sich 1604 angesteckt und das sekundäre Stadium sei um 1610 und das tertiäre nach 1620 eingetreten. Hierzu ist zu bemerken, daß in diesem Falle die Krankheit normal verlaufen wäre. Wahrscheinlich läßt sich die Diagnose nicht beweisen, und es ist deshalb auch kaum angängig, irgendwelche ans Wundersame grenzende Eigenschaften Waldsteins nach 1620 aus der Krankheit abzuleiten. Kein Zweifel besteht daran, daß Wallenstein zeit seines Lebens kränkelte. Er selbst klagte oft über Gichtschmerzen. Er erklärte sie daraus, daß er in seiner Jugend unmäßig viel Wein genossen hatte – was leider allgemeine Gewohnheit in Adelskreisen war. Später trank er nur noch leichten Veltliner und am ehesten Bier. Eine solche Diät würden die Ärzte möglicherweise auch heute bei Nieren- und Leberbeschwerden empfehlen, ebenso bei Gicht. Es ist mehr als wahrscheinlich, daß Wallenstein sowohl an Gicht als auch an den Folgen der Syphilis litt; die Frage stellt sich jedoch, wann sich die Leiden zu solchem Grade steigerten, daß sie seine Entscheidungen beeinflußten. Aus den spärlichen Skelettresten, die heute bequem in einer Tischschublade Platz fänden, weitreichende Schlüsse abzuleiten , ist sehr riskant.

Wir wissen vor allem nicht, wie der Gesundheitszustand Wallensteins vor dem Winter 1604/05 war. Krankheiten traten oft in der Familie auf, beide Eltern starben früh, die Schwestern im jugendlichen Alter, und über Albrechts Jugend ist uns, wie bereits erwähnt, fast nichts bekannt. Uns stehen nicht solche Quellen (Rechnungen) zur Verfügung wie bei der Untersuchung der Todesursachen der Herren von Hradec. Arzneirechnungen sind im Falle Wallensteins nur vom Winter 1633/34 und aus der Apotheke zu Pilsen erhalten. Da wir aber wissen, daß Wallenstein einen Leibarzt hatte, der Medikamente mitführte und nur Fehlendes einkaufte, müssen wir uns begnügen zu konstatieren: Wallenstein litt in seinen letzten Lebensjahren an Verstopfung (Obstipation), er benutzte Desodoranta (Geruchsverbesserer), ihn plagten die Gicht und die daraus folgenden Magen- und Darmbeschwerden sowie Koliken und Herzbeschwerden, die wiederum von Angstzuständen begleitet waren. Wallenstein wurde in seinem letzten Lebensjahr von Leiden heimgesucht, und seine Nerven wurden arg strapaziert, aber von einer Zerrüttung seiner Persönlichkeit kann keine Rede sein. Depressionen überfielen ihn, und während der akuten Gichtanfälle bereitete ihm jede Bewegung Schmerzen. Zu großer Aktivität war er dann sicher nicht imstande, und es wäre ein Wunder, wenn er sich dessen nicht bewußt gewesen wäre. Zwischen den Anfällen entfaltete er jedoch eine beachtliche Energie. Die Annahme, daß Wallenstein im Februar 1634 nur noch einige Wochen zu leben gehabt hätte, ist sehr kühn, denn er hatte eine Menge Ärzte um sich (eingeschlossen den Arzt-Diplomaten Dr. Agustino Navarro), die einen alarmierenden Stand der Gesundheit Wallensteins ganz gewiß vermeldet hätten. Sie waren der Meinung, er könne noch etwa zwei Jahre leben. Wir schließen aus alledem, daß Wallenstein ein von Jugend an kränklicher Mensch war, der seiner Beschwerden und Leiden über lange Jahre in bewundernswerter Weise Herr wurde.

Zu Beginn des Jahres 1605 genas der kaiserliche Hauptmann Wallenstein wieder – entweder in Prag oder in Heřmanice oder anderswo bei Verwandten. Er nahm sicher nicht am böhmischen Landtag im Februar teil, wo der Beschluß verkündet wurde, man möge dem Kaiser vorschlagen, als Kommissare für die Regelung der Soldatenentlohnung entweder einen Herrn von Fürstenberg oder Albrecht von Wallenstein zu ernennen. Wahrscheinlich wußte man, daß letzterer, der aus Ungarn wegen der Verhandlungen über die Auszahlung rückständigen Soldes gekommen war, über eigene Erfahrungen verfügte und zur Disposition stand, während sein Gefährte, Rittmeister Hieserle, schon längst wieder in die Ostslowakei zurückgekehrt war. Ob der Beschluß vom Februar realisiert wurde, wissen wir ebensowenig wie wir über das Ende der Hauptmannskarriere Wallensteins informiert sind. Und weil nicht bekannt ist, wie er entpflichtet wurde, hat es keinen Sinn, darüber zu rätseln.

Im Frühjahr 1605 verschlechterte sich im übrigen die Lage der kaiserlichen Armee zusehends, die gegen die Abteilungen Stefan Bocskais focht. Im April stand die Streitmacht Bastas bereits bei Preßburg und schickte sich zum weiteren Rückzug über die Donau an, um den Zugang nach Wien zu schützen. Anfang Mai 1605 schlugen sich Abteilungen Bocskais über die March bis auf den Boden der Markgrafschaft Mähren durch; ihre Überfälle säten Verderben bis in die Umgebung von Brünn, Gaya, Ungarisch-Radisch und Zlín. Diese Taktik des Schreckens sollte die mährischen Stände bewegen, auf die Seite Bocskais und der ungarischen Ständeopposition überzugehen, die ebenso wie die Mehrheit des mährischen Adels nichtkatholisch und antihabsburgisch eingestellt war. Aber die Taktik der verbrannten Erde, des Verschleppens von Gefangenen, des Erschlagens von Frauen und Kindern machte es den Bewohnern Mährens unmöglich, Bocskais Partei zu nehmen. Sehr bald verstummten auch die Lieder im Volke über den „Bocskai" (oder „Počkaj"), der die Freiheit bringen sollte. Weil das „gemeine Volk" am schlimmsten unter den Überfällen litt, wandte sich der Unwille der Autoren von Chroniken und Relationen (das bemerkenswerteste literarische Produkt war die „Lamentation des Landes Mähren") gegen die Vertreter der herrschenden Klasse – gegen die Angehörigen der Hofpartei, die mit Ladislav Popel von Lobkovic und Berka von Duba die höchsten Landesämter innehatte, und gegen den Olmützer Bischof Kardinal von Dietrichstein, aber auch gegen die

Führer der mährischen Ständeopposition mit Karl von Žerotín an der Spitze. Der einzige unter den Ständeherrn, der für die Verteidigung seiner Herrschaften, besonders die von Lundenburg, sorgte, war Ladislav Velen von Žerotín. Die Verteidigung der Abwehrlinie an der March beschrieb sein Hauptmann Jan Urban von Domanin. Sein Diarium ist ein Beleg dafür, daß die Fähigkeit zu kämpfen in jener düsteren Zeit noch nicht völlig geschwunden war.

Zur Abwehr der Welle von Einfällen wurde die mährische Landesmiliz mobilisiert. Der Olmützer Bischof rief seine Lehensleute zum Aufgebot, und der böhmische Landtag beschloß die Entsendung einer Bereitschaftstruppe nach Mähren. Aber das alles reichte nicht aus, um eine zweite Welle von Einfällen aufzuhalten, die Mitte Juli das Land zu überfluten drohte. Neben Bocskaiern nahmen bereits türkische und tatarische Einheiten daran teil. In Ungarn fiel eine Festung nach der anderen, die die Kaiserlichen seit 1593 mühsam erobert hatten. Auch wenn es gelang, die Bocskaier schließlich aus ihren Hauptstellungen um Skalitz zu verdrängen (Kardinal Dietrichstein ließ diesen Erfolg in einem spanischen Panegyrikum rühmen, das der Sevillaner Poet Alonso de Salinas verfaßte und der Olmützer Drucker Hendel herausgab), so hatte sich klar herausgestellt, daß es notwendig war, mit Bocskai über einen Frieden zu verhandeln. Diese schwierige Aufgabe übernahm der Bruder des Kaisers, Erzherzog Mathias. Er sollte fast Übermenschliches leisten: einerseits die weitere Ausplünderung Mährens und Niederösterreichs verhindern und andererseits seinen kaiserlichen Bruder zufriedenstellen, der plötzlich alle Hoffnung fahren ließ, in die Geschichte als Türkenbezwinger einzugehen. Deshalb zogen sich die Friedenstraktaten hin und wurden erst im Juni 1606 abgeschlossen. Im Gefolge dieser Ereignisse führten die Meinungsverschiedenheiten zwischen Rudolf und Mathias zum dramatischen, von Grillparzer dichterisch gestalteten „Bruderzwist im Hause Habsburg".

Über den jungen Hauptmann Wallenstein hören wir nichts – bis zum Juni 1605, als er auf dem mährischen Herrensitz der Žerotín in Rosice seine kranke Schwester besuchte. Albrecht war Anna Katherina offenbar aufrichtig zugetan: Er erhöhte ihre Mitgift entgegen der väterlichen Testamentsbestimmung, und ihr Tod und Begräbnis in Rosice waren für ihn ein ebenso schwerer Schlag wie für den jungen Witwer. An der Beerdigung nahmen außer ihm seine Schwester Maria Bohunka und zahlreiche Verwandte von beiden Seiten teil. Albrecht von Wallenstein war also nur ein Jahr lang der Schwager Karls von Žerotin. Wie nahe sie sich kamen, wissen wir nicht. Die späteren Briefe Žerotíns verraten stets einen gewissen Abstand zueinander. Im Jahre 1605 verteidigte er sich gegen die Kritik seiner Glaubensgenossen, er meide das politische Leben. Seine „Obrana" (Verteidigung) gegen die Vorwürfe Jiříks von Hodice ist eine seltsame Schrift. Sie stellt die Rechtfertigung eines intellektuellen, skeptischen Mannes dar, der die ständische Oppostition ebenso kritisiert wie die Parteigänger des Kaiserhofes. Gleich einer Reihe anderer Vertreter des Späthumanismus bzw. des manieristischen Bildungsideals war auch Žerotín für den Ausgleich der Gegensätze, für

Versöhnung und vernünftigen Vergleich. Aus den Ereignissen der Folgezeit läßt sich schließen, daß diese Ansichten die Annäherung Žerotíns, des Bekenners der Brüdergemeinde, an den Katholiken Adam von Waldstein förderten, aber nicht an den Schwager Albrecht von Wallenstein.

Dieser trat im übrigen bis zum Frühjahr 1606 weder als Militär noch anderweitig hervor. Späteren Aufzeichnungen des Kaisers vom Beginn 1607 zufolge wurde Albrecht von Wallenstein zum Obersten der böhmischen Stände über ein Regiment deutscher Knechte (Fußsoldaten) ernannt. Sie waren in den Ländern Mitteleuropas geworben und nach „deutscher", also nicht spanischer oder niederländischer Manier ausgerüstet worden. Doch in den Landtagsbeschlüssen vom Frühjahr 1606 – die auf den Tatbestand reagierten, daß der Friede in Ungarn noch nicht geschlossen und daß deshalb das Landesaufgebot bereitzustellen sei – findet die Ernennung keine Erwähnung. Wenig später traf die Nachricht ein, der Friede sei nunmehr in Ungarn erreicht, mithin kam es weder zum Landesaufgebot noch zum aktiven Einsatz des „Reserve"-Obersten Wallenstein. Dieser war sich dessen bewußt, daß er noch nicht ausreichend für die militärische Laufbahn vorbereitet sei. Darum rüstete er im Herbst 1606 zum Aufbruch auf den niederländischen Kriegsschauplatz, selbstverständlich auf die spanische Seite. Dort sollte er in der Armee General Ambrosio Spinolas weitere Erfahrungen sammeln, denn der „Achtzigjährige Krieg" war erst am Ende seiner ersten Hälfte angelangt. Doch Wallenstein ging schließlich doch nicht in die Niederlande und begegnete nicht jenem hervorragenden Militärtheoretiker, dessen Prinzipien er zukünftig mehrfach zu überwinden vermochte. Statt über die Soldatenkarriere versuchte Wallenstein seinen Weg über den Dienst bei Hofe zu machen. Irgendwann im Herbst 1606 trat er zum katholischen Glauben über.

Am Hofe des Erzherzogs Mathias

Der Glaubenswechsel unter jungen Adelssprossen war in Böhmen und Mähren ein so häufiger Vorgang, daß niemand die Konversion Albrechts von Wallenstein sonderlich beachtete. Größeres Aufsehen erregte schon der Übertritt Karls von Liechtenstein, eines ehemaligen Zöglings der Brüder-Schule von Eibenschitz, oder der von Vilém Slavata. Dieser bekannte in einem an den Vater gerichteten Brief ganz offen, daß er zum Katholizismus übergewechselt sei, um sich vorteilhaft verheiraten und den Weg zur Hofkarriere öffnen zu können. Wallensteins Schritt zu erwähnen, sah sich niemand veranlaßt. Waren doch einige Verwandte, allen voran Adam von Waldstein, Katholiken, wenn auch wenig streitbare. Es gibt keinen Grund anzunehmen, daß bei Albrecht andere als karrieristische Beweggründe im Spiel waren.

Die Überlieferung schreibt den Angehörigen des Jesuitenkollegs zu Olmütz das „Verdienst" zu, Wallenstein zum Bekenntniswechsel bewogen zu haben. Das

Kolleg war als Zentrum der Missionsarbeit gegründet worden, weniger für Mähren als für Ost- und Nordosteuropa. Aber die Namen von Hurtado Pérez, Veit Pachta, M. Treviño und anderer sind mit Wallenstein nur sehr lose verknüpfbar. In der Gesellschaft Jesu galt der Grundsatz der „peregrinatio". Das bedeutete, daß die Mitglieder des Ordens ihre Wirkungsstätte regelmäßig wechselten. Von diesem oder jenem festen Kreis als Zentrum der Bekehrung zu sprechen, ist deshalb schwer möglich. Die Olmützer Jesuiten konnte ihr General zu Rom entweder nach Litauen weisen, oder sie konnten katholische Adlige nach Prag begleiten. Wenn wir bedenken, daß das Archiv der Ordensprovinz nach seiner Auflösung und den josefinischen Reformen vernichtet wurde, dann begreifen wir, warum wir über die Tätigkeit des Ordens am meisten aus der Korrespondenz seiner einflußreichen Förderer und Förderinnen wissen, wie z.B. der Maria Manrique de Lara, Witwe Vratislavs von Pernštejn und neben der Kaiserin Maria quasi die zweite Dame der „spanischen Partei" in Prag und in Mähren. Aus dieser Korrespondenz geht hervor, daß sich die Beichtväter dieser Damen und diese selbst um alles Mögliche kümmerten: um Buchgeschenke für die Bibliotheken der Jesuitenkollegien zu Prag (Clementinum), Olmütz und Brünn, um die Besetzung von Pfarren mit beflissenen Geistlichen sowie um Heiratspolitik. In Mähren war die „römische" Partei geschwächt durch den Zerfall des Pernštejnschen Besitzes nach dem Tode Vratislavs von Pernštejn. Die Pernštejnschen Güter – sie zogen sich von Raudnitz an der Elbe über das ganze elbnahe Gebiet bis Pardubice und Leitomischl hin, in Mähren über Proßnitz, Tobitschau und Prerau bis Helfstein an der Bečva – fielen dem maßlosen Aufwand an Repräsentation im Dienste der Habsburger zum Opfer. Man kann sagen, daß sich die Pernštejn dadurch ruinierten. Neben dem Olmützer Bischof, dessen Güter sich nunmehr um Mürau, Wischau und Kremsier, um Kelče und vor allem Hochwald gruppierten, schoben sich die Liechtenstein nach vorn. Über ihre Rechtgläubigkeit gab es allerdings Zweifel; deshalb waren die Strategen der „römischen" Partei in Mähren bemüht, böhmische Herren- und Ritterfamilien dazu zu bewegen, zuverlässige und der römischen Kirche wie dem Kaiser ergebene Mitglieder zu entsenden. So kamen die Berka von Dubá nach Mähren, und nach Holleschau gelangte der Bruder des Oberstkanzlers, Ladislav Popel von Lobkovic. Wir können annehmen, daß auch Albrecht von Wallenstein im gleichen Sinne für die Konversion gewonnen wurde. An Gütern war er zwar nicht reich, aber er gehörte einem der edelsten Geschlechter in Böhmen an. Er sah außerdem gut aus, das ist aus den frühesten Porträts (1614) ab-zulesen. Im Kriege hatte er sich schon einen bestimmten Namen gemacht, und als Katholik standen ihm die Tore offen für eine Karriere im Dienste des Herrschers, der Dynastie und des Landes.

Als sich Albrecht von Wallenstein im Frühjahr 1607 an den Hof Erzherzog Mathias' nach Wien begab, konnte ihn Karl d.Ä. von Žerotín schon als Katholiken empfehlen. Mathias brauchte für seine Auseinandersetzung mit Kaiser

Rudolf einflußreiche Bundesgenossen auch in Mähren, und wir gehen nicht fehl in der Annahme, daß die Ernennung Albrechts von Wallenstein zum Kammerherrn am Hofe von Mathias Žerotín zuzuschreiben ist. Diesen hinderte, wie ersichtlich, auch die Konversion des Protegierten nicht daran, ihn zu fördern.

Im Verlaufe des Jahres 1607 wuchsen die Spannungen zwischen Rudolf und Mathias weiter, beide suchten Unterstützung und begannen, Truppen zu werben. Die böhmischen Stände entschieden sich für Rudolfs Seite, die mährischen, österreichischen und ungarischen hingegen standen zu Mathias, der ein weit realistischeres Bild von der Türkengefahr hatte als Rudolf. Außerdem waren die Stände der drei Länder davon überzeugt, Mathias werde ihnen mehr ständische und konfessionelle Freiheiten zugestehen als der Kaiser. In Mähren fiel die Entscheidung auf dem im April 1608 nach Eibenschitz einberufenen Landtag. Der bisherige Landeshauptmann Ladislav Berka von Dubá, Parteigänger des Hofes und Kaiser Rudolfs, wurde abberufen, und an die Spitze der Landesverwaltung trat ein Direktorium, in dem Karl von Liechtenstein und Karl d.Ä. von Žerotín die entscheidende Rolle spielten. Vilém Slavata, der in Eibenschitz namens der böhmischen Stände weilte, fand diesmal kein Verständnis und kam schlecht an. Albrecht von Wallenstein hingegen wurde als Hauptmann im Regiment zu Fuß des Obersten Maximilian von Liechtenstein (des Bruders von Karl) angenommen. Mit diesem Regiment zog Wallenstein in der Nachhut der Mathiasschen Armee nach Prag. Als in Libeń bei Prag zwischen den beiden Brüdern über einen Ausgleich verhandelt wurde, stand sein Regiment noch bei Iglau an der böhmischen Grenze. Unter dem böhmischen Adel war Wallenstein mit seiner Position für Mathias nahezu ein Einzelgänger, der größte Teil verhielt sich loyal zu Kaiser Rudolf II. und rechnete damit, daß dieser als Gegenleistung Zugeständnisse in Stände- und Religionssachen machen würde. Von den übrigen Adligen, die Mathias mehr vertrauten als Rudolf, sei vor allem der einstige Wittenberger Professor, Arzt und Anatom Johann Jessenius/Jesenský genannt. Er stellte seine gewandte Feder und sein publizistisches Talent in den Dienst des Mathias.

Das Horoskop lügt nicht...

Irgendwann im Herbst 1608 suchte Wallenstein über die Vermittlung des Niederländers Gerhard Taxis vom kaiserlichen Mathematicus Kepler sein Horoskop gestellt zu bekommen. Die Meinung, daß irgendein Astrologe ein solches für eine ihm unbekannte Person fertigte, die ihm lediglich ihre Geburtsdaten übermittelte, ist irrig. In Wirklichkeit wurde ein Horoskop auf der Grundlage von Informationen zusammengestellt, die sich der Astrologe über den Besteller besorgte, und je nach den psychologischen Erkenntnissen fiel es mehr oder weniger zutreffend aus. Der Astronom Johannes Kepler, der auch deshalb zahlreiche Horoskope stellte, weil er auf seinen Lohn aus dem kaiserlichen Fiskus Jahre warten mußte (sofern er überhaupt etwas erhielt), entledigte sich dieser Aufgabe mit Geschick. Sein Horoskop wies aus, was man damals über Wallenstein wissen konnte. Ohne größere Bedenken vermochte er den maßlosen Ehrgeiz als Haupteigenschaft Wallensteins zu nennen. Ansonsten basierte seine Voraussage auf dem, was man damals über einen ehrgeizigen Einzelgänger sagte: Er macht seinen Aufstieg über eine Heirat mit einer reichen Witwe. Das erwartete man offenbar von einem jungen Emporkömmling und Konvertiten. Die Vorhersage enthielt ein abgewogenes Quantum an Hoffnungen und Warnungen. Sie hatte auf Wallenstein einen großen Einfluß, denn er versah das Horoskop mit seinen Anmerkungen – mit anderen Worten, er bemühte sich, nach ihm zu leben.

Die reiche Witwe fand sich in der Person der Lukrezia Nekšová von Landek, deren zwanzig Jahre älterer Gatte Arkleb von Víckov, Herr auf Prusinovice, kürzlich verstorben war. Sie war reich, aber nicht so alt wie die Legende behauptete. Irgendwann zwischen 1582 und 1584 geboren, war sie mit Wallenstein etwa gleichaltrig. Beide heirateten im Mai 1609. Wallenstein notierte das Ereignis mit der lakonischen Bemerkung: „Ich schloß die Ehe mit einer Witwe"; das zeugt nicht gerade von einer großen Gefühlsaufwallung. Diese Heirat ermöglichte es aber Wallenstein, sich den Weg zur Erfüllung seiner hochfliegenden Pläne zu bahnen, zugleich verschaffte sie ihm Zugang zur Gemeinschaft der mährischen Stände.

Wie bereits erwähnt, war Mähren seiner Bedeutung nach das dritte Land der böhmischen Krone – nach Böhmen und Schlesien und vor den beiden Lausitzen. Die Einwohnerzahl betrug um 1600 etwa eine Million. Es existierte ein eigener Landtag und eine eigene Ständeregierung mit dem Landeshauptmann, dessen Amtsbefugnis der des Oberstburggrafen in Böhmen entsprach. Der Landtag versammelte sich regelmäßig abwechselnd in Olmütz oder Brünn. Mähren hatte also Mitte des 17. Jahrhunderts zwei Hauptstädte, wo Beamte die Landtafel führten, in die sie alle Veränderungen des feudalen Grundeigentums eintrugen. In wirtschaftlicher Hinsicht erschien Mähren den Zeitgenossen als Land des Weines im Süden und des Getreides in seiner nördlichen Hälfte. Außerdem züchtete man gute Pferde und trieb Handel mit Krakau und Oberungarn. Aus Westmähren wurden Tuche nach Österreich ausgeführt, aus Iglau gingen wollene Hüte über Neutitschein nach Osten, im Gesenke baute man Flachs an und betrieb Bergbau, hier und an anderen Orten arbeiteten Eisen- und Glashütten.

Durch Mähren führten wichtige Handelswege: Von Wien und der Donauebene nordwärts durchzog das Land die alte Bernsteinstraße, die sich unterwegs verzweigte, entweder in Richtung Breslau oder ins polnische Krakau und nach Lemberg, und nach Siebenbürgen weiterlief. Im 16. Jahrhundert herrschte lebhafter Verkehr auf ihr, und viele Reisende verblieben in Mähren. Es waren vor allem „Ketzer" – Menschen, die in ihrer Heimat nicht mit der katholischen Kirche oder mit der protestantischen Herrschaftskirche übereinstimmten. Die venezanische und römische Inquisition verfolgten aufmerksam die Tätigkeit der ersten „Freimaurer" (franchi muratori) – der Erbauer zahlreicher Renaissance-schlösser, Schlößchen, Kastelle, Festungen und anderer Gebäude in Mähren, Ungarn und Polen. Da sich die mährischen Stände vom Aufruhr gegen König Ferdinand I. 1546–47 fernhielten, bewahrten sie sich ein höheres Maß an Unab-hängigkeit und religiöser Toleranz als ihre niedergeworfenen böhmischen Stan-desgenossen. Und so gelangte die Bibliothek des Calvin-Schülers und schweize-rischen Reformators Théodore de Bèze auf das Schloß der Herren von Zástrizl, es entstanden die Büchereien der Žerotín in Rosice, der Brtnický und Waldstein in Brtnice, der Dietrichsteins in Nikolsburg sowie kirchlicher Institutionen in Raigern, Louka, Olmütz und Kremsier. Obwohl Mähren nicht so unmittelbar vom Hussitismus erfaßt worden war wie Böhmen, fanden die hussitische Bewe-gung im 15. Jahrhundert und die tschechische Reformation auch hier Widerhall. Nur eine kleine Minderheit bekannte sich zum Katholizismus, und seit 1547 bil-dete Mähren das Fundament der Brüdergemeinde mit Schulen in Eibenschitz und Prerau, aber auch in kleineren Orten wie Chropyně, Pačlavice, Žeravice u.a.m. Das den Žerotín gehörende Horní město bei Přerov war eine Bastion der humanistisch-protestantischen Gesinnung und konnte sich solcher Schüler rüh-men wie Jan Blahoslav und Jan Amos, später Komenský (Comenius) genannt. Ein paar Kilometer davon entfernt lag Olmütz, Sitz katholischer Hierarchie mit dem Bischof an der Spitze, mit hochmütigen Kapitelherrn und dem Jesuitenkol-leg, einem Zentrum humanistisch-katholischer Denkart. Neben Spaniern lehrten hier Flamen, aber auch Iren und Engländer, unter ihnen Edmund Campion (Campianus), der sich derart ereiferte, daß er sogar die alten Kyrill-Methodiani-schen und großmährischen Traditionen zur Unterstützung des katholischen Glaubens wiederbelebte.

Der Adel Mährens gliederte sich in zwei Gruppen – die der wenigen Herren und die des zahlreichen Ritterstandes. Zu den feudalen Magnaten gehörte vor allem der Olmützer Bischof. Sein am häufigsten genutzter Sitz Kremsier war seit dem 13. Jahrhundert Mittelpunkt eines Lehensnetzes, mit Lehensgericht und Lehensaufgebot, zu dem namentlich die Inhaber kleiner Lehensgüter in den Vorbergen der Hosteiner Gipfel und der Beskiden verpflichtet waren. Nicht unbedeutende Güter besaß das Olmützer Domkapitel auch in einigen Kloster-herrschaften, so in Raigern und Louka. Hier wurde der Präzeptor Kaiser Rudolfs II. Sebastian Freytag von Čepiro, Abt, nachdem er aus Spanien zurückgekehrt war. Zu den vornehmsten Herrenfamilien zählten die Pernštejn, die auch in Böhmen Güter besaßen, ebenso wie die Žerotín Brandeis an der Adler, Neuhof bei Kuttenberg gehörten ihnen die Herren von Lípa, nicht zu sprechen von der katholischen Seite, zu der die Berkov von Dubá, die Lobkovic und schließlich auch Albrecht von Wallenstein zählten. Zur protestantichen Ständeopposition rechneten neben den Žerotín die Herren von Kunovice, Kounice, Lípá und einige weitere. Zur „römischen", katholischen bzw. Hofpartei bekannten sich aus der zahlreichen Ritterschaft hauptsächlich jene, die Lehensleute des Olmützer Bischofs waren, vor allem im östlichen Mähren. Das politische Gewicht der königlichen Städte war in Mähren gering, aber Brünn, Olmütz, Iglau, Znaim und Radisch hatten deutsches oder tschechisches Patriziat, das wirtschaftlich einflußreich war.

Auch einige Familien aus dem Kleinadel waren ökonomisch aktiv, ebenso gab es Unternehmertum in Kreisen des höheren Adels. Bartolomäus von Žerotín führte für Prager Liebhaber südmährische Weine aus dieser Gegend mit Hilfe von untertänigen Fuhrleuten heran. Fuhrleute aus der Umgebung von Neustadt in Mähren transportierten Wein auf seine Güter in Neuhof bei Kuttenberg und gelegentlich auch in die Prager Altstadt, zur Schänke an der Stará rychta (Altes Rathaus). Die weitreichende wirtschaftliche Regsamkeit der Pernštejn gehörte allerdings damals schon der Vergangenheit an, ihre letzten Vertreter befaßten sich lieber mit militärischen als mit wirtschaftlichen Unternehmen. Doch sie hinterließen Fischereigebiete und reiche Erfahrungen, die der Olmützer Bischof Dubravius in seiner berühmten Schrift „Über die Fischteiche" zusammenfaßte. Sie gehörte zu den Bestsellern der ökonomischen Literatur Europas.

Seit der Wende zum 16. Jahrhundert waren die Grundherrn bestrebt, bis dahin öde Flächen im bergigen Teil Ostmährens zu nutzen, es verbreitete sich dort die Weidekultur des „walachischen" Typus – Almwirtschaft, die sich auf Schaf- und Ziegenhaltung und die Produktion von Wolle, Fleisch, später auch von Butter, spezialisierte. Dazu trug auch der Umstand bei, daß seit der Herrschaftszeit von Mathias Corvinus (also vor 1490) eine Reihe Adliger ungarischer, aber auch böhmischer und mährischer Herkunft auf dem Territorium der heutigen Slowakei Güter erwarb. So überschritt im 16. Jahrhundert die walachische Kolonisation die Landesgrenzen und erreichte ihr Zentrum, sie erfaßte das Beskidengebiet und weiter die Bergrücken. Zu Beginn des 17. Jahrhunderts war der Osten des Landes von zweierlei Bevölkerung bewohnt – einer landwirtschaftlichen in den Ebenen und Tälern und einer weidewirtschaftlichen (walachischen) in den Bergen und auf den Hochebenen. Neben der Weidenutzung schritt im übrigen auch die Rodekolonisation weiter fort, die sich bis nach dem Dreißigjährigen Krieg voll entfaltete. So wurden also, indirekt auch durch Wallenstein, aus den walachischen Bewohnern, über deren Halsstarrigkeit seit Wallensteins Zeiten die Jesuiten und andere Missionare klagten, die „Walachen" – eine eigentümliche Volksgruppe mit einem starken Selbstbewußtsein, das sich über Generationen im harten Kampf herausbildete.

In den vierziger Jahren des 17. Jahrhunderts sah man als „walachische Herrschaften", die als der Kern aller Aufstände in Ostmähren galten, vor allem die von Vsetín, Lucka, Vizovice und Zlín an. Walachische Hirtenbevölkerung lebte darüber hinaus auch in der bischöflichen Herrschaft Hochwald, in der Freidecker Herrschaft im benachbarten schlesischen Teschener Ländchen, auf den Gütern der Žerotín (Meseritsch, Rosenau), in der Herrschaft Braunau u.a.

Der Witwe Lukrezia Nekšová gehörten nach dem Tode ihres Mannes zwei dieser Herrschaften, nämlich Vsetín und Lukov, des weiteren im weiter östlichen Hana noch Rymice und Všetuly bei Holleschau. Von ihrem Vater Zikmund (er starb 1591) erbte sie Vsetín, von ihrem Onkel Václav (1606 gestorben) Lucka und Rymice. Die Nekeš gehörten zum relativ „jungen" Adel. Städtischer Herkunft, führten sie ihr Prädikat auf ein Privileg zurück, das die Söhne des Egerer Bürgers Linhart Nekeš 1494 erhalten hatten. Ein Teil der Familie blieb in Eger, der zweite übersiedelte nach Kuttenberg, der dritte gelangte in der ersten Hälfte des 16. Jahrhunderts nach Mähren. Uns interessiert vor allem dieser Zweig, obwohl er mit Lukrezia ausstarb. Die übrigen Zweige existierten noch bis ins 19. Jahrhundert, und ihre Angehörigen spielten in der Bewegung des „nationalen Erwachens" eine Rolle. Die Nekeš genossen den Ruf guter Wirtschafter – obschon wir keine Belege darüber haben, was sie eigentlich dazu taten. Sie tauchten in zahlreichen Schriftstücken auf, als sie mit ungarischen Nachbarn über Grenzfragen im Javorníker Kammgebiet verhandelten. Daß sie mit slowakischen Partnern Handelskontakte unterhielten, kann vorausgesetzt werden, doch ist nicht bekannt, mit wem. Sie liehen Geld, gewährten selbst Anleihen – in welcher Höhe und welchen Personen, ist ebenfalls nicht zu ermitteln. Auf den Herrschaften Vsetín und Lucka vermehrte sich unter den Nekeš die Zahl der dort ansässigen Untertanen und Siedlerdörfer. Im Jahre 1619 teilten Ständekommissare Albrecht von Wallenstein die Zahl von insgesamt 835 Untertanen mit. Es ist anzunehmen, daß die Güterverwaltung auch zur Erhöhung der Feudalrente führte. An Ausdehnung kam der Besitz Wallensteins nach der Heirat mit Lukrezia etwa dem des entfernten Verwandten Zdeněk Brtnický von Waldstein gleich. Er konnte sich zwar nicht messen mit den Dimensionen der Dietrichsteinschen Güter zu Nikolsburg sowie mit der Größe der Liechtensteinschen und Žerotínschen Herrschaften, andererseits aber kennen wir das Ausmaß der beweglichen (Schmuck, Barschaften) und immobilen Güter (ein Haus auf dem Obermarkt in Olmütz) nicht.

Lucka, wo Lukrezia nach dem Tode des Vaters möglicherweise bei ihrem katholischen Onkel Václav und dessen Gattin Barbara Podstatská von Prusinovice (einer Verwandten des bischöflichen Lehensmannes und Gönners der Jesuiten Christoph Karl Podstatný von Prusinovice) aufwuchs, war eine ungastliche gotische Burg. Sie war im 14. Jahrhundert erbaut worden, um das Land gegen mögliche Einfälle aus Ungarn zu schützen. Die Schweden zerstörten sie 1644 so weit, daß von ihr nur noch eine ausgedehnte, schwer zugängliche Ruine übrig blieb. Nach Norden von den Hosteiner Bergen beschirmt, gewährt sie nach Süden hin einen herrlichen Blick in das Land gegen das Tal des Flüßchens Dřevice. Vsetín ließen die Nekeš zu einem Schloß umbauen, das sich – allerdings mit vielen weiteren Veränderungen – bis heute erhalten hat. Rymice verfügte über eine Festungsanlage im Renaissancestil, die von Wirtschafts- und Verwaltungsgebäuden umgeben und in der Zeit errichtet worden war, als sie den Podstatský von Prusinovice gehörte. Die Nachbarn von Rymice mit seiner Herrschaft waren auf

Prusinovice die Herren von Víckov, mit einem sollte sich Lukrezia auch 1599 verheiraten. Dieser besaß das Vertrauen des Onkels (Václav) der Braut, weil dieser die Verbindung der beiden Familien lebhaft wünschte. In der Tat besaßen sie den ganzen Güterkomplex beiderseits der Hosteiner Berge, zwischen der bischöflichen Herrschaft Kelč und der Kette der kleinen Lehngüter im Süden von Holleschau und Rymice. Davon legt der Wortlaut des Testaments von Václav Zeugnis ab, gegeben im Februar 1607 zu Lucka. Darin rechnet er damit, daß nach einem eventuellen Ableben Lukrezias die Herrschaften in den Händen der Víckov bleiben sollten. Weniger wünschte allerdings die Tante Arklebs diese Braut, weil die Nekeš ebenso standhafte Katholiken wie die Herren von Víckov überzeugte Nichtkatholiken (Neu-Utraquisten oder Lutheraner) waren. Aber das Schicksal meinte es nicht gut mit Arkleb, er starb eineinhalb Jahre nach dem Tode Václavs. Wenn die Tante Barbara am Leben blieb – und es besteht kein Grund, weshalb dies nicht sein konnte –, dann stand sie offenbar Pate bei der neuen Ehe der Lukrezia, diesmal allerdings mit einem gutkatholischen Bräutigam.

Nirgends steht geschrieben, daß Albrecht und Lukrezia sich nicht schon früher als im Jahre 1608 kennengelernt hatten. Die zeitgenössischen Zeugnisse deuten entweder an oder überraschen durch ihre Kürze: Wie Lukrezia aussah, wissen wir nicht. Ihre körperlichen Überreste, die der Gemahl zunächst in der Kartause des nahen Štípa bei Zlín beisetzte und im Jahre 1625 dann in die Kartause von Valdice überführen ließ, um schließlich in Münchengrätz neben die sterbliche Hülle Wallensteins gebettet zu werden, erregten die Aufmerksamkeit der Anthropologen nicht – auch wenn sie sich besser erhielten als die ihres Gatten. Liebesehen waren zumindest in Adelskreisen eine Ausnahme, und Lukrezia konnte, was ihre Verheiratung betraf, nur wenig entscheiden. Mehr läßt sich über die Ehe zwischen Albrecht von Wallenstein und Lukrezia Nekeš von Landek nicht aussagen – vielleicht nur noch das: Lukrezia gab dem Aufenthalt in Vsetín den Vorrang, und Albrecht liebte, vor allem nach ihrem Tode, Rymice mehr. Es lag dem Holleschauer Wohnsitz des Katholiken Ladislav Popel von Lobkovic, eines der Häupter der Hofpartei, näher. Von Rymice war es auch nicht weit nach Kremsier, wo Bischof Dietrichstein weilte, wenn er sich nicht gerade in Wischau, in Brünn oder Olmütz, in Nikolsburg oder am Kaiserhofe befand. Ebenso war der Weg nicht weit nach Brünn oder Olmütz, wo Jesuitenkollegien bestanden. In den – allerdings wenig zuverlässigen – Matrikeleintragungen des Olmützer Kollegs findet sich der Name Václavs von Waldstein – eines Freiherrn, der mit Albrecht Václav Eusebius identisch sein könnte, weil es einen anderen Václav aus der Familie zu dieser Zeit nicht gibt. Gegen eine Einschreibung spricht die bereits erwähnte Tatsache, daß er keinen Hang zu Studien hatte. Es ist auch möglich, daß die Ordensväter den Namen damals oder später eintrugen, um das Prestige ihrer Lehranstalt, das nicht sonderlich hoch war, zu heben.

Es kann kaum Zweifel daran bestehen: Wallenstein ging es bei der Ehe mit Lukrezia um deren Mitgift; dieses Motiv verbarg niemand, und keiner hielt sich darüber auf. Die Höhe betrug schätzungsweise 300–400.000 Gulden, wobei nur die zwanzig Vsetíner Dörfer, die zwei Städtchen und 13 Dörfer der Luckaer und die vier Dörfer der Rymicer Herrschaft gerechnet sind. Wie groß der Reichtum der Frau Lukrezia an Bargeld und Kleinodien war, wissen wir nicht. Es scheint, daß sich weder sie noch ihr Gemahl für ökonomische Angelegenheiten interessierten. Die Quellen schweigen darüber, und die Vermutung liegt nahe, daß in Lucka, Vsetín und Rymice in ausgefahrenen Gleisen gewirtschaftet wurde.

Das bedeutet allerdings nicht, daß die Ehegatten kein Interesse daran hatten, ihren Landbesitz entgegen den mißlichen Klauseln im Testaments des Onkel Václav sicherzustellen. Ohne Zweifel behielt Frau Lukrezia (und ihr Gatte Albrecht von Wallenstein, der Mitinhaber der Nekešer Güter gemäß der Eintragung in die Landtafel im Jahre 1610) nur das vom Vater geerbte Vsetín. Um sich den Besitz der weit wertvolleren Herrschaften Lucka und Rymice zu sichern, suchte das Ehepaar im Juli 1610 den Neffen des verstorbenen ersten Mannes der Lukrezia, Jan Adam von Víckov, auf seinem Wohnsitz in Čejkovice auf. Was dort geschah, wissen wir nicht, aber wahrscheinlich ist folgendes: Der einundzwanzigjährige Jan Adam brauchte offensichtlich bares Geld, er entsagte für den lächerlich niedrigen Preis von 8.000 Gulden seinen Ansprüchen auf Lucka und Rymice und verpflichtete sich überdies, seinen Onkel Wilhelm von Víckov auf Bystřice bei Hostein zum Verzicht auf seinen Anteil zu veranlassen. Für den Fall, daß ihm das nicht gelänge, sagte Jan Adam schließlich zu, Frau Lukrezia 50.000 Gulden zu zahlen. Da sich seine Ansprüche auf beide Herrschaften auf 130.000 Gulden beliefen, ist klar, daß er sich zwar nicht gerade um ein erzwungenes, aber um ein erschlichenes Dokument handelte, dessen Rechtsverbindlichkeit auf den ersten Blick offenkundig schien. Aber darüber zerbrach sich Jan Adam nicht den Kopf.

Wilhelm von Víckov trat selbstverständlich niemals von seinen Ansprüchen zurück, ebensowenig seine Gattin Bohunka, die sich bald nach dem Tode Wilhelms mit Václav Bítovský von Bítov verheiratete. Im Jahre 1612 verklagte Lukrezia den Jan Adam von Víckov, weil er die Übereinkunft von 1610 nicht eingehalten hatte, und forderte, unbekannt mit welchem Nachdruck, die Summe von 50.000 Gulden, die Jan Adam nach wie vor nicht hatte. Es ist allerdings möglich, daß die unternehmungslustigen Gatten Albrecht und Lukrezia an den Erwerb von Čejkovice dachten und daß sie im Zusammenhang mit diesem Vorsatz das nahe Milotice für 70.000 Gulden kauften. Jan Adam wurde von der Anklage entlastet, und Milotice verkaufte Albrecht später im Jahre 1617, an Adam d.J. von Waldstein für 100.000 Gulden. Das würde bedeuten, daß er an Milotice 30.000 Gulden verdiente. Aber der Kaufpreis bedeutete, für sich gesehen, noch nicht viel; wichtig war, wieviel beim Verkauf in bar entrichtet wurde und wie die Zahlungsbedingungen waren. Das Ansinnen an Jan Adam endete also im ganzen ohne Resultat, aber es war andererseits klar, daß niemand die Mitinhaberschaft Lukrezias und Albrechts in Lucka und Rymice bestreiten konnte. Im Jahre 1612 verkauften nämlich die Ehegatten das Dorf Přílepy aus der Herrschaft Lucka für 6.000 Gulden und ließen den Eigentumswechsel mit Selbstverständlichkeit in der Landtafel verzeichnen. Frau Bohunka, nun schon die Gemahlin Václav Bítovskýs von Bítov, verklagte Lukrezia wegen Zuwiderhandlung gegen den Wortlaut des Testaments Václav Nekešs und verlangte, daß Rymice und Lucka den Víckovschen Erben übergeben würden. Die Klage verlief erfolglos, denn Albrecht von Wallenstein hatte in Olmütz allzu einflußreiche Freunde. Die Angelegenheit zog sich hin, bis die Wallensteinschen Güter 1619 konfisziert und den Víckovern übergeben wurden. Sie verblieben ihnen jedoch nur bis Ende 1620. Wallenstein vergaß diesen Streit nicht und zahlte im Jahre 1627 in besonders harter Weise heim. Als nach dem kaiserlichen Siege in Schlesien mit Manfeldischen und dänischen Offizieren auch Václav Bítovský in Gefangenschaft geriet, wurde er als einziger von den Gefangenen, entgegen aller Gewohnheit, wie ein aufgegriffener Hochverräter nach Brünn überstellt, verhört, gefoltert und schließlich hingerichtet. Es wäre also fehl am Platze, sich über den Charakter des künftigen Generalissimus Illusionen zu machen. Wie Frau Lukrezia mit ihrem Gatten zufrieden war, wissen wir nicht. Wahrscheinlich fragte sie auch niemand danach.

Von Böhmen nach Mähren und Italien

Der Mitinhaber der Herrschaften Lucka, Vsetín und Rymice entschloß sich indessen, endgültig nach Mähren zu übersiedeln. Ende 1610 weilte er in Heřmanice, wo er erkrankte oder von einer älteren Krankheit genas. Bei dieser Gelegenheit trat er an seinen Onkel Hanibal von Waldstein (1576–1622), damals königlich-böhmischer Oberstmünzmeister, die Herrschaft Hermsdorf für ein Abstandsgeld von 100 Schock Groschen böhmisch symbolisch ab. Dazu bewog ihn offenbar die Tatsache, daß Hanibal für Albrechts letzte Schwester Maria Bohunka gesorgt hatte, die irgendwann nach 1610 starb. Vielleicht wollte er auch seinem Onkel finanziell aufhelfen, der – außer Adam d.J. von Waldstein – in der ganzen Sippe etwas bedeutete, obwohl er ein schlechter Wirtschafter und ein mittelmäßiger Verwalter war. Die Familiensolidarität mag auch eine Rolle gespielt haben, oder Albrecht von Wallenstein, der Parteigänger des Erzherzogs Mathias, wollte sich des Grundeigentums entledigen, das Kaiser Rudolf II. (als Gegner von Mathias) jederzeit konfiszieren konnte. Denn Wallenstein wußte sicher, daß der Zwist zwischen den Brüdern fortdauerte. Möglicherweise hatte er auch Kenntnis davon, daß Rudolf zum Versuch rüstete, die bisherige Entwicklung mit bewaffneter Macht zurückzudrehen. Alles, was er dem böhmischen und schlesischen Adel in den Jahren 1608/09 an ständischen Freiheiten hatte gewähren müssen – einschließlich des Majestätsbriefes und des Vergleichs – erachtete er als erzwungene Zugeständnisse. Nicht günstiger urteilte er über die Konföderation zwischen den mährischen, österreichischen und ungarischen Ständen, die

Mathias gegen ihn zustandegebracht hatte. Mit Hilfe einer Söldnerarmee, geführt von dem französischen Hugenotten Oberst La Ramée, und Truppen, die Erzherzog Leopold, Bischof von Passau (daher der Name „Passauer Kriegsvolk") angeworben hatte, sowie mit einer Handvoll Hofleuten suchte der Kaiser in Prag eine Wende zu seinen Gunsten zu erzwingen. Die „Passauer" gelangten tatsächlich nach Prag, aber sie konnten sich nicht der Altstadt bemächtigen. Der spanische Gesandte verfolgte diese Vorgänge mit Entsetzen und tat alles, um den Konflikt zwischen den beiden Habsburgern zu entschärfen Der spanische Hof, der sich damals auf den „defensiven Krieg" beschränkte und der sich bemühte, die Wunden, welche ihm der flandrische Krieg geschlagen hatte, zu heilen, hegte traditionell keine günstige Meinung über innerdynastische Streitigkeiten.

Wir sind leider nicht zuverlässig darüber unterrichtet, ob sich Wallenstein mit einem Teil des mährischen Ständeheeres im Winter 1610/11 am Zuge nach Prag gegen die „Passauer" beteiligte. Der Sturz Kaiser Rudolfs II. war ihm sicher gleichgültig. Als Kammerherr Erzherzog Mathias' geleitete er diesen mit mährischen Reitern nach Prag zur Krönung als böhmischer König, die am 23. Mai 1611 vollzogen wurde. Danach verschwindet Wallenstein wieder aus unserem Gesichtskreis. Er war bei der Hochzeit des alternden Mathias mit Anna von Tirol nicht zugegen, und erst zu Beginn des Jahres 1612 begegnen wir ihm wieder in Mähren.

Im Februar 1612 betrieben die Olmützer Jesuiten ihre Mission auf seiner und Lukrezias Herrschaft Vsetín. Unter den Missionaren befand sich auch der Sekretär Kardinal Dietrichsteins und Betreuer der Nikolsburger Bibliothek Pater Dingenauer. Die Mission verlief erfolglos; sie hinterließ lediglich eine Reihe zorniger Äußerungen über das hartnäckige Verharren des mährischen Volkes in der Ketzerei und Wallensteins Unwillen über die trotzigen Einwohner Vsetíns. Es ist schwer zu sagen, ob ihm Lukrezia oder politische Rücksichten die Zustimmung zur Mission nahelegten. Die gewaltsame Glaubensbekehrung der Untertanen wurde nun auch unter den katholischen Grundherren Mährens Mode, und Wallenstein konnte sich in seinem Eifer, gleichgültig ob er ehrlich oder vorgetäuscht war, von anderen – so von den Holleschauer Lobkovic oder den Braunauer Kavka von Říčan – nicht beschämen lassen.

Im Sommer 1612, zwischen dem Mai und dem September, unternahm Wallenstein (von seiner Gattin ist nicht die Rede) eine Pilgerreise nach Loreto in Italien. Die Verehrung der Jungfrau Maria – wärmstens empfohlen durch das Tridentinische Konzil – war ein Modekultus. Vilém Slavata wählte den näheren Pilgerort Alt-Ötting, andere Katholiken schlugen den Weg ins polnische Tschenstochau ein. Wallensteins Altersgenosse Jiří von Náchod, verwandt mit Karl von Žerotín und damals noch der Brüdergemeinde zugehörig, pilgerte ebenfalls nach Loreto. Sicher verfolgten beide neben dem religiösen auch ein weltliches Ziel – Italien kennenzulernen, das Wallenstein so gefiel und dessen nähere Kenntnis ihm politisch von Nutzen sein konnte. Italien war zu jener Zeit gesichert durch spanische Zitadellen, die Neapel und Mailand zierten und zugleich die Verbindung zwischen Spanien und seinem wertvollsten Besitz – den spanischen Niederlanden (damals Flandern genannt, heute das belgische Staatsgebiet) – bewachten. Es war der camino de las españoles, die „spanische (Nachschub-)Straße". Sie führte durch das Elsaß und Lothringen nach Luxemburg und Flandern. Eine Abzweigung lief über den Inn nach Tirol, wo eine Nebenlinie der österreichischen Habsburger regierte, begründet von Erzherzog Ferdinand und seiner Gattin Philippina geb. Welser. Auf ihrem Schloß zu Ambras lernte so mancher böhmische Adlige höfisches Leben kennen. Von Tirol führte der leichteste Weg nach Salzburg und zur Donau bei Passau oder Linz. Die steirischen Habsburger, Nachfolger Karls von Steiermark (eines weiteren Sohnes König Ferdinands I.), waren bestrebt, von Graz und Klagenfurt aus zur adriatischen Küste bei Görz und Gradisca vorzudringen. Sie stießen dort allerdings auf den Widerstand der Signoria zu Venedig. Die Republik im Osten und Savoyen im Westen des Alpenbogens waren ständige, wenn auch nicht allzu bedrohliche Gegner der „spanischen Straße".

Albrecht von Wallenstein kehrte von seiner Italienreise, sicher um vieles neue Wissen reicher, zu seiner kränkelnden Gemahlin nach Vsetín zurück. Er geriet sogleich in Konflikt mit den dortigen Untertanen, den er unverzüglich gewaltsam, mit militärischer Unterstützung, zu lösen beabsichtigte. Ende des Jahre 1612 verlangte er vom Landeshauptmann Karl d.Ä. von Žerotín, er möge ihm Soldaten zur Zähmung der aufrührerischen Bauern schicken. Doch dieser redete ihm in einem Brief zu Neujahr 1613 diese Maßnahme aus und riet zum friedlichen Vergleich. Auch während des Jahres 1613 war Wallenstein außerhalb von Mähren und fern von seiner Gattin. Im August reiste er in der Begleitung Kaiser Mathias' zum Reichstag nach Regensburg. Dort begegnete er einigen Bekannten bei den Ständedelegationen der einzelnen Länder, u.a. Adam d.J. von Waldstein, Abgesandter aus Böhmen. Auf dem Reichstag wurde vor allem darüber verhandelt, wieviel Mittel die Länder für den neuen Krieg mit den Türken bewilligen würden, die, nachdem Stefan Bocskai gestorben war, seinen Nachfolger Bethlen Gábor, Fürst von Siebenbürgen, unterstützten. Im Hintergrund dauerten die Spannungen zwischen Kaiser Mathias einerseits, der maßgeblich vom Wiener Bischof Melchior Khlesl beeinflußt wurde, und seinem Bruder Maximilian, Leopold von Passau und Ferdinand von Steiermark andererseits weiter an. Die spanische Diplomatie und ihr Anwärter auf das österreichische Erbe Habsburgs, Erzherzog Albert – Gemahl der Infantin Isabella Clara, Mitregent der spanischen Niederlande – verfolgten mit wachsender Unruhe die Nachrichten über diese Streitigkeiten. Ihnen war daran gelegen, die Lage in Mitteleuropa zu stabilisieren, weil sich gezeigt hatte, daß der durch England und Frankreich vermittelte zwölfjährige Waffenstillstand von 1609 zwischen Spanien und den Niederlanden diesen weit mehr Vorteile brachte als der spanischen Seite. Da an der Grenze zwischen Flandern und den Vereinigten Niederlanden zwei Reihen von Festungen entstanden, die Taktik der Belagerung aber nicht fruchtete, überlegten beide Seiten, wohin die militärischen Operationen zu verlagern wären. Schon zu Beginn der zwanziger Jahre des 17. Jahrhunderts zeigte sich, daß die Rhein-Donau-Linie dafür in Frage kam. Davon zeugte der französische Eingriff in den Jülich-Kleveschen Erbstreit. Der Mord an dem französischen König Heinrich IV. im Mai 1610 verschob den umfassenden Konflikt nur, er hob ihn nicht auf. Worum es in Mitteleuropa ging – daran hatten alle westeuropäischen Mächte mehr oder weniger Interesse.

Karl d.Ä. von Žerotín wußte sicher, weshalb er seinem Verwandten Albrecht von Wallenstein dringend nahelegte, das gefährliche Pflaster des Hofes zeitweilig zu verlassen. Dazu riet wahrscheinlich auch Adam d.J. von Waldstein. Dieser – Obersthofmeister des Königreiches Böhmen und Geheimer Rat der Kaiser Rudolf II. und Matthias – hatte allerdings mehr auf die Waagschale zu werfen als ein Kammerherr des Mathias. Beide waren auch durch materielle Interessen verbunden: Im Mai 1614 lieh Albrecht dem Vetter Adam Geld. Das geschah möglicherweise in Rymice, wo Adam sich auf dem Wege über Kremsier und Holleschau nach Trentschin aufhielt, um dort mit dem ungarischen Magnaten Illésházy zu verhandeln. Zu dieser Zeit war Albrecht schon Witwer, weil Lukrezia in Lucka zu Beginn des Frühjahres 1614 gestorben war. Das Erbe der Nekeš ging in die Hände Wallensteins über, und dieser wußte sich dessen zu bedienen. Es gab ihm die Möglichkeit, weit aktiver als vordem in die mährische Politik und in das Ringen einzugreifen, das in Mitteleuropa wogte. Wallenstein gehörte nicht zu den mährischen Kreaturen der „spanischen Partei" mit Kardinal Dietrichstein an der Spitze. Er hat diesen zeit seines Lebens nie gesehen. Die diesem angehängten Spitznamen, u.a. der eines „verhurten Pfaffen", reichten heute für eine Beleidigungsklage aus. Zum weiteren Kreis der Hof- bzw. „römischen" Partei gehörte Wallenstein allerdings schon. Adam zählte in Böhmen zu ihrem gemäßigten Flügel. In Mähren waren ihre Anhänger weit streitbarer; Ladislav Popel von Lobkovic, Herr auf Holleschau, beabsichtigte, sich mit der verwitweten Schwester Adams zu vermählen, und Adam selbst verhandelte über eine Heirat mit Johanka von Žerotín, obwohl sie noch der Brüdergemeinde angehörte.

Im Juli 1614 fand der mährische Landtag in Olmütz statt. Dabei begegnete Albrecht von Wallenstein, als Mitglied der Ständedeputation, Erzherzog Ferdinand von Steiermark. Es ist wenig wahrscheinlich, daß sich beide nicht schon früher kennengelernt hatten, vielleicht hielt sich Wallenstein in Graz auf seiner Reise nach und von Italien auf. Worüber sie in Olmütz sprachen, ist nicht bekannt. Wir wissen, daß Albrecht von Wallenstein unter den Gästen der Hochzeit Adam von Waldsteins mit Johanka von Žerotín war, denn es handelte sich um eine große Feier, zu der sich – neben Karl von Žerotín mit seiner Gattin Katharina geb. Waldstein – auch Jiří von Náchod, Jaromír Trčka von Lípa, Stefan Jiří von Sternberg, Herr von Lípa, und weitere große Herren zusammengefunden hatten. Zu ihnen durfte sich nunmehr auch Albrecht als Gleichrangiger zählen.

Im Februar 1615 versammelte sich der Landtag in Brünn, auf dem Karl d.Ä. von Žerotín seiner Würde als Landeshauptmann enthoben wurde. Damit endete die Ära des Zusammenwirkens mit Mathias. Die Initiative ging vom Kaiser auf eine Gruppe über, die sich um Ferdinand von Steiermark scharte – den entschiedenen Protestantenverfolger, der auch Johannes Kepler aus seinem Lande gewiesen hatte. Auf Seiten Ferdinands stand Erzherzog Maximilian, Hochmeister des deutschen Ordens und Statthalter von Oberösterreich. Leopold von Passau ging in seinem Eifer für die Altkirche und den Steiermärker noch weiter. Von Brüssel aus verfolgte Erzherzog Albert sehr aufmerksam, was sich unter seinen Brüdern und Neffen tat. Der Augenblick nahte, da sich die ehrgeizigen adligen Herren entscheiden mußten, auf wessen Seite sie sich schlagen wollten.

In Mähren schien diese Notwendigkeit noch nicht herangereift. Albrecht von Wallenstein ersuchte vermittels Ladislav Popel von Lobkovic' dessen Bruder Zdeněk, der als Oberstkanzler damals zum Wiener Hofe des Kaisers gehörte, um ein kaiserliches Dekret, das ihm erlaubte, über den erheirateten Besitz frei zu verfügen. Er erhielt die Genehmigung innerhalb von vierzehn Tagen. Sie schützte ihn vor den Víckov und deren Klagemöglichkeiten, auch wenn das Dekret salomonisch offenließ, was unter erheiratetem und ererbtem Besitz zu verstehen sei. Im Sommer 1615 fand in Prag der General-Landtag aller Länder der böhmischen Krone statt, auf dem wiederum über die Türkenfrage und die militärische Abwehr Bethlen Gábors von Siebenbürgen verhandelt wurde. Die böhmischen Herren hatte es nicht eilig, den Konflikt zu schüren, weil sie wußten, daß sie – neben ihren schlesischen Standesgenossen – am meisten dafür zahlen mußten. Wichtig war jedoch, daß in den Verhandlungen das Landesaufgebot definitiv abgelehnt und beschlossen wurde, statt dessen mit Berufssöldnern zu operieren. Die Mehrheit der Ständedeputierten war für ihr Land nicht mit geworbenen, ständig verpflichteten Abteilungen einverstanden, aber der neue mährische Landeshauptmann Ladislav Popel von Lobkovic setzte sich vehement dafür ein, zum Zwecke der gemeinsamen Verteidigung 3.000 Mann Fußvolk und zwei Reiterregimenter, jedes zu etwa 1.000 Mann, anzuwerben. Zum Kommandeur des Fußvolks wurde Albrecht von Wallenstein ernannt und von den Ständen ausgewählt; die Reiterabteilung sollten Petr Sedlnický von Choltice und Jiří von Náchod befehligen. Nur Sedlnický verfügte über Kriegserfahrungen, er entstammte einer Familie, deren Angehörige sich in Europa hoher Wertschätzung erfreuten. Wallenstein und Náchod waren einfach der Hofpartei verpflichtet, die in Mähren die Oberhand hatte. Ein halbes Jahr Kampfhandlungen in Ungarn bedeutete nicht viel, und danach gelangte Wallenstein zunächst auf keinen Kriegsschauplatz mehr.

Von großer Wichtigkeit war, wie sich zeigte, daß die böhmischen Stände, die 1615 in Linz zwar über ihre „Freiheiten" wachten (unter ihnen war auch Adam von Waldstein, aber damals verfocht er die ständische Position auch Vilém Slavata) und einer gemeinsamen Verteidigung nicht zustimmten, aber doch dem Kaiser einräumten, Steuern ohne weitere Genehmigung durch die Stände für die nächsten fünf Jahre auszuschreiben. Das war, wie sich bald erweisen sollte, ein grober Fehler. Wallenstein führte einstweilen nur den Titel eines Obristen, das Regiment selbst sollte erst geworben werden. Sicherheitshalber beschaffte er schon Waffen und deponierte sie in Vsetín und Lucka, vor allem aber in Olmütz, wo sie dann während des Ständeaufstandes Jan Adam von Víckov beschlagnahmte, um die aufrührerischen walachischen Untertanen damit auszurüsten.

Das Jahr 1615 endete also mit einem Sieg der Hofpartei. Wallenstein erkrankte im Sommer wiederum ernsthaft und blieb in Rymice. Im benachbarten Holleschau lief das große „Hinübertreiben" der Nichtkatholiken zum rechtmäßigen römisch-katholischen Glauben – mit herrschaftlicher Hilfe Ladislavs von Lobkovic sowie unter dem Patronat der Olmützer Jesuiten und Kardinal Dietrichsteins selbst. Die Ordensväter drängten Wallenstein, er möge, im Gedenken an Lukrezia, sein Versprechen einlösen und der Societas Jesu eine bedeutende Stiftung übergeben. Aber Wallenstein hatte seine eigene Vorstellung davon, wieviel er für fromme Zwecke verwenden müsse. Nach Štípa berief er statt der Jesuiten die bescheideneren Kartäuser, und den Jesuiten überschrieb er die jährliche Summe von 200 Gulden aus der Luckaer Herrschaft – sobald sie ihm gehören würde. Dabei mangelte es ihm keineswegs an Geld. Im Januar 1616 lieh er in Rymice Adam d.J. von Waldstein für den Kauf der Herrschaft Seedlowitz 60.000 Schock Groschen. Um die Osterzeit weilte er, offenbar genesen, schon in Prag, wo er sich bis zum Herbst aufhielt. Er wohnte dort in einem eigenen Hause, das er damals irgendwann gekaufte hatte. Wir wissen nicht, wo sich die Gebäude befanden – ob auf dem Hradschin oder in der Altstadt in der Zeltnergasse. Er verkaufte sie später wieder. Zu dieser Zeit wurde er Kammerherr des Erzherzogs Maximilian. Das bedeutete, daß er diese Würde fast ebenso bei Ferdinand von Steiermark wahrnahm, denn diesen unterstützte Maximilian vorbehaltlos. Im Herbst 1616 war Wallenstein wiederum in Mähren, wo er Geld zusammenbringen wollte für seinen ersten Versuch, in die Reihen der Kriegsunternehmer vorzudringen. Es handelte sich um ein Angebot, das er an Ferdinand herantrug, der seit 1615 in Friaul, dem nordöstlichen Zipfel Italiens, mit Venedig Krieg führte um den Zugang zur Adria. Aus verständlichen Gründen waren die Spanier bereit, Ferdinand Hilfe zu leisten. Ihr Wiener Gesandter Graf Oñate traf Vorkehrungen dafür, daß Ferdinand eine kleinere militärische Einheit bereitgestellt wurde. Ihr Chef war der einstige Kommandeur der Leibwache Kaiser Rufolfs II., Wallensteins Weggefährte und Widersacher, Baltasar de Marradas.

Graf Oñate konnte wenig später weitere Erfolge verbuchen. Vor dem böhmischen Landtag, der sich zum Frühjahr 1617 in Prag versammelte, erreichte er eine Übereinkunft zwischen den Mitgliedern des Hauses Habsburg, gegen dessen deutsch-österreichischen Teil der spanische Zweig mit wirklichen und fiktiven

Erbansprüchen angetreten war. Im Ernst dachte man in Madrid sicher nicht an deren Realisierung, denn es ging vor allem um die Sicherung des Kommunikationsweges von Italien nach Flandern. In Mitteleuropa hatten die Spanier ein Interesse daran, daß die österreichischen Vettern nicht untereinander haderten und daß dort ein Herrscher regierte, der eine gesamthabsburgisch abgestimmte Politik garantierte. Da sich der Brüsseler Erzherzog Albert hier nicht engagierte, fiel die Wahl folgerichtig auf Ferdinand von Steiermark. Er wurde, mit spanischer Fürsprache, als der einzig mögliche Nachfolger des Kaisers Mathias anerkannt. Die Konsequenz dieses sog. Oñate-Vertrages war, daß Ferdinand am 17. Juni 1617 auf dem böhmischen Landtag zum König gewählt und am 29. Juni als Ferdinand II. gekrönt wurde. Das war ein Ausnahmefall, da König und Kaiser Mathias noch lebte. Unzweifelhaft hatte die prohabsburgische Partei damit einen Sieg davongetragen, es war zugleich ein Prestigeerfolg der spanischen Diplomatie, insonderheit des Grafen Oñate. Für Wallenstein bedeutete das, daß jener Mann, an den er seine Hoffnungen heftete, im ersten Anlauf um den Thron ans Ziel gelangte. Wenn er diesem, noch als er Erzherzog war, persönlich oder über andere seine Mittel und Kräfte anbot, dann hatte er, wie es schien, auf das richtige Pferd gesetzt. Nun mußte er allerdings zu seinem Kandidaten stehen, in guten wie in bösen Zeiten. Da der Dienst für Ferdinand von Steiermark einstweilen an die Stellung eines Obristen der mährischen Ständearmee gebunden war, mußte sich Wallenstein früher oder später für eine der Loyalitäten entscheiden: für die Landstände oder für den Herrscher. Es bestand kein Zweifel, daß Wallenstein sich auf die Seite jener Macht schlug, die mehr zu bieten hatte, und das war keineswegs die Ständegemeinschaft.

Wallenstein hatte König Ferdinand ursprünglich angetragen, auf seine Kosten 120 Kürassiere und 80 Fußsoldaten zu werben. Das war keine logische Kombination: auf ein Fähnlein Reiter kam nicht einmal eine halbe Kompanie Fußvolk. Deshalb warb er lieber zwei Fähnlein Kürassiere. Ihnen mußte er Handgeld zahlen, er hatte für den Sold zu sorgen, ebenso für Vorräte und deren Transport, er mußte sich um Kürasse, Pferde, Helme, Schwerter und Arkebusen kümmern. Seine früher aufgekauften Vorräte konnte er nicht gebrauchen, weil das Feuerwaffen für Fußvolk waren. Insgesamt verursachten ihm die sechs Monate, in denen er sich zum Dienst mit seinen Kompanien verpflichtete, sicher Kosten in Höhe von 80.000 Gulden.

Das war eine bedeutende Geldsumme, und es schien nicht sogleich auch klar, ob sich diese Investition auszahlen würde. Sie tat es insofern, als sich Wallenstein erstmalig mit jener Seite des Kriegshandwerks vertraut machen mußte, die ihn später zum Erfolg führte – mit der Lösung logistischer Probleme. Er verpflichtete sich Ferdinand zu Dankbarkeit, obgleich nicht sicher war, wann diese Dankbarkeit greifbare Gestalt annehmen würde. Das Geld für dieses sein erstes Kriegsunternehmen gewann Wallenstein vor allem durch den Verkauf von Milotice, das Adam von Waldstein erwarb. Es ist unklar, ob dieser bis dahin das Geld zurückgezahlt hatte, das er sich 1614 und 1616 von Albrecht geliehen hatte. Wir wissen aber, daß Adam im Januar 1617 Auspitz für 80.000 Gulden verkaufte. Es wäre jedoch ein Irrtum anzunehmen, daß es um eine Manipulation mit barem Gelde ging. Praktisch sah das so aus, daß beide Herren ihre geldlichen Aktiva und Passiva ausglichen, bis schließlich für den einen oder anderen ein Barposten herauskam.

Der Friauler Krieg endete – nach der vermittelnden Intervention des Wiener Gesandten in Madrid, Graf Khevenhüller – mit dem Rückzug beider Seiten. Die Venezianer, die Gradisca belagerten, marschierten ab, und die Abteilungen unter Dampierre und Marradas, die bis dahin vergeblich versucht hatten, in das eingeschlossene Gradisca Nachrichten und Versorgungsgüter zu bekommen, konnten von einem Erfolg reden. Der Friedensvertrag wurde Ende September 1617 unterzeichnet, die Liquidierung des gesamten Kriegsunternehmens in Friaul dauerte indes noch bis zur Neige des Jahres an. Danach erfolgte die Rückkehr Wallensteins – vielleicht nach Wien, vielleicht nach Mähren. In Böhmen beeilte sich die Hofpartei, ihre Forderungen ohne die gebotene Vorsicht durchzusetzen, und die Führer der Ständeopposition erwogen, wie sie diesen Vormarsch der feudalkatholischen Phalanx zum Stillstand bringen könnten. Auch in Mähren fehlte es nicht an Konflikten, auch dort fühlten die Nichtkatholiken, daß sie aus ihren Positionen verdrängt wurden. Sie trugen deshalb ihre Gravamina zusammen, und wie in Böhmen begannen die Vertreter der Opposition allmählich vorzugehen und ihre „Böhmische Apologie" zusammenzustellen. Dem neuen Kriegsunternehmer eröffneten sich ungeahnte Möglichkeiten.

II

Einer der letzten Kriegsunternehmer

Der Prager Fenstersturz vom 23. Mai 1618 und der Beginn des böhmischen Ständeaufstandes gegen die Habsburger und ihre Gewährsleute war ein Versuch, den Vormarsch der feudal-katholischen Reaktion zum Stehen zu bringen. Die Defenestration bedeutete indes den Anfang des sogenannten Böhmischen Krieges und, wie sich zeigen sollte, auch des Dreißigjährigen Krieges. Dieser militärisch-politische Konflikt europäischen Ausmaßes erwuchs aus inneren ökonomisch-sozialen Widersprüchen der europäischen Gesellschaft, die – zumindest in ihren westlichen Gebieten – den Übergang vom Feudalismus zum Kapitalismus zu bewältigen hatte. In den böhmischen Ländern nahmen diese Widersprüche die Gestalt einer sozial-politischen Krise der herrschenden Feudalklasse an. R. Mousnier und E.J. Hobsbawm stellten die These von einer „allgemeinen Krise" auf, die von Christopher Hill variiert wurde – eine These, die sich schwer nachweisen läßt und zur Erklärung des Dreißigjährigen Krieges nicht erforderlich ist. Man muß sie mit einer anderen These von R. Mousnier (Les hiérarchies sociales de 1450 à nos jours, Paris 1969) in Verbindung bringen und dabei die Rolle von Revolten beachten. Mousnier stützt sich auf sozio-psychologische Arbeiten der USA-Forscher Talcott Parsons, B. Barber und R.K. Merton. Sie münden in die These, daß „Aufstände und Revolten gegen eine vorbestimmte Ordnung durch Einzelpersonen bewirkt werden, die mit ihrer Stellung in der gegebenen sozialen Ordnung unzufrieden sind." Nähmen wir diese These an, dann müßten wir alle ständischen Aufstände des 16. Jahrhunderts und der folgenden Jahrhunderts verurteilen – beginnend mit dem Aufstand der kastilischen comuneros (1520–22), den Kurt Konrad für einen Vorboten „spanischer Revolutionen" hält, aber auch weiter die niederländische Revolution des 16. Jahrhunderts, die in ihrer ersten Phase nichts anderes als ein Ständeaufruhr gegen das spanische Regime war.

Der Fehler der böhmischen Stände, d.h. der übergroßen Mehrheit des höheren und niederen Adels, war es nicht, daß sie gegen die Habsburger aufbegehrten, deren Politik seit Ferdinand I. und Karl V. die Entwicklung der Produktivkräfte und neuer Produktionsverhältnisse behinderte, sondern die Tatsache, daß sie diesen Kampf schlecht führten. Vor allem – nach einer kurzen Phase der Jahre 1618/19, als sie zeitweilig einen Teil der Macht bei der Verwaltung des Landes in die Hände bürgerlicher Repräsentanten legten – waren sie nicht darum bemüht, die sozialen Grundlagen ihrer politischen Aktion zu verbreitern. Die Bauern, die im Herbst 1618 kaiserliche Abteilungen überfielen, waren ernüchtert, als sie feststellen mußten, daß die Soldateska beider Seiten sie zu drangsalieren begann, und im Jahre

1620 sahen sie in beiden den gemeinsamen Feind. Im Bürgertum, vor allem in der Intelligenz bürgerlicher Herkunft, die im Frühjahr 1618 den Umsturz im Lande in den untertänigen Städten (und ein Jahr darauf in den königlichen Städten Mährens) herbeigeführt hatten und enge Beziehungen zu den Gelehrten des Prager Carolinums unterhielten, kühlten sich die Gefühle ab, als man feststellte, daß die Herren „höheren Standes", bis auf wenige Ausnahmen, keinerlei Verständnis für bürgerliche Interessen hatten, sondern die Hauptlast des Kampfes auf die Städte wälzten. Es bestand 1618–1620 keine Chance, in den böhmischen Ländern den feudal-ständischen Aufstand in eine frühe bürgerliche Revolution hinüberzuleiten.

Mit der Einschätzung des antihabsburgischen Aufstandes ist die Frage nach der Einordnung des Gesamtkonflikts, wie ihn die ältere und teilweise noch die jüngste Geschichtsschreibung darstellt, verbunden. Man konstatierte, der Dreißigjährige Krieg sei ein konfessioneller Konflikt gewesen, der sich mit fortschreitender Dauer „laizisierte". Das war eine Auffassung, gegen die sich schon vor hundert Jahren Anton Gindely wandte. Aber er machte auch schon damals darauf aufmerksam, es sei die weitere Vorstellung kaum haltbar, daß es sich um einen „deutschen" Konflikt (siehe Ricarda Huch: Der Große Krieg in Deutschland) gehandelt habe, der sich in einen europäischen verwandelte. Der Begriff „deutsch" ist eher als „mitteleuropäisch" zu verstehen; es bleibt aber die Aussage, die angesichts der Dokumente keiner Prüfung standhält. Anstelle einer „deutschen" Phase nach Beendigung des „Böhmischen Krieges" (1618–20) wird eine „europäische Periode" des Gesamtkrieges angenommen (J. Janáček).

Zum ersten ist es richtig, daß der antihabsburgische Kampf mit dem Weißen Berge nicht aufhörte; in Gestalt des Volkskrieges dauerte er bis Mitte der vierziger Jahre an. Darauf wies der sowjetische Historiker B.F. Poršnev hin, der leider seinen Plan nicht mehr realisieren konnte, eine Geschichte des Widerstandes der ostmährischen Walachen, den er hoch einschätzte, zu schreiben.

Zum anderen waren der Böhmische Krieg und sein Vorspiel Bestandteil des gewaltigen Ringens, das niederländische Historiker den „Achtzigjährigen Krieg" zwischen den Niederlanden und Spanien (1568–1648) nennen. Von Beginn an ging es um einen Konflikt sowohl böhmischer als auch gesamteuropäischer Dimension, in dessen Verlauf abwechselnd religiöse und politische Argumente gebraucht wurden. Dies beweist auch die Karriere Albrechts von Wallenstein in den Jahren des Böhmischen Krieges, und wir begreifen seinen Aufstieg nicht völlig, wenn wir nicht den allgemeinen Charakter des Konflikts im Auge haben, der ihm die ersten Triumphe in der Rolle des Kriegsunternehmers und Kondottiere ermöglichte.

Das amerikanische Silber und der Beginn des Dreißigjährigen Krieges

Kurz nach dem Abschluß des zwölfjährigen Waffenstillstands mit den Vereinigten Niederlanden (1609) entspann sich in Spanien eine Diskussion, ob der Stillstand für Madrid (und Lissabon) nicht ein allzu verlustreiches Geschäft sei. Die niederländischen Schiffe benutzten die Waffenruhe dazu, namentlich in die überseeischen Besitzungen Portugals einzudringen, den einträglichen Handel an sich zu reißen und immer neue Operationspunkte, vor allem im Gebiet des heutigen Indonesien, zu gewinnen. Eine Folge des Waffenstillstandes war, daß die Fronten zwischen den Vereinigten und den Spanischen Niederlanden einfroren. Es war wenig wahrscheinlich, an dieser Linie irgendwelche entscheidenden militärischen Erfolge zu erringen. Die Taktik und Strategie der führenden Vertreter beider militärischer „Schulen" – der „spanischen" mit Ambrosio Spinola und der „niederländischen" mit Moritz von Oranien – wurde von defensiven Überlegungen bestimmt. Die Wiederbelebung des Kampfes war eher am östlichen Flügel der Front zu erwarten – am Rhein oder an der Donau. Unter diesen Umständen war es für Spanien unvermeidlich, das Übergewicht an der Linie Oberitalien – Rheinlauf – Spanische Niederlande zur Kontrolle der „spanischen Straße" herzustellen. Die Voraussetzung dafür bildete die Beherrschung der Alpenpässe. Dort waren die natürlichen Gegner der Herzog Karl Emanuel von Savoyen sowie die Schweizer Kantone (Graubünden), die das Veltlin regierten. Umgekehrt war der natürliche Bundesgenosse der spanischen Krone Erzherzog Ferdinand von Steiermark, der seit 1610 mit Venedig um den Zugang zur Adria kämpfte. Weil es möglich schien, von Gradisca und Triest aus durch die Steiermark an die mittlere Donau vorzustoßen, nahm Ferdinand einen hervorragenden Platz in den Madrider Plänen ein.

Aus den Akten der Sevillaer Behörde für die amerikanischen Kolonien, der Casa de Contratació, wissen wir, daß König Philipp III. seit 1610 jährlich 100.000 Dukaten (in Münze oder in Silber) durch Vermittlung des kaiserlichen Bankiers Ridolfi zugunsten seiner österreichischen Vettern auszahlte. In der Tat ging die Summe an Erzherzog Ferdinand zum Unterhalt einer Armee, die der wallonische Oberst Dampierre, der deutsche Oberst Buchheim sowie der Spanier Areyzaga gegen Venedig führten. Vom Jahre 1612 an sollten von jedem jährlichen Konvoi, der Silber aus Amerika heranbrachte, „nach Stand der Dinge" 100.000 Gulden pro Jahr über die Bankhäuser Fugger und Paradis de Echaide gezahlt werden, aber die wirtschaftliche Lage erlaubte das nicht: das amerikanische Silber war für einige Jahre im voraus verpfändet. Deshalb zahlte die Kammer des Königreichs Sizilien diese Subsidien aus, und seit 1617 erhielt Ferdinand von Steiermark Hilfsgelder aus den spanischen Niederlanden – das „subsidium Belgicum". Im Frühjahr 1618 versprach Philipp III., er werde seinen österreichischen Vettern 300.000 Gulden überweisen. Kurz danach, als Nachrichten vom Prager Fenstersturz in Wien eintrafen, wurde der neue Gesandte F.C. Khevenhüller nach Madrid abgefertigt. Er reiste über Sevilla und ersuchte dort den „Hauptkassierer" Fabián Monroy um Subsidien – doch umsonst.

Infolge der bedrückenden wirtschaftlichen Lage brachen Unterschiede in den Auffassungen der „Kriegspartei" (partido militar) auf, zu der der Vizekönig von

46

Neapel Herzog von Osuna (der Förderer des Dichters Quevedo), in Mailand der Herzog Feria, Erzherzog Albert in Brüssel und der spanische Gesandte in Wien Iñigo Vélez Graf von Oñate gehörten. In Madrid hatten sie außerdem den „Experten" für mitteleuropäische Angelegenheiten, den einstigen Prager Gesandten Baltazar Zúñiga (Onkel des späteren Ersten Ministers König Philipps IV. Marquis Olivares), und Mitglieder des Rates für Portugal auf ihrer Seite. Sie alle waren dafür, den zwölfjährigen Waffenstillstand mit den Niederlanden am 9. April 1621 nicht zu verlängern, sondern die „Unruhe unter den böhmischen Ketzern" forciert zur Stärkung der spanischen Position im Herzen des Kontinents auszunutzen. Im Gegensatz dazu bevorzugten die Herren des Rates für Finanzen (Consejo de Hacienda), der spanische Gesandte in England Gondomar und der Erste Minister Philipps III., Herzog von Lerma eine „politische" Lösung des mitteleuropäischen Konfliktknotens anstelle einer offenen militärischen Intervention.

Die Intervention war allerdings bereits dadurch vorbereitet, daß das amerikanische Silber bzw. der Kredit, den es repräsentierte, die Konzentration militärischer Kräfte unter Führung Ferdinands von Steiermark ermöglichte. Dieser war dafür bereit, den Forderungen der spanischen Kriegspartei entgegenzukommen. Ihr Exponent in Prag, der Gesandte Oñate, setzte den Abschluß eines geheimen Familienabkommens am 20. März 1617 durch. Es wurde vereinbart: Als Gegenleistung dafür, daß die spanischen Habsburger eventuelle Ansprüche auf den böhmischen und den Kaiserthron fallen ließen, verpflichtete sich Ferdinand, den Spaniern Territorien im sog. Äußeren Österreich (im Südwesten des Reiches) und im Sundgau zu überlassen. Er räumte weiter ein, daß die männlichen Erben Philipps III. in Zukunft Vorrang vor seinen weiblichen Nachkommen haben sollten. Dieser Vertrag wurde am 29. Juli 1617 in Prag, nach der Wahl Ferdinands zum böhmischen König, ratifiziert. Etwas später definierte Oñate die spanischen Interessen von neuem in Richtlinien, die er dem Madrider Hof für Verhandlungen mit der Liga der katholischen Reichsfürsten, geführt von Herzog Maximilian von Bayern, empfahl. Mit dieser Direktive verpflichteten sich die Spanier, Truppen ins Reich zu verlegen, die Unterpfalz auf unbestimmte Zeit zu besetzen und damit auch den „spanischen Weg" zu sichern. Kurfürst Friedrich V. von der Pfalz, das Haupt der protestantischen Fürsten-Union, die sich durch den Heilbronner Vertrag von 1617 neu konstituierte, und seine Ratgeber – vor allem Christian von Anhalt – hatten nicht unrecht, wenn sie feststellten, ihre Existenz sei bedroht. Ähnlich den böhmischen „Niederländern" – mit Albrecht Smiřický von Smiřice an der Spitze, in dessen Kleinseitner Palast der Fenstersturz vom 23. Mai verabredet wurde – verließen sie sich auf die Vereinigten Niederlande und auf das Ende des Waffenstillstandes im Frühjahr 1621.

Indessen suchten beide Seiten nach Bundesgenossen und sammelten Kräfte. Die böhmischen Stände erlangten, auf der Grundlage älterer Konföderationsvereinbarungen, ein Beistandsversprechen von seiten der schlesischen und Lausitzer Stände, aber nicht der adligen Herren Mährens, die sich für neutral erklärten. In

Böhmen warb man Truppen, stellte eine Armee auf, an deren Spitze zunächst ein Mitkämpfer Wallensteins vom ungarischen Kriegsschauplatz gestellt wurde – Heinrich Mathias Thurn (della Torre). Er hatte sich ein Jahr zuvor mit Colonna von Fels, auch einem Adligen aus den Alpenländern, gegen die Kandidatur Ferdinands als böhmischer König erklärt. Mit Hilfe dieser Armee gelang es, Böhmen zu beherrschen – bis auf Böhmisch Budweis und Pilsen. Dort kam es zur Spaltung in den Reihen des Patriziats, die Oberhand behielt jene Gruppe, die an der kaiserlichen Gunst materiell interessiert war. Mit Hilfe von Truppen, über die der Wiener Hof verfügte, gelang es, nicht nur Budweis, sondern auch das befestigte Krumau zu halten, das die Übergänge nach Oberösterreich, Passau und Bayern bewachte.

Was für Truppen waren das? Im Grunde ging es um Abteilungen, über die Ferdinand von Steiermark (nunmehr König Ferdinand II.) mit Hilfe des spanischen Gesandten für seinen Krieg gegen Venedig disponierte. Im Januar 1618 sollten sie – das Infanterieregiment Kriechinger und das Reiterregiment Marradas – von Gradisca aus einem spanischen Regiment, das aus dem Elsaß überführt wurde, zugesellt werden. An die Spitze all dieser Abteilungen wurde Henri Duval Graf von Dampierre gestellt, den König Ferdinand aus den spanischen Niederlanden mit dem Titel eines General-Feld-Wachtmeisters (heute etwa Generalmajor) „geborgt" erhielt. Der aus Lothringen stammende Dampierre war, gemeinsam mit dem gebürtigen Venezianer Collalto, daran beteiligt, am 20. Juli 1618 mit 200 Reitern den ersten Ratgeber Kaiser Mathias', Kardinal Melchior Khlesl, gefangenzunehmen und zu entführen. Khlesl war bis dahin der ernsthafteste Widersacher der militanten Politik Ferdinands und der spanischen „Kriegspartei" gewesen.

Diese Abteilungen wurden mit spanischen Subsidien, überwiesen aus Neapel, besoldet und mit dem Geld, das der spanische Gesandte Oñate sowie der Brüsseler Agent Erzherzog Alberts, Jacques (Diego) de Zeelandre, bereitstellten. Zum Teil stammte das Soldgeld auch aus einheimischen Quellen: Kardinal Dietrichstein trieb für den spanischen Gesandten Kredite durch Vermittlung des Bankiers Lazar Henckel auf, etwa in Höhe von 30.000 Gulden. Madrid forderte durch den Mund Balthazar Zúñigas (der wenig später am Sturz des Ersten Ministers Herzog von Lerma beteiligt war) die Gewährsleute der „spanischen Partei" – zuvorderst den böhmischen Oberstkanzler Zdeněk Vojtěch Popel von Lobkovic – auf, in keinem Falle vor den „rebellischen böhmischen Ketzern" zurückzuweichen, und sicherte ihnen ausgiebige Hilfe zu.

Obwohl die „Kriegspartei" in Madrid den Herrscher auf ihrer Seite hatte (Philipp III. verkündete, entgegen den Stimmen des Rates für Finanzen, daß sich die Hilfsgelder, der „soccorso" für die österreichischen Habsburger, einfach finden müsse; er suchte ihn schließlich durch den Verkauf von Krongütern auf Sizilien herbeizuschaffen), konnte sie ihren Willen erst Anfang 1619 durchsetzen. Trotzdem vollzog sich die Mobilisierung der habsburgischen Ressourcen weit erfolgreicher und großzügiger als die der Prager Direktorialregierung. Die protestantische Union der Reichsfürsten und ihr Haupt, Friedrich von der Pfalz, stellten Prag lediglich ein Fußregiment zur Verfügung, das Ernst von Mansfeld in der Schweiz für Karl Emanuel von Savoyen gegen die Spanier geworben hatte. Als im Oktober 1617 die beiden Seiten Frieden in Vercelli schlossen, hatte Karl Emanuel für das Regiment keine Verwendung mehr, und er entledigte sich seiner gern, indem er es Friedrich von der Pfalz für seine böhmischen Schützlinge zur Disposition überstellte. Das Fußvolk Mansfelds traf im Herbst 1618 im westlichen Böhmen ein und beteiligte sich, neben dem Landesaufgebot, an der Belagerung und Einnahme von Pilsen. An die Eroberung von Budweis und Krumau, die von Dampierrschen Soldaten verteidigt wurden, war indes nicht zu denken. Mathias Thurn, zum Artillerie-General des böhmischen Ständeheeres ernannt, nahm zeitweise an den militärischen Aktionen teil, doch als mährischer Magnat sollte er eher die Aufgabe erfüllen, die dortigen Stände für eine Zusammenarbeit zu gewinnen. Vor Budweis starb – für die böhmischen „Niederländer" ein schwerer Verlust – Albrecht Jan Smiřický, der sich gerade anschickte, die Ehe mit einer Nichte Moritz' von Oranien zu schließen. Die Hoffnungen hefteten sich immer mehr an den Pfälzer Kurfürsten Friedrich, den Neffen von Moritz. Dieser war das Haupt der streitbaren, von Adligen und Handwerkern getragenen kalvinistischen Gomaristen-Partei, die damals allerdings noch mitten im Machtkampf mit den patrizisch-groß-bürgerlichen Arminianern und ihrem Führer, dem Ratspensionär Jan van Olden-barnevelt, standen. Während die Gomaristen im bevorstehenden Krieg gegen Spanien mit Englands Hilfe rechneten, waren die Arminianer eher für die Verlängerung des Waffenstillstandes oder für ein Bündnis mit Frankreich. Angesichts dieser Lage konnten die Vereinigten Niederlande im Verlaufe des Jahres 1618 den böhmischen Ständen keine entscheidende Hilfe leisten, und dazu war auch die Union nicht imstande, die ihnen aus dem Kreis um den Kurfürsten Friedrich lediglich den Armeebefehlshaber Georg Feidrich von Hohenlohe sandte. Er galt als Verfechter der „niederländischen Schule", während Karl Bonaventura Longueval de Buquoy, aus Brüssel als Feldmarschall an die Spitze der kaiserlichen Armee gestellt, ein Vertreter der „spanischen Schule" war.

Um über genügend Soldaten zur Vorbereitung der Offensive gegen die böhmischen Rebellen verfügen zu können, stöberte Wien Geld auf, wo es nur möglich war. Einen Monat nach dem Fenstersturz, am 23. Juni 1618, bevollmächtigte Kaiser Mathias Kardinal Dietrichstein, höchstmögliche Summen von seinen ergebenen Parteigängern in Mähren zu borgen. Zu diesen zählte der Kaiser neben Dietrichstein selbst Karl von Liechtenstein, Albrecht von Wallenstein, Zdeněk Žampach von Potenstein und Kavka von Říčany auf Brumov. Wallenstein erscheint hier erstmalig als eine der Säulen der prohabsburgischen Partei in Mähren.

Albrecht von Wallenstein – Oberst der mährischen Stände

Wie in Böhmen, so lag auch in Mähren im Frühjahr 1618 die politische Macht bei einer Handvoll Gewährsleuten Wiens und Habsburgs. In Mähren war die Herrschaft dieser Minderheit noch ausgeprägter als in Böhmen, wo unter den zehn Statthaltern immerhin drei Protestanten waren. Nach der Demission Karls d.Ä. von Žerotin (1614) hatte das Amt des mährischen Landeshauptmanns der Katholik Ladislav von Lobkovic auf Holleschau inne; seine hauptsächliche Qualifikation bildete die Tatsache, daß er der Bruder des Oberstkanzlers Zdeněk Vojtěch Popel von Lobkovic war. Dieser führte die böhmischen Angelegenheiten an Mathias' Wiener Hofe und entging – als haßerfüllter Vormann der „spanischen Partei" – so der Defenestration. Im Amte des Direktors der Landesfinanzen wurde der ältere Žerotin von Kardinal Dietrichstein abgelöst, der – neben dem bislang noch zaudernden Karl von Liechtenstein – der Haupttrumpf der habsburgischen Politik in Mähren war. Um Lobkovic sammelte sich eine Gruppe vornehmer Leute der jüngeren Generation, die nach rascher Karriere Ausschau hielten. Zwei von den drei Obersten der Ständetruppen, die man zur Wahrung der Neutralität angeworben hatte, waren Parteigänger Habsburgs: der Kommandeur des 3000 Mann starken Fußregiments Albrecht von Wallenstein und der Befehlshaber eines Reiterregiments Jiří von Náchod. Als einziger Protestant vertrat der Znaimer adlige Grundherr Vilém von Roupov, Oberstkämmerer der Markgrafschaft Mähren, die nichtkatholische Ständegemeinde sowie, in bestimmtem Sinne, auch die überwiegend protestantische Bevölkerung in Stadt und Land.

Auf den Umsturz in Böhmen reagierten die mährischen Stände beim Landtag, der seit Anfang August in Brünn verhandelte. An ihm nahm König Ferdinand II. persönlich teil, um Hilfe gegen die böhmischen Rebellen zu fordern. Die Beratungen standen unter dem bestimmenden Einfluß Karls d.Ä. von Žerotín und Kardinal Dietrichsteins. Sie trafen sich in dem Bestreben, Mähren im Status der Neutralität zu halten, so wie einst (1546) im Kampf der böhmischen Stände mit König Ferdinand I. Der Landtag beschloß, das Fußregiment Oberst Wallensteins und Reiterregimenter unter Náchod und Petr Sedlnický von Choltice in Bereitschaft zu bringen. Militärische Qualifikation besaß nur letzterer von den Kämpfen in den Niederlanden und Ungarn her. Zum Oberbefehlshaber der Streitmacht, die zur „Defension" des Landes unterhalten wurde, avancierte Kardinal Dietrichstein. Ende August, als die kaiserlichen Truppen unter Buquoy und Dampierre gemäß einer Bewilligung des mährischen Landtags durch Südwest-Mähren über Iglau nach Prag vorrückten, wurden Žerotín und Dietrichstein nach Prag abgesandt, um der Direktorenregierung eine Vermittlung mit Wien anzutragen. Es gibt keinen Beleg dafür, daß Wallenstein, Kommandeur des um Olmütz geworbenen Fußvolks, bereits damals mit Ferdinand II. übereinkam, für diesen ein Kürassierregiment anzuwerben. Aber wir wissen, daß er Geld zu beschaffen suchte, wo es nur möglich schien; Ende August lieh er sich auf eine

Obligation, ausgestellt in Vsetín, Geld von Václav Mol von Modřelice, Herr auf Weißkirchen. Auf Grund eines Winkes aus Wien beorderte Dietrichstein Anfang September die ständischen Regimenter nach West-Mähren: Wallenstein nach Iglau, Náchod nach Teltsch und Sedlnický am weitesten von der böhmischen Grenze entfernt, nach Znaim. In dieser Zeit gelangte Buquoy mit seiner Armee, die an 13.000 Mann zählte, von Iglau über Deutsch Brod nach Habern vor Tschaslau. Dort trafen sie Verhaue, Aufgebote und Abteilungen an, die die schlesischen Stände hingeschickt hatten. Aus der zerstreuten Dislozierung der mährischen Regimenter läßt sich nichts anderes schließen, als daß man sie in Wien für eine zukünftige Reserve der kaiserlichen Armee hielt.

Seit dem 5. September lag Wallensteins Regiment als Besatzung in Iglau. Dort erfuhr der Kommandeur, daß Buquoys Ausfall mißlungen war. Nach einer Woche der Scharmützel entschloß sich dieser nach Südböhmen zu ziehen, um die Besatzungen von Budweis und Krumau zu verstärken. Die Versorgung einer so großen Masse von Soldaten im Lager vor Habern und später bei Pilgram aus der Umgebung und aus örtlichen Quellen war undenkbar; es ist deshalb sehr wahrscheinlich, daß zumindest mit wohlwollender Zustimmung Wallensteins Vorräte aus Iglau besorgt wurden. Obwohl sich Buquoy, dessen Abteilungen das Landvolk überfielen, nicht zu halten vermochte und auf dem Marsch nach Budweis am 9. November 1618 bei Lounice eine Niederlage erlitt, war Wallenstein darum bemüht, die Reste der durch Krankheit und Verwundung dezimierten Truppen aus Ostböhmen und über Iglau nach Österreich ins Lager der dort unter Dampierre verbliebenen Einheiten abziehen zu lassen.

Es ist verständlich, daß die Handlungsweise Wallensteins nicht verborgen blieb, daß sich die böhmischen Direktoren darüber in Brünn beklagten und daß sich dagegen auch in Mähren Stimmen erhoben. Jedenfalls führten diese Beschwerden dazu, daß Wallensteins Regiment im Dezember ins Landesinnere, in die Gegend von Olmütz, verlegt wurde. Auf dem Dezember-Landtag 1618, der wiederum in Brünn stattfand, erklärte sich die ständische Opposition unter Führung des Lundenburger Herrn Ladislav Velen von Žerotín – unter dem Eindruck der Nachrichten über die gescheiterte Offensive der Kaiserlichen in Böhmen – schon weit deutlicher gegen die Politik der Neutralität, die Karl d.Ä. von Žerotín in den November–Unterhandlungen mit den Führern der böhmischen und niederösterreichischen Ständeopposition hartnäckig verteidigt hatte. Žerotín traf sich darin mit Kardinal Dietrichstein und mit Adam d.J. von Waldstein, der im gleichen Sinne in Prag wirkte. Es scheint jedoch, daß unter den kaiserlichen Räten, neben Dietrichstein, auch der Oberstkanzler Lobkovic zum Kurs der Neutralität neigte. Dietrichstein warb allerdings zugleich, und das schon seit Juni 1618, auf den bischöflichen Herrschaften Söldner. Das bestätigen Werbepatente, die u.a. an Ferdinand von Nagaroll im Auftrage Dampierres ausgegeben wurden. Zum Dezember-Landtag erschien König Ferdinand schon nicht mehr. Erfolg hatte hier weder die Delegation der böhmischen Direktorenregierung mit Thurn an der Spitze noch König Ferdinand, der die Stände zur Erhöhung der Steuern für Militärausgaben aufforderte. Unter dem Einfluß Žerotíns erklärte sich der Landtag erneut für die Fortsetzung von Vermittlungsaktionen.

Es ist kaum anzunehmen, daß Wallenstein am Landtag teilnahm, aber auch nicht unwahrscheinlich, da er sich von Iglau nach Wien begab. Er konnte auf nützliche Dienste verweisen, die er Buquoy geleistet hatte. Ganz sicher ist, daß seit November 1618 seine Briefe nach Wien gingen. Er empfahl darin der Regierung, die zunehmend von Ferdinand II. und seinen Räten Hans Ulrich von Eggenberg und Graf Karl von Harrach – alles Vormänner der „spanischen Partei" – beherrscht wurde, weiter gegen die Aufständischen in Böhmen vorzugehen. Unter den Schreiben findet sich ein nicht unterfertigter Vorschlag, der Kaiser möge verkünden, er werde allen Untertanen, die gegen die „Ketzer-Rebellen" bewaffnet kämpfen, die Freiheit geben. Ohne Zweifel handelte es sich um einen demagogischen Rat, an dessen praktische Ausführung der Autor nicht ernsthaft dachte – und den man in Wien aus Sicherheitsgründen zu den Akten legte. In jene Zeit gehört wahrscheinlich auch die Übereinkunft zur Formierung eines Kürassierregiments, das Oberstleutnant Pierre de la Motte mit Beistand des erzherzoglichen Hofes zu Brüssel in den Spanischen Niederlanden für Wallenstein im Winter 1618/19 warb. Es kamen schließlich zehn Kornetts, insgesamt tausend Reiter, meist wallonischer Herkunft, zusammen. Wallenstein war also Ende des Jahres 1618 Obrist der mährischen Stände und zugleich Kriegsunternehmer, der für Ferdinand II. Söldner in den Spanischen Niederlanden warb.

Die militärischen Aktionen der kaiserlichen Seite im Jahre 1618 waren also, so kann resümierend gesagt werden, nicht denkbar ohne spanische Subsidien und greifbare Hilfe, die die Gesandten Oñate und Zeelandre (oft ohne Zustimung aus Madrid) leisteten. Der Beistand kam vornehmlich aus Brüssel – und aus Polen, dessen Herrscher König Ferdinand Abteilungen leichter Reiterei („Kosaken") schickte. Da die Gesamtzahl der Soldaten, der kaiserlichen wie der Gegenseite, nicht allzu hoch war, denn beide rüsteten erst, hatten sowohl die Streitkräfte der mährischen Stände als auch die unternehmerische Aktivität Wallensteins ihr Gewicht. Über den Winter 1618/19 sammelten sich in den spanischen Niederlanden, in Neapel und Mailand Truppenteile, die vor Eröffnung der Frühjahrsoffensive auf den mitteleuropäischen Kriegsschauplatz gelangen sollten. So war es für die böhmischen Direktoren, die indes nur mit einer Hilfszusage des siebenbürgischen Fürsten Bethlen Gábor und der ungarischen Stände rechnen konnten, von entscheidender Bedeutung, ob Mähren gewonnen wurde oder nicht.

Wallenstein und der Umsturz in Mähren

Ende März 1619 kehrte Karl d.Ä. von Žerotín aus Prag zurück und teilte Kardinal Dietrichstein mit, die böhmischen Stände bereiteten einen Überfall auf

Mähren vor. Er empfahl, die von den Ständen unterhaltenen und nominell von Dietrichstein befehligten Regimenter an die böhmischen Grenzen zu verlegen. Das Reiterregiment Sedlnický, in dem Ladislav Velen von Žerotín als Oberstleutnant diente, lag noch immer in Znaim, das Regiment Náchod mit Oberstleutnant Stubenvoll war in Brünn einquartiert und das Fußregiment Wallenstein mit Oberstleutnant Adam Licek von Ryžmburk auf Pernštejn lag in Olmütz und Umgebung. Wallenstein, der im Januar 1619 abermals Wien besuchte, wo Kaiser Mathias dahinsiechte, war sicherlich nicht gegen die Neupostierung der Truppen. Aber zwei mährische Regimenter, die von habsburgtreuen Offizieren befehligt wurden, genügten Ferdinand nicht, um die sich zum Aufmarsch anschickenden böhmischen Streitkräfte abzuwehren. Wallenstein, der am 24. Februar 1619 sein persönliches Patent als kaiserlicher Obrist entgegengenommen hatte, war dafür, die Verbände der mährischen Stände der kaiserlichen Armee zuzuführen. Kardinal Dietrichstein beteuerte zwar später, er habe nichts gegen die Stände unternehmen wollen, aber es ist sicher, daß er auf seinen Herrschaften Abteilungen formierte, die Offiziere aus Dampierres Armee befehligten – so in Nikolsburg Johann Most und Henry Bruce. Und zweifellos hegte er auch Pläne, Kremsier, Wischau und Mürau mit dem bischöflichen Lehensaufgebot zu besetzen.

Am 23. April 1619 überschritt Thurn mit einer Armee, die etwa 10.000 Mann zählte, die Landesgrenze bei Iglau und rückte über Mährisch Budweis nach Znaim vor, wo sich unter dem Schutz der Reitertruppen unter Sedlnický und Ladislav Velen von Žerotín die Ständeopposition versammelte. Dampierre, der das mit einem Vorstoß aus dem Lager bei Laa in Österreich und mit der Besetzung von Znaim vereiteln wollte, kam zu spät. Kardinal Dietrichstein verlor nach den Berichten über Thurns Vormarsch den Kopf und wandte sich ratsuchend nach Wien. Offenbar fruchtete das nicht viel, denn er kehrte nach Brünn zurück, früher als das Regiment Sedlnický mit Thurns Abteilungen und den Führern der Ständeopposition dorthin gelangten. Am 30. April schrieb Dietrichstein an Pavel Michnov von Vacínov, daß die Obristen Náchod und Wallenstein einen Entschluß (sicher nicht in seiner Anwesenheit) gefaßt hätten, von dessen Richtigkeit er nicht überzeugt sei. Es ging darum, beide Regimenter bei Kremsier zu vereinigen, wo sie mit der Hilfe der bischöflichen Truppen rechnen konnten. Jiří von Náchod verließ in der Tat mit seinem Regiment Brünn, aber irgendwo bei Wischau kam es unter den Soldaten zu einem Aufruhr, und die Offiziere unter Führung des Oberstleutnants Stubenvoll lehnten es ab weiterzuziehen, obwohl sich Náchod auf einen Befehl des Landeshauptmanns Ladislav von Lobkovic berief. Náchod bedachte sich nicht lange, er wandte sich mit Rittmeister Vilém Brabantský von Chobřany nach Wien, während die Reste des Regiments nach Brünn zurückkehrten.

Auch Wallenstein gab am 30. April Befehl, daß sich sein Regiment von Olmütz aus nach Süden zu begeben habe. Neun von den zehn Fähnlein marschierten unter dem Befehl eines namentlich nicht bekannten Oberstwachtmeisters ab. Nach der damaligen Nomenklatur rangierte dieser Titel unter dem Oberstleutnant; das war Adam Licek von Ryžmburk, den Wallenstein mit dem übriggebliebenen zehnten Fähnlein in Olmütz zurückließ. Ähnlich wie im Regiment Náchod erhoben sich auch in Wallensteins Einheit unter den Offizieren Stimmen gegen den Abmarsch, aber der Oberst, der darüber informiert war, tötete auf der Stelle den Oberstwachtmeister und erstickte so die Meuterei im Keim. Am Abend desselben Tages begab sich Wallenstein in das Olmützer Quartier des Landeskassenverwalters und zwang ihn, die Ständekasse herauszugeben, die, wie sich später herausstellte, über 96.000 Gulden enthielt. Das war zwar nicht allzu viel, aber es genügte, um drei oder vier Reiterregimenter zu werben, und das war mehr, als Wallenstein für seine Dienste später, im Jahre 1620, erhielt. Am 1. Mai befand sich, weil Náchods Regiment nicht eingetroffen war, der Großteil seines Regiments auf dem Marsch nach Süden in Richtung auf die ungarische Grenze bei Straßnitz, während sich Thurn auf Brünn zu bewegte. Dorthin gelangte er am 2. Mai und am folgenden Tage auch Stubenvoll mit den Soldaten des einstigen Regiments Náchod. Er brachte sicher auch die Nachricht über den blutigen Akt in Olmütz und den Raub der Ständekasse mit. Am 3. Mai wurde ein Teil der Reiterei nach Straßnitz beordert, wo es gelang, sechs Fähnlein von Wallensteins Regiment aufzuhalten. Den Rest – sechs Fähnlein mit Wallenstein und der Kasse – konnten sie nicht mehr erreichen, sie gelangten über ungarisches Gebiet auf den Boden Niederösterreichs.

Da es bislang noch nicht zur Trennung der mährischen Stände von Ferdinand II. gekommen war, betrachteten die Stände Wallensteins Verhalten als Hochverrat. Der bestürzte Dietrichstein schrieb am 3. Mai an König Ferdinand, um seine Unschuld zu beteuern; das Geld möge zurückgegeben und alle Mißhelligkeiten zwischen Ständen und Herrscher möchten auf friedlichem Wege beseitegeräumt werden. In der Tat entsprach Ferdinand schon am folgenden Tage dieser Forderung, und in einigen an den Kardinal gerichteten Schreiben versicherte er, daß er mit den Aktionen Wallensteins nichts gemein habe und daß ihm um nichts anderes zu tun sei als um die Erhaltung Mährens. Bei alledem ging es vor allem um die Beeinflussung der Ständevertreter, die am 8. Mai in Brünn zusammentraten. Dort wurde beschlossen, Ladislav von Lobkovic, Karl d.Ä. von Žerotín und Kardinal Dietrichstein unter Hausarrest zu stellen, Wallenstein und Náchod zu ächten und ihre Güter zu konfiszieren. Thurns Erbitterung über Wallenstein kannte kein Maß, er nannte ihn eine „hoffärtige Bestie". Doch dessen Rücksichtslosigkeit und Entschlossenheit zahlte sich aus: Schon am 8. Mai schrieb Dietrichstein an Ferdinand, daß Wallenstein es eigentlich gut gemeint habe. Er habe nur verhindern wollen, daß das Geld des Landes und seine Armee in die Hände der böhmischen Rebellen gerieten, die in Mähren eingefallen seien. Ferdinand gab das Geld zurück, ebenso das Rest-Regiment Wallenstein; er hatte sowieso keine Mittel, um es zu besolden. Wallenstein selbst aber hatte keine Strafe zu erwarten – im Gegenteil.

Nach der großen Anspannung war Wallenstein zunächst in Wien einige Tage krank, möglicherweise nur aus Kummer, daß er nicht so aufgenommen wurde wie er erwartet hatte, denn am 11. oder 12. Mai finden wir ihn schon in Passau, wo er sich mit einigen Gewährsleuten der „römischen Partei" traf, deren Interessen Erzherzog und Bischof Leopold entschiedener vertrat als Wien unter Mathias und sogar unter Ferdinand. In Passau weilten die im Mai 1618 aus dem Fenster gestoßenen Herren Martinic und Slavata sowie Adam von Sternberg und weitere Gleichgesinnte. Slavata war Wallenstein schon von Jugend an nicht sonderlich zugetan, und von engeren Beziehungen zu Martinic ist auch nichts bekannt. Es ist kaum vorstellbar, daß sie mit Wallenstein gemeinsame Sache machten, der sich schon zehn Jahre davor aus der Gemeinschaft der böhmischen Stände ausgegliedert hatte. Der einstige radikale Flügel der Prager „römischen" Partei, die „spanische" Fraktion, war, wie es scheint, nach dem Weggang Zdeněk Vojtěch Popels von Lobkovic nach Wien zerfallen, sie übersiedelte als Hofpartei zum Herrschersitz. In Mähren blieb als deren Säule Kardinal Dietrichstein, doch sein Verhältnis zur steirischen Gruppe und zu den Wiener „Spaniern" mit Karl von Harrach und Hans Ulrich von Eggenberg an der Spitze war zu dieser Zeit nicht sonderlich eng. Wallenstein hingegen pflegte zu Eggenberg und teils auch zu Harrach gute Beziehungen. Am 14. Mai mahnte er bei Eggenberg 40.000 Gulden an, die dessen Mutter geliehen hatte; er benötigte sie, wie er betonte, für Werbungen. Dabei konnte es nicht um die Werbung des Kürassierregiments gehen, das inzwischen unter dem Befehl des Oberstleutnants de la Motte in Passau anlangte. Aus der Korrespondenz Harrachs wissen wir, daß er um diese Zeit seinen Sohn Wallensteins Obhut anvertraute. Obwohl die Beziehungen zu Dietrichstein die engsten zu sein schienen, waren sie aber in Wirklichkeit niemals gut zu nennen. Der gebürtige Madrider, Zögling des römischen Germanicums, wuchs im Geiste des katholischen Humanismus auf, zu dem, soweit bekannt, Wallenstein kein näheres Verhältnis hatte. Dietrichstein kannte den „Don Quichote" von Cervantes, in Wallensteins Prager Palast fand sich nur ein einziges Buch – eine italienische Abhandlung über Festungsbauten –, und auch das konnte seinem Architekten Pieroni gehört haben. Die Ereignisse des Frühjahrs entzweiten den Kardinal und Wallenstein. Er verachtete Dietrichstein wegen dessen Kapitulation vor den Ständen und verhöhnte ihn wegen seiner Feigheit. Im Gegensatz dazu waren die Beziehungen Wallensteins zur „spanischen Partei" in Wien, wie wir noch sehen werden, fast bis ans Ende seiner Karriere sehr eng.

Mit der Karriere in Mähren war es allerdings zunächst einmal Schluß. Wallensteins Güter gingen vorläufig in die Hände von Václav Bítovský von Bítov auf Bystřice bei Hostein und Jan Adam von Víckov über. Dieser übernahm auch vom Olmützer Rat über 400 Musketen, die Wallenstein einst dort deponiert hatte. Sie gelangten möglicherweise schließlich nach Lucka und Vsetín – und nach der Niederlage des Ständeaufstandes an die Untertanen beider Herrschaften. Die mährischen Stände bildeten nach böhmischem Muster eine Direktorenregierung (an der Spitze Vilém von Roupov), in deren Reihen sich nur ein Waldstein, Zdeněk Brtnický, fand – ein Mann mit lebhaften kulturellen Interessen, ein Freund von Meister Václav Bacháček von Naumĕřice, Verfasser der aufsehenerregenden Reisebeschreibung durch West- und Südeuropa und Eigentümer einer Bibliothek, die später Kardinal Dietrichstein für sich beschlagnahmte. In Nikolsburg war ihres Bleibens nicht lange, in den vierziger Jahren schickten sie die Schweden als Kriegsbeute in ihr Land, und mit Königin Christina gelangte ein Teil nach Rom. Dort, in der Vatikanischen Bibliothek, befindet sich u.a. bis heute die Handschrift der Reisebeschreibung Zdeněks von Waldstein. Einigermaßen verwundert, daß auch Václav Mol von Modřelice der Direktorenregierung angehörte, der Albrecht von Wallenstein zur Werbung seines Kürassierregiments 20.000 Gulden geliehen hatte. Mol verhielt sich allerdings argwöhnisch. Er hatte sich in der Zeit des Aufstandes um die Hand der Anna Cedlarska von Hof beworben. Sie war Erbin der Herrschaft Zlín und eine glühende Protestantin, ebenso wie ihr Bruder Christoph, und kam mit der Verwaltung des Landes in Konflikt, die 1618 in Olmütz gegenreformatorische Maßnahmen ergriff.

Im Juni 1619 entschieden sich die mährischen Stände für ein Bündnis mit den Ständen Böhmens, und es stand auch einer Konföderation aller Stände der böhmischen Kronländer nichts mehr im Wege. Sie bildete die Grundlage für Verhandlungen über weitere Konföderationen mit den protestantischen Ständen Nieder- und Oberösterreichs, Ungarns und Siebenbürgens. Sie waren der bedeutendste ernsthafte Versuch, die Verhältnisse in Mitteleuropa ohne oder gegen die Habsburger neu zu gestalten – nach dem Muster, wie es in der gesellschaftlichen und staatlichen Struktur in den Vereinigten Niederlanden bestand, die sich im übrigen auch Konföderierte Provinzen nannten. Das war indes das gerade Gegenteil jener Politik, die Wallenstein mit seinen Kürassieren durchzusetzen versuchte.

Der zweifache kaiserliche Obrist

Auf den südböhmischen Kriegsschauplatz, wo Streitkräfte unter Buquoy aus Flandern und Neapel zusammengezogen worden waren, gelangte das Wallensteinsche Kürassierregiment Anfang Juni. Sein Oberst war nicht zugegen, er weilte, scheinbar erkrankt, noch in Passau. Und so erlebte er auch die Schlacht bei Zablat am 10. Juni 1619 nicht, wo Buquoy den unvorsichtigen Mansfeld schlug, und Wallenstein war auch nicht an der Verteidigung von Wien gegen die böhmisch-mährische Armee unter Thurn beteiligt. Er nahm ebenso nicht teil am Vorstoß der Buquoyschen Truppen gegen Hohenlohe und Mansfeld, der eine Zeitlang Panik in Prag auslöste. Sie spülte die Verfechter des Gedankens der Verständigung mit Adam d.J. von Waldstein an der Spitze hinweg; dieser ging nach Sachsen in die Verbannung – oder ins freiwillige Exil. Nach Sachsen wandten sich im übrigen nicht wenige gemäßigte Nichtkatholiken. Die Gegner der Direktorenregierung fanden sich nun schon an drei Orten: in Wien, Passau und Dresden.

Die Bedrohung Prags nach der Schlacht bei Zablat zwang Thurn, Wiens Umfeld zu verlassen und nach Böhmen zurückzukehren. Das mährische, einst Wallensteinsche Fußregiment, nun befehligt von Friedrich Tieffenbach auf Dürnholz, und das ehemalige Reiterregiment Náchod, das Ladislav Velen von Žerotín übernommen hatte, wandten sich nach Mähren, gegen das eine zweite kaiserliche Offensive eröffnet wurde. Die Armee Buquoys, schätzungsweise 20.000 Mann, entsandte einen Teil unter dem Befehl von Dampierre, der für Mähren eine ernste Gefahr darstellte. Unter diesen Umständen gaben in Brünn wieder Stimmen den Ton an, die nach einem Ausgleich mit dem Kaiser riefen. Vorteil daraus zogen die Internierten, vor allem Žerotín und Dietrichstein. Letzterer stand von Nikolsburg aus stets mit seinen Nachbarn in Berührung, so mit Ladislav Velen von Žerotín auf Lundenburg und dem Dürnholzer Tieffenbach. Schon am 10. Juni wurde der Kardinal aus seinem Hausarrest entlassen, er erhielt die Erlaubnis, für eine Verständigung der mährischen Stände mit Ferdinand II. zu wirken. Die Stände entsandten zwar Dietrichstein nach Wien, wo ihn der König empfing, aber sie schickten auch Žerotín dorthin, der einen Waffenstillstand, gültig bis 8. August 1619, aushandelte. König Ferdinand und seinen Räten, vor allem Hans Ulrich von Eggenberg, ging es bei ihren „friedfertigen" Intentionen darum, Mähren zu neutralisieren. Zu Nikolsburg schrieb der Kardinal im April und Mai seine Abhandlung nieder, in der er den gegen ihn erhobenen Vorwurf zurückwies, er habe vom Kaiser abfallen wollen. Unter den Urhebern dieser Anschuldigung war auch der Oberst Wallenstein. Die erschrockenen Direktoren, unter denen die entschiedensten Gegner Habsburgs – Ladislav Velen von Žerotín oder Sedlnický bei der Armee – fehlten, versicherten dem Kardinal, daß sie „niemals von Seiner Königlichen Gnaden abgefallen oder abgetreten seien, sondern Seiner Könglichen Gnaden, wie zuvor, treue Untertanen zu bleiben begierig sind." Anfang August teilte Dietrichstein den Direktoren mit, er müsse in unaufschiebbaren Angelegenheiten nach Wien abreisen, wo er weiter als Vermittler zwischen den Ständen und Ferdinand II. wirken wolle. Seitdem reagierte er nicht mehr auf Einladungen aus Brünn, weil er unter andauernder Indisposition litt.

Erst mit Verpätung kam den Direktoren die Einsicht, daß Dietrichstein sie zum Narren hielt und daß er ihre Anordnungen hintertrieb, die sie zur Einberufung des Landesaufgebots erließen, um sich gegen den Einfall kaiserlicher Truppen zu verteidigen. Von den Umtrieben Dietrichsteins zeugt seine Korrespondenz mit seinen Beamten und den bischöflichen Städten. Allzu spät sahen die Stände ein, daß sie einen groben Fehler gemacht hatten, als sie Dietrichstein gehen ließen, und sie begannen sich der Positionen der katholischen Obrigkeiten zu bemächtigen. Die Liechtensteinschen Güter Blumenau und Proßnitz wurden besetzt, ebenso Tobitschau, die bischöflichen Städte Kremsier und Wischau sowie das Žerotínsche Prerau. Verdacht fiel auf die zwei Söhne Adams d.J. von

Waldstein, die in Seedlowitz Waffen sammelten, und außerdem wurde festgestellt, daß sich Albrecht von Wallenstein im Juli in Kurovice bei Holleschau mit Ladislav von Lobkovic, Zdeněk Žampach von Potenstein und sicher noch anderen getroffen hatte.

Anfang August zog die Armee Dampierres – aus Buquoys Streitmacht abgezweigte Abteilungen – einschließlich eines Teils des Wallensteinschen Kürassierregiments nach Südmähren. Am 5. September kam es zwischen ihnen und mährischen Einheiten unter Ladislav Velen von Žerotín und Friedrich von Tieffenbach zu einer Schlacht bei Dolní Věstonice und Strachotín. Die kaiserlichen Truppen erlitten schwere Verluste, und trotz zahlenmäßiger Überlegenheit büßten sie in den folgenden Wochen die Initiative ein. Auf dem Schloß zu Nikolsburg, dessen Besatzung die Hauptleute Bruce und Most kommandierten, lagen als Verwundete Graf Montecuccoli und Rittmeister Strozzi. Die Neugetauften in der Stadt pflegten den Herzog von Sachsen-Lauenburg, während Dampierre ins Lager bei Bulhar marschierte und seine ungarischen und kroatischen Reiter Überfälle auf Güter der Direktoren übernahmen, vor allem auf die Ladislav Velen von Žerotín und Tieffenbach gehörenden. Die Vergeltung ließ nicht lange auf sich warten, auch wenn Friedrich von Tieffenbach, der Kommandeur der böhmisch-mährischen Einheiten, krank war und nicht im Lager bei Neumühle zugegen sein konnte. Oberst Stubenvoll verteidigte, aber nicht mit Erfolg, Lundenburg gegen die Kaiserlichen, doch Thurn, der an die Stelle des erkrankten Tieffenbach trat, stellte das Gleichgewicht der Kräfte wieder her.

Wallenstein nahm nicht an den Kämpfen in Südmähren teil. Am 2. August weilte er nachweislich in Böhmisch Budweis, um über die Ergänzung seines Kürassierregiments um 300 Mann zu verhandeln, die Leopold von Passau für ihn anwerben sollte. Im September änderte sich die Situation: Der neugewählte böhmische König Friedrich von der Pfalz brachte eine gewisse Hilfe aus dem Westen mit, und auch Bethlen Gábor war bereit, sich an einem gemeinsamen Zug gegen Wien zu beteiligen. Im September eröffnete die böhmisch-mährische Armee unter Hohenlohe ihren Vormarsch nach Wien, das von Osten durch die Truppen Bethlens und von Norden durch Einheiten bedroht wurde, die Thurn befehligte. Dampierre und Buquoy mußten sich zur Verteidigung Wiens zurückziehen. Am Rückzug zur Donau beteiligte sich auch Wallenstein mit seinen Kürassieren, die noch in Südböhmen verblieben waren. Ende Oktober deckte er den Übergang Buquoys über die Donau, und im November sicherte er in ähnlicher Weise die Rückkehr Ferdinands von Graz nach Wien. Seine Abteilungen erlitten sicher hohe Verluste, auch wenn sie bei Věstonice geringer als die des Reiterregiments Maximilian von Liechtenstein waren. Im Oktober forderte Wallenstein, neben den schon erwähnten 300 Arkebusieren weitere 200 werben zu können, dazu noch 500 Kürassiere. In diesem Sinne schloß er am 30. Oktober mit Erzherzog Leopold einen Vertrag, in welchem Torquato Conti zum künftigen Kommandeur im Rang eines Oberstleutnants ernannt wurde. Dieser vertrat den

Obersten ständig; es ging also Wallenstein darum, Befehlshaber zweier Regimenter zu werden. Schließlich kamen nach dieser „Kriegslist" zwei Kürassierregimenter mit zwanzig Kornetts zusammen, in denen vor allem wallonische Reiter dienten. Die Bezeichnung „wallonisch" könnte irreführend sein. Ähnlich wie bei den „deutschen" oder spanischen" Regimentern handelte es sich um Einheiten, die in jenen Gebieten geworben, besoldet oder stationiert wurden. Das Geld zur Anwerbung des zweiten Regiments gewann Wallenstein durch Rückforderung von Schuldsummen, wie eine Mahnung an Eggenberg ausweist. Doch lieh ihm sicher auch der spanische Gesandte bestimmte Summen.

Während in Mähren vor allem um das Dietrichstein gehörende Nikolsburg gekämpft wurde und die mährischen Stände die Landgüter ihrer geschlagenen Gegner konfiszierten und aufteilten (die Konfiskationen kamen allmählich in Mode, mit ihnen begannen hauptsächlich jene, die später dafür blutig bezahlen mußten), änderte sich die Lage an den Fronten bedeutend. Im Laufe des Herbstes kamen aus Flandern und Italien die zugesagten Verstärkungen. Das waren Spinellis brigata, bestehend aus zwei neapolitanischen Regimentern zu Fuß, Bournonvills wallonische Brigade aus den Spanischen Niederlanden, aus Neapel führte Guillermo Verdugos Fußregiment Wallonen heran. Oberst Geraldin marschierte mit 15 Fähnlein, bestehend aus Iren und Wallonen, auf, ebenso Fuggers wallonisches Infanterieregiment, des weiteren noch kleinere Abteilungen, die zum Teil spanisch besoldet wurden. Von den fünf Reiterregimentern rekrutierten sich vier aus Wallonen oder Spaniern. Neben dem alten Regiment Marradas, das Don Felipe de Areyzaga als Oberstleutnant kommandierte, waren das die zwei Kürassierregimenter Wallensteins, das Arkebusierregiment der „Florentiner", im Frühjahr 1619 in der Toskana geworben und kommandiert von dem Angehörigen der großherzoglichen Familie Pietro di Medici; aus Flandern kamen das nicht ganz vollzählige Arkebusierregiment Oberst Gauchier de Marchan und schließlich die „Leibguardia" Buquoys. Ermöglichte die spanische Intervention im Jahre 1618 Buquoy und Dampierre die Offensive nach Böhmen, so sicherte die spanische Hilfe 1619 die Übermacht der Kaiserlichen in Südböhmen, und im Winter 1619/20 war damit ihr absolutes zahlenmäßiges Übergewicht über die Truppen der böhmischen Stände und ihrer Verbündeten hergestellt. Letztere brachten nicht mehr auf als das Regiment Ernsts von Mansfeld, die von Kurfürst Friedrich herangeführten Abteilungen, ein englisch-schottisches Regiment unter Oberst Andrew Gray, ein niederländisches Fuß- und ein niederländisches Reiterregiment. Und der einzige, aber sehr unzuverlässige Bundesgenosse war Bethlen Gábor.

In Mähren gelang es den Kaiserlichen nicht, im befestigten Nikolsburg eine solche Übermacht zu halten wie in Böhmen in den Städten Krumau und Budweis. Nikolsburg fiel am 3. Februar 1620. Dieser Fall (möglicherweise auch der Verlust der Weinvorräte in den Schloßkellern) traf Dietrichstein in Wien so schwer, daß er schon daran dachte, Mitteleuropa zu verlassen, wenn ihm ein Bistum in Spanien eingeräumt werde konnte. Wie gewöhnlich, so verflog die

Depression auch diesmal. Sein Widersacher und zugleich Mitstreiter Albrecht von Wallenstein litt im entscheidenden Winter 1619/20 an derlei Niedergeschlagenheit nicht. Er verhandelte mit Eggenberg darüber, wieviel ihm der Kaiser für seine Dienste zahlen werde, die er vom Herbst 1618 bis Anfang 1620 geleistet hatte. Wahrscheinlich engagierte er sich in der kaiserlichen Sache damals mit etwa 60.000 Gulden, in Wirklichkeit also mit 80.000 Gulden, denn die Zinsen betrugen jährlich 6 %, die „jüdischen" sogar 20 %. Am 2. Januar 1620 erhielt Wallenstein sein zweites Obristenpatent – und sein zweites Kürassierregiment, das er mit Hilfe Oñates, Leopolds von Passau und des Brüsseler Erzherzogs Albert zusammenstellte. Wir sehen also, daß er das Geld für seine Werbungen sehr mühsam aufbrachte. Die Transaktion mit Eggenberg zeigt allerdings, daß er aus Mähren vor dem Konflikt genug an Geld, Geschmeide und Geschirr (Silberteller wurden meist nicht bei Tische benutzt, sie bildeten eine verdeckte Form der Schatzbildung) heranbrachte, daß er nicht nur dem Kaiser, sondern auch den Personen seiner Umgebung Geld leihen konnte. Der „Eigentümer" von zwei Regimentern zu sein, war eine kostbare Sache, und der zweifache Oberst Wallenstein zählte Anfang 1620 schon zu den Kriegsunternehmern großen Stils.

Wallenstein auf dem Wege zum Weißen Berg

Bis Ende November 1619 dauerte die Bedrohung Wiens, doch am 5. Dezember begann der Rückzug der Gegner, und Anfang Februar 1620 schloß Bethlen Gábor, wie das auch später üblich werden sollte, infolge der schwierigen Existenzbedingungen seiner Einheiten einen Waffenstillstand mit dem Kaiser – und das im ungelegensten Augenblick, denn er zog sich für ein halbes Jahr aus dem Kampf zurück, in dem das Übergewicht der Kaiserlichen immer offensichtlicher wurde. Für den Frühjahrsfeldzug war – neben den polnischen Abteilungen, die plündernd durch Mähren streiften (auch Rymice sparten sie nicht aus) und sich mit Buquoys Truppen in Niederösterreich vereinigten – vor allem die Hilfe der katholischen Liga-Armee garantiert, geführt von Tserclaes de Tilly und Kurfürst Maximilian von Bayern selbst; dazu kam noch der Beistand des sächsischen Kurfürsten, dem Kaiser Ferdinand II. als Lohn die beiden Lausitzen versprach. Demgegenüber blieb die Hilfe für die Prager Regierung und den „Winterkönig" Friedrich dürftig: Die Mobilisierung der zweifellos ausgiebigen materiellen Ressourcen der Vereinigten Niederlande ging zu langsam vonstatten, auch wenn es im Reich und in den Niederlanden seit dem Sommer 1619 nicht an Stimmen fehlte, die böhmische Sache gehe das gesamte antihabsburgische Lager an, sei dessen gemeinsame Angelegenheit (notre cause commune). Die englische und französische Diplomatie trug zur Isolation Böhmens dadurch bei, daß sie im Ulmer Akkord die Länder des Reiches neutralisierte. Das öffnete die Möglichkeit, daß Militär, das gegen Böhmen marschierte, die Reichsterritorien frei passieren konnte.

In Bewegung setzten sich auch jene Streitkräfte, die für Ambrosio Spinola und seinen geplanten Überfall auf die rheinpfälzischen Territorien Friedrichs V. vorgesehen waren. Die Engländer und Franzosen schenkten diesen Vorgängen zwar Aufmerksamkeit, aber unter dem Motto, daß ihnen das Hemd näher als der Rock sei; ihre Überlegungen drehten sich lediglich um die Frage, wie Heidelberg vor Spinolas Angriff zu retten sei. Der englische König Jakob I., der die Annahme der böhmischen Königskrone durch seinen Schwiegersohn niemals billigte, riet diesem, Böhmen zu räumen. Friedrich lehnte das ab, weil er seine böhmischen Parteigänger nicht im Stich lassen wollte; aber er war bereit, Böhmen zu verlassen, sich nach Schlesien zu begeben und dort den 9. April 1621 abzuwarten – jenen Tag, an dem der Krieg zwischen Spanien und den Vereinigten Niederlanden wieder ausbrechen und damit der erwartete „allgemeine Krieg" (guerre générale) endlich beginnen würde. Diese Entwicklung der Ereignisse dämpfte zweifellos seinen Willen, selbst energisch zu kämpfen. Er war auch meilenweit von dem ursprünglichen „Großen Plan" entfernt, eine umfassende antihabsburgische Koalition zu bilden, der neben Böhmen, der Pfalz und der Union auch England, die Vereinigten Niederlande, Venedig und die Eidgenossenschaft sowie eventuell auch die Hansestädte, der dänische und der schwedische König angehören sollten. Von diesem Plan waren im Frühjahr 1620 nur noch Trümmer übriggeblieben.

Die Wirklichkeit sah so aus, daß die böhmische Armee chronisch an Soldmitteln litt, daß die Söldner meuterten, die Versorgung nicht zureichte, die Kleinmütigen den Kopf verloren, aber die heimlichen Parteigänger Habsburgs, namentlich im Prager Patriziat, wiederum ihr Haupt erhoben. Der zweifache Oberst Wallenstein weilte meist nicht auf dem niederösterreichischen Kriegsschauplatz bei seinem ersten Kürassierregiment. Es kämpfte unter dem Befehl des Obersten la Motte am 10. Februar 1620 bei Langenlois und am 11. März bei Maissau (wo Wallensteins Kamerad aus der Olmützer Abenteurerzeit, Adam Licek von Rýzmberk, fiel) sowie am 13. April bei Sinzendorf. Dort wiederum starb der Befehlshaber der ständischen Reiterei, Colonna von Fels, im Gefecht. Es ist sehr wahrscheinlich, daß Wallenstein jetzt von neuem erkrankte.

Im April 1620 notierte er in sein Horoskop, er sei für einige Tage ans Bett gefesselt, im Juli litt er an den Folgen der „ungarischen Krankheit". Bettlägrig war er vielleicht bis September, Mitte Dezember überfiel ihn erneut eine Krankheit. Im Verlauf eines Jahres war Wallenstein also dreimal ernsthaft krank, und jede größere oder längerdauernde Anspannung strengte ihn an. Der Anthropologe Vlček verlegt in das Jahr 1620 den Anfang des dritten Stadiums von Wallensteins angeblicher Syphilis. Doch, wie bereits gesagt, wenn er wirklich schon seit dem Jahr 1604 infiziert war, dann trat dieses Stadium um gut zehn Jahre zu früh ein. Im Hinblick darauf, daß er erst 37 Jahre zählte, ist seine Erkrankung ein Beweis dafür, daß er im ganzen wahrscheinlich nie völlig gesund war und daß sich dies auf seine psychische Verfasssung auswirken mußte. Beliebt war Wallenstein niemals, und er bemühte sich offensichtlich auch nicht, die Zuneigung seiner Umgebung zu gewinnen. Unter den gegebenen Umständen war er jedoch eine Persönlichkeit, die man weder umgehen noch übersehen konnte, und dies namentlich seit jener Zeit, da Torquato Conti das zweite Kürassierregiment Wallensteins ins Feld führte. Im August 1620 wurde er zum Mitglied des Hofkriegsrates ernannt; ihm blieb indes aber wenig Zeit und Gelegenheit, an dessen Beratungen teilzunehmen.

Im September 1620 war der Oberst Wallenstein bei seinem ersten Kürassierregiment und beteiligte sich am langsamen Vormarsch der Buquoischen Armee von Niederösterreich durch Südböhmen über Neuschloß ins Vorland des Böhmerwaldes – der Streitmacht der Liga unter Maximilian und Tilly entgegen, die aus Bayern in Richtung auf Pilsen vordrang, das von Mansfeld gehalten wurde. Die böhmische Armee marschierte parallel dazu, um den kaiserlichen und Ligatruppen den Weg nach Prag zu verlegen. Nachdem sich die kaiserliche und die Liga-Armee bei Pilsen vereinigt hatten, standen sich die feindlichen Streitkräfte am 8. Oktober bei Rokycany gegenüber. Von dort gelang es der kaiserlich-ligistischen Armee, in nordwestlicher Richtung zu entkommen, wohin die sächsischen Truppen unter Wolf von Vřesovice zogen. Eine zweite, die Hauptarmee des Kurfürsten von Sachsen, nahm Bautzen ein und besetzte die Lausitzen. Den Offizieren der von Hohenlohe befehligten böhmischen Streitmacht, die sich durch Abteilungen Bethlen Gábors verstärkte, gelang es, den Gegner Anfang November bei Rakovník zu erreichen. Hier standen sich beide Armeen einige Tage gegenüber, zur entscheidenden Schlacht kam es aber nicht. Da vermochte Buquoy zu entkommen, und seine Vorhut stand am 7. November vor Prag.

Unter diesen Truppen befanden sich auch die Wallensteinschen Kürassiere unter La Motte, doch ihr Regimentskommandeur war nicht bei ihnen. Er wurde von Buquoy am 4. November nach Nordwestböhmen als „Verordneter kaiserlicher Kommissar für das Königreich Böhmen" entsandt, um die reichen Städte (vor allem Laun, aber auch Saaz, Aussig und weitere) – wenn möglich, bevor die Sachsen kamen – in den Gehorsam gegenüber dem Kaiser zurückzuführen. Kurfürst Johann Georg war zwar ein Bundesgenosse, aber als Lutheraner doch nicht genügend zuverlässig, und es wäre unangenehm gewesen, wenn er den Vollzug der Reichsacht gegen Friedrich von der Pfalz allzu sehr zu seinem Vorteil ausgenutzt hätte. Aber die Entsendung eines Kommissars mit militärischer Begleitmannschaft angesichts der sächsischen Armee konnte man auch anders begründen: Gerade durch Laun lief die wichtigste Kommunikation, die Prag mit Leipzig und ganz Nordwesteuropa verband. Die Besetzung Nordwestböhmens bedeutete also, Böhmen von seinen Freunden und möglichen Bundesgenossen in Westeuropa abzuschneiden. Die englischen und niederländischen Zeitungen (couranty) verfolgten mit Sorge, was im Herbst 1620 in Böhmen geschah. Die Mehrzahl der Berichterstatter, die den Vormarsch der böhmischen

Armee beobachteten, waren solche militärische „Berater" wie der Venezianer Carlo Antonini, der Niederländer Jan van Mario und der Engländer Francis Nethersole.

Die zweite Trasse von Prag nach Westeuropa, die sog. Reichsstraße von Nürnberg über Pilsen, bildete die Drehachse des Schlachtfeldes am Weißen Berge vor dem Prager Strahover Tor. Auf seiner rechten, nördlichen Seite befand sich das umfriedete königliche Lager mit dem Schlößchen „Stern", nach Süden zu neigt sich die Ebene jäh zu einem Flußtal hinab. Weder die eine noch die andere Armee schlief in der Nacht vom 7. zum 8. November viel. Die Soldaten der böhmischen Seite hoben fieberhaft Redouten für die Geschützstellungen aus, doch die meisten Stücke waren noch unterwegs von Pilsen, begleitet vom englisch-schottischen Obersten Gray. Auf das Schlachtfeld gelangten sie niemals, denn am Sonntag, dem 8. November mittags, als auf dem Weißen Berg gekämpft wurde, befand sich Gray irgendwo auf halbem Wege zwischen Karlstein und Prag. Den Oberbefehl über die böhmische Armee führte Christian von Anhalt, mehr Diplomat als Soldat (Unterschiede zwischen beiden Tätigkeiten gab es damals wie auch noch viel später kaum – wie das Beispiel Wallenstein und viele andere aus der österreichischen Geschichte bis 1848 zeigen), den linken Flügel kommandierte Heinrich Mathias Thurn. Die Armee war nach der niederländischen Manier in drei Treffen gegliedert, Flußvolk und Reiter abwechselnd aufgestellt. Aber sie hatte nicht ausreichend Geschütze und Infanterie, vor allem für die taktische Reserve; auch das dritte Treffen bildeten fast nur Abteilungen leichter ungarischer Reiterei, die sich gegenüber den kaiserlich-ligistischen Kürassieren und Arkebusieren nur schwer behaupten konnten. Die vereinigte Armee von Kaiser und Liga befehligte nominell Kurfürst Maximilian von Bayern, in Wirklichkeit kommandierte sie Tilly, die Reserve führte Buquoy. Die ganze Armee war nach dem alten spanischen Muster in mächtigen Tercios (Gewalthaufen) angeordnet. Die Schlacht ist ein Schulbeispiel dafür, daß ein fortschittliches System nichts wert ist, wenn die materiellen Voraussetzungen dafür nicht gegeben sind. Es trifft nicht zu, daß die böhmischen Soldaten ihren Sold nicht erhalten haben – umgekehrt: Er wurde ihnen einige Tage vor der Schlacht, in der sie um alles kommen konnten, ausgezahlt; und gerade deswegen hielten sie nicht stand. Sie begriffen auch nicht, weshalb sie Anfang November bei Regen und angehendem Frost eine Schlacht schlagen sollten, und das mit einer befestigten und gut versorgten Stadt im Rücken. Sie wußten nicht, wie leicht ihr König und seine Generale die ganze Angelegenheit nahmen und nicht glauben wollten, daß vom Ausgang der Schlacht alles abhing. Im Gegensatz dazu war die kaiserlich-ligistische Armee ausgehungert, ihre Versorgung diffus, ihre Verbindung nach Bayern unterbrochen. – Den Gegner zu schlagen und Prag einzunehmen war für sie fast eine Lebensnotwendigkeit.

Darum machten nicht die Neulinge den Anfang mit der Panik, sondern die Veteranen des Thurnschen Fußregiments, die schon 1618 von den Ständen angeworben worden waren. Sie rissen den ganzen linken Flügel mit sich fort, der Gegenangriff der böhmischen Reiterei unter dem jungen Anhalt, der gewissen Erfolg hatte, scheiterte schließlich auch. Wallensteins Kürassiere unter La Motte halfen – soweit aus den verworrenen Schlachtberichten überhaupt etwas zu entnehmen ist – offenbar, das gegnerische Zentrum zu zerrütten und trugen dazu bei, daß auf dem rechten Flügel der Rückzug und die Flucht des mährischen Fußregiments beschleunigt wurde, das Wallenstein im Jahre 1619 in der Olmützer Gegend geworben hatte. Nach Wallenstein hatte es Friedrich von Tieffenbach übernommen, der es bei Věstonice kommandierte, bis er wegen angeblicher Krankheit ausschied und in schweizerische Bäder zur Heilung abreiste. Er wurde unterweges ergriffen und 1621 als Hochverräter in Innsbruck hingerichtet. Seine Nachfolge trat Heinrich Graf Schlick von Pasoun und Holejče (möglicherweise von Bassano und Holiče in der Slowakei). Er war etwas älter als Wallenstein und hatte größere Kampferfahrungen in Ungarn und den Niederlanden gesammelt. Im Unterschied zu Albrecht von Wallenstein hielt er den mährischen Ständen die Treue, er hielt sich auch standhaft vor dem Lager am Weißen Berge, wo sich die niederländische Leibwache König Friedrichs fast ohne Widerstand niederhauen ließ. Schlicks Soldaten aus Mähren schlugen sich tapfer und würdig. auch wenn das nicht auf jeden einzelnen zutraf. Graf Schlick wurde gefangengenommen, und als er gleich im folgenden Jahr zum Katholizismus übertrat, öffnete sich ihm – obwohl seine Verwandten am Aufstand gegen den Kaiser beteiligt waren – der Weg zu einer Karriere, die ihn bis zum hohen Amt eines Präsidenten des Hofkriegsrates und Widersacher Wallenstein führte. Es scheint, daß er wenigstens einen Teil seiner Einheit vom Schlachtfeld rettete, denn er verlangte namens des Regiments im nächsten Jahre aus dem Lager bei Kremsier die Auszahlung des rückständigen Soldes.

In den Jahren 1618 bis 1620 sammelte Wallenstein Erfahrungen als Kriegsunternehmer und Heeresorganisator. Erfolge hatte er jedoch eher auf finanziellem Gebiet als auf dem Schlachtfeld. Er knüpfte Kontakte, die auf seine Teilnahme an den Kämpfen in Ungarn und vor Gradisca zurückgingen. Auf diese und andere Weise begegnete er einer Reihe Persönlichkeiten und lernte jene kennen, die in seinem weiteren Leben eine große Rolle spielen sollten. Er pflegte die Kontakte (und das war am wichtigsten) mit Angehörigen der Wiener „spanischen" Partei – mit Harrach und Eggenberg, die ihm den Zugang zum Hofe und zum Salon des spanischen Gesandten Graf Oñate öffneten. Dieser unterstützte ihn bei der Werbung des zweiten Regiments und damit bei der Einleitung seiner Karriere als Kriegsunternehmer großen Stils. Die Mitglieder der „spanischen" Partei hießen im deutschen Sprachgebrauch „Welsche", weil man zwischen Spaniern und Italienern kaum Unterschiede vermerkte. Kardinal Dietrichstein bediente sich bei der Ausführung seiner Korrespondenz stets eines „welschen" Schreibers. Dieses „welsche" Element war auch in den militärischen Kontingenten stark vertreten, die sich an den Kämpfen vor Prag beteiligten. Das bedeutet aber nicht, daß die einst leichtfertig verkündete These Josef Pekařs annehmbar sei, am Weißen Berge habe die höhere romanische über die germanisch-protestantische Kultur triumphiert. Kulturen begegnen sich indes weder mit der Waffe in der Hand und auf dem Schlachtfeld noch entspricht diese Charakteristik der Wirklichkeit: Hilfe schickte den böhmischen Ständen am frühesten Karl Emanuel von Savoyen, die Venezianer entsandten zur böhmischen Armee wenigstens Beobachter. Die ständischen Publizisten waren in Altdorf und, vor allem, in Padua geschult worden. Von der deutsch-italienischen Grenze stammten Thurn (de la Torre) und Colonna von Fels, und die Hofsprache auf der Prager Burg war zur Residenzzeit Friedrichs von der Pfalz das Französische. Friedrich genoß die Erziehung hugenottischer Lehrer in Sedan, und mütterlicherseits stammte er von Wilhelm von Oranien ab. Die Grenze zwischen den beiden Mächtelagern, deren Repräsentanten vor Prag ihre Kräfte maßen, verlief quer durch die damalige europäische Gesellschaft.

Oberst Wallenstein – ein Liquidator des böhmischen Aufstandes

Womit Friedrich von der Pfalz sowie seine einheimischen und ausländischen Ratgeber gerechnet hatten, war die Tatsache, daß der ständische Widerstand nach der Räumung der Prager Städte zusammenbrach. Es handelte sich gewissermaßen um eine „dominierende Reaktion": Sobald der pfälzische Hof Böhmen verlassen und sich nach Breslau geflüchtet hatte, kam die Widerstandskraft der Stände zum Erliegen – zuerst in Böhmen, wo bis Mitte November Maximilian als kaiserlicher Kommissar fungierte (ihm folgte als vorläufiger Amtsinhaber Karl von Liechtenstein), bis Ende Dezember auch in Mähren. Dorthin kehrte Kardinal Dietrichstein als kaiserlicher Gubernator zurück. Im Januar 1621 folgten auch die schlesischen Stände dem Beispiel der Stände in den beiden Lausitzen und ergaben sich Kurfürst Johann Georg von Sachsen gegen das Versprechen, sie bei ihren ständischen und religiösen „Freiheiten" zu erhalten. Maximilian von Bayern, ebensowenig Karl von Liechtenstein oder Dietrichstein gaben ein derartiges Versprechen, und Wallenstein sorgte dafür, daß die sächsische Einmischung in Nordwestböhmen keine nachteiligen Verbindlichkeiten für die Zukunft schuf.

Den Widerstand der reichen Städte dieses Gebietes brach Wallenstein auf einfache Weise: Er schrieb ihnen hohe Ablösungen (Ranzionen) vor und machte aus ihnen Werbeplätze für ein weiteres, diesmal ein Fußregiment. Die Unannehmlichkeiten mit den Soldaten waren so schlimm, daß es sich die Bürger von Laun, Brüx, Saaz, Aussig und Leitmeritz wohl überlegten, Wallenstein oder seinen Vertretern (darunter wiederum der Niederländer Gerhard von Taxis) allzu große Schwierigkeiten zu machen. Maximilian von Bayern verließ Böhmen, ihm folgten die Abteilungen Tillys über die Ebene von Pilsen (das Ernst von Mansfeld noch hielt), über Falkenau und Elbogen und dann über die Grenze in die Oberpfalz; auch die Hauptarmee Buquoys, mit Marradas' Reiterei als Vorhut, bewegte sich nach der Ausplünderung Prags über Iglau nach Mähren. So war es notwendig, für die bevorstehende Polizeiaktion in Böhmen neue Regimenter aufzustellen. Am 15. Februar 1621 wurde die Anwerbung von zwei Regimentern zu Fuß beschlossen: Für eines hatte Maximilian von Liechtenstein zu werben, für das andere begann Wallenstein tätig zu werden. Er ernannte zu seinem Vetreter Oberstleutnant Ferdinand von Nogaroll, ihm bekannt von den Kämpfen um Nikolsburg.

Im Frühjahr 1621 waren diese Einheiten schon so weit formiert, daß sie sich gemeinsam mit Wallensteins Reitern (wahrscheinlich Teilen des zweiten Regiments, geführt von Torquato Conti), an einigen Aktionen beteiligen konnten, die nach heutigem Sprachgebrauch „Polizeiaktionen" heißen. Ihr Befehlshaber war – gemeinsam mit Tilly, Adam d.J. Waldstein und Pavel Michna von Vacínov – Wallenstein als Berater des vorläufigen Statthalters, und damit gelangte er in die höchsten Verwaltungsorgane, weil die Tätigkeit der alten Landesämter nicht erneuert wurde, ebensowenig die der zehn Statthalter, die vor dem Fenstersturz am 23. Mai 1618 bestanden. Im Auftrage Liechtensteins beteiligte sich Wallenstein an der Verhaftung Christoph Harants von Polžice und Bezdružice auf Pecce, womit er möglicherweise die erste vorläufige Besichtigung der Stadt Gitschin verband, des administrativen Mittelpunkts der Smiřický-Güter. Bei einer zweiten Aktion war Wallenstein nicht zugegen, aber er hatte Anteil an ihr. Um den 23. März 1621 ließ er durch einen Kornett dem Hauptmann von Friedland, Hans von Gerstorff, einen Befehl Liechtensteins übergeben, das Schloß habe eine Besatzung Wallensteinscher Soldaten aufzunehmen. Der Besitzer der Herrschaft Friedland und der benachbarten Herrschaft Reichenberg war Christoph von Reedern. Er entstammte einer sächsischen Familie, und seine Mutter Katharina war eine tüchtige Wirtschafterin, die u.a. enge wirtschaftliche Beziehungen zu Leipzig pflegte. Die Reedern und ihre Beamten, darunter auch Gerstorff, beuteten ihre Untertanen nicht übermäßig aus; ähnlich wie die Smiřický waren sie bestrebt, von den Untertanen Produkte, wie Leinen und Tuche, zu erhalten, um sie in die Städte der Lausitz und weiter nach Sachsen auszuführen. Christoph hatte sich, seinem Onkel Joachim Andreas Schlick folgend, am Aufstand beteiligt und den Ständen als Rittmeister eines Kornetts gedient, das am Weißen Berge mitkämpfte. Er hatte Joachim Andreas auf Schloß Friedland Zuflucht geboten; diese währte aber nicht lange, da sich des Onkels der sächische Rittmeister Lüttichau mit List bemächtigte, dessen Gebieter, Kurfürst Johann Georg, den einstigen Verfechter sächsischer Politik an Liechtenstein auslieferte. Dieser übergab Schlick der Verurteilung und Hinrichtung auf dem Prager Altstädter Ring am 21. Juni 1621. Wallensteins Reiter und Musketiere besetzten Friedland am 4. April 1621, Christoph von Reedern floh inzwischen über die Grenze in die Lausitz, und Wallenstein hatte Gelegenheit zu erwägen, ob es nicht günstig wäre, neben einem Anteil an den Smiřický-Gütern auch den zur Konfiskation bestimmten Reedernschen

Grundbesitz zu erlangen. Wallensteins Soldaten tauchten auch in Nordostböhmen auf, als dort im Frühjahr 1621 ein Aufstand der Untertanen ausbrach. Die Soldaten rechneten mit diesen auf eine so grausame Weise ab, daß die Kunde davon lange weiterlebte, wie wir aus den zitierten Worten des Jan Jeník von Bratřice, fast 200 Jahre später geschrieben, ersahen.

Inwieweit Wallenstein bei der „Prager Exekution" auf dem Altstädter Ring am 21. Juni 1621 zugegen war, läßt sich nicht ermitteln. Den Hinrichtungen – ständisch-tendenziell, da die meisten bestraften „Rebellen" bürgerlicher Abkunft waren, darunter einer der führenden Verwalter der Smiřický-Güter Štefek von Koloděj – wohnten neben Liechtenstein auch die Richter bei; zu ihnen gehörte Wallenstein nicht. Aber für Ruhe und Ordnung auf dem Ring und in der Stadt sorgte sein Fußregiment, neben einigen Reiterkornetts des gut lutherischen Kurfürsten Johann Georg von Sachsen.

Der Anteil Wallensteins an der Liquidierung des Ständeaufstandes in Böhmen war also bedeutungsvoll, er leitete sich logischerweise daraus her, daß Wallenstein auf den Sieg Ferdinands von Steiermark und auf all das, was dieser verfocht, spätestens seit dem Jahre 1616 gesetzt hatte. In Mähren gehörte er zur Hof- bzw. „römischen" Partei, in Wien fand er Zugang zu den führenden Repräsentanten der Hof- bzw. „spanischen" Partei. Diese wirkte in Mitteleuropa „für das allgemeine Wohl, das Gedeihen der katholischen Kirche und des Hauses Habsburg" und setzte damit die Linie jener spanischen „Radikalen" durch, die zur „Kriegspartei" zählten. Mit seinen Verwandten, vor allem mit Karl d. Ä. von Žerotín und Adam d.J. von Waldstein, die ihm vielfach am Beginn seiner Karriere behilflich gewesen waren, sowie mit den Vertretern einer kompromißlerischen „mittleren Partei" entzweite er sich in den Jahren 1618/19 gründlich. Er hatte nichts gemeinsam mit dem Geist des manieristischen rudolfinischen Zentrums Prag, wo der Kaiser eine ähnlich ausgleichende Stellung eingenommen hatte. Diese Kräfte erlitten Schiffbruch in der durch Mißerfolge gegen die Türken verursachten Krise des Kaiserhofes, und ebenso scheiterten die Bemühungen Žerotíns und Adams von Waldstein, den Konflikt im böhmisch-mährischen Raum zu verhindern. Es hat keinen Sinn, die Wortführer des Ständeaufstandes zu rühmen, die wegen ihrer klassenmäßigen Begrenzung als Angehörige der Feudalklasse zur Niederlage verurteilt waren. Nur einzelne unter ihnen, wie Albrecht Jan Smiřický oder Christoph von Reedern, vertraten eine fortschrittliche Richtung in ihrer Wirtschaftsführung, die vor allem von ihren Verwaltern verwirklicht wurde. Das bedeutete aber schon einen himmelweiten Unterschied zur Unwissenheit auf ökonomischem Gebiet, wie sie die Habsburger und ihre Handlanger aufwiesen. Der Sieg der Habsburger hatte zur Folge, daß die progressiven ökonomischen Tendenzen unterdrückt und nicht weitergeführt wurden. In einigen Gebieten hielt dieser Zustand mindestens zwei Generationen lang an. Es hat auch keinen Sinn abzuwägen, ob der Protestantismus und die pfälzische Dynastie die Gefahr der Germanisierung heraufbeschworen hätten oder nicht – weil der Triumph der Habsburger die Existenzgrundlagen der tschechischen nationalen Kultur bedrohte. Dietrichstein und Eggenberg waren gebildete Männer, aber mit der Kultur des tschechischen Volkes hatten sie nichts gemein. Viel näher dazu standen einige auf dem Altstädter Ring Gerichteten, wie Christoph Harant von Polžice, Wenzel Budovec von Budova, auch Černín und Jessenius (Jesenský); und das gilt sicher auch auf den tragisch gescheiterten Karl d.Ä. von Žerotín und Albrechts fernen Verwandten Zdeněk Brtnický von Waldstein. Das Werk und Wirken der Emigration nach dem Weißen Berge, vor allem solcher Männer wie Pavel Skál von Zhoře, Pavel Stránský und namentlich Jan Amos Komenský (Comenius) zeigt, welche Möglichkeiten der kulturellen Entwicklung durch die Niederlage bei Prag im November 1620 zerstört wurden. Und weil sich der angehende große Kriegsunternehmer Wallenstein um diese „Prager victorie" verdient gemacht hat, ist es nicht möglich, ihn von Schuld loszusprechen, die ihm schon Jan Jeník von Bratřice zuschrieb.

Dieser wies auch darauf hin, daß Wallenstein damals und später stets auf seiten derer stand, die das untertänige Volk am rücksichtslosesten ausbeuteten. In Zeiten sozialer und politischer Krise verschärften sich die Klassenkonflikte. Wir wissen nicht, wie 1619/20 das Verhältnis Jan Adams von Víckov zu den ehemaligen Untertanen Wallensteins auf den Luckaer und Vsetíner Herrschaften war, aber wir wissen, daß die Bauern damals wiederholt den Kampf gegen die feudalkatholische Reaktion aufnahmen. Die Waffen Wallensteins gelangten zweifellos in die Hände seiner einstigen Untertanen und blieben es auch, noch im Jahre 1644 sind die „walachischen" Güter in Mähren voll davon. Als die Nachricht von der Prager Niederlage nach Mähren gelangte, verfielen zwar Thurn und Vladislav Velen von Žerotín in Hoffnungslosigkeit oder suchten eine Amnestie zu erlangen, doch die Untertanen der Wallensteinschen Herrschaften unternahmen Angriffe auf die Schlösser und Burgen der katholischen Herren, u.a. auf die bischöfliche Stadt Kelč und auf die von Buquoys Söldnern besetzten Städte und Märkte. Schon am 2. Dezember 1620 erstürmten die walachischen Untertanen die Burg Lucka. – Der antihabsburgische Kampf erreichte ein neues Stadium.

III

Der große Beutemacher

Der Dreißigjährige Krieg ist ein „Krieg der Gulden" genannt worden, und häufig begegnet man in den Quellen dem Stoßseufzer, daß das Geld der „nervus rerum", Anfang und Ende jeder militärischen oder diplomatischen Aktion sei. Weil der Krieg vornehmlich mit Söldnern ausgefochten wurde, die die Kriegsherrn oder deren Beauftragte nach ihren Möglichkeiten entlohnten, waren Zahlungswidrigkeiten und ausstehender Sold an der Tagesordnung. Die Soldaten allerdings ersetzten den fehlenden Sold und die unzureichende Versorgung durch Forderungen an die unbewaffneten Bewohner, vor allem der „feindlichen" Länder, eroberten Städte und Dörfer. Und so teilen alle offiziellen Berichterstatter auch mit, daß die Prager Städte in den Tagen nach dem 8. November 1620 rücksichtslos geplündert wurden. Dies behaupteten vor allem die „Hochverräter", die früheren Rebellen, denn ihre Häuser wurden ausgeraubt, deren Bewohner vergewaltigt, getötet und gefoltert, um von ihnen Aussagen zu erpressen, wo sie Geld und Wertsachen versteckt hätten. Die Schuld an diesem barbarischen Tun schoben sich die kaiserlichen und ligistischen Offiziere wechselseitig zu. Unbestreitbare Tatsache ist, daß in den Wochen, als Maximilian von Bayern in Prag weilte, Dutzende mit Beute beladene Wagen nach Bayern fuhren, und es ist sehr wahrscheinlich, daß Búquoy und seine Unterführer sich über ihre „Konkurrenten" nur deshalb beschwerten, weil sie Prag eher verlassen mußten. Die Reiterei des Marradas und danach auch das Fußvolk Buquoys zogen im Dezember nach Mähren und von da in die heutige Slowakei (Oberungarn), Bethlen Gábor und seinen Bundesgenossen entgegen.

Von der Ausraubung blieben nur jene verschont, die Gewalt gegen Gewalt setzten oder die gegen die plündernden Söldner eine „salvaguardia" erwarben – einen Schutzbrief aus den Händen der Militärs, den sie aber teuer bezahlen mußten. Oft erwies sich der „Schutz" allerdings mehr als zweifelhaft, und die Betroffenen versicherten, sie seien vom Regen in die Traufe geraten. Die Reiter des Wallensteinschen Kürassierregiments waren wallonischer Herkunft – und diese schlimmen „Balouni" genossen weder damals noch später einen guten Ruf. Wieviel Beute ihr an- oder abwesender Kommandeur häufte, wurde nicht bekannt, aber es ist durchaus wahrscheinlich, daß er sich einiger Häuser von Rebellen bemächtigte, vor allem auf der Kleinseite der Grundstücke von Václav Vilém von Roupa, Oberstkanzler des geflohenen Königs Friedrich. Was man aus den Häusern trug, darauf achteten sicher weder Offiziere noch Soldaten sonderlich.

Albrecht von Wallenstein ging es allerdings um mehr als nur Beute, die in der ersten Hälfte des November 1620 in Prag anfiel. Er nahm regen Anteil an den Strafaktionen, die auf Anweisung des Kaisers und des Wiener Hofes von den kaiserlichen Kommissaren Maximilian von Bayern und Karl von Liechtenstein durchgeführt wurden. Dieser zog bei der Vorbereitung dafür Tilly, Adam von Waldstein, Michna und Wallenstein zu Rate. Letzterer hatte, nach dem Abzug des bayerischen Militärs, neben den sächsischen Reiterfähnlein die meisten Soldaten zur Verfügung. Sein ständiger Widersacher Marradas war nach dem Abzug aus Mähren mit der Belagerung von Tábor beschäftigt, das neben Třeboň, Zvíkov, Glatz und Teilen Westböhmens den Siegern immer noch Trotz bot. Wallenstein verblieben in Böhmen eines der beiden Kürassierregimenter und das neugeworbene Fußregiment. Tilly, der erste Gebieter über Böhmen nach dem Weißen Berge, folgte Mansfeld und seiner Streitmacht nach Pilsen, Westböhmen und schließlich in die Oberpfalz.

So waren die Soldaten Wallensteins die einzige Garantie dafür, daß die gegen die Rebellen in Wien angeordneten Strafmaßnahmen von Liechtenstein durchgeführt werden konnten. Wallensteins tätige Teilnahme an ihnen war eine der Investitionen, von denen er zukünftig Gewinne erwartete. Die zweite, bedeutendere waren Anleihen, die er über Vermittlung Liechtensteins im Frühjahr 1621 dem Kaiser leistete, der unverzüglich große Summen zur Besoldung des Kriegsvolkes benötigte. Vom März bis Juni lieh ihm Wallenstein 196.000 Gulden, für die dieser einige Herrschaften als Pfand erhielt; dazu gehörten die Smiřický-Güter Böhmisch Aicha, Skal, Hořice und Seemühl (darauf lieh er 50.000 Gulden) und die Reedernschen Herrschaften Friedland und Reichenberg (darauf lieh er laut einer Schuldverschreibung vom 21. Juni 1621 85.000 Gulden). In Wirklichkeit zahlte er dem Kaiser nur 120.000 Gulden in bar und 35.000 Gulden in Silber aus, wobei er das Geld für den Unterhalt des Fußregiments davon abzog. – Der Wert der Güter, welche er pfandweise bekam, war dreimal so hoch. Anleihen der kaiserlichen Kammer in dieser Höhe waren riskant (die Angaben schwanken wegen der nur bruchstückhaft erhaltenen Dokumente zwischen 155.000 und 200.000 Gulden), und Ferdinand erinnerte sich ihrer später dankbar, doch die Sicherstellung mittels Pfand konnte in der gegebenen Situation, selbst bei anhaltender Gnade des Kaisers und Liechtensteins, mehr als unzureichend sein. Deshalb entsandte Wallenstein seine Soldaten nach Friedland und Reichenberg; Schloß Friedland beherbergte seit Herbst 1621 eine ständige Wallensteinsche Besatzung.

Neben den Reedernschen Herrschaften ließ Wallenstein auch die weiteren Smiřický-Güter nicht aus den Augen. Das Gerichtstribunal mit der entscheidenden Person des Prokurators Přibík von Újezd verurteilte Albrecht Jan Smiřický, der 1618 verstorben und unstreitig einer der Führer der Ständerebellion war, postum zum Verlust der Ehre, und das galt als unbedingte Voraussetzung für die Konfiskation seines Landbesitzes. Zwei Tage vor der Verkündung dieses Urteils wurde Wallenstein zum Vormund des schwachsinnigen Bruders von Albrecht Jan, Heinrich Georg, bestimmt. Diesen hatte allerdings seine Schwester Markéta Saloména Slavatova fluchtartig mit außer Landes, nach Hamburg, genommen. Heinrich Georg konnten die Richter nicht irgendwelcher Aktion gegen den Kaiser bezichtigen, und Wallenstein, der mit den Smiřický und Slavata weitläufig verwandt war, vermochte die Einziehung der Güter des Schwachsinnigen zu verhindern – und erschloß sich zugleich einen Weg, um selbst im Trüben zu fischen.

Wallenstein und der Zug nach Mähren im Sommer 1621

Am 9. April 1621 lief der zwölfjährige Waffenstillstand zwischen Spanien und den Vereinigten Niederlanden ab und wurde nicht erneuert. Der spanische König Philipp III., der eine Verlängerung erwogen hatte, starb am 31. März. Ihm folgte sein Sohn als Philipp IV., er unterlag dem Einfluß der „Kriegspartei", geführt von Balthazar Zuñiga und bald darauf von seinem Neffen Condeduque (Graf, später Herzog) Olivares. Die Niederländer benötigten für ihren Krieg zu Lande (zur See entsprach ihm das „bellum navale", wofür sie keine Hilfe brauchten) dringend Bundesgenossen. In Den Haag griffen sie bereits Friedrich von der Pfalz und seinem Miniaturhof unter die Arme, und für die Zunkunft rechneten sie mit Friedrichs Parteigängern in Mitteleuropa. Es gelang ihnen nicht, eine große antihabsburgische Koalition zu bilden, um die sich die böhmische und pfälzische Diplomatie in den Jahren des „Böhmischen Krieges" eifrig bemüht hatte. Verhandlungen mit dem dänischen König Christian IV. in Segeberg endeten ergebnislos. Es blieb auch unklar, ob es gelingen würde, mit englischer Hilfe die Rhein- oder Unterpfalz für Friedrich zurückzugewinnen. Die Oberpfalz hielt Mansfeld für Friedrich besetzt, und neben den südböhmischen Stützpunkt-Inseln waren zwei Zentren für jenen Teil der Emigration von Bedeutung, der zur Fortsetzung des Kampfes bereit war: Glatz und das schlesische Neisse. In Glatz hielten sich die Anhänger Friedrichs unter dem Befehl des jüngeren Thurn, Franz Bernhard, in Neisse gruppierten sich die mit den Habsburgern Unzufriedenen (als bedeutendste Persönlichkeit der vormalige mährische Landeshauptmann Ladislav Velen von Žerotin) um den Markgrafen Johann Georg von Jägerndorf. Seit dem Januar 1621 bemühte sich der ältere Thurn (Heinrich Mathias), den siebenbürgischen Fürsten Bethlen Gábor, der sich nach den Nachrichten von der Katastrophe am Weißen Berg bis in die Ostslowakei zurückgezogen hatte, für eine Aktion gegen Wien zu gewinnen.

Mitte Juni 1621 verließ Bethlen mit seiner Streitmacht das Lager bei Kaschau und drang im Eilmarsch in die Westslowakei vor, wo er den Kaiserlichen begegnete. Nahe dem belagerten Neuschloß fiel der kaiserliche Befehlshaber Graf Buquoy, und seine führerlosen Regimenter waren gezwungen, bis Preßburg zurückzuweichen. Mähren war der Gefahr ausgesetzt, aus Norden von Johann Georg von Jägerndorf und vom Osten her von Bethlen Gábor überfallen zu werden. Außerdem hatte der Gubernator Kardinal Dietrichstein genug Sorgen mit den walachischen Aufrührern, die gegen spanische Abteilungen kämpften – Teile der Buquoyschen Armee, die zur Verteidigung des Landes zurückgeblieben waren.

Ende Juni 1621 wurde Wallenstein mit einer Armee von etwa 6000 Mann abgesandt, um die Truppen zur verstärken, die Glatz belagerten. Wahrscheinlich auf dem Wege dorthin machte er den Versuch, den Aufstand der Bauern bei Königgrätz zu unterdrücken. Offenbar erreichte ihn aber der Befehl, sich nach Mähren zu wenden, das von einem Einfall des Jägerndorfers und Rebellenaktionen bedroht war. Am 13. Juli brach Johann Georg von Neisse mit etwa 12.000 Mann auf und marschierte über Jägerndorf und Troppau nach Ostmähren. Franz Bernhard von Thurn überraschte die von Oberst Gauchier kommandierten „spanischen" Besatzungstruppen in Neutitschein. Der Oberst konnte sich mit einem Teil seines Arkebusierregiments aus der belagerten Stadt durchschlagen, aber die neapolitanische Infanterie, wahrscheinlich aus der Brigata Spinellis, wurde in der Stadt niedergehauen. Schwere Verluste erlitt sicher auch Gauchier, dessen Regiment 1621 aus den kaiserlichen Heereslisten verschwand. Über den Gräbern der „Neapolitaner" errichtete man später die „Spanische Kapelle". – In Mähren fand das Volk keine großen Unterschiede zwischen beiden neuromanischen Sprachen, und die Neapolitaner wurden von Spanien aus bezahlt und formiert.

Das Ziel des ganzen Unternehmens unter Markgraf Johann Georg war es, eine „Diversion" vorzubereiten, welche die Truppen des Gegners binden sollte, um dann den Versuch zu machen, Preßburg oder gar Wien einzunehmen. Auf seiner Seite stand ein großer Teil der Bevölkerung Ostmährens, vor allem die Bewohner der „walalchischen" Herrschaften. Ihren Widerstand erwähnten die frühen Zeitungen Westeuropas, wo erstmalig auch der Name „Walachei" zur Bezeichnung des östlichen und Schlesien nahegelegenen Teils von Mähren auftauchte. In den Zeitungen, aber auch in den Berichten der katholischen Missionare, begann man den Namen „Walachen" auf die gesamte Bevölkerung anzuwenden, gleich ob Hirten, Bauern oder städtische Handwerker. Im Feuer des gemeinsamen Kampfes gegen die „spanische" Soldateska begannen die Unterschiede zwischen den Gruppen der Bevölkerung zu schwinden, und es bildeten sich Voraussetzungen dafür heraus, daß das Wort „Walachen" für die Gesamtheit der Bevölkerung galt.

Nach Buquoys Tode wurde die Stelle des Obersten Befehlshabers fast zwei Jahre nicht besetzt, die Befehle erteilte der Hofkriegsrat zu Wien. Danach erhielt der höchste Offizier der spanischen Hilfstruppen, Tommaso Caraccioli, diesen Rang; ihm war Wallenstein unterstellt. Darüber war dieser sicherlich nicht begeistert, und nach einer Zusammenkunft mit ihm schlug Kardinal Dietrichstein, der Wallenstein namentlich seit 1619 nicht sonderlich gewogen war, dem Wiener Hof vor, den Oberbefehl in Mähren zwischen Carracioli und Wallenstein zu teilen. Inwieweit das geschah, ist nicht überliefert; klar hingegen ist, daß beide genötigt waren, die Verteidigungslinie längs der March zu halten, wie das auch sonst gehandhabt wurde, wenn ein Überfall aus Ungarn drohte, so während des Einbruchs von István Bocskai im Jahre 1605. Den beiden Befehlshabern erleichterte Bethlen ihre Aufgabe, denn er vergeudete nach der Vereinigung mit der Armee des Jägerndorfes im Spätsommer Zeit bei der Belagerung Preßburgs. Erst Anfang September entschloß er sich, vermutlich auf Drängen Thurns, Ladislav Velens von Žerotin und weiterer Emigranten, zum Marsch auf mährisches Gebiet. Es gelang ihm jedoch weder das Vordringen auf das westliche Ufer der March noch die Einnahme der Stadt Ungrisch Radisch oder ein Überraschungsangriff auf Olmütz. Wallenstein, dessen Kräfte um Kremsier konzentriert waren, hatte den Vorteil der inneren Linie, auch wenn ihm die Unterstützung durch die Bevölkerung fehlte. Diese Hilfe gewährten seinen Gegnern Angehörige des ansässigen Adels, vornehmlich Jan Adam von Víckov, der seine Untertanen gegen Wallenstein mobilmachte.

Als Nachrichten aus dem Reich eintrafen, den Spaniern unter Gonzales de Córdoba und der Liga-Armee unter Tilly sei es gelungen, die militärischen Aktionen der protestantischen Fürsten schon im Keim zu ersticken, war offenbar, daß die Zeit für gemeinsame Aktionen antihabsburgischer Kräfte in West- und Mitteleuropa vertan war. Bethlen war sich dessen am frühesten bewußt und begann geheime Verhandlungen mit dem Kaiser, erst über einen Waffenstillstand, dann über einen Frieden. Die kalte Jahreszeit nahte und die Soldaten drängten ins Winterquartier. Der Angriff auf Olmütz fand noch am 21. November 1621 statt, wurde aber mit Hilfe von Wallensteins Kürassierregiment, das Oberstleutnant Torquato Conti kommandierte, zurückgeschlagen. Wir wissen nicht, welchen Anteil Wallenstein selbst daran hatte; es ist immerhin bezeichnend, daß ihm keiner der Zeitgenossen Verdienste bei der Verteidigung von Olmütz zuerkennt.

Es hat den Anschein, daß es ihm damals mehr um die Beschaffung von Geld für den Heeresunterhalt als um die Kriegführung ging. Er lag mit Dietrichstein im Streit, weil dieser sich weigerte, aus dem verwüsteten Land die geforderten extremen Leistungen zu erbringen. Wallenstein beschuldigte den Kardinal überdies, er wolle das alte Steuersystem aufgeben und das Land mit den Kriegskontributionen ruinieren. Er selbst erhob indes laufend solche Kontributionen, aber Ende 1621 ging es ihm darum, seinem Widersacher den schwarzen Peter zuzuschieben. Man kann nicht sagen, daß Wallenstein bei dem Zug nach Mähren 1621 große Lorbeeren erntete. Sympathien gewann er schwerlich im Land, und sein Verhältnis zu den Untertanen der ihm noch gehörenden Herrschaften Lucka, Vsetín und Rymice besserte sich keinesweges. In Wirklichkeit befanden diese sich die ganze zweite Hälfte des Jahres 1621 in den Händen seiner Gegner Jan Adam von Víckov und Václav Bítovský von Bítov. Das feindselige Verhältnis zu den Untertanen verwundert auch deshalb nicht, weil er in dem Maße, wie seine

Besitzungen in Böhmen wuchsen, den Gedanken hegte, sich der mährischen Güter und ihrer widerspenstigen Bewohner zu entledigen.

Gegen Ende des Jahres zwang Wallenstein den Rat von Olmütz, Entschädigung zu leisten für die Waffen, die dieser Jan Adam von Víckov übergeben hatte, damit sie für den Aufstand verwandt werden konnten. Sein Hauptaugenmerk galt allerdings der großen Güterkonfiskation in Böhmen – seinem Plan, die Reedern- und Smiřický-Güter zu gewinnen und dabei mit Liechtenstein ins Einvernehmen zu kommen, denn aus dieser böhmischen Eigentumsumwälzung konnte weit mehr als aus den Besitzverschiebungen in Mähren herausspringen. Neben Liechtenstein gehörten nunmehr in Wien solche einflußreichen Männer wie Fürst Eggenberg, Karl von Harrach und der Gesandte Oñate – also die „Spanier" – zu seinen Gönnern; zu seinen ersten Kritikern zählte allerdings Dietrichstein, der nie anders über Philipp IV. schrieb als über „unseren König". Vieles lag an der Entscheidung der Wiener Hofburg – darüber, wie die neue Verwaltung des Landes zu gestalten sei. In Mähren brauchte sich nichts zu ändern, in Böhmen stand Karl von Liechtenstein noch immer an der Spitze eines provisorischen Regimes; er wurde Ende des Jahres nach Wien berufen. Dort gelang es ihm, ein Dekret über die definitive Errichtung einer Statthalterschaft zu erlangen. Die alten Landesämter wurden meist nicht erneuert, und wenn es geschah, dann rein formal. Mit Liechtenstein erreichte auch Wallenstein, daß sich seine Position weiter festigte, er wurde am 18. Januar 1622 zum „Obristen von Prag" ernannt, was im Sinne der Zeitauffassung die höchste Würde in der Hauptstadt bedeutete. Der „Alleroberste von Wallenstein" war damit nicht nur militärischer Befehlshaber in Prag, sondern in ganz Böhmen, also in der Funktion bestätigt, die er seit Frühjahr 1621 ausübte. Seine Erhöhung zum General vermochten aber selbst seine Wiener Förderer (Karl von Harrach verheiratete damals eine seiner Töchter mit Wallensteins entferntem Vetter Maximilian, Sohn des auch Karriere machenden Oberhofmeisters Adam von Waldstein) nicht durchzusetzen, weil sie die größeren Kriegsverdienste und -erfolge von Balthasar Marradas nicht übergehen konnten.

Am 6. Januar 1622 unterzeichnete der Bevollmächtigte Bethlens in Nikolsburg den Frieden mit dem Kaiser. Die adligen Emigranten aus Böhmen und Mähren waren darüber wenig erfreut, aber sie erwarteten offenbar, daß sich Bethlen Gábor im Frühjahr von neuem einer antihabsburgischen Koalition anschließen würde; die alte war zunächst einmal im Westen des Reiches zerfallen. Die Armee mit Thurn und Bethlen zog sich abermals bis nach Kaschau zurück. Im Frühjahr 1622 wurde also zwar weitergekämpft, aber in West-, nicht in Mitteleuropa. Friedrich von der Pfalz entschloß sich Anfang des Jahres, selbst an der Verteidigung der Rheinpfalz teilzunehmen, auf die der spanische Druck immer stärker wurde. Der Schwiegervater Friedrichs, König Jakob I., gelangte zeitweilig zu der Einsicht, angesichts der neuen Situation in Madrid bestehe keine Chance, daß die spanische Diplomatie Friedrich die Rückkehr in die Pfalz einräumen werde. Mit englischer und niederländischer Hilfe und einer Begleitung, in der sich nicht wenige emigrierte böhmische und mährische Adlige befanden, reiste Friedrich von Den Haag in die Pfalz. Dort erwarteten ihn mit Truppen Ernst von Mansfeld, Markgraf Georg von Baden-Durlach und Herzog Christian von Braunschweig, Administrator von Halberstadt – alle finanziell gestützt von den Niederlanden. Im April hatte Mansfeld gewisse Erfolge, doch dann wurden Markgraf Georg und der „Tolle Halberstädter" bei Höchst bzw. bei Wimpfen geschlagen. Die englische Politik neigte sich abermals Spanien zu, der Prinz von Wales ehelichte die spanische Infantin, und Friedrich blieb nichts anderes übrig, als die Pfalz wieder zu räumen. Über Sedan kehrte er nach Den Haag zurück. Indessen fielen seine Hauptstadt Heidelberg und nach ihr die letzten Festungen in der Unterpfalz. Mansfeld schlug sich aus der Pfalz durch das Elsaß und die Spanischen Niederlande nach Norden durch und half mit seinen Resttruppen, die Festung Bergen-op-Zoom zu halten. In Den Haag war man sich nunmehr dessen bewußt, daß der Verlust Böhmens auch den Verlust der Pfalz bedeutete – dazu noch eine bedeutend verschlechterte Stellung der Vereinigten Niederlande in Europa.

Nach Mitteleuropa gelangten die Nachrichten darüber, was sich an Rhein und Neckar abgespielt hatte, mit großer Verspätung. Nach dem Abschluß des Friedens mit Bethlen Gábor wurden einige spanische Einheiten in die Unterpfalz abkommandiert, Wallenstein hielten seine Würde und Aufgabe in Böhmen fest. In Prag begann er mit dem großartigen Bauwerk des heutigen Wallenstein-Palais' auf der Kleinseite, doch seine Hauptaufmerksamkeit galt zwei großen Transaktionen, gedacht und durchgeführt als Bestandteile der habsburgischen Exekution gegen die widersetzliche Bevölkerung der böhmischen Länder: dem Münzbetrug, Kalada genannt, und dem Ausverkauf der konfiszierten Landgüter.

Wallensteins Anteil an der Kalada der Jahre 1622/23

Die Anleihen Wallensteins an den Kaiser im Frühjahr 1621 zeigten, wie bedenklich die finanzielle Situation der österreichischen Habsburger war. Für wirtschaftliche Fragen brachte Ferdinand II., wie die meisten seiner Dynastie, kaum Verständnis auf. Tatsache war, daß die Wiener Hofkammer leere Kassen hatte, wogegen der Bedarf nach Geld unvermindert andauerte. Im Reich suchten einige kleinere Fürsten ihre kargen Finanzen mittels Münzverschlechterung aufzubessern, es begann die „Kipper-und-Wipper-Zeit". Die Erfahrungen, die man mit der laufenden Devalvation des Umlaufgeldes, mit der Inflation, gemacht hatte, waren eigentlich wenig erfreulich; aber die Versuchung lockte, und die Tatsache, daß im Laufe des Jahres 1621 die Mehrheit der Bundesgenossen der böhmischen Rebellen geschlagen war, führte zur Entstehung von Plänen, wie man die kaiserlichen Finanzen auf Kosten der geschlagenen Rebellen verbessern könnte.

75

Das Münzregal galt als herrscherliches Privileg – als etwas, das dem Herrscher direkt zukam. Die ständische Regierung leugnete dieses Recht und verwehrte es dem Landesherrn, den Edelmetallgehalt der Münze unter Beimischung von anderen Metallen (Kupfer, Nickel) herabzusetzen. Die „gute böhmische Münze" wurde aber schon früher ausnahmsweise, so während der Regierung Friedrichs von der Pfalz, verschlechtert. Bereits im Juli 1621 übergab Liechtenstein der Hofkammer einen Vorschlag zur „Reformierung" der Münze in Böhmen, Mähren und Niederösterreich sowie zur Reduzierung des Feingehalts. Es kam dabei nicht mehr heraus als das Monopol für den Prager jüdischen Kaufmann Jakub Bassevi, Umlaufgeld als Rohstoff aufzukaufen und an die Münze in Kuttenberg zu liefern. Bassevi schaffte wöchentlich 2000 Mark Silber heran, und aus jeder Mark wurden nunmehr statt 19 (wie bis 1618 üblich) 49 Gulden geschlagen. Daraus erwuchs dem kaiserlichen Fiskus ein jährlicher Gewinn von etwa zwei Millionen Gulden. Aber den Herren in der Hofkammer schien das zu wenig, und sie schlossen am 18. Januar 1622 (einen Tag nach der Berufung Liechtensteins als Statthalter) mit Jan (Hans) de Witte, einem Prager Kaufmann, und weiteren Teilhabern einen Pachtvertrag ab. Gemäß diesem Vertrag übernahmen de Witte und seine Compagnons (Liechtenstein, Wallenstein, Michna, Herren des Hofes wie Harrach, Eggenberg, Meggau, Mitglieder des Rates der Hofkammer und der unentbehrliche Bassevi) für sechs Millionen Gulden jährlich die Münzprägung in Böhmen, Mähren und Niederösterreich in ihre Regie mit der Verpflichtung, aus jeder Mark Silber 79 Gulden zu schlagen.

Jeder der Teilhaber hatte seine Aufgabe. Am leichtesten hatten es die Herren in Wien, sie sorgten lediglich dafür, daß alle Beschwerden über die Machination im Papierkorb landeten. Liechtenstein als Statthalter erließ Patente, die die Ausfuhr von Münzen aus dem Lande untersagten (tragikomisch wirkte, daß de Witte schon 1615 verhört worden war wegen der Anschuldigung, er habe den Schmuggel guter Münze außer Landes organisiert), des weiteren, daß die alte Münze aus dem Verkehr gezogen und durch die funkelnagelneue „lange Münze" ersetzt werde. Diese Aufgabe übernahm Bassevi, der mit Hilfe von Vorkäufern der Prager Judenstadt im Lande agrarische Produkte aufkaufte. Jan de Witte, gebürtiger Amsterdamer, der in Prag im Dienste des Hofkaufmanns Snoukaert tätig gewesen war und sich Anfang des Jahrhunderts selbständig gemacht hatte, war Protestant und wurde 1616 geadelt. Sein Verhalten während des Aufstandes entsprach der Position der meisten Angehörigen des Kleinseitner Patriziats; es war zweideutig – flexibel: Er gewährte der Regierung des Pfälzers Anleihen und stand zugleich den Habsburgern mit Geld zur Verfügung. Für Liechtenstein wurde de Witte bald zu einem unentbehrlichen Berater, denn von allen Teilhabern des Münzkonsortiums war er der kenntnisreichste.

Der Möglichkeiten, wie aus dem ganzen Unternehmen leicht und schnell viel zu verdienen war, gab es viele, und de Witte nutzte sie zweifelsohne mit seinen Compagnons aus. Besonders dadurch ließ sich Gewinn machen, daß das Konsortium umlaufende Münzen einzog und sie durch geringerhaltige ersetzte. Damit betrog man vor allem jene, die sich von den blinkenden neuen Münzen täuschen ließen. Das Konsortium erwarb Pagament (Alt-Edelmetallstücke) und verkaufte es für Preise, die es selbst festsetzte, weiter – an sich selbst. Darüber hinaus betrogen die Teilhaber bewußt auch die kaiserliche Regierung in Wien, die Hofkammer und den Kaiser selbst. Statt 79 Gulden schlugen sie 110 aus jeder Mark Silber, das bedeutete das Doppelte des bisherigen Standes und fast das Sechsfache gegenüber dem Stand von 1618. Die Hofkammer erhielt durch die Manipulation immerhin den doppelten Steuerertrag aus den österreichischen und böhmischen Gebieten, aber – entgegen dem Wortlaut des Pachtvertrages – gingen diese sechs Millionen jährlich in schlechter Münze ein. Wieviel von diesem Geld Jan de Witte und seine Gesellschafter insgesamt in Umlauf brachten, wissen wir nicht – vielleicht 40 Millionen „neuer Gulden". Es ist eine Ironie des Schicksals, daß nur solche Belege über die Machinationen des Konsortium erhalten sind, die den betrügerischen Auf- und Verkauf des Pagaments betreffen. Aus ihnen geht hervor, daß Liechtenstein aus jeder Mark am meisten Gewinn zog – zehnmal mehr als Bassevi und fünfmal mehr als de Witte. Wallensteins Anteil – nur ein Fünftel dessen, was Liechtenstein einstrich – war noch bescheidener, obwohl es an seinen Soldaten lag, ob dessen Patente verwirklicht würden oder nicht. Wieviel das Konsortium an der ganzen Aktion verdiente, kann wohl kaum je genauer ermittelt werden. Der Anteil Wallensteins wird grob auf 450.000 und der des Konsortiums insgesamt auf zwei Millionen veranschlagt. Die Untersuchungen einer Kommission der Hofkammer, die ihre Tätigkeit bezeichnenderweise erst nach dem Tode Liechtensteins aufnahm und nur über dessen Anteil schriftliche Unterlagen in die Hand bekam, gelangte 1638 zu dem Ergebenis, daß das Konsortium im ganzen etwa neun Millionen Gulden verdient habe.

Die Aktion war zwar illegal, aber der Wiener Hof tolerierte sie, weil er sie als eine weitere Strafe für die niederösterreichischen und böhmischen Rebellen auffaßte. Davon zeugt die Tatsache, daß die Herren des Konsortiums nach einem Jahr für sie segensreichen Wirkens keine Lust mehr verspürten, in ihrer Tätigkeit fortzufahren. Sie wußten, warum sie das taten. Die ganze Aktion ging zu Lasten breiter Volksschichten, denn fast jeder hatte etwas mit Geld zu tun. Am meisten zahlten jene darauf, die auf feststehende Einkünfte angewiesen waren und für Preise einkaufen mußten, die horrende Höhen erreichten. Die Münzverschlechterung zog eine Inflation und die allzu späte Erkenntnis der Menschen nach sich, wie rasch sich die „lange Münze" abnutzte und ihr wahres, armseliges Gesicht zeigte. Der Handelsverkehr wurde fast völlig unterbrochen, und der Staat leistete sich keinen Dienst. Es blieb nichts anderes übrig, als Ende 1623 den Münzverfall und Staatsbankrott offen zu erklären – nach spanischem Sprachgebrauch die Kalada. Durch kaiserliches Patent vom 14. Dezember 1623 verloren die Umlaufmittel verschiedener Art 86 bis 98 Prozent ihres Wertes. So zogen all jene Vorteil aus der Krise, die ihre Schulden mit „langer Münze" beglichen – und umgekehrt:

Jene verdienten, die sich ihre Forderungen in nichtentwerteter Währung bezahlen ließen. Da die Hälfte des böhmischen Adels von der Güterkonfiskation betroffen war, bekamen alle, die einen Teil des Wertes ausbezahlt erhielten, ihren Anteil in wertloser, verdorbener Münze. Der große Ausverkauf des Landbesitzes war auf diese Weise eng mit der Kalada-Katastrophe verknüpft.

Wallensteins Anteil am großen Ausverkauf der Landgüter

Bis zum Herbst 1622 wurden die von den böhmischen und mährischen Rebellen konfiszierten Güter von Wien aus verwaltet. Aus kaiserlicher Gnade waren einige Konfiskate schon früher verteilt worden. Der Kaiser verfügte über nicht genügend Geld, um die Forderungen der Generale und wichtigsten Staatsdiener zu begleichen, er entlohnte sie deshalb mit beschlagnahmten Landgütern.
Auf diese Weise gingen die Švamberk-Güter in Südböhmen bereits 1620 in den Besitz Buquoys und nach dessen Tod seiner Erben über; des weiteren wechselten jene Anteile den Besitzer, die Hans Ulrich Eggenberg (Krumau) und Balthasar Marradas (Frauenberg) erhielten. Gleichermaßen ohne alles Entgelt bekamen weitere Parteigänger der „spanischen" Hofgruppe Landgüter: Martin Huerta, Herzog Franz Albrecht von Sachsen-Lauenburg, Freiherr von Meggau und Ilburg von Vřesovic. Für erlittene Verluste entschädigte die „Exekutionskommission" weiterhin die Talmberg, Nostic, Karl von Liechtenstein, Kardinal Dietrichstein, den Prager Erzbischof, das Prager und Vyšehrader Kapitel und die Jesuiten. Einbußen während des Aufstandes konnte, wie wir sahen, auch Albrecht von Wallenstein aufrechnen.
Eine weitere Kategorie bildeten diejenigen, die die Gunst der Stunde nutzten und Konfiskate aufzukaufen begannen. Unter ihnen befanden sich auch große Damen. Anstelle des Gemahls, der einst mit hohen Ämtern bedacht worden war, kauften sie Güter ihres Ehegatten – so anstelle des Oberstkanzlers Frau Polyxana von Lobkovic und Maria Magdalena anstelle des kompromittierten Jan Rudolf Trčka. Unter den Käufern fanden sich auch Adam von Waldstein, Jaroslav Bořita von Martinic und Vizekanzler Stralendorf; Maximilian von Trauttmansdorff kaufte im Sommer 1622 die einstigen Güter Vilém d.Ä. von Lobkovic, vor allem Bischofteinitz, und bezahlte dafür 200.000 Gulden – etwa die Hälfte des wirklichen Wertes. Adam von Waldstein stand keineswegs zurück; er kaufte Hirschberg und andere Güter Václav Berkas von Duba günstig für 260.000 Gulden statt für fast den doppelten Preis, in Wirklichkeit aber zahlte er nur einen Bruchteil.
Im Vergleich mit Albrecht von Wallenstein waren diese Herren jedoch ausgemachte Stümper. Im Juli und August 1622 kaufte er für 536.000 Gulden Landgüter: Münchengrätz u.a., einst Václav Budovec von Budova gehörig; Veliš, vormals Heinrich Mathias Thurns Besitz; Svíjany, Heinrich Andreas Schlicks

einstiges Eigentum; die konfiszierten Reedern-Güter Friedland und Reichenberg; die Güter Weißwasser und Hühnerwasser aus Bohochval Berkovs von Duba beschlagnahmtem Besitz. Diese Güter wurden allesamt niedrig geschätzt, wie sich das gehörte, wenn gerade Wallenstein der Käufer war; ihr wirklicher Wert überstieg eine Million Gulden. Allein der Unterschied zwischen dem wahren (geschätzten) und dem Kaufpreis betrug 153.000 Gulden. Aber räumen wir ein, er habe darauf verwiesen, daß die Güter durch Krieg und Verwüstung entwertet waren! Zusammengenommen saßen auf ihnen vor dem Kriege etwa 8.000 Untertanen. Allein dieser gigantische Handel hätte Wallenstein zum größten Feudaleigentümer Böhmens gemacht, doch ihn erwartete noch der Löwenanteil an den Smiřický-Gütern.

Wie war Wallenstein imstande, diese Güter zu bezahlen? Zuvorderst machte er die Liquidation seiner Militärausgaben seit dem 1. Januar 1620 geltend, und diese Schuldforderung war inzwischen auf 107.000 Gulden angewachsen. Dazu rechnete er den anerkannten Ersatz für Schäden, die ihm aus dem Aufstand in Höhe von 156.000 Gulden entstanden waren. Wenn wir diese beiden Posten zusammenrechnen, ist etwa die halbe Kaufpreissumme erreicht. Wie bezahlte er nun die zweite Hälfte? Darüber sagen die zugänglichen Quellen nichts aus. Es liegt aber nahe anzunehmen, daß er auf seine mährischen Güter zurückgriff – nicht auf Rymice, das Wallenstein zusammen mit Všetuly kurz vor 1624 an Jakob de Bois verkaufte, und nicht auf Vsetín, das er bezeichnenderweise 1623 an einen anderen habsburgisch-katholischen Gewährsmann und bekannten Abenteurer, Zdeněk Žampach von Potenštejn, veräußerte. Der Preis für Vsetín betrug im übrigen nach zwei Strafaktionen gegen aufrührerische Bauern (1621 und 1623) nicht mehr als 130.000 Gulden. Schon eher mag Wallenstein Lucka, die einträglichste Nekeš-Herrschaft, zum Verkauf gebracht haben. Darüber gibt es keine Nachricht, erst nach 1624 hören wir, daß sie Stefan Schmid von Freyhofen von Kaiser Ferdinand kaufte. Er war ein Finanzexperte der mährischen Stände und des Hauses Habsburg, zugleich Karl d.Ä. von Žerotin nahestehend. Freyenhofen erlegte dem Kaiser für Lucka die volle Summe von 360.000 Gulden; das war sicher nur ein Teil und glich der Summe, auf die Wallenstein zwei Jahre zuvor das Gut schätzte. Wenn diese Vermutung zutrifft, dann brauchte er beim Kauf des riesigen Grundbesitzes noch nicht einmal in seinen Beutel zu greifen, eher umgekehrt: Noch immer hatte er Aktiva gegenüber dem Kaiser.

Wirtschaftliche Interessen und das Amt des militärischen Befehlshabers über das Land hielten Wallenstein bis August 1622 in Prag fest. Eines seiner Kürassierregimenter befand sich 1622 im Reich, das zweite unter Führung von Oberstleutnant Torquato Conti war, zusammen mit dem Fußregiment unter Oberstleutnant Ferdinand von Nogarell, bis zur Kapitulation mit der Belagerung von Glatz beschäftigt. Im August reiste Wallenstein nach Wien, um dort bei Hofe seine Angelegenheiten und Interessen zu betreiben. Er blieb dort bis September und hatte Erfolg: Am 12. August 1622 wurde ihm laut Urkunde erlaubt, aus den Herrschaften Friedland und Reichenberg sowie weiteren gekauften Gütern einen Fideikommiß zu bilden. Damit war die langwierige Anstrengung zur Gewinnung der Reederschen Güter ans Ziel gelangt. Erstmalig erwähnte Wallenstein die Möglichkeit, Friedland und Reichenberg zu kaufen, in einem Brief aus Wien vom 1. Dezember 1621, adressiert an „Karl von Liechtenstein, Herzog von Troppau". Am 18. Januar 1622 teilte ihm die Hofkammer „vorläufig" mit, daß ihm der Kaiser den Vorzug gebe bei der Deckung seiner Forderungen mittels der Herrschaft Friedland. Aber erst am 5. Juni wurden ihm beide Herrschaften als „ewiges erbliches Lehen" zugesprochen, und am 16. Juli 1622 erhielt er auf sie den ersehnten Kaufbrief, wofür er 150.000 Gulden zu zahlen hatte. Damit wurden beide Herrschaften zum Grundstein der Macht des Wallenstein-Geschlechts – oder es sah wenigstens so aus. Am 15. September wurden Wallenstein gleich zwei Privilegienbriefe verliehen: „Herrscher des Hauses Wallenstein und Friedland" und (geschmückt mit einer Bulle) der Titel „Hoch- und Wohlgeboren" sowie das große Palatinat, die Würde eines Hofpfalzgrafen. Mit dieser war eine Reihe von Rechten verbunden, z.B. die Verleihung von Adelstiteln und die Legitimierung von Erben. Überdies durfte er sein Familienwappen reicher gestalten.

Angesichts solcher Vorgänge berührte ihn die militärische „Reform" wenig, durch die nach der Einnahme von Glatz durch den jüngeren Thurn am 28. Oktober 1622 eine Reihe Abteilungen aufgelöst wurden. Ende Oktober war er nachweislich aus Wien nach Prag zurückgekehrt, wo die Tätigkeit der Konfiskationskommission, der Adam von Waldstein vorstand, auf vollen Touren lief. Dem großen Ausverkauf der beschlagnahmten Güter verfiel auch das Smiřický-Grundeigentum. Nach einem Entscheid vom Jahre 1622 wurde es in zwei Teile geteilt. Der eine fiel an den schwachsinnigen Heinrich Georg, den anderen, der Albrecht Jan gehört hatte, zog der Fiskus ein. Im Jahre 1623 wurde der Smiřický-Besitz erneut geteilt, und zwar dergestalt, daß Heinrich Georg, für den Wallenstein vormündlich „sorgte" und der irgendwo im Reich dahinvegetierte, zwei Drittel des Besitzes zugesprochen wurde. Die Hofkammer protestierte nicht – es war sicher kein Zufall, daß Liechtenstein, der diese Manipulation deckte, gerade zur selben Zeit aus dem Smiřický-Besitz (von Wallenstein) die Herrschaften Kosteletz am Schwarzen Wald und Škvorec praktisch umsonst erwarb. Dieser Komplex der Smiřický-Güter lag am nächsten zu den städtischen Agglomerationen Prag und Kuttenberg, die den Smiřický und ihren Verwaltern als Markt für ihre agrarische Warenproduktion dienten. Die Zusammenarbeit zwischen Liechtenstein und Wallenstein gestaltete sich für beide vorteilhaft. Am 6. Dezember führte sie zu weiteren Verträgen über den Ankauf von Konfiskaten für zwei Millionen Gulden. Das war allerdings selbst für Wallenstein ein allzu großer Happen, deshalb verkaufte er einen Teil gleich wieder. Man schätzt, daß er von den Gütern, die er 1622–24 für 4,6 Millionen ankaufte, solche für 2,75 Millionen Gulden wieder veräußerte – vor allem Männern der Hofkammerverwaltung, u.a. Vinzenz Muschinger auf Gumpendorf. Am 24. April 1623 erreichte Wallenstein das zweite seiner großen Ziele: Er kaufte für eine halbe Million Gulden die Smiřický-Güter. Der bedauernswerte Heinrich Georg, der 1628 an Wallenstein wieder übergeben wurde, starb schon 1630 in Skal. Dieser Ort galt als der stärkste der Wallensteinschen Festungen, deshalb richtete er dort auch sein Archiv ein – und sein Gefängnis.

Die Art und Weise, wie Wallenstein mit den ehemaligen Besitzern der angekauften Güter verfuhr, denen er einen Teil des Wertes auszahlen sollte, erhellt ein kurioser Brief, den Liechtenstein, Slavata und Martinic am 12. Dezember 1622 an ihn richteten. Diese Herren, die keinesfalls überflossen vor Freundlichkeit gegenüber den geschlagenen ständischen Rebellen, verlangten von Wallenstein, er solle die Leute nicht in so großer Armut leben lassen, deren Güter konfisziert wurden, und er möge ihnen ein Deputat an Victualien nach ihrem Bedarf als Vorschuß auf ihren Anteil überlassen. Ob dieser Brief auf Wallensteins Verhalten irgendeinen Einfluß ausübte, wissen wir nicht – wahrscheinlich keinen. Er hatte mit der böhmischen wie vordem mit der mährischen Ständegemeinschaft gebrochen, und sein rücksichtsloses Handeln zeugt nicht von starkem Gemeinschafts- und Klassenbewußtsein, er war ein Einzelgänger, der zum Prototyp des „österreichischen" Adels wurde – nur dem Kaiser und niemand anders verbunden.

Wechselvolle Kämpfe in Mähren 1623

Im Frühjahr bemühte sich die niederländische Diplomatie um die Wiederbelebung der Aktionen gegen Habsburg im mitteleuropäischen Raum. Anfang des Jahres empfingen die Generalstaaten Ehrenfried von Berbisdorf, den Gesandten Bethlen Gábors, der sich erneut bereit fand, militärisch gegen Wien aufzumarschieren. Gleichzeitig entsandte er den aus Böhmen emigrierten Heinrich Mathias Thurn nach Konstantinopel, um vom Sultan die Zustimmung – und wenn möglich auch die Unterstützung – für seine Aktion gegen den Kaiser zu erwirken. Bethlens Partner sollte Ernst von Mansfeld sein, der für niederländisches Geld in Friesland eine neue Armee warb, ebenso Christian von Halberstadt, der dasselbe im Niedersächsischen Kreis tat. Zum gemeinsamen Unternehmen sollte sich noch Friedrich von der Pfalz gesellen, dem der Regensburger Kurfürstentag 1623 die Kurwürde abgesprochen hatte – doch ihn lähmte die Untätigkeit der englischen Diplomatie. Erst im Sommer – nach dem skandalösen Fiasko des Prinzen von Wales, der sich nach Madrid begeben hatte, um seine Heirat mit der Infantin zu beschleunigen – verbesserte sich die Situation für gemeinsames englisch-niederländisches Agieren. Nur war es schon wie gewöhnlich zu spät, als daß das Zusammengehen Wirkungen auf den Kriegsschauplätzen hätte zeitigen können.

Zu dieser Zeit suchte Wallenstein erneut den Wiener Hof auf, und auch diesmal erwies sich der Aufenthalt als erfolgreich. Im Hinblick auf die bevorstehenden militärischen Aktionen mußte an entsprechende Vorbereitungen gedacht

werden, und dabei spielten – neben dem Befehlshaber der spanischen Hilfseinheiten, Gerónimo (Girolamo) Caraffa Marchese di Montenegro – auch Marradas
und Wallenstein eine Rolle. Beide wurden am 3. Juni 1623 zu „Einsternegene-
ralen" mit dem Titel „Generalwachtmeister" befördert. Diese Rangerhöhung
kam gerade zur rechten Zeit – vor der Hochzeit mit Isabella Katharina, der jüngeren Tochter des kaiserlichen Geheimen Rats Graf Harrach. Mit dieser Heirat
wurde Wallenstein der Schwiegersohn eines mächtigen Hofmannes, Schwager
seines weitläufigen Vetters Maximilan von Waldstein und Schwager des jüngeren
Harrach namens Leonhard, der mit der Tochter des zweiten kaiserlichen Ratge-
bers und Hauptes der „spanischen Partei" Hans Ulrich Eggenberg verheiratet
war. Als weiterer Schwager kam der junge Prager Erzbischof Kardinal Ernst
Adalbert von Harrach hinzu, der zu dieser Zeit gerade einen zähen Kampf mit
den Jesuiten um die Beherrschung der Universität und die Wahl der Methoden
bei der Rekatholisierung des Landes ausfocht. Sein Ratgeber war der Provinzial
des Kapuzinerordens Pater Valeriano Magni, ein namhafter Philosoph und bald
auch vorzüglicher Diplomat. Alles in allem, auch die zweite Heirat förderte Wallensteins Karriere und band ihn noch fester an die „spanische" Hofpartei.

Auf dem Kriegsschauplatz verspätete sich der siebenbürgische Fürst mit seinem Aufmarsch. Er begann ihn erst Anfang September bei Kaschau. Zu dieser
Zeit hatte einer seiner Bundesgenossen, Christian von Halberstadt, bereits in der
Schlacht bei Stadtlohn eine Niederlage erlitten, und Mansfeld war in den west-
lichsten Winkel des Reiches gedrängt worden. Man kann annehmen, daß Bethlen,
hätte er um diese Ereignisse gewußt, gar nicht erst ins Feld gegangen wäre. Seine
Truppen, verstärkt durch türkische und tatarische Einheiten, drangen ohne son-
derliche Schwierigkeiten an die mährische Grenze vor. Die gesamte Streitmacht
zählte etwa 40.000 Mann und war der Caraffas mit rund 15.000 Mann weit überlegen. In der zweiten Oktoberwoche lagen diese zwischen Straßnitz und Lundenburg; die kaiserlichen Fußtruppen unter Wallenstein näherten sich indessen
erst, und die Marradassche Reiterei befand sich noch in Südböhmen. Währenddessen stießen die sehr beweglichen Truppen Bethlens wieder tief ins Land vor,
ihnen schlossen sich die Malkontenten an – vor allem die Walachen, Jan Adam
von Víckov und die Mehrheit des ostmährischen Kleinadels. Als Caraffas Truppen sich in Göding endlich mit den Einheiten Wallensteins und Marradas' vereinigten, sah sich die ganze kaiserliche Armee in der Stadt am 24. oder 25. Oktober
belagert. Es kam zu harten Auseinandersetzungen, die Belagerung dauerte bis 19.
November. Wallenstein selbst schrieb in Briefen an Harrach nach Wien, die Lage sei verzweifelt, die Soldaten verzehrten die Pferde und litten Hunger und
Krankheiten: Wenn keine Verstärkungen kämen, stände Bethlen nichts mehr im
Wege, nach Wien oder Prag vorzurücken. Doch der Winter nahte, und der Fürst
verhandelte wiederum über einen Waffenstillstand, den auch Wallenstein auf der
Gegenseite empfahl. Warum Bethlen nach fast einem Monat Belagerung von Gö-
dings abzog, blieb den Zeitgenossen ein Rätsel, sicher auch für Thurn, den Herrn

von Víckov, Ladislav Velen von Žerotín und die übrigen Gegner Habsburgs, die im Namen Friedrichs von der Pfalz mährische Burgen und Städte einnahmen. Es ist durchaus möglich, daß Bethlen gerade dies verhindern wollte, um die Tür zum Frieden mit Habsburg nicht zuschlagen zu lassen, oder er kannte die verzweifelte Lage seiner Gegner nicht. Und so trugen die Bürde des Krieges – wie auch schon 1621/22 – die Bewohner Ostmährens, von denen nicht wenige in die türkische und tatarische Sklaverei verschleppt wurden. Das war aber keineswegs dazu angetan, das Volk für den antihabsburgischen Widerstand zu gewinnen.

Alle drei Befehlshaber, weder Marradas und Caraffa noch Wallenstein, zeichneten sich beim Feldzug in Mähren nicht aus; sie kamen sich, wie es scheint, auch keineswegs näher. In dem Vorschlag zur Reorganisierung der Armee, den Wallenstein 1624 dem Kaiser vorlegte, war von einem Zusammenwirken mit den spanischen Hilfseinheiten keine Rede mehr; der Großteil wurde schließlich 1624 in den Westen des Reiches und die Spanische Niederlande verlegt, wo zu dieser Zeit allein größere Kampfhandlungen stattfanden. Im Zusammenhang damit ergab sich allerdings die Notwendigkeit, die Habsburger – trotz aller bisherigen Mißerfolge ihrer Gegner – in Mitteleuropa erneut in Auseinandersetzungen zu verwickeln.

Fürst Bethlen legte wie gewöhnlich die Winterpause ein und beabsichtigte, im Frühjahr die Feindseligkeiten gegen Wien wieder zu eröffnen. Er sandte deshalb Jan Adam von Víckov als seinen Unterhändler in die Vereinigten Niederlande und zugleich Ladislav Velen von Žerotín als seinen Vertrauten an den Berliner Hof des brandenburgischen Kurfürsten, damit sie das Feuer des Widerstandes anfachten. Als inoffizieller Begleiter Žerotíns reiste Thurn mit, der Friedrich von der Pfalz in Den Haag aufsuchte. Die Generalstaaten wurden über die Verhandlungen Thurns mit den Türken informiert, sie wußten allerdings auch um die verschlungenen Wege der siebenbürgischen Politik. Sie empfingen zwar Jan Adam freundlich in feierlicher Audienz am 6. März 1624, aber „groote assistentia" versprachen sie nur in dem Falle, daß sich die Zusammenarbeit mit den Engländern sowie die katastrophale wirtschaftliche Situation der Westindischen Kompanie verbessern würde. Es zeigte sich, daß die Vorsicht der Generalstaaten am Platze war, denn am 8. Mai 1624 schloß Bethlen Frieden mit dem Kaiser.

Die Hoffnung, der Kaiser werde in Ungarn oder den böhmischen Ländern ernstlich beunruhigt werden, zerfloß wiederum; im Gegenteil: Er konnte freigewordene Truppen gegen die Niederländer abstellen, die sich an der Belagerung der Festung Breda beteiligten. Es ist verständlich, daß diese nicht die Hände in den Schoß legten. Im Juni schlossen sie ein Bündnis mit Frankreich, das zumindest teilweise den Druck von Spinolas Truppen auf die niederländischen Grenzen abfangen konnte. Der Bündnisvertrag hatte einen bitteren Beigeschmack, denn nach seinem Wortlaut sollten – zum Entsetzen der kalvinistischen Geistlichkeit in den Niederlanden – niederländische Kriegsschiffe den französischen König Ludwig XIII. bei der Belagerung der Hugenottenfestung La Rochelle unterstützen. Die Niederländer verloren die Möglichkeit nie aus den Augen, eine Allianz gegen Habsburg zustande zu bringen, die nicht nur Siebenbürgen, sondern auch Venedig und Savoyen einschließen sollte, Frankreich nicht gerechnet, wo das Wort des Ersten Ministers Kardinal Richelieu immer mehr an Gewicht gewann. Die Verhandlungen über ein solches Bündnis dauerten das ganze Jahr 1624 an, auch Thurn und Jan Adam von Víckov nahmen daran teil. Jan Adam, so berichtet ein kaiserlicher Spion, reiste bis Frühjahr 1625 aus Ungarn über Mähren und Berlin in die Niederlande und wieder zurück. Thurn trat in die Armee ein, die Mansfeld mit niederländischem Geld zusammenhielt, und begab sich im Winter 1624/25 in die Dienste Venedigs.

Aber auch Wallenstein war nicht untätig. Er teilte seine Zeit zwischen Wien und Prag. Unterdessen erkrankte und starb sein entfernter Verwandter Zdeněk Brtnický von Waldstein im Kerker auf dem Brünner Spielberg, wo übrigens ein früherer Widersacher Wallensteins, Václav Mol von Modřelice, einsaß, dessen Herrschaft Weißkirchen samt dem benachbarten Leipnik Kardinal Dietrichstein auf nicht sehr sauberem Wege für seine Familie erworben hatte. Das Debakel von Göding schadete Wallenstein nicht: Schon am 7. September 1623 wurde er Fürst von Friedland, und zwei Tage später erhielt er die erworbenen Güter als erbliches Lehen zugesprochen. In Böhmen erlangten den Fürstentitel lediglich Zdeněk Vojtěch Popel von Lobkovic auf Raudnitz und Eggenberg im Zusammenhang mit dem südböhmischen Krumau. Im Jahr 1624 entledigte sich Wallenstein leichten Herzens der ihm noch verbliebenen Güter in Mähren, und an Trčka von Leipa trat er das heimatliche Hermsdorf ab.

Da sich die Verhandlungen über eine antihabsburgische Koalition, die das „große Projekt" der Jahre 1618 bis 1620 verwirklichen sollten, bis Ende 1625 hinzogen, bedeuteten die Jahre 1624/25 eine Zeit friedlicher Unternehmungen. Das heißt jedoch nicht, daß Wallenstein das, was in Europa geschah, gleichgültig war. Und es ereignete sich sehr viel. In den Niederlanden starb im April 1625 der Militärtheoretiker und Statthalter Moritz von Oranien. Ihm folgte sein Stiefbruder Friedrich Heinrich, der pfälzischen Dynastie eng verbunden durch seine Gemahlin Amalia von Solms, die einst Hofdame der Winterkönigin in Prag gewesen war. In England folgte, nach dem Tode Jakobs I., sein Sohn Karl I., der durch seine Heirat mit der französischen Prinzessin Henriette Marie bestimmte Garantien für ein Zusammenwirken mit Frankreich und einen antispanischen Kurs schuf. Der neue niederländische Statthalter war jedoch nicht imstande, den Fall der Festung Breda am 5. Juli 1625 zu verhindern. Das Ereignis brachte Spanien einen großen Prestigegewinn, es fand seine großartige bildliche Darstellung durch die Meisterhand von Diego Velasquez' „Las Lanzas". Schon im Mai 1625 hatten die Generalstaaten dem unbeständigen Bethlen Gábor bedeutende Subsidien für seinen Kampf gegen die Habsburger zugesichert, und diese sollten zugleich auf See, in Italien und Mitteleuropa attackiert werden. Die Niederländer führten deshalb Verhandlungen mit England, aber auch mit den Königen von

Dänemark und Schweden. Die Allianz, die Anfang Dezember in Den Haag abgeschlossen wurde, sah am Ende doch bescheidener aus, als die ursprünglichen Pläne – oder gar die Träume Thurns – hoffen ließen. Sie umfaßte neben den Vereinigten Niederlanden und Friedrich von der Pfalz noch England, den Niedersächsischen Kreis und das Königreich Dänemark-Norwegen, nicht aber Bethlen Gábor, weil dieser gerade versuchte, ein Bündnis mit Gustav Adolf von Schweden zu schließen – und dieser konnte mit Christian IV. von Dänemark nicht übereinkommen. Fürst Bethlen wollte gemeinsam mit Schweden und dem brandenburgischen Kurfürsten Polen-Litauen, den „verräterischen Bundesgenossen des Hauses Habsburg", überfallen, und beabsichtigte, dafür auch den Moskauer Großfürsten zu gewinnen. Den Schweden versprach er Böhmen und Schlesien. Er gedachte diesmal, wie er versicherte, ohne die Türken auszukommen, noch mehr: Er wollte mit ihnen brechen und sie mit Hilfe Schwedens aus Ungarn vertreiben.

Doch auch in diesem Falle war die Wirklichkeit bescheidener als die Pläne. Als Siebenbürgen der Haager Koalition beitrat, bekräftigte Bethlens Unterhändler Quadt, der auch Jan Amos Komenský/Comenius bekannt war, zuvorderst die Kooperation mit Dänemark und Mansfeld. Im übrigen wurden die Ziele der Allianz schließlich vom nüchternen Kalkül der Kaufleute aus der Londoner City und aus Amsterdam bestimmt. In einem geheimen Zusatz zum Vertrag legte man fest, daß für Friedrich die Rückkehr in die Pfalz erzwungen werden sollte, von einer Wiedergewinnung Böhmens war keine Rede.

Wallenstein reiste von Göding erneut nach Wien an den Kaiserhof und von da nach Böhmen. Dort beschäftigten ihn die letzten Transaktionen, die seine neuen Besitztümer abrunden sollten. Im März 1624 wurden sie mit kaiserlichem Konsens zum Fürstentum Friedland vereinigt. Formal blieb es kaiserliches Lehen, in Wirklichkeit war es ein quasi selbständiges Territorium im Rahmen der böhmischen Länder. Es umfaßte 117 Güter in 64 Herrschaften. Von diesen waren 24 Kammer- und die übrigen Lehnherrschaften, die im Jahre 1624 gebildet wurden. Auf ihrem Boden – 118.767 ha groß, davon ein Drittel Wald – lebten Tausende Untertanen. Verglichen mit den Bewohnern anderer Gebiete Böhmens und Mährens, hatten sie ein besseres Los in der friedländischen „terra felix", denn sie brauchten die Einquartierung kaiserlicher Soldaten nicht zu befürchten. Andererseits und zugleich sorgte der Fürst von Friedland, Herrscher des Hauses Wallenstein und Friedland, dafür, daß der Wohlstand nicht zu üppig wurde.

Glanz und Elend des Herzogtums Friedland

Als Fürst Albrecht am 13. Juni 1625 in Nikolsburg – sicher zur Freude des Schloßherrn Kardinal Dietrichstein – aus einem kaiserlichen Schreiben erfuhr, er sei in den Stand eines Reichsfürsten mit dem Titel „Herzog von Friedland" (Dux

Friedlandiae) erhoben, war sein Fürstentum im Hinblick auf die Verwaltung bereits ausgeformt. Es bildete administrativ ein Ganzes, war von den Landesämtern und -gerichten unabhängig (das mußte mit der Zeit auch der Oberstburggraf Adam von Waldstein akzeptieren) und wurde eine wirtschaftliche Einheit. Seine beiden Hauptbestandteile, die einstigen Reedernschen Herrschaften Friedland und Reichenberg, sowie die vormaligen Smiřický-Güter, gehörten, wie bereits gesagt, schon vor dem Aufstand 1618 zu den fortgeschrittensten Gebieten Böhmens. Ihre Tucherzeugnisse, die Leinen- und Garnausfuhr, der Verkauf landwirtschaftlicher Produkte, der Betrieb von Glashütten und Hammerwerken bildeten die Grundlage für eine weitere gedeihliche Entwicklung. Das Territorium erstreckte sich von Böhmisch Leipa und Böhmisch Aicha, zur Grenze gegen die Oberlausitz und Schlesien bis nach Hohenelbe und Wiltschitz, im Süden reichte es bis Nimburg und im Osten bis Mělník. Sein Zentrum war die Stadt Gitschin, die Wallenstein seit 1624 nach den Plänen Sebregondis zu einer würdigen Residenz umbauen ließ.

In Gitschin hatten die zentralen Verwaltungs-, Justiz- und Wirtschaftsbehörden ihren Sitz, von hier aus wurden alle Herrschaften verwaltet, die sieben „privilegierten" Städte beaufsichtigt, ebenso die Wirtschaft der als Lehen vergebenen Güter. Die wichtigste Administrativ- und Justizbehörde war die nach dem Muster der Prager Landesämter gebildete Hofkanzlei. An der Spitze der Verwaltung stand der Landeshauptmann – ein in Mähren, der Lausitz und den Alpenländern üblicher Titel. Dieses Amt bekleidete seit 1625 der aus den südlichen Niederlanden stammende Gerhard Taxis, Edler Herr von Huls, Wallensteins Gefährte bei den Kämpfen in Ungarn, als Hauptmann mit ihm in Göding, Besteller seines Horoskops bei Kepler. Als Oberstleutnant tauschte er seine militärische Karriere gegen die administrative ein. Im Amte blieb er bis 1631. Wallenstein wählte ihn weniger wegen seiner Verwaltungserfahrung aus als vielmehr deshalb, um an die Spitze der Administration einen Soldaten zu stellen, der garantierte, daß die Befehle des Herzogs wie im Kriege ausgeführt wurden. Auf Taxis folgte Dietrich Malovec als Landeshauptmann, dazu kam 1632 als Vertreter Wallensteins der schon 1619 als dessen Eventualerbe bestimmte Maximilian von Waldstein. Neben ihm und dem Landeshauptmann bildeten die Räte und Beamten der Hofkanzlei die Regierung. An der Spitze der Kanzlei, die verschiedene Arten von Briefen, Patenten und Dekreten erließ sowie die ausgedehnte Korrespondenz mit den Unterbeamten bewältigte, stand der Kanzler. Auf jeder Herrschaft waltete ein Hauptmann, der wöchentlich Bericht und jährlich Rechenschaft über seine Tätigkeit erstattete. Während der gesamten Friedländer Herzogsperiode diente Stefan Ilgen von Ilgen als Kanzler bis zu der Zeit, die er im Prager herzoglichen Gefängnis zubrachte. Er war Absolvent der Leipziger Universität und Beamter Reederns gewesen, bevor ihn Wallenstein in Dienst nahm. Der Kanzler galt als der Vertreter des Landeshauptmanns. Nach dem Jahre 1634 wurde er nicht behelligt, er lebte weiter in Gitschin.

Die Beamten erhob der Herzog vielfach in den Adelsstand, oft wurden sie seine Lehensleute. Nach dem ursprünglichen Plan sollte das Herzogtum einen eigenen Landtag mit drei Ständen haben, es kam aber nicht dazu. Zumeist wurden Anordnungen erlassen und Instruktionen an die Beamten gegeben. In der Hofkanzlei spielte der Sekretär eine bedeutende Rolle; 1626/27 war es Pavel Pečka; er kam 1629 ins Gefängnis. Unter den Beamten gab es Tschechen und Deutsche. Wallenstein bevorzugte die deutsche Amtsführung, den Großteil seines persönlichen Briefwechsels schrieb er jedoch in tschechischer Sprache. Die Sekretäre und Kanzlisten beklagten sich über niedrige Bezahlung, es waren Adlige und Nichtadlige; unter den Adelspersonen fanden sich auch Verwandte des Herzogs, so Hanibal d.J. von Waldstein. Er bezog ein hohes Gehalt von 70 Gulden monatlich.

An der Spitze der Kammer, die die privilegierten Städte beaufsichtigte und die wirtschaftlichen Angelegenheiten regelte, stand von 1622 bis 1629 Hieronymus Bukovsky von Neudorf, den Wallenstein aus Smiřickýschem Dienst übernahm. Nach dessen Tode folgte als Regent der Kammer Heinrich Kustos von Lipka, der später auch Mecklenburg und Sagan „in cameralibus" verwaltete. Als Inspektor der Herrschaften war Adam Kunaš von Machovice tätig, nach ihm Václav Králík. Kunaš ist wahrscheinlich identisch mit dem Besitzer eines Stammbuches, das Einschreibungen von 1618 bis 1633 enthält. Es weist aus, daß der Besitzer Tschechisch, Latein, Deutsch und Spanisch verstand und mit dem vorletzten Smiřický 1618/19 an der Belagerung von Budweis teilnahm. Nachgewiesene Vergehen wurden wahrhaft exemplarisch bestraft: Im Dezember 1631 starb der Hauptmann der Herrschaft in Münchengrätz Klement Sázavský von Schönhoff wegen Veruntreuung auf dem Markt von Gitschin unter dem Henkerbeil. Irgendwann taucht auch ein Obersthauptmann namens Heinrich Straka von Nedabylice auf, meistens wurden jedoch die Hauptleute größerer Herrschaften mit der Aufsicht über die Hauptleute kleinerer Nachbarherrschaften beauftragt. Wallenstein machte zwischen den einzelnen Behörden keine großen Unterschiede, und so war Dr. Heinrich Niemann, ein gebürtiger Däne, Hofkanzleirat, diente dann in der Kriegskanzlei, wurde nach Mecklenburg versetzt, trat in den Dienst Adam Trčkas und war schließlich zuletzt Wallensteins Begleiter und Sekretär.

Da das Schriftgut aus der Behörde des Hauptmanns der Herrschaft Friedland in seltener Vollständigkeit erhalten ist, können wir versuchen, das alltägliche Leben und die Sorgen der Untertanen, aber auch der Lehensleute und Beamten, zu rekonstruieren. Bis 1625 suchte der Herzog den Ort nicht auf, entweder er korrespondierte mit dem Hauptmann oder mit dem Stadtrat oder er beorderte sie nach Gitschin oder Prag. So war es im Winter 1622/23, als Wallenstein mit den Räten von Friedland und Reichenberg über die Bestätigung der alten Privilegien verhandelte. Das „Städtel" Reichenberg hatte erst im Jahre 1577 Stadtrecht erhalten und erlebte dank eines blühenden Tuchhandwerks einen raschen Aufschwung unter den Herren von Reedern. Diese hatten versucht, beiden Städten die wichtigsten Einnahmequellen zu entziehen: zu mälzen und Bier zu brauen. Wallenstein war ebenfalls nicht bereit, sie ihnen zu lassen, ebensowenig das Schankrecht und den Salzverkauf. Die Verhandlungen zogen sich den ganzen Winter hin; die Stadträte wehrten sich, weil die genannten Gerechtsame die Grundlagen für den Wohlstand der Bürger waren. Nach seiner Hochzeit am 9. Juni 1623 begab sich Wallenstein auf sein Gut in Bubenč, um dort die Flitterwochen zu verbringen; erst im Juli berief er die Vertreter der untertänigen Städte nach Gitschin. Als Entschädigung für den Verlust des Malz- und Braurechts schlug er ihnen die Überlassung der Mühlen, der Pacht von Höfen, der Waldnutzung sowie gewisse Abstandsgelder vor. Die Reichenberger unterwarfen sich, nachdem Hauptmann David Hein von Löwenthal auf Wallensteins Befehl ihre Braupfannen und die Mälzereieinrichtungen beschlagnahmt hatte. Die Friedländer hingegen fügten sich nach einem ähnlichen Eingriff des Hauptmanns Hans von Gerstorff nicht. Beide Beamten hatte Wallenstein aus dem Dienst bei den Reedern übernommen. Im Laufe des Jahres 1624 mußten die Friedländer einsehen, daß weiterer Widerstand nutzlos sei. Die Hauptleute setzten die Forderungen durch, was unter den Reedern nicht gelungen war. Wallensteins wirtschaftliche Maßnahmen in diesen Jahren verraten keinerlei Züge fortschrittlicher Politik: Die Einkünfte aus Mälzerei und Brauerei waren wie gewöhnlich das Ziel des Angriffs der feudalen Obrigkeit auf die Rechte der Städte, und umgekehrt zeigt das, was sie den Städten abzutreten bereit war (Höfe u.a.m), wie wenig sie an einer Wirtschaft in eigener Regie interessiert war.

Das Verhältnis Wallensteins zu den Bewohnern Friedlands erhellen folgende Vorgänge: Der erste war ein Zusammenstoß mit dem Kleinadel, der auf den Lehngütern saß. Die Lehensleute legten ihrem neuen Herrn ein Schreiben vor, in dem sie Beschwerde über die Beschränkung ihrer ökonomischen und administrativ-juristischen Rechte führten. Wallenstein ließ ihnen durch Hauptmann Gerstorff mitteilen, es falle ihm nicht ein, seine Zustimmung dazu zu geben, daß in seinen Besitzungen irgendeine „libera republica" eingerichtet werde. Die Lehensleute suchte Wallenstein damit zu schrecken, daß er einen von ihnen bestrafte. Das Los traf Hauptmann Gerstorff, Protestant und Inhaber des Lehngutes Tschirnhaus. Er hatte es unterlassen, Pacht für einen Hof zu entrichten, den in seinem Namen der ehemalige Reedernsche Rentschreiber Georg Knobloch bewirtschaftete. Beide wurden verhaftet, und Gerstorff blieb bis Ene 1624 in Groß-Skal eingekerkert. Dann kam er in Freiheit; weil er aber den schuldigen Betrag nicht bezahlen konnte, ging er seines Lehensgutes verlustig.

Adel wie Untertanen wurden schließlich von der Rekatholisierung betroffen, die Wallenstein als Schwager des Prager Erzbischofs Ernst Adalbert von Harrach in Friedland mit Hilfe des Kanonikus Jan Tiburtius Kotva von Freienfeld Anfang Mai 1624 in Gang brachte. Aus den Herrschaften wurden die lutherischen Pastoren rücksichtslos vertrieben; als neuer Dekan zog der Pfarrer Sebastian Balthasar Waldhauser ein. Von seinen Konflikten mit den Gläubigen (er war bis 1631 Pfarrer in Friedland) berichten wir später. Neben Kotva und Waldhauser wirkten die Jesuiten in den Herrschaften. Nachdem auch sie keine großen Erfolge erreichten, empfahlen sie Wallenstein den Gebrauch von Gewaltmitteln. Doch dieser hatte inzwischen zugelernt, er schrieb 1627 an Taxis, die Rekatholisierung („Reformation") halte er für richtig, nicht aber Violenzen. Er wolle, daß „discretamente procedire" (umsichtig verfahren) werde, namentlich mit dem Adel. In den Städten möge man fortfahren wie bisher, ebenso in den Dörfern. Wie man sieht, war Wallensteins angebliche konfessionelle Großzügigkeit von sehr begrenzter Beschaffenheit.

Nachdem Wallenstein Mitte September 1624 entschieden hatte, sich Gerstorffs zu entledigen, berief er dessen schon benannten Nachfolger David Hein, bis dahin Hauptmann zu Reichenberg, nach Prag. Diesen ersetzte Joachim Jung, der 19 Jahre in Reedernschem Dienst gestanden hatte. Er erhielt von Wallenstein das Adelsprädikat und den Beinamen von Jungenfels; in Reichenberg war er Beamter bis zu Wallensteins Fall 1634, danach ging er nach Zittau. Dem Hauptmann Hein erklärte Wallenstein bei der Audienz, er sei persönlich für die Untergebenen verantwortlich, und er möge streng gegen Diebe und Faulenzer vorgehen; andererseits dürfe er nicht – wie seine Vorgänger – die Untertanen unnötig belasten, darum sei das Bier zu verbilligen. Bei einer weiteren Audienz, diesmal in Gitschin, mußte sich Hein für Vergehen des Schreibers Knobloch verantworten. Dieser hatte 6.000 Taler veruntreut, die er dem Juwelier Jobst von Brüssel übergeben sollte. Schließlich mußt die ganze Bewohnerschaft Friedlands für die Summe aufkommen. Nach Wallensteins Ansicht gab es also eine individuelle und kollektive Verantwortung für die Vergehen der Beamten. In noch weit größerem Maße galt das für die Reaktion Wallensteins auf die Nachricht, der ehemalige Besitzer Christoph von Reedern wiegle die Untertanen zum Aufstand auf. Auf dessen Kopf schrieb Wallenstein Anfang Juni 1625 eine Belohnung von 6.000 Talern aus. Sie sollte derjenige erhalten, der Reedern der neuen Obrigkeit lebendig oder tot übergebe. Offenbar fand sich aber kein Denunziant, und wir wissen auch nicht, ob drei Kompanien Reiter und fünf Fähnlein Fußsoldaten (1.300 Mann) aus Prag nach Friedland beordert wurden. Maximilian von Waldstein hatte sie zu diesem Zwecke abgestellt.

Hein bekleidete das Hauptmannsamt zwei Jahre, bis 1626. Je mehr die Kriegsgefahr wuchs, desto weniger waren die Untertanen bereit, Zahlungen und Kontributionen zu leisten. Hein führte die Befehle des Landeshauptmanns Taxis immer besessener aus, doch er geriet deshalb in Konflikte mit den Untertanen, und kaum hatte sich Wallenstein der größten Sorgen des ungarischen Feldzugs entledigt, wurde Hein abgesetzt. Dafür, daß er erhobene Steuern einbehielt und Strafgelder veruntreute, kam er ins Gefängnis. Im Frühjahr 1628 entlassen, ging er ebenfalls nach Zittau. Seine Nachfolge trat Heinrich Griessel von Grieslau an, ebenfalls Inhaber eines Lehngutes in Friedland. Er war wahrscheinlich in seiner Jugend mit dem jungen Christoph von Reedern in Italien gewesen. Als er sein Amt antrat, saßen Bürgermeister und der ganze Rat von Friedland im Gefängnis zu Velíš, weil sie die Kontribution nicht bezahlt hatten.

Das Bild von Wallenstein als „gütiger Obrigkeit" verblaßt also im Lichte der Friedländischen Akten. Es unterscheidet sich in nichts von dem Bild, das er früher im Verhalten gegenüber seinen „walachischen" Untertanen in Mähren geboten hatte. Er hatte den Widerstand seiner mährischen Untertanen in einem Gebiet, das vielfach Ziel feindlicher Überfälle war, nicht zu brechen vermocht und sich nicht zuletzt deshalb ihrer entledigt. Den friedländischen Untertanen konnte und wollte er nicht entsagen; schon deshalb nicht, weil er ihnen immer mehr Mittel abverlangte, um neue Landgüter zu erwerben und die Paläste auf der Prager Kleinseite und in Gitschin zu bauen. Irgendein tiefergehendes Interesse an wirtschaftlichen Unternehmen „modernen" Charakters läßt sich bei ihm bis 1625 nicht finden. Auch seine nachweisliche Aufmerksamkeit, die er dem Bergbau im Riesengebirge widmete, unterschied sich nicht von der, die vor 1618 die Perger von Perg, die Hofmann von Grünbüchl, und davor die Griepec oder auch Stefan Schmid von Freyenhofen, dafür verwendeten. Für die Eisengewinnung in Raspenau interessierte er sich nicht, über fortschrittliche Wirtschaftsformen fehlen Nachrichten. Erst seit Beginn seines ersten Generalats begann Wallenstein zu überlegen, wie er die Wirtschaft seines Herzogtums in seine Kriegsunternehmen einbauen könnte. Mit anderen Worten: Erst im Rahmen des militärischen Großunternehmens vermochte sich Wallenstein zu einem Anreger manufaktureller oder vormanufaktureller Produktion zu wandeln.

Die Produkte seiner Bauherrentätigkeit weisen nicht gerade ein Übermaß an Geschmack und Vertrautheit mit den zeitgenössischen Künsten aus. Seine beiden Paläste kompilieren verschiedene Stile: Elemente der Spätrenaissance, des Manierismus und des frühen Barock. Sicher war ihre Einrichtung kostspielig, wie Zeitgenossen bezeugen, doch die Paläste sollten eher durch Größe und Pracht als durch Geschmack und Kunstqualität beeindrucken. Die Bauausführung überließ Wallenstein Italienern: Andrea Spezza, Niccolo Segrebondi und namentlich dem Kriegsingenieur Giovanni Battista Pieroni, der mit Galilei bekannt und dessen Schüler war. Sie hatten weitgehend freie Hand. Wallenstein selbst ging es darum, wie die Anstellung Pieronis zeigt, die Bauten nicht allzu teuer auszuführen. Spuren für Kunstinteresse finden sich bei ihm nicht, ebensowenig für Neigungen anderer Art. Eine Schwäche für das schöne Geschlecht warf ihm keiner seiner Widersacher vor. Seine einzige Leidenschaft waren nachweislich Pferde. Deshalb wurden ihre Ställe ein wenig besser ausgebaut als die Wohnteile seiner Paläste, und vielleicht erhielten sich deshalb auch in Friedland Bilder, die seine vierbeinigen Lieblinge darstellen, darunter einen andalusischen Hengst mit der Unterschrift „El más querido" (Der Allerliebste).

Kritiker und Gegner

Unter den böhmischen Adligen herrschte über den Aufstieg des Herzogs von Friedland ebensowenig Freude wie unter seinen Widersachern ausländischer Herkunft. Das rührte von der traditionellen Auffassung her, daß das Empor-

Wallenstein, 1626

Wallenstein

Wallenstein (Anton van Dyck)

ALBERTVS D.G.DVX FRIDLANDIÆ SAC.CÆS.MA.CONSILIARI
BELLIC.CAMERARI,SVPREM,COLONELL,PRAGENSIS.ET
EIVSDEM MILITIÆ GENERALIS.

Wallensteins Reiterbildnis

Schloß Friedland

Schlacht bei der Dessauer Brücke, 25.4.1626

igentliche Abbildung der Mansfeldischen Niederlag bey der Deslauer brucken geschehen den 25 Aprilis an S. MARX tag Anno ; 626.
PRÆLIUM AD PONDEM DESSAVIENSEM.

nation A Keiserische Schantz, B. die Elb brucken. C Key. Reduten. D Mansfeldisch Lager E. Mansfeld. Schantzen. F Mansfeld. erste lauffgraben. G. Kaist. lauffgraben vnd Reduten
... Kaiserisch lauffgraben. I. Vosten wider die Mansfeld. erhalten. K. Kaiserische Stück. L. Mansfeld. werden abgetriben. M. Aussoll der Colaldischen. N. Friedlandische Reuteren jenseits der
brucken. O. Mansfeldische Reutereyn P. Friedlandische Reutereyn Q. Mansfeldische sucht. R. Friedland versolgt die Mansf. S. Graf Selbick vnd Aleinigers fussvolck. T. Kaiserische
... Schlagen das Mansfeldisch Fussvolck V. Mansf. fussvolck von den Sachsischen Reutern nidergehauen, W. Fridl. zieht auf Zerbst. X. Zestaw. Y. Rosleben. Z. Statt Zerbst.

König Christian IV. von Dänemark

Belagerung von Stralsund durch Wallenstein, 1628

GUSTAUO ADOLFO
RE DI SUETIA &.

Der Schwedenkönig Gustav II. Adolf

Der schwedische Reichskanzler Axel Oxenstierna

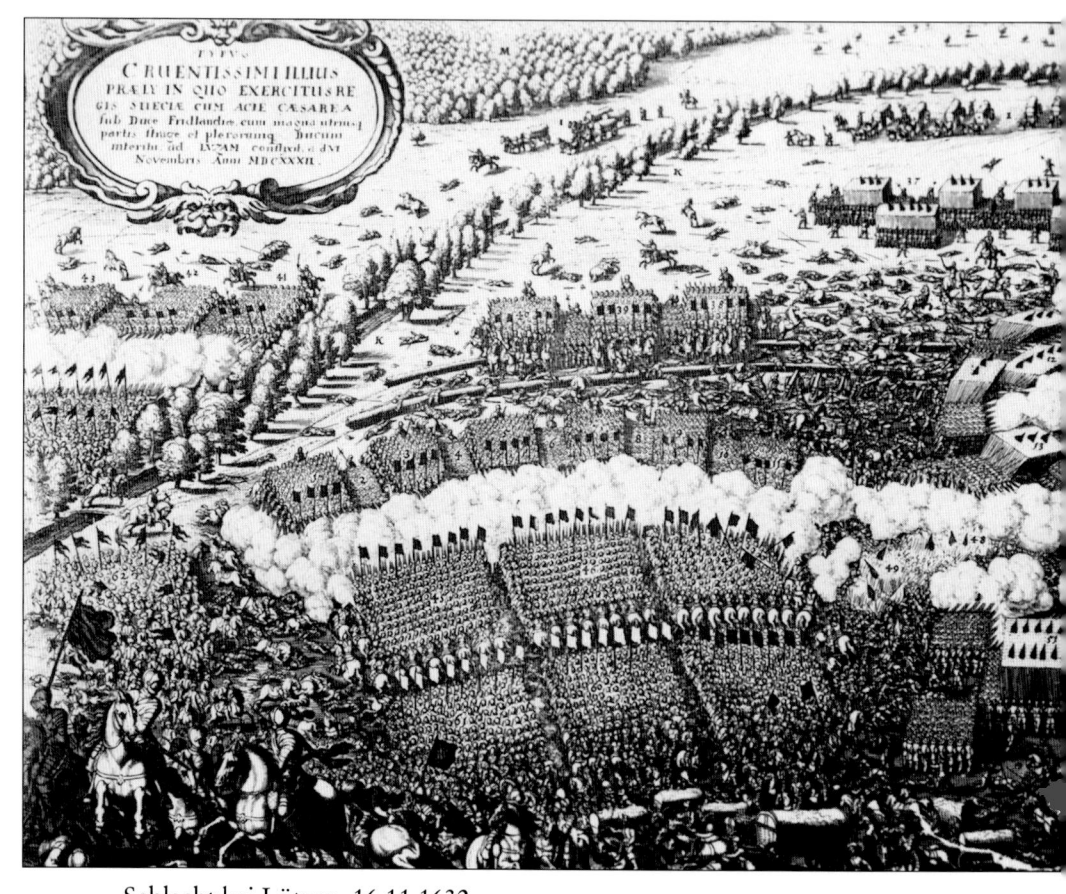

Schlacht bei Lützen, 16.11.1632

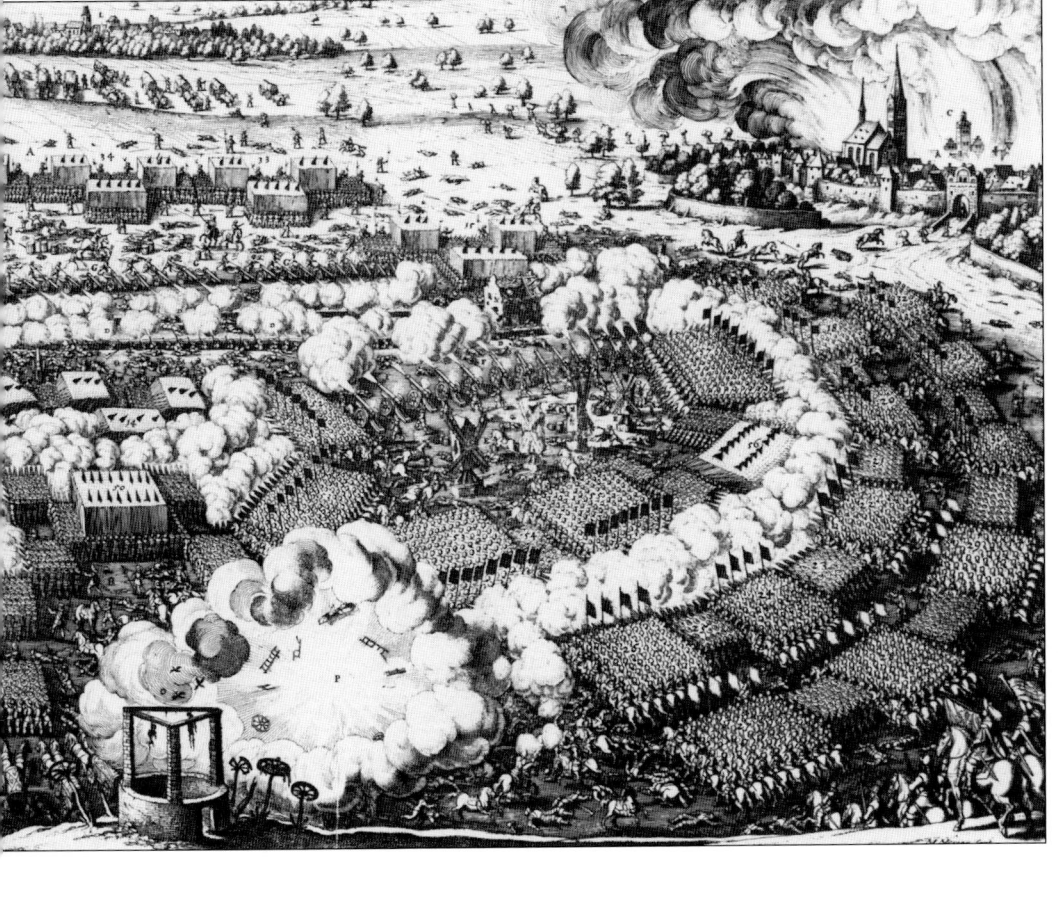

Graf Gottfried Heinrich von Pappenheim

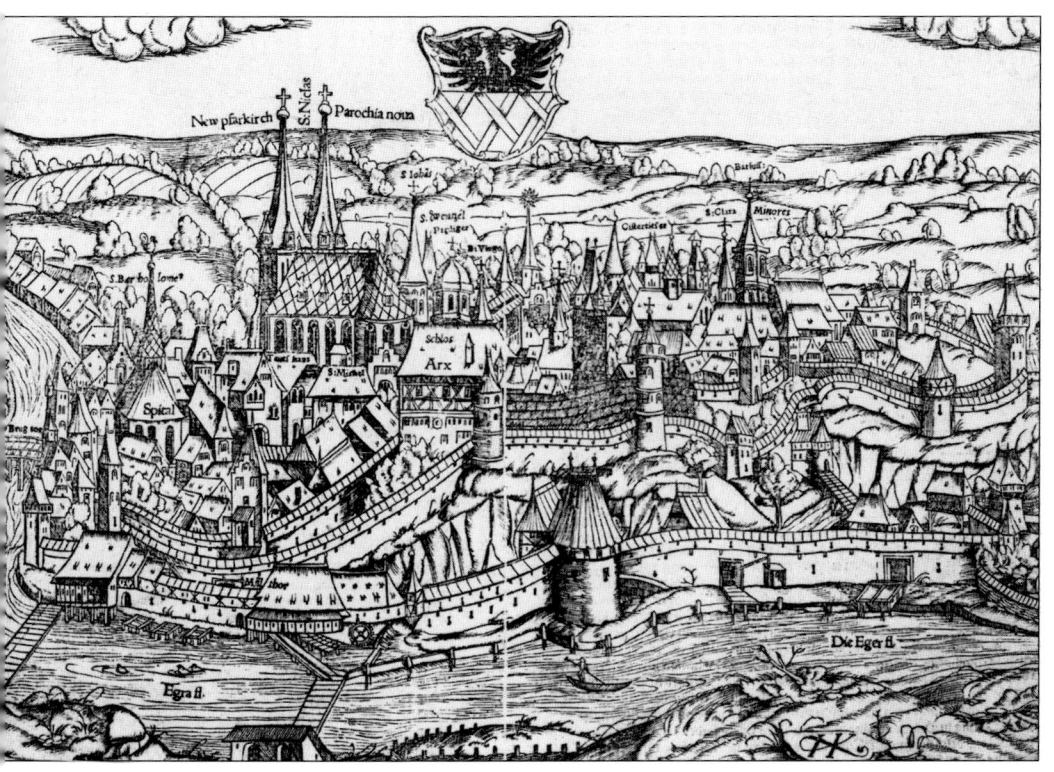

Die Stadt Eger mit Kaiserburg (rechts)

Trěskas, Kinskys und Ilows Ermordung in Eger, 25.2.1631

Wallensteins Ermordung in Eger, 25.2.1634

Eine von Wallenstein eigenhändig korrigierte Reinschrift
(Wallensteins Kriegskanzlei, 4.3.1629

Wallensteinpalais zu Prag (von oben)

Salla terrena des Wallensteinpalais zu Prag

schwingen einzelner – sei es Fürst Münsterberg am Anfang oder Georg von Lobkovic am Ende des 16. Jahrhunderts – der Ständegemeinschaft schädlich sei.

Die Widersprüche innerhalb der herrschenden Feudalklasse führten in den Jahren 1618–20 dazu, daß sich einerseits extreme Richtungen durchsetzten und andererseits die „stille Minderheit" schrumpfte. Von denjenigen, die einen „Mittelweg" zu begehen suchten, gerieten einige schließlich in die politische Passivität (z.B. Karl d.Ä. von Žerotín), andere schlugen sich zur siegreichen Minderheit und suchten noch so viel wie möglich an sich zu reißen. Letzteres tat Adam von Waldstein, aber auch ein Teil der „römischen" (katholisch-prohabsburgischen) Partei; ja sogar einige ehemalige „Spanier" waren nach 1621 enttäuscht und betrachteten Karrieristen vom Schlage Wallensteins mit kritischen Augen. Das gilt für Slavata und Martinic, Kardinal Dietrichstein in Mähren sowie für die militärischen Nebenbuhler Marradas und Huerta. Unklar ist die Position Vojtěch Popels von Lobkovic, des Hauptes der „spanischen Partei" vor dem Weißen Berge, der nach Wien übersiedelte. Nach 1620 wandte er sich einmal gegen den Wunsch der Stände nach „Normalisierung", ein anderes Mal bekundete er seine Teilnahmslosigkeit. Später schickte die Witwe seinen Sohn Wenzel Eusebius von Lobkovic in Wallensteins Feldlager, doch auch er nahm, wie wir sehen werden, zum Herzog von Friedland keine eindeutige Haltung ein.

Gegen die Kritiker und Widersacher konnte sich Wallenstein offensichtlich auf die Hofclique der „Spanier" (vertreten durch die Clans der Harrach und Eggenberg) stützen, im böhmischen Adel fand er Rückhalt bei Adam und Maximilian von Waldstein, bei Pavel Michna (sofern überhaupt jemand von ihm Hilfe erwarten konnte), bei Trčka von Leipa, bei einigen Angehörigen der Familie Vchynský (Kinský) – also wieder bei einem Kreis von Familien, die im Grunde nach der Niederlage der Ständerebellion nicht allzu viel verloren hatten. Diejenigen, die im Gefolge des Aufstandes ihres Besitzes verlustig gingen, empfanden begreiflicherweise für die nunmehrigen Besitzer ihres alten Familieneigentums keinerlei Sympathie. Das gilt für die Nachfahren der Budovec von Budova, Reedern, Smiřický, einen Teil der Slavata, Vchynský, Thurn, Žerotín und Bítovský von Bítov.

Ähnlich kompliziert war Wallensteins Position zur Kirchenhierarchie, umso mehr, als diese sich später, nach ihrem Siege, spaltete. Den radikalen, extremen Flügel bildeten die Jesuiten. Mit den Angehörigen der Gesellschaft Jesu hatte Wallenstein schon in Mähren seine Erfahrungen gemacht. Sie standen wahrscheinlich am Anfang seiner Karriere Pate, er jedoch vermachte nicht ihnen die versprochene Stiftung, sondern einem Orden, der weniger forderte. Auf ähnliche Weise behandelte er die Gründung eines Bistums und eines Kollegs in Gitschin. Die zum Aufbau dieser Institution notwendigen Bedingungen konnte Pater Coroni nur teilweise realisieren, obwohl Wallenstein an Jesuitenschulen gelegen war, um eine gebildete „Elite" heranzuziehen, die dem Herrscher und der Kirche dienstbar sein und seinen Forderungen entsprechen mußte. Im Unterschied zu seinem Widersacher Dietrichstein zeigte er kein Interesse, die Lehrtätigkeit eines anderen Ordens spanisch-italienischer Provenienz, der Piaristen, in Anspruch zu nehmen. Sie bildeten die Zöglinge vor allem für das praktische Leben aus. Aus den Reihen eines weiteren Ordens ähnlicher Herkunft, der Kapuziner, erwuchsen ihm, wie sich bald zeigen sollte, die ersten scharfen Kritiker.

Wallensteins anfängliche Karriere unterstützte – neben dem Jesuitenorden – vor allem Karl von Liechtenstein. Beider Weg nach oben glich sich: Sie heirateten reiche Erbinnen aus dem mährischen Adel und wurden zunächst durch die Brüdergemeinde erzogen; beide hielten nicht allzuviel vom Glauben und hungerten nach Macht – nach Geld, Ämtern und Würden, nach Grundbesitz. Wallenstein ermöglichte es den Liechtenstein, in Mittelböhmen Fuß zu fassen, wo sie vormalige Smiřický-Güter erwarben (Schwarz Kosteletz, Škvorec). Sie behielten sie zum Teil bis ans Ende des Zweiten Weltkrieges. Liechtenstein konzentrierte sich darauf, eher in Mähren zu Grundbesitz zu kommen. Er zog Vorteil daraus, daß sein Aufstieg ihm schon zu Anfang des Jahrhunderts den Erwerb des Fürstentums Troppau einbrachte; er fügte nach der Niederlage Johann Georgs von Jägerndorf noch den Titel eines Herzogs von Jägerndorf hinzu. In Mähren gehörte ihm schließlich ein Drittel des Grundbesitzes. Ihm stand Wallenstein viel näher als Kardinal Dietrichstein, dessen Familie in Mähren nur Nikolsburg gehört hatte. Der Kardinal erwarb hier nach dem Weißen Berge – mit Mitteln, die denen Wallensteins aufs Haar glichen – weitere Güter, vor allem Weißkirchen und Leipnik.

Ende des Jahres 1622 übermittelten Liechtenstein, Slavata und Martinic Wallenstein ihre Kritik an seiner Behandlung der ehemaligen Eigentümer konfiszierter Güter, die er an sich gebracht hatte. Aber erst am 10. Dezember 1624 übersandte ihm Liechtenstein den Befehl, aus dem Fürstentum Friedland Kontributionen nach Prag zu entrichten und sich nicht auf seine Forderungen gegenüber dem Kaiser zu berufen. Es war schon allenthalben bekannt, daß diese in geometrischer Progression wuchsen und daß die Kammer niemals imstande sein würde, sie zu begleichen. Auch der Obersthofmeister Adam von Waldstein wagte nicht, sich für oder gegen seinen mächtigen Verwandten zu erklären. Sehr wahrscheinlich wußten Adam und Liechtenstein, daß die Stimmen gegen Wallenstein in Wien derzeit überwogen und daß Vilém Slavata und Trauttmansdorff nach Prag gesandt wurden, um die Beschwerden über Wallenstein zu prüfen. Slavata übersandte Ferdinand II. am 14. Dezember 1624 einen Brief, der 42 Beschwerdepunkte über Wallenstein enthielt. Sie legten diesem gemeinsame Machinationen mit Liechtenstein und Michna zur Last, prangerten seinen Größenwahn an und die Tatsache, daß er sich für allmächtig hielt und daß er in Prag zwei neue, gewaltige Zitadellen (wie er sie in Italien gesehen hatte) bauen lassen wolle. Im Unterschied zu Marradas, der seine Reiter ins Land verlegt hatte, habe Wallenstein sein Fußregiment überflüssigerweise in Prag stationiert. Er sei alles in allem ein Mensch von solcher Art, daß man ihm nicht glauben und vertrauen könne.

Wallenstein war sich dessen bewußt, daß seine Position keineswegs unerschütterlich war. Das Land war wirklich erschöpft, und das konnten weder Liechtenstein in Böhmen noch Dietrichstein in Mähren noch die Wiener Hofkammer übersehen. Im Februar 1625 bot er der Kammer einen Schadenersatz an; diese Verluste waren aber dem staatlichen Fiskus durch seine Mitwirkung entstanden. Seine Vorschläge, dazu noch 200.000 Gulden, wurden angenommen, und am 25. Februar sandte ihm der Kaiser ein Schreiben, in dem ihm Ferdinand eine Absolution für alles erteilte, was nach der „Pragerischen Victori" geschah, und zugleich lobte der Kaiser die Dienste, die ihm Wallenstein in den keineswegs leichten Jahren seit 1621 geleistet hatte.

IV

Der Weg zum ersten Generalat

Wie bekannt, stieg Wallenstein nach dem Weißen Berg zu schwindelnder Höhe auf wie kaum einer seiner Zeitgenossen. Bis zum 8. November 1620 ein Vogelfreier ohne Besitz, war er nach vier Jahren einer der reichsten und mächtigsten Männer im Königreich Böhmen. Diesen unerhörten Erfolg verdankte er seinem maßlosen Ehrgeiz, seiner Härte und Rücksichtslosigkeit, aber auch seinem Talent, aus jähen Wendungen und gebotenen Möglichkeiten Nutzen zu ziehen. Er ging ein großes Risiko ein, als er vorbehaltlos auf die Karte Ferdinands von Steiermark setzte – doch es zahlte sich für ihn je länger desto mehr aus.

Im Laufe der zwanziger Jahre hatte er ungewöhnlich viel an Reichtum und Macht erlangt, aber weder der damit einhergehende gesellschaftliche Aufstieg noch der ausgedehnte Besitz befriedigten ihn ganz. Sein Ehrgeiz – ein prägender Zug seiner Persönlichkeit, den alle seine Biographen hervorheben – trieb ihn weiter und höher. Er war vor allem Soldat, das Kriegshandwerk sein Beruf, und darum ist es folgerichtig, daß er auf diesem Felde nach Geltung strebte und sich entschied, Kriegsunternehmer großen Stils zu werden. Über die Beweggründe für den Entschluß, dem Kaiser eine große Armee bereitzustellen, hüllt er sich in Schweigen. Es hätte kaum Zweck, über die Motive, die zweifellos vielfältig waren, zu spekulieren oder Versuche anzustellen, sie ausfindig zu machen. Zuvorderst wirkte der für einen Kavalier seiner Zeit bezeichnende Antrieb: das Verlangen nach Ruhm und der Drang, das Ansehen seiner Familie zu steigern. Macht und Ruhm – das waren ungewöhnlich verführerische Lockmittel für die Menschen jener Zeit. Um beide zu gewinnen, war es günstig, das Kriegsunternehmertum zu wählen. Es bot sich als zeitgemäßes Karrierefeld an, auf dem auch zahlreiche Angehörige fürstlicher und hochadliger Geschlechter ihr Talent erprobten.

Einige Erfahrungen, den Krieg unternehmerisch zu betreiben, hatte Wallenstein bereits gemacht, vor allem im („Uskoken"-) Krieg gegen Venedig, freilich zunächst nur in kleinen Maßstäben, und später, während der böhmischen Ständerebellion, schon großangelegt als Inhaber zweier Regimenter. Er lernte zu improvisieren, wie man seinen Soldaten den Unterhalt schafft ohne Geldzufuhr aus der Staatskasse. Die Praxis lehrte ihn nachdrücklich, möglichst alle Probleme zu bewältigen. Er lernte, sich Vertrauen zunutze zu machen und gewann an Selbstvertrauen. Das alles mündete in den Entschluß, den Krieg in großem Stil geschäftlich zu handhaben. Erfahrungen bei der Anwerbung von Truppen hatte er schon gesammelt, und auch über das notwendige Wissen im Kriegswesen verfügte er. Im Ganzen gesehen, war seine Position nunmehr unvergleichlich besser als während des Aufstands, denn er konnte sich auf weitgedehnten Landbesitz, auf den friedländischen Staat und auf die Verbindung mit dem Bankhaus de Witte stützen, denn Kredit sollte in seinem Unternehmen eine große Rolle spielen. Was auch immer seine Beweggründe gewesen sein mochten – sein Entschluß, die Metamorphose vom agrarisch-finanziellen Unternehmer und Spekulanten zum Kriegsunternehmer zu vollziehen, bedeutete einen schicksalhaften Schritt in seinem Leben, mit dem er als ein neuer Mensch auf den europäischen Schauplatz trat. Aber sein Weg zum ersten Generalat war nicht einfach, und er mußte auf ihm viele Hindernisse überwinden.

Vom pfälzischen zum niedersächsisch-dänischen Krieg

Mit der Schlacht bei Stadtlohn (1623) endete der pfälzische Krieg, in dessen Gefolge Friedrich von der Pfalz aus seinem Land vertrieben wurde. Es war die erste Phase des Dreißigjährigen Krieges, die mit dem Prager Fenstersturz begonnen hatte – ein Phase, die dem Kaiser und dem bayerischen Kurfürsten den völligen Sieg bescherte und in der die Verfolgung Friedrichs in seinem eigenen pfälzischen Land den Krieg ins Reich hineintrug. Im Ergebnis der Niederlage Friedrichs und der Union wurden die ersten Schritte zur Unterdrückung der nichtkatholischen Konfessionen getan. Nach Stadtlohn war das ganze Reich der Gnade oder Ungnade der Sieger preisgegeben. Sie waren nicht einmal nach ihrem Sieg auf der ganzen Linie willens, die Waffen niederzulegen, und darum kam es nicht zur Entlassung oder doch wenigstens zur Reduzierung der Liga-Armee, die nach der Auflösung der Union und ihrer Streitkräfte eigentlich ihre Daseinsberechtigung verloren hatte. Die Liga entschied sich gegenteilig und unterhielt weiterhin ihre Armee. Das erhöhte die ohnehin beträchtlichen Spannungen im Reich und nährte die Befürchtung unter den Protestanten (besonders im nördlichen Deutschland), die kaiserlich-ligistische Seite werde ihr offensives Weiterschreiten fortsetzen. Der Kaiser und Maximilian von Bayern hatten in der Zeit zwischen September 1623 und Oktober 1624 die Möglichkeit, den Anstoß zu einem friedlichen Vergleich einschließlich der pfälzischen Frage zu geben. Doch sie nutzten die Gelegenheit nicht und verschuldeten mit ihrer Politik die Ausbreitung des bestehenden Konflikts sowie die Verlängerung des Krieges. Nach dem Ende des pfälzischen Krieges trat also kein Frieden im Reich ein, nicht einmal Waffenstillstand wurde geschlossen.

Die Folgezeit war von fieberhafter Bemühung auf beiden Seiten erfüllt, Allianzen herzustellen, vor allem eine Koalition gegen Kaiser und Liga. Deren Erfolge weckten unmittelbar auch Aktivitäten unter den protestantischen Mächten. Als erster schlug Friedrich von der Pfalz König Gustav Adolf vor, eine protestantische Allianz unter dessen Führung zu schmieden. Gustav Adolf bot als

Antwort zwei Pläne an. Nach dem einen sollte eine norddeutsche Fürstenliga gebildet werden, natürlich ohne Dänemark. Der andere Plan, den er den Generalstaaten offerierte, war weitreichender. Seine Basis sollte ein Bündnis zwischen Schweden und den Vereinigten Provinzen sein. Um Beistand von Verbündeten zu erhalten, beabsichtigte er, den Krieg Schwedens gegen Polen mit dem Kampf der protestantischen Opposition gegen den Kaiser zu verknüpfen. Nach seinem Plan wollte er Polen überfallen und nach dessen Niederlage die Oder entlang nach Schlesien ziehen, Mähren und Böhmen einnehmen (dort mit einem Aufstand der nichtkatholischen Bevölkerung rechnend) und die Wiedereinsetzung des „Winterkönigs" Friedrich betreiben. Von Osten her sollte gleichzeitig Bethlen Gábor in die kaiserlichen Erblande einfallen.

Die Generalstaaten lehnten den Vorschlag mit der Begründung ab, er widerspreche ihrer Handelspolitik und ihren Kriegszielen. Da auch die Allianz norddeutscher Fürsten nicht zustande kam, scheiterten beide Pläne.

Mit einer bedeutungsschwereren Initiative wartete England auf, wo es zu einer politischen Kursänderung kam. Die sechs Jahre laufenden Verhandlungen über eine Heirat des Prinzen von Wales mit der spanischen Infantin zur Herstellung guter Beziehungen mit Spanien wurden 1624 jäh abgebrochen auf Grund dessen, daß die spanischen Bedingungen dem Könige und den Einwohnern als Beleidigung Englands erschienen. Der prospanische Kurs der Politik verkehrte sich zum Gegenteil. Im Lande erwachte plötzlich ein protestantischer Glaubenseifer, England trat in kurzer Zeit als führende protestantische Macht hervor und begann für eine antihabsburgische Koalition zu werben. König Jakob I. wollte dazu vor allem die skandinavischen Herrscher gewinnen. Der englische Gesandte Spens verhandelte mit Gustav Adolf und Reichskanzler Oxenstierna über Modalitäten eines Feldzuges nach Schlesien. Diesem Vorhaben stellte sich der brandenburgische Kurfürst entgegen, weil dadurch brandenburgisches Territorium betroffen wurde. Sein Gesandter Christian von Bellin schlug Gustav Adolf, Schwager des Kurfürsten, einen alternativen Plan vor. Es sollte eine allgemeine protestantische Liga gebildet werden, mit deren Unterstützung Gustav Adolf einen Vorstoß ins westliche Deutschland zu unternehmen hätte, um die Pfalz zu restituieren. Auf diese Weise würde sich der Krieg weit von Brandenburg wegbewegen und Böhmen aus kaiserlicher Hand befreit werden.

Der schwedische König entsagte überraschend leicht dem liebgewordenen Gedanken, einen vereinten Vorstoß gegen Polen und die kaiserlichen Erblande zu unternehmen, und pflichtete Bellins Plan bei. Diese Positionsänderung Schwedens zur böhmischen Frage nahm gleichsam die Stellung zu dieser während der westfälischen Friedensverhandlungen vorweg. Die Ursache für diese strategische Umorientierung Gustav Adolfs lag möglicherweise in seiner Rivalität zu König Christian IV., gedachte er doch damit, daß sich der Schwerpunkt der Operationen in den Niedersächsischen Kreis (die Elbe und Weser entlang) verlagerte, den dänischen Vorstoß nach Norddeutschland abzublocken.

Gustav Adolf fixierte anspruchsvolle Bedingungen, die große Belastungen bedeuteten. Seine Hauptbedingung war, ihm den Oberbefehl über die Streitkräfte der Allianz anzuvertrauen, für die auch Mansfeld, Bethlen und vielleicht auch der Zar gewonnen werden sollten.

In den letzten Julitagen 1624 traf der englische Diplomat Robert Anstruther bei König Christian IV. ein. Dieser Besuch führte zu einer Wende in der dänischen Politik, die bis dahin strikte Neutralität bewahrt hatte. Anstruther gewann den König für die Idee einer großen protestantischen Allianz gegen die katholische Liga; ihr Ziel sollte die Restitution des Pfälzer Kurfürsten Friedrich sein. Der König begann unverzüglich zu rüsten. Das steigerte den Argwohn Schwedens in einem solchen Maße (man glaubte die Rüstungen gegen sich gerichtet), daß schließlich ein Krieg zwischen den beiden nordischen Mächten drohte. Im Dezember teilte Christian Anstruther mit, er sei bereit, sich an die Spitze einer protestantischen Liga zu stellen, und legte seine Bedingungen auseinander. Die waren weniger anspruchsvoll und für England bedeutend leichter annehmbar als die Gustav Adolfs.

Trotzdem war es für den englischen König und seine Minister schwer zu entscheiden, welchen von beiden Königen sie wählen sollten, deren Rivalität allgemein bekannt war. Anfang März 1625 entschied sich Jakob I. schließlich für Christian IV., und so wurde dieser das Haupt einer Allianz, die formal auf einem Kongreß konstituiert werden sollte, der im April in Den Haag stattfand. Bei dieser Entscheidung Englands spielten einerseits die maßvollen dänischen Bedingungen eine Rolle, andererseits auch die Verwandtschaft der Königshäuser und die traditionell guten Beziehungen zu Dänemark.

Im Hinblick auf die bis dahin gepflogene Politik Christians IV. war es eine große Überraschung, daß er eine Aufgabe auf sich nahm, die viele Risiken in sich barg. Er übernahm sie gegen den Willen des Reichsrats, dessen Mitglieder alles nur Mögliche getan hatten, um ihn von diesem Schritt abzuhalten. Wahrscheinlich wollte er verhindern, daß die Führung der protestantischen Allianz an Gustav Adolf fiel. Das war auch im dänischen Staatsinteresse, weil die Dominanz auf der Ostsee auf Schweden übergehen würde, wenn Gustav Adolf und die Allianz erfolgreich wären. Außerdem war eine willkommene Gelegenheit eingetreten, Christians lang gehegte Pläne zu realisieren, eine starke Position in Norddeutschland aufzubauen. Obwohl er dem lutherischen Glauben aufrichtig ergeben war, blieb er doch stets ein realistischer Politiker, und die konfessionellen Interessen ordnete er den staatlichen und dynastischen unter oder zu. An der allgemeinen protestantischen Sache hatte er bislang nur wenig Anteil genommen und sie kaum oder gar nicht unterstützt. Weder der böhmische Aufstand noch Kurfürst Friedrich fanden seinen Beistand. Trotz des Druckes von Englands Seite gewährte er ihm keine Hilfe, weil er sein neutrales Verhältnis zum Kaiser nicht gefährden wollte. Lediglich in der Zeit des Kongresses zu Segeberg schien es, als wenn er sich der protestantischen Sache annehmen und sich endlich in die

Front des protestantischen Europa einreihen würde, aber nach dem Mißerfolg des Kongresses zog er sich rasch wieder zurück. In seiner Außenpolitik ließ er sich nicht allzusehr vom konfessionellen Gesichtspunkt leiten. Er pflegte sehr gute Beziehungen zu katholischen Mächten wie Spanien, den Spanischen Niederlanden, zu Frankreich und Polen.

Die Vorgänge in Deutschland zogen ihn, unabhängig von seinem Willen, je länger desto mehr in die Reichspolitik und die Angelegenheiten des Niedersächsischen Kreises hinein. Der Triumph des Kaisers und der Liga im pfälzischen Krieg und die Übertragung der Kurwürde auf Maximilian von Bayern veränderten die Situation im Reich dramatisch. Die Vertreter des Niedersächsischen Kreises suchten bei Christian IV. als ihrem vornehmsten Mitglied Unterstützung und Halt. Der Kreis stand, namentlich nach Stadtlohn, unter ständigem Druck von seiten der Liga-Armee. Die Besorgnis, die evangelischen geistlichen Stifter könnten verloren gehen, waren im ganzen berechtigt angesichts erster gegenreformatorischer Schritte im Kreis. Wenngleich sie bescheidenen Ausmaßes waren, riefen sie doch in der angespannten Situation Unruhe hervor.

Welche Wendung die Politik Christians IV. in kurzer Zeit genommen hatte, zeigte sich an seinen Beziehungen zum Niedersächsischen Kreis. Noch im Jahre 1623 hatte er an seiner Neutralität gegenüber dem Kaiser nicht rütteln wollen und den Kreis aufgefordert, sich ähnlich zu verhalten. In der Tat gelang ihm das, und er versuchte den Kreis davon abzuhalten, sich helfend an die Seite Herzog Christians des Jüngeren zu stellen, obgleich dieser sein Neffe war. Damit trug er Mitschuld an dessen Niederlage bei Stadtlohn. Doch schon nach anderthalb Jahren verwandte er alle Mühe darauf, den Kreis in ein antikaiserliches Bündnis zu locken und in einen Krieg hineinzureißen! Nachdem Christian IV. die englischen Vorschläge angenommen hatte, unternahm er alles, um den Niedersächsischen Kreis zu seiner Basis auf deutschem Boden zu machen und ihn für seine politischen Absichten und für militärischen Beistand dazu zu gewinnen. Er war sich dessen wohl bewußt, daß es nicht leicht sein würde, Krieg zu führen, lehnte ihn doch der Reichsrat ab und stellte sich gegen den König. Dieser entschloß sich, stattdessen beim Niedersächsischen Kreis Unterstützung zu suchen und sich damit eine Basis für die Armeee der protestantischen Allianz zu schaffen, von der aus er in Deutschland operieren konnte. Es gelang ihm, sich auf dem zum 24. März 1625 in Lüneburg versammelten Kreistag zum Obersten des Niedersächsischen Kreises wählen zu lassen. Der Braunschweiger Konvent im Mai 1625 kam seiner Absicht entgegen, die darin bestand, eine Kreisarmee aufzustellen und ihm ihre Anwerbung anzuvertrauen. Diese Armee sollte den Kreis vor gewaltsamen Vorstößen und eindringender fremder Streitmacht schützen sowie den Religionsfrieden und die Augsburgische Konfession bewahren, aber nicht außerhalb der Kreisgrenzen eingesetzt werden. Der König verheimlichte indes den niedersächsischen Ständen den wahren Zweck der von England angezettelten Koalition, an deren Spitze er stand und deren militärische Führung er übernommen

hatte: den Pfälzer wieder in seine ererbten Lande einzusetzen und den Vormarsch der kaiserlichen Macht samt der katholischen Gegenreformation abzuwehren. Er verschwieg dies, da sonst niemand zugestimmt hätte, eine Armee zu
formieren.

Wallensteins Angebote an den Kaiser

In dem Maße, in dem sich die internationale Situation verschärfte und die Spannungen wuchsen, stieg auch Wallensteins Hoffnung, daß seine militärischen
Dienste gefragt sein würden. Er verfolgte den Lauf der Ereignisse in Europa mit
wacher Aufmerksamkeit und kam zu dem Schluß, daß sich die Vorgänge einem
umfassenden Krieg zwischen den Großmächten zuneigten, der sich überwiegend
auf dem Boden des Reiches abspielen würde. Das war jene Gelegenheit, auf die
er gewartet hatte. Die ersten Angebote machte er dem Kaiser schon im Jahre
1622. Im Sommer 1623, noch vor dem Einfall Bethlens, schlug er ihm vor, eine
Armee von 15.000 Mann aufzustellen und für zwei Jahre auf seine Kosten zu unterhalten. Doch das Anerbieten wurde aus Mangel an Geldmitteln abgelehnt. Der
unrühmliche Ausgang des Feldzuges gegen Bethlen vermochte nicht, Wallenstein
von seinen Vorsätzen abzubringen, eher schien er sie zu bestärken, denn er wiederholte seine Offerte im April 1624. Diesmal wurde sie weder angenommen
noch ausdrücklich abgelehnt, eine Antwort blieb aus und damit alles offen. Er
bemühte sich persönlich, sie zu erwirken, während er sich im Sommer 1624 in
Wien aufhielt – jedoch vergeblich, weil sich die Lage allgemein noch friedlich
ausnahm. Im folgenden Herbst schlug er dem Kaiser vor, eine Armee in Friaul zu
placieren, die gegen Venedig kämpfen sollte, das seit kurzem den Grafen Thurn
in Dienst genommen hatte. Doch auch diesmal war er nicht erfolgreich, weil er
versucht hatte, seine Absicht mit Hilfe des spanischen Gesandten Graf Ossoña
(seit 1626 „Marques de Aytona") durchzusetzen.

Wallenstein gab jedoch nicht auf. In den ersten Monaten des Jahres 1625 weilte er abermals in Wien, bot dem Kaiser eine Anleihe von 900.000 Gulden, um ihn
sich geneigt zu machen, und erklärte sich bereit, für ihn eine Armee von 20.000
Mann anzuwerben. Es sollte eine Streitmacht auf Kreditbasis sein.

Am 7. April 1625 fand Wallensteins Angebot ein günstiges Echo, wenn
auch vorläufig und in anderer Form als von ihm vorgesehen. Man teilte ihm
mit, der Kaiser habe sich entschlossen, ihn zum Befehlshaber aller sich im Reich
und den Niederlanden befindlichen oder dorthin zu entsendenden Truppen zu
ernennen. Dier Entscheid entsprach Wallensteins Erwartungen nicht, weil er nur
eine kleine Streitmacht (sechs Regimenter ohne Besatzungen) zu kommandieren
hatte und weil nichts gesagt war über die Anwerbung einer neuen Armee, die er
eigentlich anstrebte. Darum reiste er ohne zu säumen nach Wien, um dort,
namentlich mit Hilfe des Grafen Ossoña, sein Vorhaben zu betreiben.

Der Geheime Rat konnte sich lange nicht entscheiden, eigenen Rüstungen zuzustimmen. Er erwog die Möglichkeit, überhaupt keine neue Armee auf die Beine zu stellen, sondern die vorhandenen Streitkräfte der Liga zu verstärken. Im Geheimen Rat gab es tatsächlich ernste Einwände dagegen, sich die Last neuer Heereseinheiten aufzubürden. Namentlich der Präsident der Hofkammer widerstand angesichts gähnender Leere in der Staatskasse, und zu Wort kamen auch die politischen Gegner und persönlichen Feinde Wallensteins. Sobald der bayerische Kurfürst erfuhr, daß Wallenstein den Befehl über die kaiserliche Armee übernehmen sollte, an deren Aufstellung ihm ohnehin nichts lag, verlor er rasch jegliches Interesse.

Es besteht kein Zweifel, daß Wallenstein im Verlauf dieser Verhandlungen, unter dem Einfluß der Ereignisse im Niedersächsischen Kreis und der wachsenden Besorgnis angesichts der entstehenden feindlichen Koalition, zumindest die vorläufige Zustimmung zu Werbungen erhielt. Er begann damit sogleich im Mai. Er begab sich nach Prag, leitete sie von der Heeresexpedition der Statthalterkanzlei aus ein und nutzte dabei gleichzeitig seine Funktion als Militärbefehlshaber Böhmens. Im Verlaufe langwieriger Verhandlungen, die zeitweise in Nikolsburg liefen, entschied der Geheime Rat, daß die Armee, die Wallenstein zu befehligen hatte, 24.000 Mann stark sein sollte. Beruhigende Briefe, die vom Niedersächsischen Kreis, vom dänischen König und vom sächsischen Kurfürsten einkamen, beeindruckten den Kaiser nachhaltig, so daß er sich wiederum die Frage stellte, ob die Anwerbung und Entsendung einer Armee ins Reich wirklich notwendig sei. Der Geheime Rat empfahl überdies, sich nicht wegen unzeitiger Werbungen der Möglichkeit zu begeben, durch friedliche Mittel einen Ausgleich zu erlangen. Zu dieser Ansicht neigte auch der Kaiser. Er wies Wallenstein am 23. Juni an, mit weiteren Werbungen im Hinblick darauf innezuhalten, daß man von seiten des Niedersächsischen Kreises keine Feindseligkeiten zu befürchten habe. Aber es ging nicht nur um den Werbestop, sondern auch um die Auflösung oder Reduzierung schon angenommener Truppen.

Damit kam Wallenstein in eine sehr peinliche Situation, aus der ihn eine schlagartige Wendung der kaiserlichen Politik befreite, die vier Tage später eintrat. Am 27. Juni erteilte ihm der Kaiser Instruktion über den Modus, wie er das Kommando über die ihm anvertraute Armee zu vollziehen habe, die 24.000 Mann zählen und in jenes Gebiet geführt werden sollte, in dem sich der Gegner aufhielt. Nach langem Zögern hatte sich der Kaiser für die Rüstung entschieden, und erst jetzt ernannte er durch Patent vom 25. Juli Wallenstein zum General aller ins Reich abgehenden Truppen. Mit einem weiteren Patent wurden ihm auch sechs Regimenter unterstellt, die vordem in die Niederlande der Infantin zur Hilfe (hauptsächlich bei der Belagerung von Breda) abgeordnet worden waren, außerdem noch zwei im Elsaß liegende Regimenter. Einige Tage zuvor war er vom Range eines Generalmajors entbunden worden, womit auch die Enthebung aller anderen Generalmajore gegeben war. So war Wallenstein nach kurzer

Zeit der einzige General der kaiserlichen Armee, dem alle Truppen im Reich, alte wie neue, unterstanden. Mit der Entsetzung der übrigen Generale bot sich ihm die Möglichkeit, die obersten Befehlsränge in der Armee nach seinem Willen zu besetzen. Erst jetzt, nach dreijähriger Anstrengung, hatt er seine Ziele erreicht. Er konnte zufrieden sein, denn er hatte mehr erlangt als er einst gefordert hatte. Das alles geschah in dem Augenblick, als der neue Krieg ausbrach.

Die Sammel- und Musterplätze der zu formierenden Armee sollten ursprünglich in der Umgebung von Nürnberg, Nördlingen und in Schwaben liegen, aber auf Grund der Intervention des bayerischen Kurfürsten wurde Wallenstein nicht gestattet, die Rekrutierung auf Reichsgebiet zu betreiben. Statt dessen wählte er Eger und dessen Umfeld, wohin die Angeworbenen aus böhmischen und deutschen Landen beordert wurden. Vor dem Abmarsch ins Reich sollten sich dorthin auch die alten Regimenter begeben. Wallenstein kam am 31. Juli nach Eger, um persönlich die Formierung und Musterung der neugeworbenen Regimenter zu leiten. Noch vor seiner Ankunft hatte ihn der Präsident des Hofkriegsrates Graf Collalto darauf aufmerksam gemacht, daß die Stärke der Armee 24.000 Mann (18.000 Fußsoldaten, 6.000 Reiter) nicht überschreiten dürfe. Da die alten Regimenter 12.500 Mann ausmachten, blieben nur 11.500 Mann anzuwerben. Trotzdem beeilte sich Wallenstein mit der Werbung, der Kaiser wie auch der bayerische Kurfürst drängten ihn, den Abmarsch der Armee in den Niedersächsischen Kreis zu beschleunigen.

Die neue Armee war Ende August aufgestellt, und die einzelnen Regimenter setzten sich in Richtung Schweinfurt in Marsch. Ihre effektive Stärke überstieg um ein weniges die Zahl von 16.000 Mann, wie aus den im Stadtarchiv Eger erhaltenen Listen hervorgeht. Die eilends angeworbenen Regimenter, insbesondere die der Kavallerie, waren teilweise nicht vollzählig und mußten während des Marsches komplettiert werden. Noch fehlte es auch an Ausrüstung und Kampffähigkeit. Ursprünglich gedachte Wallenstein, die Armee bei Schmalkalden zusammenzuziehen, doch mit Rücksicht auf den Würzburger Bischof, der der katholischen Liga angehörte, änderte er die Trasse und konzentrierte sie bei Eschwege.

Der Zug in den Niedersächsischen Kreis

Am 1. September 1625 war die Musterung beendet, und am folgenden Tage teilte Wallenstein dem Kaiser mit, daß die ganze Armee, außer einem Regiment, schon auf Reichsboden stehe. Er selbst verließ Eger am 3. September mit dem Stab, der Kriegskanzlei und der Nachhut, um im Dienste Kaiser Ferdinands II. den großen fünfjährigen Zug zu führen, der für ihn so schicksalhaft werden sollte. Sein Ziel war der Niedersächsische Kreis, um dort den Krieg ins Land des Gegners hineinzutragen. Auf Kreisboden sollte sich Wallenstein mit Tillys Streitmacht vereinigen und gegen Christian IV., gegebenenfalls auch gegen Mansfeld, wenden. Seine Armee drang tief nach Deutschland ein wie das Messer ins Fleisch, ohne auf Widerstand zu stoßen. Von Eger begab er sich über Weissenstadt, Kronach und Bamberg nach Schweinfurt, wo er am 8. September eintraf. Von dort wandte er sich nach Norden und zog nach Vacha (15./16. September) und weiter nach Eschwege (18.–23. September). Damit befand er sich schon in Hessen, wohin sich seine Armee zwischen Werra und Fulda dislozierte. Von Eschwege ging es weiter über Altendorf nach Göttingen. Dort stieß er auf schwache Gegenwehr, aber er ließ von einer Belagerung ab, weil er sich damit nicht aufhalten wollte. Die Begegnung mit Tilly fand in Ahlfeld an der Leine statt. Beide entschieden sich, den Gedanken der Vereinigung beider Armeen fallenzulassen, und verzichteten folglich auch auf größere Kampfhandlungen und auf eine Offensive. Am 20. Oktober trafen sie sich erneut und entschlossen sich diesmal, die Armeen in die Winterquartiere zu schicken. Wallensteins Armee fielen das Erzstift Magdeburg und das Stift Halberstadt zu. Aus dieser Aufteilung ergab sich, daß Tilly im westlichen und Wallenstein im östlichen Teil des Niedersächsischen Kreises operieren sollte. Nach der Begegnung beider Generale begaben sich die Armeen getrennt in die vorgesehenen Winterquartiere, Wallenstein mit der kaiserlichen ostwärts in Richtung Magdeburg und Halberstadt. Hier wie dort stieß er nur auf schwachen Widerstand. Am 27. Oktober traf er in Halberstadt ein und schlug hier sein Hauptquartier auf. Wenn er behauptete, er habe sich beider Territorien ohne Schwertstreich bemächtigt, so hatte er im Grunde recht. Er begnügte sich nicht mit deren Besetzung, sondern schickte Abteilungen in den Harz und dessen Vorland, also ins Gebiet des Herzogtums Braunschweig, ohne daß sie dort Widerstand fanden.

Die beiden Stiftslande baute Wallenstein zur Hauptbasis seiner Armee in Deutschland während der gesamten Dauer seines ersten Generalats aus. Er war insgeheim mit Lamormain übereingekommen, daß die Armee beide Territorien auch dann behalten sollte, wenn andere zur Erwägung standen. Die Besetzung der gut verwalteten und verhältnismäßig wohlhabenden Gebiete bot Wallenstein bedeutende strategische Vorteile: Die Beherrschung der mittleren Elbe, eine starke Position im nördlichen Deutschland, die Möglichkeit, frei nach allen Seiten zu operieren und sich mit Tilly zu vereinigen, und schließlich eine sichere Einnahmequelle. Die Elbe war für Wallensteins Armee ein wichtiger Versorgungsweg, über den aus Böhmen Getreide, Waffen und Ausrüstungen herangeführt werden konnten, die im Herzogtum Friedland hergestellt wurden. In schlimmer Lage konnte der Fluß als Rückzugsstraße benutzt werden. Alles in allem hing Wallensteins Gedeih und Wohl in diesem Kriege wesentlich von der Beherrschung der gewählten strategischen Position ab.

Die ersten zwei Monate des dänisch-niedersächsischen Krieges endeten also mit unverwarteten und überraschenden Erfolgen der kaiserlichen Seite. Tilly hielt das Herzogtum Braunschweig und das Bistum Hildesheim besetzt und sicherte seiner Armee damit Winterquartiere, die vom Kriege bis dahin nicht betroffen worden waren. Er selbst konnte sich hier von den vorangegangenen Strapazen erholen. Wallenstein hatte zwei reiche geistliche Fürstentümer in der Hand. Diese Erfolge waren möglich, weil die Verteidigung des Niedersächsischen Kreises wie gelähmt schien und versagte. Weder der dänische König noch die Kreisarmee (die zu Verteidigungszwecken aufgestellt worden war) unternahmen etwas zum Schutze der Länder, deren Verlust dem Kreis große Nachteile brachte.

Friedensverhandlungen in Braunschweig und die Haager Konferenz

Zu jener Zeit, als der Krieg vor der Tür stand und die Armeen beider Seiten gegeneinander antraten, kam es jedoch zu einer unvorhergesehenen Wendung. Beide Gegner gaben nahezu spontan und gleichzeitig ihren Willen zu erkennen, den Konflikt zu entschärfen, bevor er sich zu unbeherrschbarem Grade auswuchs. Unerwartet schlug der Kaiser vor, beiderseits die Waffen niederzulegen und über vorläufige Bedingungen zu verhandeln. Die andere Seite kam dem entgegen, indem auf der Schlußsitzung des Braunschweiger Kreistages am 30. August vorgeschlagen wurde, Friedensverhandlungen einzuleiten und den sächsischen Kurfürsten für diese Idee zu gewinnen. Dieser übernahm, nachdem der Kaiser beigepflichtet hatte, die Rolle des Vermittlers. Auf seine Anregung hin wurde der brandenburgische Kurfürst Georg Wilhelm zur Mitwirkung als Mediator eingeladen. Auch Tilly, an den sich der Kurfürst gewandt hatte, erklärte sich bereit, an den Verhandlungen teilzunehmen. Kurfürst Johann Georg benannte danach seine Delegation und versah sie mit einer Instruktion, die den Gegenstand der Traktaten sehr eng faßte: Zu verhandeln sei über den Abzug beider Armeen aus dem Kreis und über die daraus entspringenden Feindseligkeiten. Als Ort der Unterhandlung wurde die Stadt Braunschweig bestimmt, wo der Kreiskonvent tagte. Der Kaiser ernannte Wallenstein und Tilly zu seinen Vertretern, die je zwei Subdelegierte beriefen. Die Verhandlungen sollten am 4. November beginnen, doch verzögerte sich der Beginn bis zum 7. Dezember, was einen unnötigen Zeitverlust von einem ganzen Monat bedeutete.

Während der Friedenskonvent nach überwundenen Schwierigkeiten in Braunschweig zusammentrat, versammelte sich in Den Haag am 6. Dezember ein schon überfälliger Kongreß, überdies mit viel weniger Teilnehmern als ursprünglich geplant. Nur England, die Vereinigten Niederlande und Dänemark waren vertreten. Es fehlten Brandenburg, eigentlicher Initiator einer protestantischen Allianz, sowie Schweden und Frankreich. Auch von den deutschen Fürsten nahm keiner teil. Bethlen Gábor zeigte zwar Interesse dabeizusein, wurde aber aus Sparsamkeitsgründen nicht eingeladen. Das Haager Abkommen, das am 19. Dezember unterzeichnet wurde, faßte nur allgemeine Ziele: die Erneuerung des Religionsfriedens und der reichsständischen Freiheit im Reich, wogegen das Hauptziel, die Restitution Friedrichs von der Pfalz, auf Begehren des dänischen Königs in einem geheimen Zusatz formuliert wurde, denn Christian IV. wollte es den niedersächsischen Ständen nicht offenlegen. Der dänische König sollte in Deutschland mit einer Armee von 28.000–30.000 Mann Fußvolk und 7.000–8.000 Reitern zu Felde ziehen unter der Bedingung, daß die Verbündeten ihm monatlich 35.000 Pfund als Subsidien zahlten. In dieser Heeresstärke war auch die Armee Mansfelds einbegriffen, der Christian unterstellt wurde. Der Kongreß endete mit einem Mißerfolg für den König, weil er ihm die den Aufgaben angemessenen Mittel nicht gewährte. Und so wurde der Haager Vertrag der Anfang seines Verderbens, in das er sich von seinen Bundesgenossen, vor allem von England, hineinziehen ließ.

Der Haager Kongreß faßte ehrgeizige Offensivpläne für das folgende Jahr. Im Grunde handelte es sich dabei um die unter den protestantischen Strategen beliebte Idee vom Jahre 1623, die kaiserlichen Erblande von zwei Seiten anzugreifen. Mansfeld bekam nun eine neue Aufgabe: entlang der Elbe nach Böhmen und Schlesien vorzudringen, die Erblande zu verwüsten, weiter nach Ungarn zu ziehen, Wallenstein anzulocken und ihn gemeinsam mit Bethlen Gábor zu vernichten. Währenddessen sollte Christian IV. mit der Liga-Armee abrechnen und den Niedersächsischen Kreis in seine Gewalt bringen, und Herzog Christian d.J. sollte die Mitglieder und Anhänger der katholischen Liga im Rheingebiet zausen.

Zu gleicher Zeit mit dem Haager Kongreß begannen gemäß den vereinbarten Umständen die Friedensverhandlungen in Braunschweig. Es entstand so eine widersinnige Situation, weil man einerseits über die Entfesselung eines Angriffskrieges und zugleich andererseits über dessen Einstellung verhandelte. Noch paradoxer war die Lage Christians IV. Er beteiligte sich an beiden Verhandlungen als einer der Hauptakteure und gelangte so in die äußerst unbequeme Lage, von beiden Seiten beargwöhnt zu werden: Womit war es ihm ernst – mit der Allianz oder mit dem Frieden? Einstweilen suchte er das Paradoxon dadurch zu meistern, daß er sich verpflichtete, die Haager Übereinkunft nicht zu unterzeichnen, solange die Braunschweiger Verhandlungen im Gange wären. Sollten diese erfolgreich enden, entfiele seine Mitgliedschaft in der Allianz. Damit setzte der Termin der Vertragsratifikation für den König das Enddatum der Verhandlungen zu Braunschweig. In jedem Falle gewann Christian IV. drei Monate Bedenkzeit, sich für Krieg oder Frieden zu entscheiden.

Obwohl die Atmosphäre für Friedensverhandlungen allgemein unerwartet günstig ausfiel, verliefen sie mühsam. Die Vertreter des Niedersächsischen Kreises forderten, daß beide Seiten die Waffen niederlegten und den Krieg beendeten, daß im Kreis der religiöse und weltliche Friede bewahrt bleibe und seine Bewohner ihr Augsburgisches Bekenntnis frei üben dürften, daß niemand in ihre religiösen Angelegenheiten einzugreifen habe und daß es beim gegebenen Stand des Besitzes an geistlichen Gütern (Bistümern u.a.) bleiben solle. Bei Erfüllung dieser Voraussetzungen waren die Kreisstände bereit, den König dazu zu bewegen, die Kreisarmee abzudanken. Dieser wiederum verlangte nicht nur die Auflösung der Wallensteinschen und ligistischen Armee, sondern auch der Liga selbst.

Die wichtigste Bedingung der kaiserlichen Seite war die Entlassung der Armee Christians IV. und des Niedersächsischen Kreises. Danach wollten Wallenstein und Tilly den Kreis mit ihren Streitkräften räumen. Diese ihrerseits forderten vom Kreis Ersatzleitungen für die Kriegsschäden und -ausgaben, die er durch seine grundlose Rüstung verursacht habe. Die kaiserliche Seite hingegen machte sich nicht verbindlich, ihre Soldaten (auch nicht die neugeworbenen) zu entlassen. Auf diese Weise wäre der Kreis ihnen gegenüber wehrlos.

Auf den ersten Blick schienen die Bedingungen für beide Seiten unannehmbar. Als sie der sächsische Kurfürst zur Kenntnis bekam, fand er sie so widersprüchlich, daß er Zweifel hegte, sie könnten jemals zu einer Überkunft führen. Ungeachtet dessen schritt die Einigung über einzelne Punkte voran, weil beide Seiten nicht wünschten, daß die Verhandlungen scheiterten. In einzelnen Fragen erreichte man eine Annäherung der Standpunkte, in Hauptfragen jedoch nicht. Für einen großen Erfolg der sächsischen Vermittlung erachtete man, daß bei Wallenstein und Tilly durchgesetzt wurde, auf die Ersatzleistungen für kriegsbedingte Schäden und Ausgaben zu verzichten. Im weiteren Fortgang des Verhandelns zeigte sich jedoch, daß beide Seiten nicht imstande waren, ihre Positionen anzunähern und zu einem Kompromiß zu gelangen. Eher schien es, als ob sie sich unter dem Einfluß äußerer Umstände radikalisierten. Indes war es nicht möglich, endlos weiter zu verhandeln. Vor allem Christian IV. geriet in Zeitnot, weil der Augenblick der Ratifizierung des Haager Abkommens unaufhaltsam näher rückte. Er stand vor der schicksalhaften Entscheidung, mit den Friedensverhandlungen fortzufahren, die offensichtlich keine Hoffnung auf Erfolg versprachen, und sich der Mitgliedschaft in der Allianz zu begeben – oder den Bündnisvertrag zu unterzeichnen und damit die Braunschweiger Traktaten zu beenden. Der gesunde Menschenverstand und die internationale Situation legten eher die erste Alternative nahe, weil sich seine Position nach Vertragsabschluß verschlechterte. Es gelang nicht, den Kreis der Bundesmitglieder zu erweitern. Dem König mußte folglich bewußt sein, daß er die Last des Kampfes gegen den Kaiser und die zwei Armeen, über die dieser disponierte, im ganzen allein werde tragen müssen, und daß er dieser schwierigen Situation mit Ehren nur entkommen konnte, wenn er ein Friedensabkommen vereinbarte. Die Aussichten, zur Überlegenheit gegenüber der starken Streitmacht des Gegners zu gelangen, schwanden angesichts der schwachen Hilfe, die er von seinen Bundesgenossen erwarten konnte.

Es hat den Anschein, als ob der König dies alles erwog, denn er machte im letzten Augenblick noch einen verzweifelten Versuch, die Verhandlungen zu retten. Er wandte sich an den sächsischen Kurfürsten mit der Forderung, ihren Gegenstand um die Frage des Religions- und Profanfriedens zu erweitern, wobei der Kurfürst und der Niedersächsische Kreis die Garantie für die Einhaltung des Friedensabkommens übernehmen sollten, wenn dieses abgeschlossen wäre. Der Kurfürst antwortete dem König am 6. März 1626 in allen Punkten abschlägig. Daraufhin unterzeichnete Christian IV. am 10. März den Haager Vertrag und stellte am 12. März die Verhandlungen zu Braunschweig ein. Beide Seiten bezichtigten sich gegenseitig, deren Scheitern verursacht zu haben. Die größere Schuld trug ohne Zweifel die kaiserliche Seite. Sie forderte allzu viel und bot allzu wenig, trat auch eher als Sieger denn als gleichgeordneter Partner auf.

Wallenstein trat sogleich dem Vorwurf entgegen, die Verhandlungen hätten sich durch sein Verschulden zerschlagen. Er hatte in der Tat recht. Weder er noch Tilly beeinflußten die Formulierung der Friedensbedingungen. Das geschah in Wien und München, die Generale waren nur die Übermittler. Er betrachtete den jähen Abbruch der Braunschweiger Verhandlungen mit ungutem Gefühl, obwohl er von Anfang an nicht allzu sehr an ihr Gelingen glaubte und mit der Werbung und Rüstung fortfuhr. Seine Stellungnahmen und sein Verhalten lassen erkennen, daß er den Befriedungsprozeß unterstützte, obwohl man von einem General, der eine neugeworbene Armee befehligte, das gerade Gegenteil erwarten konnte. Diese Unterstützung lag nicht offen zutage, weil er, seinem Charakter gemäß, sich niemals in Angelegenheiten allzu sehr exponierte, bei denen der Erfolg nicht von vornherein sicher schien. Auch glaubte er nicht, daß es der anderen Seite ernst war mit dem Verlangen nach Frieden. Er verdächtigte sie, lediglich die Wachsamkeit der kaiserlichen Seite einschläfern und Zeit gewinnen zu wollen für Rüstungen und Kräftesammeln. Aber niemals kam ihm der Gedanke, die Verhandlungen nur deshalb aufzuhalten, um Zeit für Werbungen zu gewinnen. Aus seiner Korrespondenz geht hervor, daß er eher den Frieden als den Krieg wünschte, obwohl er bezweifelte, daß man ihn in Braunschweig erreichen würde. Er hielt Geheimverhandlungen nicht auf und legte dem Gang der Traktaten keinen Stein in den Weg, sondern bemühte sich, sie in Gang zu halten, damit die Schuld an ihrem Scheitern nicht der kaiserlichen Seite angelastet werden konnte. Treuer Diener des Kaisers, bemühte er sich, für ihn die bestmöglichen Bedingungen zu erlangen.

Obwohl die Verhandlungen in Braunschweig mit einem Mißerfolg endeten, waren sie aber dadurch bedeutsam, daß sie der Beginn eines langen Befriedungsprozesses markierten, der zum Lübecker Frieden und später schließlich zum universalen Frieden führte. Für Wallenstein selbst waren sie wichtig, weil er daraus lernte und in Friedensangelegenheiten Erfahrungen sammelte, die sich in den kommenden Jahren auszahlten. Lehren zog er in dem Sinne, daß es für das Gelingen von Friedensverhandlungen nötig sei, den Einfluß des Hofes auszuschließen, ohne Vermittler auszukommen und das Werk in die eigenen Hände zu nehmen. Der Braunschweiger Befriedungsversuch hinterließ tiefe Spuren in seinem Denken. Das ist daraus ersichtlich, daß er sich noch lange Zeit auf ihn berief, auch während des zweiten Generalats.

Wiederaufnahme der Kämpfe

Obwohl sich beide Seiten im Laufe der Braunschweiger Unterhandlungen ein gewisses Maß an Zurückhaltung auferlegten und das winterliche Wetter Kriegsoperationen größeren Umfangs nicht zuließ, trat keine völlige Kampfruhe, wie sie bei Waffenstillstand zu herrschen pflegte, ein. Im nord- und mitteldeutschen Raum hatten die Gegner bedeutende militärische Kräfte konzentriert. Wallensteins Armee stand auf dem relativ kleinen magdeburgisch-halberstädtischen Territorium, westlich von ihr, getrennt durch das Harzvorland, die Armee Tillys, die eine zentrale, höchst günstige Position im Gebiet von Duderstadt im Süden bis Minden im Norden einnahm. Etwa nördlich davon, zwischen Weser und Elbe, befand sich die Hauptstreitmacht Christians IV., bestehend aus drei Korps, die getrennt voneinander operierten. In der Nähe lag ein Korps unter Herzog Johann Ernst von Sachsen-Weimar, östlich der königlichen Armee eines, das General Fuchs führte. Im Herzogtum Braunschweig-Lüneburg befanden sich die Einheiten Herzog Christians d.J., an der Niederelbe bis Mitte Februar noch die Regimenter Ernsts von Mansfeld. Die Gegner-Armeen standen sich relativ nahe und waren immer auf der Hut voreinander. Ihre Befehlshaber verfolgten die Absichten und Bewegungen des Gegners sehr sorgfältig, und gingen Nachrichten über Pläne ein, daß der Gegner näherrückte oder Konzentrationsabsichten verriet, ergriffen sie rasch Gegenmaßnahmen und zogen ihre Kräfte zusammen, weil sich keiner überraschen lassen wollte. Durch große Umsicht tat sich vor allem Wallenstein hervor, der auf Grund von Informationen über Bewegungen des Gegners seine Armee dreimal – im Januar, Februar und März – zusammenrücken ließ. In all diesen Fällen forderte er Tilly nachdrücklich auf, sich mit ihm zu vereinigen, gemeinsam dem Feind die Stirn zu bieten oder doch wenigstens Verstärkungen zu schicken. Aber Tilly lehnte stets ab, so daß es nicht zur Vereinigung kam, die den Kaiserlichen von Nutzen gewesen wäre. Tilly ließ sich dazu weder drängen noch durch Argumente umstimmen. Der alte General begegnete dem erst kürzlich Ernannten vom höheren Standort des berühmten Feldherrn und gab zu erkennen, daß er keinesfalls die Absicht habe, ihn zu unterstützen.

Mit der im Januar und Februar vollzogenen Kräftekonzentration verfolgte Wallenstein nicht nur offensive militärische, sondern auch politische Ziele. Er beabsichtigte, durch die Vereinigung mit Tilly dem Gegner einen entscheidenden Schlag zu versetzen. Die Niederlage würde diesen zwingen, die Braunschweiger Friedensbedingungen des Kaisers anzunehmen. Wallenstein war seinerzeit davon überzeugt, daß man damit Frieden im Niedersächsischen Kreis schaffen und den Krieg noch im laufenden Winter beenden könnte. Die im März vollführte Truppenkonzentration hingegen war von defensivem Charakter. Er glaubte zu dieser Zeit, der Gegner richte all seine Kräfte auf ihn, und war sehr besorgt, daß er ihnen ohne Tillys Hilfe nicht widerstehen könne. Seine Befürchtungen stiegen dermaßen, daß er dem Kaiser riet, sich in den Erblanden so lange zu verteidigen, bis er, Wallenstein, imstande wäre, eine neue Armee aufzustellen. Derzeit sah er seine Zukunft in den dunkelsten Farben. Nie vorher und niemals später durchdrang ihn ein solcher Pessimismus wie in jenen Tagen. Doch seine düsteren Sorgen erfüllten sich nicht. Der zaudernde Christian IV. nutzte die einzigartige Gelegenheit, die durch Tillys Entfernung von Wallenstein entstanden war, nicht zu einem Angriff, obwohl er gute Aussichten auf Erfolg hatte.

Die Beziehungen zwischen den beiden Generalen verschlechterten sich infolge Tillys Ablehnung zur Zusammenarbeit dramatisch, so daß mit Recht von einem Zerwürfnis gesprochen werden kann. Wallenstein war natürlich über Tillys Verhalten nicht nur enttäuscht, sondern auch erzürnt. Er brachte das nicht nur einmal zum Ausdruck, beispielsweise mit den Worten: „Er tyrannisiert mich wie es sein Prinzipal (der bayrische Kurfürst, d. Verf.) mit dem Kaiser tut.“

Zu all dem Verdruß gesellte sich unerwartet die Entzweiung mit Collalto. Bislang Präsident des Hofkriegsrates, war er im November 1625 zum Feldmarschall in Wallensteins Armee ernannt worden und nahm hier die zweite Stelle ein. Zum Zerwürfnis kam es dadurch, daß Wallenstein dem Oberstleutnant des Regiments Collalto verübte Gewalttätigkeiten und Exzesse vorwarf. Solche Übergriffe duldete er in seiner Armee bei niemanden, auch nicht bei hochrangigen Personen. Collalto war tief beleidigt und entfernte sich ohne Wissen Wallensteins von der Armee, wodurch er der Kriegsordnung zuwider handelte. Am meisten erregte und erbitterte Wallenstein, daß Collalto wiederum in sein früheres Amt berufen wurde, obwohl er stattdessen eine Rüge verdient hatte. Wallenstein fühlte sich gedemütigt, denn damit setzte der Hof ihn eigentlich ins Unrecht. Der rachsüchtige, eher zum Höfling als zum Soldaten taugende Collalto war von da an Wallensteins unversöhnlicher, lebenslanger Feind und schmiedete gegen ihn fortgesetzt Ränke. Am schlimmsten war, daß er kraft seines Amtes die Versorgung der im Dienst des Kaisers stehenden Armee mit Geld, Lebensmitteln und Munition vereitelte oder bremste. Obwohl Wallenstein auf seine hinterhältige und schädliche Tätigkeit hinwies, nahm sein Widersacher bei Hofe keinen Schaden.

Zu den vielen Problemen, denen sich Wallenstein in den ersten Monaten des Jahres 1626 stellen mußte, kam hinzu, daß sich seine Beziehungen zum Kaiser und zum Hofe insgesamt verschlechterten. Es gab vielfältige Ursachen für die entstandenen Spannungen, die sich zum völligen Zerwürfnis auszuwachsen drohten, doch die Hauptursache war das Geld, das der Hof der Armee zu liefern hatte, aber nicht zustellte. Wallenstein war mit Recht darüber erbittert, daß der Kaiser seiner Armee den Sold nicht zahlte, wozu er sich laut Vereinbarung verpflichtet hatte, und daß er die ganze Last ihres Unterhalts auf jemanden abwälzte, der, wie er selbst sagte, schon mehr als genug getan habe, um diese Armee auf die Beine und auf diesen Platz zu bringen, sie mit jedem Tag zu vergrößern, und sich in Schulden von mehreren hunderttausend Gulden gestürzt habe.

Die Armee kam Ende des Winters in große Versorgungsschwierigkeiten, weil das gesamte Getreide in den beiden Quartier-Bistümern schon aufgebraucht war. Wallenstein befürchtete, es werde aus den kaiserlichen Erblanden, vor allem aus Böhmen, kein Getreide mehr herangeführt werden. Völlig zu Recht schrieb er die Schuld daran Collaltos Intrigen zu. Dessen Günstlingsposition trug logischerweise wesentlich dazu bei, seine Beziehungen zum Hofe zu verschlechtern. Zu seiner Erbitterung verbreiteten sich in der Wiener Hofburg vielerlei Verleumdungen über ihn, denen man bereitwillig das Ohr lieh. Schließlich trug dazu bei, das Verhältnis Wallensteins zum Kaiser zu verschlechtern, daß dieser seinem Vorschlag auf Wiederbesetzung der vakanten Feldmarschallswürde nicht entsprach. Vielleicht verstimmte ihn auch die Uneinigkeit mit dem Kaiser und Tilly über die Bedingungen der Braunschweiger Friedensverhandlung. Zu all diesen Unannehmlichkeiten ist noch sein schlechter Gesundheitszustand zu rechnen. Er litt große Schmerzen. Wie er selbst feststellte, lag er den ganzen Winter mehr als er auf den Beinen war.

Nachdem er alle Umstände und seine Situation erwogen hatte, entschied er sich, das Generalat niederzulegen. Im Grunde hatte er vorausgesetzt, daß er in der Funktion bis zum Ende der Kampagne ausharren müsse, die, nach seiner optimistischen Meinung, bis Jahresschluß beendet sein würde. Mitte Februar beschloß er, vorzeitig abzudanken, denn, „wenn er früher entlassen wird, geschieht das mit größerer Gnade, denn er betrachtet seine Lage so, daß er wenig Nutzen zu erwarten hat." Um seinen Abschied ersuchte er nicht den Kaiser direkt, sondern wollte ihn durch Vermittlung seines Schwiegervaters Harrach erreichen, den er dringlich aufforderte, ihn auszuhandeln. Er verlangte dies im Februar und März nicht weniger als sechsmal, als Hauptgrund seines disgusto führte er seinen schlechten Gesundheitszustand und die Geldfrage an. Letzteres hieß, daß der Hof von ihm verlange, er solle allein Krieg führen und allein dessen gesamte Lasten tragen. Natürlich erwähnte er auch die Unannehmlichkeiten, die ihm Collalto und Tilly zugemutet hatten. Es besteht kein Zweifel daran, daß er wirklich an Resignation dachte und daß sie nicht nur ein vorgebliches Mittel war, um irgendwelchen Druck auszuüben, damit seine Forderungen erfüllt würden. Aber Harrach war mit der Abdankung seines Schwiegersohnes nicht einverstanden. Er riet ihm davon ab und versuchte auch nicht, sie zu erhandeln, sodaß Wallenstein sich nicht aus kaiserlichem Dienst lösen konnte. Aber in jedem Falle befand sich die kaiserliche Seite in einer kuriosen Situation: Der Generalisimus wollte seinen Platz räumen und die Armee verlassen, bevor die beabsichtigte Frühjahrskampagne und die erwartete Offensive der Haager Allianz begonnen hatte. Diese war schon vor dem Ende der Braunschweiger Verhandlungen eröffnet worden. Zuerst setzte sich Fuchs in Marsch, der beauftragt war, Mansfeld zu unterstützen. Er erreichte am 17. Februar Tangermünde an der Elbe. Mitte Februar brach auch Mansfeld auf (der auf die Friedensverhandlungen keine Rücksicht zu nehmen brauchte, da sie ihn nicht betrafen) und rückte ostwärts in Richtung Brandenburg über Boizenburg, Dömitz, Perleberg nach Havelberg vor.

Dort langte er am 6. März an. Danach besetzte er noch die Städte Brandenburg und Stendal. Mit dem Verlauf seines Zuges bekundete er, daß er der evangelischen Sache und dem Administrator zu Hilfe kommen wolle.

Zu größeren Operationen kam es nach dem Scheitern der Braunschweiger Traktaten, das beide Seiten irgendwie überrumpelte, nicht, obwohl sie dem Treffen nur wenig Erfolgschancen zutrauten. Sie wurden sich dessen bewußt, daß das Ende bestimmter Hoffnungen gekommen war und daß nun die Waffen sprechen müßten; eine andere Möglichkeit gab es nicht mehr. Nach einigen Tagen relativer Ruhe (erinnert sei an den Ausfall Herzog Johann Ernsts nach Osnabrück) entfalteten sich die Operationen zur Gänze. Die Initiative ging auf die dänische Seite über. Als erster rückte Herzog Christian d.J. aus und versuchte die Stadt Goslar zu erstürmen, doch sie leistete Widerstand. Wallenstein versammelte eine Streitmacht von 15.000 Mann und führte sie auf Ersuchen Tillys am 4. April gegen Christian. Er gelangte bis Klausthal, doch es kam nicht zum Gefecht, weil der Herzog rasch zurückwich.

Sobald Fuchs erfuhr, daß Wallenstein im Harz stand, erachtete er den günstigen Augenblick für gekommen, um seine Absicht zu verwirklichen, und brach südwärts nach Wolmirstedt, der zweiten Residenz des Magdeburger Erzbischofs, auf. Unterwegs belagerte er Schloß Rogätz, das eine schwache kaiserliche Besatzung hielt, nahm es ein und gewährte den Soldaten ungeschorenen Abzug. Als Wallenstein, der sich inzwischen der Stadt Hornburg sowie der Schlösser Höttensleben, Ummendorf, Sommerschenburg und Altenhausen bemächtigt hatte, davon Nachricht bekam, ließ er seine Armee wenden und trieb sie zu Eilmärschen an, um Fuchs' Vormarsch aufzuhalten. Schon am 10. April war er bei Wolmirstedt, wo es zu Scharmützeln zwischen den Gegnern kam. Doch Fuchs trat nicht gegen Wallenstein an und wich schleunigst, Schloß Rogätz aufgebend, bis Tangermünde aus. Dort erreichte ihn Wallenstein und bereitet sich zum Angriff für den Morgen des nächsten Tages vor. In der Nacht jedoch entwich Fuchs auf das andere Elbufer und zog sich südwärts zurück. Wallenstein glaubte, er ziehe zu Mansfeld, aber dem war nicht so. So kam er zu der Einsicht, daß gegen Fuchs nichts Ersprießliches auszurichten sei und trat den Rückmarsch an, um seinen erschöpften Soldaten in Quartieren eine Erholung zu gönnen. Am 13. April langte er schon wieder in seinem Aschersleber Hauptquartier an. Der strategische Wert dieser Operation lag darin, daß Wallenstein Fuchs weit von Mansfeld abdrängte. Damit erschwerte (wenn nicht gar vereitelte) er ihre Vereinigung vor der Dessauer Schlacht und programmierte deren Ablauf vor.

Mansfeld

Nun ist es nötig, zu Mansfeld zurückzukehren. Wallenstein wußte von seinen Plänen, nach Böhmen und Schlesien zu ziehen, schon Anfang Dezember 1625, seltsamerweise vielleicht noch früher als der Haager Kongreß darüber entschied, und er informierte jedweden, vor allem auch den Kaiser. Deshalb richtete sich seine Aufmerksamkeit schon seit Dezember neben den Braunschweiger Verhandlungen ebenso auf Mansfelds Feldzugsvorbereitungen und Absichten. Er unterschätzte ihn keineswegs und nahm Gefahren, die von seiner Seite drohten, sehr ernst. Deshalb traf er Gegenmaßnahmen. Zunächst rechnete er damit, daß er Manfeld nach Schlesien folgen müsse, um ihm die Vereinigung mit Bethlen zu verwehren. Aber im Laufe der Zeit und im Zusammenhang damit, wie sich die Situation auf dem Kriegsschauplatz entwickelte, war er immer weniger gesonnen, den Niedersächsischen Kreis zu verlassen, und das aus verschiedenen Gründen. Er befürchtete, der dänische König werde die von ihm, Wallenstein, geräumten Gebiete unverzüglich besetzen, oder es könne dort ein Aufstand ausbrechen, weil die Bevölkerung feindlich gesinnt war. Des weiteren besorgte er, die von ihm angeworbenen Soldaten könnten ihm verloren gehen, die entweder schon auf die Musterung warteten oder zu den Sammelplätzen unterwegs waren. Dergestalt würde die ganze Werbung zunichte gemacht. Und nicht zuletzt bedachte er, daß Tilly allein der feindlichen Übermacht nicht werde standhalten können.

Als Wallenstein sah, wie der dänische König alle Kräfte auf ihn konzentrierte und er infolge dessen von Westen, durch Fuchs von Norden und durch Mansfeld von Osten her bedroht wurde, hielt er es für gänzlich unmöglich, sich nach Schlesien zu bewegen, und erwog Alternativen. Nach der einen schien es am einfachsten, Mansfeld schon in Deutschland zu schlagen, bevor er nach Schlesien aufbrechen konnte. Damit würde die anstehende Gefahr gebannt, daß sich ihm die antikaiserlich gesinnte Bevölkerung anschloß oder daß im Zusammenhang mit seinem Durchzug ein allgemeiner Aufstand losbrechen könnte. Als zweite Möglichkeit überdachte er, Mansfeld schon vordem von der Absicht abzubringen, nach Schlesien zu ziehen, indem dieser von sich aus den Vorsatz fallenließ, wenn er sah, welche Maßnahmen dort gegen ihn im Gange waren. Diese Variante legte Wallenstein dem Kaiser nahe mit dem Vorschlag, die Verteidigung Schlesiens am Orte aufzubauen: Alle Streitkräfte aus Österreich und Mähren sollten dorthin entsandt und neue Werbungen eingeleitet werden. Er dachte vor allem an 6.000 bis 10.000 Polen, die an der brandenburgisch-polnischen Grenze zu stationieren wären. Auch das Landesaufgebot Schlesiens sollte zur Verteidigung herangezogen werden, allerdings müsse man seine mangelnde Zuverlässigkeit und den Hang, sich dem Feinde zu ergeben, bedenken. Eine weitere Möglichkeit, mit der Wallenstein an den Kaiser herantrat, sah er darin, den polnischen König für die Verteidigung Schlesiens zu gewinnen, denn immerhin war dessen Sohn Bischof von Breslau. Er wandte sich sehr beredt an Harrach, dieser solle seine Vorstellungen im Geheimen Rat und beim Kaiser verfechten. Er nahm Verbindung mit dem Leiter des Obersten Königlichen Lehensamtes in Schlesien, Herzog Georg Rudolf, auf und forderte mit Nachdruck, das Land möge um seine Selbstverteidigung bemüht sein. Er unterließ nichts, um Mansfeld von einem Einfall in Schlesien abzuhalten und so das Land vor dem Krieg zu bewahren. Zu Schlesiens Schaden hörte man auf Wallensteins Stimme weder in Wien noch in Schlesien selbst. Wenn er bei jeder Gelegenheit erklärte, er sei zur Verfolgung Mansfelds nach Schlesien entschlossen, dann tat er das mit der Absicht, Mansfeld möge es erfahren und umso eher von seinen Plänen Abstand nehmen.

Mansfeld verheimlichte nicht seinen Vorsatz, die Dessauer Brücke zu nehmen und dann nach Schlesien zu ziehen. König Christian seinerseits legte ihm als Bedingung für die Expedition auf, sich vorher der Brücke zu bemächtigen. Der dänischen Seite lag (da die Brücke die einzige zwischen Magdeburg und Dresden war) viel an diesem strategischen Konzept, und das aus folgenden Gründen: Man kannte die Versorgungsprobleme der Wallensteinschen Armee und wollte ihr die Zufuhr von Getreide und Neuangeworbenen aus Böhmen versperren. Außerdem ermöglichte die Besetzung der Brücke, beiderseits der Elbe zu operieren und die Verbindung zwischen Nord- und Süddeutschland zu beherrschen. Mansfeld wollte sich mit Fuchs vereinigen und gemeinsam zur Dessauer Brücke marschieren; aber er wollte nicht alles aufs Schlachtenglück setzen und gedachte zunächst seine Stellung im Brandenburgischen zu sichern. Mit Fuchs kam er jedoch in der strategischen Planung nicht überein, folglich operierte jeder für sich.

Zur Einnahme der Brücke bereitete Mansfeld alles Notwendige vor. Das hatte ihm, wie erwähnt, König Chistian aufgetragen in dem Bewußtsein, daß er irgendeine größere Aktion unternehmen müsse, um von England und Frankreich (in letzter Zeit stockende) Subsidien zu bekommen. Er war von ihnen abhängig, ohne sie drohte seiner Armee der Untergang. Jedenfalls war Mansfeld entschlossen, die Elbe zu überschreiten, auch in der Hoffnung, im Anhaltischen Lebensmittel für seine darbenden Soldaten zu finden.

Am 17. März nahm er Zerbst ein, die Hauptstadt des Fürstentums Anhalt, und besetzte am 2. April die Stadt Burg. Nachdem sich Fuchs mit Hilfe von Mansfelds Artillerie des Schlosses Rogätz versichert hatte, sonderte er sich abermals ab und zog über Burg direkt zur Dessauer Brücke. Wallenstein wußte schon längst um deren strategische Bedeutung; er ließ die Brücke besetzen und an ihren beiden Zugängen Feldbefestigungen bauen, in die er kleine Besatzungen legte. Am 12. April eröffneten Mansfelds zwei Batterien das Feuer auf die nördliche Befestigung. Aber er unterbrach den Beschuß, als er von Fuchs einen dringlichen Hilferuf erhielt. Am folgenden Tag brach er zu ihm auf, kehrte aber, nachdem er am 14. April erfahren hatte, daß Wallenstein Fuchs nicht mehr verfolgte, zu seiner früheren Stellung zurück.

Am 21. April erschien er abermals vor der Brücke, geriet aber in eine Falle, die ihm gestellt worden war. Die folgenden vier Tage hielt er still und ließ Pionierarbeiten durchführen, um seine Position zu befestigen. Vergeblich wartete er auf Fuchs, von dem er Hilfe forderte. Dieser tauchte nicht mit seiner Armee auf dem Schlachtfeld auf und unterließ es, zu Hilfe zu eilen aus Respekt vor Wallenstein, der ihn aus Tangermünde gedrängt hatte. Ausgerechnet jetzt unterstellte König Christian IV. ihn dem Grafen Mansfeld, was Fuchs als persönliche Demütigung empfand. Die vier Tage, an denen Mansfeld zauderte, waren im Grunde genommen ein Geschenk für Wallenstein, denn er konnte die nötigen Vorbereitungen treffen: Er faßte zwölf Regimenter zusammen, mit denen er am Vorabend der Schlacht aufbrach, die Mansfeld mit einem kühnen Angriff am 25. April eröffnete. Nach fünfstündigem Gefecht begann Mansfeld nach Zerbst abzurücken und stellte sich von neuem zur Gegenwehr. Dort fand der zweite Akt der Schlacht statt, in der Mansfeld geschlagen wurde und seine Armee zerstob. Mit ihren Resten rettete er sich nach Brandenburg, wo er Besatzungen gelassen hatte. Doch Wallenstein folgte ihm nicht. Es ist sicher, daß Wallenstein diesen Sieg nicht gebührend ausnutzte. Seine Feinde und Kritiker warfen ihm vor, Mansfeld nicht bis zur völligen Vernichtung verfolgt zu haben. Wallenstein begründete dies mit dem Fehlen von leichter Reiterei, mit der Rücksichtnahme vor dem brandenburgischen Kurfürsten, in dessen Land er den Krieg nicht tragen wollte, und schließlich mit der Nähe der Armeen Christians IV., Fuchsens und Herzog Christians d.J. Aber den Hauptgrund scheint der Mangel an Reserven und frischen Kräften, die zur Verfolgung taugten, gewesen zu sein.

Obwohl dieser Sieg in eine Zeit großer Spannungen und Unstimmigkeiten mit Wien fiel, festigte er doch die Stellung Wallensteins und seiner Anhänger bei Hofe, wenn auch nur vorübergehend. Er konnte sich nicht in Sorglosigkeit wiegen und auf seinen Lorbeeren ausruhen. Die angespannten Beziehungen zum Kaiser und zum Hof dauerten im Grunde an, zu Tilly besserten sie sich nicht; der Mangel an Geld, Proviant und Munition wurde nicht behoben. Es schien lediglich, als vermindere sich die Gefahr von Seiten Mansfelds. Wallenstein schätzte, daß dieser nach der kürzlich erlittenen Niederlage nicht imstande sein würde, seinen Marsch nach Schlesien zu unternehmen. Das teilte er auch dem Kaiser mit. Am Hofe war man der gleichen Ansicht, und deshalb entschied der Kaiser, die neugeworbenen Militäreinheiten wieder zu entlassen. Zwar unterschätzte Wallenstein Mansfeld nicht, aber er verließ sich darauf, daß der brandenburgische Kurfürst ihn aus seinem Lande weisen würde, gegebenenfalls mit Hilfe des Kurfürsten von Sachsen als Kreisobersten.

Zu dieser Zeit glaubte Wallenstein, die größere Gefahr drohe ihm vom Dänenkönig. Der sächsische Kurfürst machte ihn darauf aufmerksam, daß Christian IV. vorhabe, ihn zu überfallen. Ähnliche Nachrichten erhielt Wallenstein von anderer Seite; vor allem bei Wolfenbüttel ziehe er Kräfte zusammen. Der General nahm dies sehr ernst und versetzte seine Armee in Bereitschaft. Seine Sorge stieg umso mehr, als gegen ihn nicht nur der König, sondern auch Herzog Christian d.J. und Fuchs standen, die ihn als dritte bedrohten. Den ganzen Mai und Juni hindurch erwartete W. jeden Augenblick einen Angriff Christians IV. Er war darauf vorbereitet, mit ihm auch ohne Tillys Hilfe, der 200 km entfernt stand, aneinanderzugeraten und durch eine Schlacht den Krieg im Reich zu entscheiden und zu beenden.

Er hoffte, den König und beide Generale zu schlagen, weil er seine Armee in gutem Zustand wähnte und glaubte, er könne sich einen der drei dafür selbst aussuchen. Aber er tat das nicht und verzichtete auf einen Offensivschlag gegen eine der feindlichen Armeen. Er begründete dies mit dem Mangel an Geld und Futter: Nur ein Tor ziehe ohne Futtervorräte ins Feld, und mit einer nichtbesoldeten Armee gelinge es nicht, das auszurichten, was mit einer gut bezahlten möglich sei.

Das Geld blieb die Hauptursache des gespannten Verhältnisses zwischen Wallenstein und dem Hofe – Geld, das der Kaiser schicken sollte, aber nicht schickte und mit allerlei Vorwänden schuldig blieb. Die zweite Ursache war das fortdauernde Ausbleiben von Lieferungen an Getreide und Kriegsmaterial, die dritte war Collalto. Die Kluft zwischen beiden vertiefte sich, die Feindschaft wuchs weiter. Wallenstein war darüber sehr erbittert. Er erklärte offen, daß er sofort abtreten werde, wenn man in strittigen Fragen für Collalto optiere. In seinem Zorn ging er so weit, zu sagen, er werde es noch im Grabe bereuen, in den Dienst des Kaisers getreten zu sein.

Die Enttäuschung, die er über des Kaisers Undank empfand, drückte sich darin aus, daß er je früher desto lieber das Generalat niederlegen wollte. Er hatte drei Möglichkeiten, von der Armee zu scheiden. Er konnte das Kommando niederlegen, aber das war am wenigsten vorteilhaft für ihn, denn darunter litt seine Reputation, und außerdem hatte er gewaltige Schulden am Halse. Die beiden weiteren Möglichkeiten bestanden darin, den Krieg mit einem schnellen Sieg zu beenden und Frieden zu schließen. Auf diese richtete er seine ganze Aufmerksamkeit, denn er war entschlossen, den Krieg noch im Jahre 1626 zum Abschluß zu bringen. Auch wenn er nicht an einen Abschied von der Armee dachte, so wollte er doch eine Verlängerung des Krieges verhindern, weil der Kaiser nicht über die Mittel verfügte, ihn zu führen. Er war der Ansicht, ein langer Krieg kompliziere alle Dinge und bringe neue, unabsehbare Gefahren und Risiken mit sich.

Das wirksamste Mittel, den Krieg zu beenden, sah Wallenstein in einem entscheidenden militärischen Sieg. Seine Gedanken kreisten darum in den Frühjahrsmonaten sehr lebhaft, und er richtete danach auch seine strategischen Pläne aus. In der gegebenen Situation war es ihm nicht möglich (worauf seine Strategie sonst gründete), die zahlenmäßige Überlegenheit über den Gegner zu erlangen, er wollte aber auch seinen teils neugeworbenen und wenig erfahrenen Truppen die Kriegsentscheidung nicht abfordern. Deshalb bemühte er sich aufs höchste um die Vereinigung mit der Liga-Armee. Gemeinsam mit ihr wollte er mit großem Übergewicht den Feind in einer einzigen entscheidenden Schlacht niederwerfen, doch das Unverständnis von Seiten Tillys machte das Konzept gegenstandslos.

Gleichzeitig ließ Wallenstein die Eventualität, Frieden zuwege zu bringen, nicht aus den Augen. Am 12. Mai traf er mit Fürst Christian von Anhalt – einst Oberbefehlshaber der Ständearmee im böhmischen Aufstand, jetzt aber mit dem

Kaiser versöhnt – zusammen. Sie vereinbarten, daß Anhalt friedensanbahnende Kontakte mit der anderen Seite, zunächst durch Vermittlung von General Fuchs, aufnehmen sollte. In der Tat kam es zu Verhandlungen mit ihm. Doch dann entschloß sich Wallenstein, selbst einen Impuls zu geben. Am 24. Juni schlug er dem Kaiser die Einleitung von Friedensverhandlungen vor, da nun bessere Bedingungen erreichbar wären als später. Der Gegner erhalte von verschiedenen Seiten Verstärkung und seine Kräfte wüchsen. Folglich würde er später die Bedingungen ablehnen, die ihm nun annehmbar erschienen. Doch der Kaiser und seine Räte zeigten nicht allzu große Neigung zum Frieden, obwohl es an Mitteln, Krieg zu führen, mangelte. Trotzdem antwortete er Wallenstein, er werde in Erwägung ziehen, ob man Friedensverhandlungen anbahnen sollte. In jedem Falle müsse aber der Anstoß vom Gegner ausgehen, er müsse als erster um Frieden ersuchen. Der Kaiser bevorzugte den verfassungskonformen Weg, sich dem Problem zu nähern, und verlangte, der Goldenen Bulle gemäß, von den Kurfürsten (Mainz und Bayern) ein Gutachten. Diese rieten ihm, von Wallenstein einen ausführlichen Friedensvorschlag einzufordern; dem folgte der Kaiser. Wallensteins Entwurf hat sich nicht erhalten, wahrscheinlich hat er keinen geschrieben. Noch bevor er dies tun konnte, trug ihn der Lauf der Kriegsereignisse nach Ungarn. Freilich änderte er wiederum auch in kurzer Zeit seine Auffassung unter dem Eindruck der Tatsache, daß die gegnerische Seite sich sehr um den Frieden bemühte. Sein Standpunkt verhärtete sich, wurde „kaiserlicher"; er gab urplötzlich den Waffen den Vorrang, was er mit den Worten ausdrückte: „Ich hoffe mit Gottes Hilfe, daß wir die Sache eher mit Waffen als mit Verhandlungen entscheiden."

Das durch Prestige motivierte Postulat des Kaisers, die andere Seite möge um Friedensverhandlungen ersuchen, fand ein überraschend schnelles Echo, schon kurz nach Wallensteins Vorschlag. König Christian IV. wandte sich umgehend direkt an Ferdinand II., ohne den Dienst von Vermittlern in Anspruch zu nehmen. Seine Vorschläge waren konkret und erfaßten den Kern der Sache; er verzichtete auf Vorbedingungen und verlangte vom Kaiser, Ort und Zeit der Gespräche über die Auflösung der Armeen und über die Wiederherstellung des Profan- und Religionsfriedens zu bestimmen. Das klang wie vordem in Braunschweig, und es ging um nichts anderes, als die dort gepflogenen Verhandlungen wieder aufzunehmen. Obwohl die Infantin Isabella dem Kaiser die Zustimmung anriet, antwortete er ausweichend: Er müsse sich die Sache erst überlegen und über sie beraten. Es gab zwar noch andere auf Frieden zielende Impulse, doch sie führten nicht zur Einstellung der Feindseligkeiten. Abermals war eine Gelegenheit, dem Krieg ein Ende zu bereiten, versäumt worden, diesmal durch die Schuld des Kaisers.

Ungeachtet dieser Friedensbemühungen arbeiteten beide Seiten parallel zueinander an den strategischen Plänen für die bevorstehende Kampagne. Wallenstein, der vorhatte, den Krieg im Reich rasch zu beenden, richtete sein Augenmerk auf den beabsichtigten Marsch nach Norden, gegen das Land des Königs, ohne die Existenz Mansfelds in Erwägung zu ziehen. Er war sich dessen bewußt, daß seine Pläne keine Erfolgschancen hatten, wenn sich die Liga-Armee ihm nicht zugesellte; um die Vereinigung mit ihr rang er schon lange. Doch die Liga hegte andere Pläne. Ihre Streitmacht sollte sich der braunschweigischen Städte Münden, Göttingen und Northeim bemächtigen und dann den Landgrafen Moritz von Hessen bezwingen. In Wien und München begriff man mit einem Male, daß es im Interesse der katholischen Sache unbedingt notwendig sei, die Beziehungen zwischen den beiden Generalen zu klären und zu bessern, und man vermittelte eine Begegnung zwischen ihnen in Duderstadt am 30. Juni 1626. Sie wurde bedeutsam, weil Tilly Wallensteins Offensivplan, einen Zug nach Norden zu unternehmen, guthieß und ihm militärische Unterstützung versprach. Unterdessen entstand dem Kaiser unerwartet ein neuer Feind und folglich eine weitere Front, und das in Oberösterreich, wo ein großer Bauernaufstand aufflammte und rasch um sich griff. Wallenstein wollte von einer Abkommandierung militärischer Einheiten dorthin nichts wissen und in keinem Falle zulassen, daß seine Armee kurz vor der Offensive geschwächt werde, von der er sich das Ende des Krieges versprach. Nach seiner Rückkehr aus Duderstadt ergriff er die letzten Maßnahmen, um jeden Tag für den Aufbruch nach Holstein bereit zu sein.

In den ersten Julitagen erwartete Wallenstein ungeduldig den Zuzug Tillyscher Truppen, deren Beteiligung an der beabsichtigten Offensive nach Norden unbedingt erforderlich war. Aber zu seinem Entsetzen kamen sie nicht. Er war tief erschüttert, als er nach Tagen begriff, daß Tilly die Vereinbarung von Duderstadt nicht einhalten wollte. Statt eines gemeinsamen Zuges entlang der Elbe schritt dieser zur Belagerung Göttingens, und es gelang trotz vielen Drängens und Intervenierens nicht, ihn zur Erfüllung seines Versprechens zu bewegen, das damit wertlos wurde. Wallenstein war infolge dessen genötigt, sich die Offensive aus dem Kopf zu schlagen.

Zu allem Übel für Wallenstein spannten sich seine Beziehungen zum Kaiser und zu Hofkreisen noch mehr, die Ursachen blieben die alten. Vor allem waren es die Gelder, die der Kaiser der Armee schuldete, die das Verhältnis, entgegen dem Willen Wallensteins inoperabel und unzuverlässig machten. Am 16. Juli drang er ein weiteres Male darauf, der Armee Geld zukommen zu lassen mit der Begründung, daß er nicht wisse, wie er mit einer nichtentlohnten Armee ins Feld ziehen solle. Er würde nicht einen Monat mehr im Felde ausharren, und die Armee werde auseinanderlaufen und sich auflösen. Im Frühjahr, als es dem Kriegsvolk nach der Überwinterung an Lebensmitteln mangelte und seine Lage kritisch war, rettete sie Wallenstein und hielt sie auf den Beinen, indem er sie aus eigenem Aufkommen versorgte. Doch es ging über seine Möglichkeiten, den Staat beim Unterhalt einer so großen Armee zu ersetzen. Das Versagen des Kaisers (oder Staates) auf diesem Felde erbitterte ihn dermaßen, daß er von neuem an Resignation dachte. Er bat seinen Schwiegervater um Rat, auf welche Weise er das tun solle, denn „bei Gott, zu dem ich bete, es ist mir nicht möglich zu bleiben, wenn ich sehe, wie man mit mir verfährt. Dem Kaiser genügt es, daß ich ihm eine solche Armee aufstellte, wie sie niemand bisher hatte, für die er aber noch keinen Heller auslegte."

Zu Beginn des Sommers entstanden in der kaiserlichen Armee höchst anormale Verhältnisse: In der Zeit kurz vor Anfang der Kampagne, die alles entscheiden konnte, erwog ihr Oberbefehlshaber aus Enttäuschung über Kaiser und Hof, ob er überhaupt bei der Armee bleiben sollte. Gehen oder bleiben, das war für ihn die Frage. Er sollte mit einer Streitmacht ins Feld rücken, die keinen Sold bekam und folglich unzuverlässig wurde.

Bei aller Ungunst der Umstände und trotz der Nichterfüllung der Duderstädter Vereinbarung war Wallenstein nicht gesonnen, seine strategischen Pläne zu ändern; es fiel ihm nicht im Traum ein, dies angesichts des geschlagenen Mansfeld zu tun. Noch am 3. Juli meinte er, dessen Situation sei nicht derart, daß er einen Zug nach Schlesien wagen könnte. Und wenn der dänische König ein solch törichtes Vorhaben unterstütze, werde er ihm nachfolgen und ihn zermalmen. Trotzdem hielt er es für nötig, die Übergänge und Pässe nach Schlesien durch ein Landesaufgebot gut zu sichern – nicht so sehr mit Rücksicht auf Mansfeld, sondern auf Gustav Adolf. Von diesem hatte er Nachricht, er sei in Mecklenburg und denke daran, entlang der Oder nach Schlesien vorzustoßen. Daß ihn Mansfeld bedrohen könnte, glaubte er nicht ernsthaft. Deshalb war er sicher wie vom Donner gerührt, als ihm die Nachricht zukam, Manfeld sei mit einer Armee wie aus Ruinen auferstanden und wolle tatsächlich in Richtung Schlesien aufbrechen. Wallenstein reagierte augenblicklich auf die neue Situation. Noch am 13. Juli hatte er auf Tilly gewartet, um den gemeinsamen Zug nach Holstein zu unternehmen, am 16. desselben Monats entschloß er sich schon, Mansfeld zu verfolgen! – Es war also Mansfeld, der seine strategischen Pläne für das laufende Jahr zum Scheitern brachte. Nun begriff er, welchen fatalen Fehler er begangen hatte, als er Mansfeld entkommen ließ und nicht aus Brandenburg vertrieb. Er hatte dazu zweieinhalb Monate Zeit gehabt. Diesen Fehler mußte er bald teuer bezahlen! Doch jener Mann, der das verursacht hatte, eilte seinem Verderben entgegen.

Mansfelds und Wallensteins Zug nach Ungarn

Der geschlagene Mansfeld bekräftigte die Gültigkeit der Aussage, daß eine Schlacht verlieren nicht den Krieg verlieren bedeutet. Bald hatte er wieder eine Armee auf die Beine gestellt. Er sammelte die verstreuten Reste seiner früheren Streitmacht und füllte ihre Reihen mit neu geworbener Mannschaft auf, wofür er vom dänischen König die nötigen Geldmittel erhielt. Seine Leistung war umso beachtlicher, als er die Heereserneuerung sozusagen unter den Augen der Wallensteinschen Armee vollzog. Das zeugt von seiner außerordentlichen Fähigkeit und Vitalität. Auf der anderen Seite erwies sich, daß Wallensteins Gegenmaßnahmen wenig wirksam ausfielen. Mansfelds Armee zählte schätzungsweise

14.600 Mann. Zu ihr stieß eine dänische Hilfstruppe von etwa 6.000 bis 7.000 Mann unter dem Kommando des jungen Herzogs Johann Ernst von Sachsen-Weimar. Beide Generale waren aber so unterschiedlichen Naturells, daß es zum Schaden der gemeinsamen Sache kaum eine Zusammenarbeit gab. Überdies waren beide ernsthaft krank, sie litten an Tuberkulose.

Am 10. Juli brachen sie aus Havelberg auf und rückten im Eiltempo nördlich von Berlin über Bernau und Strausberg vor. Der Marsch durch Brandenburg war am 20. Juli beendet. Bei Krossen überschritten sie die schlesische Grenze, ohne auf Widerstand zu stoßen. Die getroffenen Gegenmaßnahmen waren ganz und gar unwirksam, Herzog Johann Ernst erreichte Krossen auch schon am 21. Juli. Er und Mansfeld hatten Befehl vom König, nach Schlesien zu ziehen und dort Bethlens Ankunft abzuwarten, die ihnen dessen Emissär Quadt am 20. Juli zugesagt hatte. Doch das war einfach unrealistisch auf Grund des Charakters der Bethlenschen Armee. In ihr dienten nicht professionelle Söldner, sondern Hirten und Bauern, die erst nach Abschluß der Ernte aufs Pferd stiegen und in den Krieg zogen. So zeitig wie jetzt war übrigens Bethlen noch niemals auf dem Kriegsschauplatz erschienen.

Nachdem Wallenstein die Nachricht von Mansfelds Zug erhalten hatte, entsandte er sogleich ein Reiterkorps von 6.000 Pferden unter Oberst Pechmann nach Schlesien. Er war sich darüber im klaren, daß die Truppe keinesfalls stark genug war, um Mansfeld und den Herzog aufzuhalten, aber sie sollte ihnen stets auf den Fersen bleiben und sie beunruhigen. Auch Wallenstein drang schnell vor und erreichte Schlesien annähernd zu gleicher Zeit wie Mansfeld und Johann Ernst. Aber es gelang ihm nicht, den beiden Schaden zuzufügen, weil sie sich sehr geschickt verhielten.

Am 20. Juli trafen sich Wallenstein und Tilly in Elbrich und entschieden über das weitere Vorgehen: Wallenstein möge mit seiner Armee hinter Mansfeld nach Schlesien ziehen, aber Tilly ein genügend starkes Korps zur Hilfe überlassen, das Herzog Georg von Lüneburg kommandierte. Trotzdem versuchten der bayerische Kurfürst und Tilly, Wallenstein von seinem Marsch nach Schlesien abzubringen. Damit verzögerten sie den Abzug der Wallensteinschen Armee und erleichterten so in bedeutendem Maße den im ganzen gelungenen Vormarsch Mansfelds und des Herzogs. Wallensteins Lage komplizierte sich zusehends, ungeachtet dessen verlangte der polnische König von ihm, er möge ihm einige Tausend Mann zu Hilfe gegen die Schweden überlassen.

Auf Wallenstein lastete nun eine schwere Verantwortung. Er stand vor der Schicksalsentscheidung, welchen Weitergang er wählen sollte. Diese Wahl war umso schwieriger, als er unter vielerlei Druck, vor allem von Seiten Bayerns, stand. Der Kaiser und seine Räte vermittelten ihm keinerlei Richtung; wie von Lähmung befallen, wälzten sie alle Verantwortung auf ihn ab. Im Grunde eröffneten sich ihm zwei Möglichkeiten: Falls er Mansfeld folgte, machte er Platz für den Vormarsch des dänischen Königs und die Ausbreitung seiner Macht in Norddeutschland. Blieb er aber im Niedersächsischen Kreis, setzte er die kaiserlichen Erblande der größten Gefahr aus, denn der vereinten Kräfte Mansfelds, Bethlens (und möglicherweise auch Gustav Adolfs) konnte sich niemand erwehren, und noch dazu lief in Oberösterreich der große Bauernaufstand weiter. Er wartete noch einige Tage, die Situation beobachtend, bis Tilly näher an die Elbe rückte.

Schließlich trat er die Verfolgung der Mansfeldschen Armee an, obwohl er dabei dem Grundsatz zuwider handelte, die eigenen Landstriche mit der Anwesenheit von Militär zu verschonen. Aber im gegebenen Falle überwog einer seiner anderen Grundsätze: dem Feinde nachzustellen und ihm dort einen Schlag zu versetzen, wo er ihn träfe.

Der Herzog und Mansfeld hatten Ende Juli bereits Glogau erreicht, Wallenstein war bislang noch zurück, aber sie konnten nicht daran zweifeln, daß er ihnen weiter folgen werde.

So wie Wallenstein einerseits zügig in Mansfelds Spuren marschierte, beobachtete er andererseits das Geschehen im Niedersächsischen Kreis, wo die Belagerung Göttingens fortdauerte. Er zog die Wahrscheinlichkeit in Betracht, daß sich seine Gegner nach Ungarn bewegen und dort erst mit Bethlen vereinigen würden. Mansfeld hatte seiner Ansicht nach einen so weiten Vorsprung, daß er ihn nicht mehr erreichen und seinen Vormarsch aufhalten konnte. Er war sich damals schon im klaren, daß sein angelaufener Feldzug länger und gefährlicher ausfallen würde als er ursprünglich gedacht hatte. Er würde ihn über Schlesien hinaus ins mißliebige Ungarn führen, wo er mit abträglichen Bedingungen für sich und die Armee rechnen mußte; er unternahm die riskante Expedition in vollem Bewußtsein der Tatsache, daß sie sich weit von ihrer Basis entfernt in ein fremdes Land bewegte, das für die Versorgung einer großen Armee nicht vorbereitet war und dessen Bewohner sich feindselig stellen würden.

Am 27. Juli hatte Wallenstein seine Armee zusammengezogen und sich in Marsch gesetzt. Er überschritt die Elbe über die allbekannte Dessauer Brücke und gelangte nach Zerbst, wo ihn beunruhigende Nachrichten über die Lage im Niedersächsischen Kreis erreichten. Der dänische König hatte die Besatzungen der Schlösser Höttensleben, Sommerschenburg und Schladen überwältigt und alle erschlagen, danach belagerte er Calenberg. Das geschah unter den Augen Tillys, der sich nicht von Göttingen wegrührte. Bei Sandau an der Elbe wartete Fuchs mit etwa 10.000 Mann, bis Wallenstein aus Halberstadt und Magdeburg herankam, um ihn dort zu überfallen. Darauf lauerte selbstverständlich auch der König. Aus diesem Grunde zögerte Wallenstein Mansfeld nachzufolgen, und wartete, bis Tilly sich der Elbe näherte. Das Korps, das diesem zur Verfügung überlassen wurde, stockte Wallenstein auf 12.000 Fußsoldaten und 4.000 Reiter auf und bedang sich aus, daß Tilly die Elbe sicherte.

Der Kaiser billigte Wallensteins Vormarsch und folglich auch die Verzögerung; er teilte seinem General mit, die Patente zur Anwerbung von einigen Tausend Polen seien ausgegeben. Er empfahl ihm jedoch, wenn er schon nicht mit der ganzen Armee weiterziehen könnte, so solle er doch Mansfeld mit einem Teil auf den Fersen bleiben oder ein Truppenkontingent vorausschicken, während er zurückbleibe.

Als Wallenstein schließlich sah, daß er vergeblich darauf wartete, Tilly werde sich zur Elbe vorschieben, brach er am 8. August nach Schlesien und Ungarn auf. Die Armee, mit der er sich auf den Weg machte, war bedeutend kleiner als vordem verkündet, sie umfaßte 80 Reiter- und 70 Fußfähnlein. Ihre effektive Stärke betrug 14.000 Mann – also etwas weniger, als er zu Tillys Verstärkung zurückgelassen hatte. Das bedeutete, daß Wallenstein seine Armee praktisch teilte. Er setzte seine Hoffnungen auf die Verstärkung durch polnische und ungarische Reiterei, ohne die er es nicht wagen konnte, gegen Bethlens Kavallerie anzutreten. Eine Begegnung mit Bethlen schien ihm in Bälde bevorzustehen, ebenso die Vereinigung Mansfelds mit Herzog Johann Ernst. Ihm war klar, daß er Mansfeld nicht erreichen konnte, weil der schon einen Vorsprung von 350 km hatte, obwohl er selbst trotz des schwerfälligen Heeresapparats recht schnell vorankam.

Zur Eile mußte Wallenstein von niemand angetrieben werden, seine Armee bewegte sich zügig über Bunzlau (20.8.), Goldberg (21.–22.8), Jauer (22.8.), Schweidnitz (23.–24.8.), Langenöls (25.8.), Strellin (26.8.), Grottkau (27.8.), Neiße (28.–29.8.), Neustadt (30.8.), Hof (31.8.–1.9.) nach Olmütz (2.9.). Auch dort hielt er sich nicht weiter auf, sondern marschierte nach Kremsier (3.9.) und Ungarisch Brod (5.–6.9.). Am 6. September überschritt die kaiserliche Armee die mährisch-ungarische Grenze.

Währenddessen rückten Mansfeld und der Herzog gleichfalls rasch weiter vor; etwas anderes blieb ihnen auch nicht übrig, als irgendwohin ins Unbekannte zu zielen, wo sie Bethlen begegnen sollten. Der aber war noch weit entfernt, eingegangenen Nachrichten zufolge in Siebenbürgen. Er soll Mansfeld in einem Brief mitgeteilt haben, daß er nicht aufbreche, bevor er ihn nicht in Mähren erblickt hätte, obwohl er ihm nach der ursprünglichen Planung in Schlesien hätte begegnen müssen. Die Armee Mansfelds, in deren Reihen viele Exulanten aus den böhmischen Ländern als Offiziere dienten, erfreute sich bei ihrem Durchzug lebhafter Sympathie der Bevölkerung. Teile davon gewährten ihr spürbare Unterstützung. Trotzdem vermochte es diese Armee nicht, einen allgemeinen Aufstand im Lande, ähnlich dem in Oberösterreich, anzufachen, weil sie, wie jede Armee, eine Last für die Einwohner bedeutete, gleich ob es sich um einheimisches oder fremdes Militär handelte. Wenn die Bewohner den Soldaten die erwartete Schuldigkeit nicht taten, erlaubte sich das Kriegsvolk ihnen gegenüber allerlei Exzesse. Wallenstein erließ gegen die Einwohner ein scharfes Patent und drohte ihnen den Verlust ihres Lebens an, wenn sie dem Feinde Hilfe leisteten.

Am 12. August bemächtigte sich Mansfeld der Oderberger Passage und Teschens, danach auch des Jablunkauer Passes, der nach Questenbergs Aussage durch ungarisches Kriegsvolk gut bewacht war. Das traf aber nicht zu. Er überschritt den Paß nicht, wandte sich zurück nach Mähren und war am 17. August

bei Friedeck. Am 19. August hatte sich Troppau dem Herzog von Weimar ergeben, der auch Jägerndorf besetzte und die Stadt zur Basis für die Erfüllung seiner
Aufgabe ausbaute. Trotz dieser Erfolge verschlimmerte sich seine Lage in dem
Maße, wie Bethlen seinen Anmarsch verzögerte und andererseits Wallenstein
ihm näher kam. Mansfeld erwog für den Fall, daß Bethlen ausblieb, eine Vereinigung mit den Aufständischen Oberösterreichs. Es war im übrigen nicht sicher,
ob er sich nicht nach Böhmen wenden würde, wie der bayerische Kurfürst
befürchtete. Am 27. August kam die Vereinigung mit dem Herzog in Fulnek
zustande. An diesem Tage befand sich Wallenstein erst in Grottkau. Da man in
Wien genau wußte, daß Bethlen bislang nicht aufgebrochen war, hielt man Mansfelds Situation für hoffnungslos. Doch dieser befand sich zwar in schwieriger,
aber nicht aussichtsloser Lage, obwohl Wallenstein ihn trieb, Bethlen noch weit
war und die Hoffnung schwand, mit ihm zusammenzutreffen.

In Anbetracht einer solchen Lage der Dinge schlug Mansfeld dem Herzog
Ende August in Leipnik vor, vom Zug nach Ungarn abzulassen und sich über
Böhmen, Bayern und Schwaben ins Elsaß zu wenden. Dieser neue Plan mutete
abenteuerlich an, war aber in Wirklichkeit nicht gänzlich aussichtslos, weil sich
in Böhmen, außer einigen kleineren Garnisonen, kein Militär befand. Mansfeld
konnte hoffen, leicht durchzukommen und seine Armee aufzufüllen. Von Böhmen aus sollte der Weg zu den Aufständischen in Oberösterreich und weiter
über Vorderösterreich an den Rhein führen. Das Vorhaben sollte Christian IV.
mit Diversionsangriffen unterstützen. Doch der Kriegsrat der Armee lehnte es
einmütig ab, weil die Instruktion des Königs ausdrücklich die Vereinigung mit
Bethlen befahl.

Nach dem Leipniker Treffen trennten sich beide Generale wieder voneinander und zogen jeder für sich an die Grenze. Mansfeld gelang es, sie mit Hilfe des
Grafen Ilesházy, den Bethlen entsandt hatte, zu überschreiten (Wallenstein war
an diesem Tage erst in Kremsier, obwohl er seine Armee zur Eile antrieb). Zur
selben Zeit überquerte auch der Herzog die Grenze und gelangte am 5. September nach Trentschin, wo er sich abermals Mansfelds Armee zugesellte. Sie überschritten danach die Waag und zogen weiter nach Bánovec und Topol'čany. Damit hatten sie die Hetze im wesentlichen hinter sich. Für Wallenstein war es allzu
riskant, ihnen mit einer ermüdeten Armee auf dem Fuße in bergiges Land zu folgen, wo es kaum möglich schien, sie zu erreichen. Jetzt war ihm klar, daß er ihre
Vereinigung mit Bethlen nicht mehr verhindern konnte und daß es gegen sie ein
Treffen der Waffen nicht geben konnte. Er führte seine Armee durch Neustadt
über die Waag und am 9. September nach Hlohovec. Nahe der Stadt schlug er ein
Lager auf und erwartete das Eintreffen von Verstärkungen – und des Feindes.
Damit endete die erste Phase dieses dramatischen Zuges.

Nach der Ankunft in der Slowakei harrten der Wallensteinschen Armee
sehr unangenehme Überraschungen. Es gab dort keinerlei Getreidevorräte,
obwohl das Land fruchtbar und die Ernte eingebracht war. Statt daß sich die

Soldaten von dem kräftezehrenden Marsch erholen konnten, litten sie so großen Mangel an Proviant, daß nicht nur die Kampffähigkeit der erschöpften Armee absank, sondern auch ihr Gesundheitszustand. Die natürliche Folge all dessen waren Krankheiten, massenhaftes Sterben, Verlust an Disziplin und vermehrte Desertion.

Doch die Situation auf Seiten des Herzogs und Mansfelds sah nicht besser aus. Sie waren in ein unbekanntes Land gekommen, und zu ihrer großen Überraschung befand sich Bethlen noch nicht dort, sondern weitweg und unbekannt wo. Darin bestand ihr größtes Problem, nicht weniger litten sie am Fehlen von Vorräten. Sie schlugen ihre Lager zuerst bei Bánovec und später bei Topolčany (am 7. September) auf. Hier trennten sich ihre Wege, und das nicht nur aus Gründen der Versorgung. Mansfeld wollte Bethlen nicht weiter nachziehen, sondern wartete lieber ab, wie die Situation sich gestaltete. Zunächst begab er sich nach Neutra, aber bald änderte er seine Entscheidung, schlug die Richtung in die Neutraer Berge und nach Pravno ein, wo er bis Ende September blieb. Wahrscheinlich wandte er sich deshalb nach Norden, um nach Schlesien zurückkehren zu können. Herzog Johann Ernst war regsamer, er bemühte sich, Schritt für Schritt eine Vereinigung mit Bethlen herbeizuführen, wie es die Instruktion des Königs vorschrieb. Er wählte die östliche Richtung, wo er Bethlen vermutete, und geriet an den Fluß Gran. Da aber Bethlen nicht in Sicht war, marschierte er via Tyrnau und Neuhäusel direkt auf Wallenstein zu. Dessen Stärke glaubte er nicht lange standhalten zu können und zog sich näher zu Mansfeld zurück. Am 18. September war er in Handlova und vereinigte sich mit diesem am Ende des Monats.

Der vierte Mitspieler im Drama, Fürst Bethlen Gábor, verspätete sich aus bereits erwähnten Gründen auf der Kriegsszene. Sein lässiger Vormarsch erweckte den Eindruck, als wolle er nicht gegen den Kaiser in den Krieg gehen.

Die Kompliziertheit des Geschehens wuchs noch durch das Einwirken der Türken auf Bethlens Politik. Die Hohe Pforte befand sich in schwieriger Lage und wünschte keinen Krieg mit dem Kaiser, sie konnte ihn sich schlicht nicht erlauben. An Bethlens Seite kämpften lediglich die grenznahe stehenden, immer zu räuberischen Einfällen bereiten Türken und der bosnische Pascha.

Zu dieser Zeit bekam Wallenstein Nachricht, daß eine starke türkische Abteilung plündernd in Vrablí eingefallen war und 12.000 Türken Damaš (Damásd) belagerten. Das bewog ihn dazu, am 18. September aus Hlohovec aufzubrechen. Am folgenden Tage war er schon in Neutra mit seiner Armee, wo er fünf Tage blieb. Nachdem er erfuhr, daß Damaš in die Hände der Türken gefallen war und daß diese mit annähernd 13.000 Mann Novohrad (Nógrád) belagerten, wandte er sich unverzüglich nach Neuhäusel. Mansfeld und der Herzog verharrten unterdessen untätig in den Neutraer Bergen, obwohl sie Wallenstein von Norden her hätten beunruhigen können. Dieser wolllte die Gunst der Stunde nutzen und einen entscheidenden Schlag führen. Zunächst sollten die Türken getroffen werden, ehe sie sich mit Bethlen vereinigen konnten, und dann auch er. Er befahl

Fußsoldaten zu Pferde zu sitzen, ließ das grobe Geschütz und die Bagage im Lager zurück und erreichte im Eilmarsch am 27. September Tekov an der Gran. Als die Türken von der Bewegung Wallensteins erfuhren, gaben sie die Belagerung Novohrads auf und gesellten sich zu Bethlen, der sich von Fil'jakov her näherte. Zu der Zeit forderte nun Fürst Bethlen den Herzog und Mansfeld zur Eile auf, um sich mit ihm so rasch wie möglich zu vereinigen. Dabei warf er ihnen ihre Untätigkeit vor.

Inzwischen hatten sich Wallenstein und Bethlen genähert und lagen am 28. September vier Meilen voneinander entfernt; am folgenden Tag waren es nur noch zwei, und am 30. September standen sie sich beim Dorf Dregely Palanka gegenüber. Wallenstein war entschlossen, unverzüglich eine Schlacht zu liefern. Beide Armeen formierten sich bereits, aber weil der Tag schon zur Neige ging und die Soldaten ermüdet waren, ließ sich Wallenstein überreden, Bethlens Angebot zu einem Waffenstillstand über die Nacht anzunehmen. Die Schlacht sollte damit auf den 1. Oktober verschoben sein. Doch es handelte sich um eine Kriegslist Bethlens, der gar keine Schlacht vorhatte. Er ließ die Feuer nachts brennen, um den Gegner zu täuschen, und zog sich im Schutze der Dunkelheit annähernd dreißig Kilometer bis Szécsény zurück. Zu Wallensteins Überraschung lag das Schlachtfeld am Morgen verlassen vor ihm und der Feind war weder zu sehen noch zu hören. Der Kriegsrat, den Wallenstein sofort zusammenrief, kam einmütig zu der Ansicht, es sei nicht ratsam, den Feind mit müden und schlecht versorgten Truppen zu verfolgen, noch dazu ohne Bagage, bei ungünstiger Witterung und unbekannt wohin. Mit der Flucht des Gegners sei das Ziel des Feldzuges eigentlich erreicht. Wallenstein kehrte am 7. Oktober ins Lager bei Neuhäusel zurück. Dort stießen die Regimenter zu ihm, die Herzog Franz Albrecht als Verstärkung heranführte. Bethlen und die Türken lagerten bei Szécsény. Wallensteins Entscheidung, Bethlen nicht zu verfolgen fand nicht den Beifall des Hofes. Der Kaiser meinte im Gegenteil, es sei günstiger, dies zu tun. Aber Wallenstein wußte zu gut, daß Bethlen nicht zu erreichen war. Am ehesten konnte man bei seiner Verfolgung in die Tiefe des Ungarlandes gelockt werden und in eine Falle geraten. Wallenstein war zu umsichtig und erfahren, als daß er sich einer solchen Gefahr aussetzte.

An diesem ganzen Zug ist vor allem anderen die Tatsache interessant und rätselhaft, daß Mansfeld und der Herzog nicht rechtzeitig mit Behtlen ihre Kräfte zusammenführten, also vor einem erwarteten Treffen mit Wallenstein, obgleich ihre Vereinigung nach der Instruktion Christians IV. das Hauptziel ihres Feldzuges war. Aus Gründen, die bisher ungeklärt sind, blieben sie im entscheidenden Moment aus dem Spiel. Erst am 30. September brachen sie von Pravno auf und zogen langsam über Svolen nach Süden. Die Vereinigung mit Bethlen kam dann zwar zustande, aber sie hatte keine militärische Bedeutung mehr; es war schon alles vorbei. Für die Haager Allianz und für die protestantische Sache hatte der Zug insofern Bedeutung, als er die kaiserliche Seite in die Defensive drängte und Wallenstein vom deutschen Kriegsschauplatz nach Ungarn weglockte, wodurch dessen Angriff auf die Länder des dänischen Königs um ein Jahr verschoben wurde.

Mit Hilfe Mansfelds und des Herzogs sollte Bethlen, dem Plan der Allianz gemäß, Wallenstein vernichten, doch er versuchte es nicht einmal. Er zog von Sečovec nach Gran, wandte sich aber ins slowakische Tekov, wo er sein Hauptquartier aufschlug. Dort kam es am 23. Oktober zu einer neuerlichen Vereinigung mit den Armeen Mansfelds und Johann Ernsts, aber möglicherweise auch schon beim Abmarsch von Gran. Die Verhandlungen der drei über das weitere Vorgehen führten zu keiner Entscheidung. Ihre vereinigten Streitkräfte stellten ein starkes Potential dar, mit dem eine Offensive gegen die geschwächte Wallensteinsche Armee durchaus möglich gewesen wäre, aber Bethlen wich dem offenen Kampf und dem Wagnis einer Schlacht aus, weil er sein Schicksal nicht solchen Risiken aussetzen wollte und wählte eine andere Taktik. Er wollte Wallenstein mit wirklichen und fingierten Bewegungen ins Feld locken, seine Armee mittels überflüssigen Märschen verbrauchen und erschöpfen und dann, wenn sie sich ihm näherte, ausweichen. Seine Verbündeten waren der Hunger und der in seinen Spuren schreitende Tod, die Wallensteins Armee mehr Verluste als alle Kämpfe bescherten.

Der einzige, der beim Treffen in Tekov Kampfgeist zeigte, war, nach eigener Angabe, Mansfeld; nur konnte er Bethlen nicht überzeugen, gemeinsam anzugreifen. So fällte er eine Entscheidung für sich. Er schlug mit seiner Armee die westliche Richtung ein, um nicht ruhmlos vom Schlachtfeld gehen zu müssen. In der Tat gelang es ihm, fünf Meilen von Preßburg entfernt eine feindliche Abteilung zu überfallen und zu schlagen, eine weitere vertrieb er. Das waren die letzten Kampfaktionen dieses bemerkenswerten Mannes, der sich schon damals mit Abzugsgedanken trug. Er wandte sich nach Tekov und marschierte, Nachrichten zufolge, mit Bethlen zur Stadt Kemendu bei Gran. Inzwischen unternahm Bethlen mit der ganzen Armee einen Ausfall nach Vrablí und blieb dort stehen. Es scheint, als ob er Neuhäusel, Neutra oder Trentschin ansteuerte. Das war offensichtlich wieder ein Täuschungsmanöver, mit dem Wallenstein ins Feld gelockt werden sollte. Wallenstein durchschaute die Taktik, er ließ sich nicht dazu verführen, seine Armee mit unnützen Märschen zu erschöpfen, sondern wartete im Lager ab, bis der Feind ihn oder eine bedeutendere Stadt anfiel.

Nach dem 1. Oktober ging Wallenstein zur defensiven Kriegführung über. Er war nicht mehr bestrebt, Bethlen zu erreichen, weil er wohl wußte, daß dieser mit seinen leichten Reitern stets vor ihm zurückweichen würde. Am 10. Oktober hielt er sich im Lager bei Neuhäusel auf, wo seine Truppen Not und Hunger litten und haufenweise starben.

Das Grundproblem Wallensteins während seines Aufenthaltes in Ungarn war nicht der Feind, sondern der Mangel an Lebensmitteln. Trotz all seine Bemühungen gelang es ihm nicht, Abhilfe zu schaffen, die es ermöglichen konnte, die weitere Existenz der Armee zu retten. Die Hofbehörden blieben gleichgültig und unfähig, und je mehr sich die Situation verschlimmerte, desto mehr wuchsen die Spannungen zwischen ihm und dem Kaiserhof. Dringlich, aber vergeblich wies er darauf hin, daß der Armee in Ungarn der Untergang drohe und warnte vor dessen Folgen. Er warf dem Kaiser Undank vor. Kein anderer habe sich um ihn und das Haus Habsburg so verdient gemacht wie er: „Wie treu, ehrlich und uneigennützig habe ich dem Kaiser gedient! Diente ich Gott so wie dem Kaiser, wäre ich der allererste Heilige im Himmel."

Noch größere Schuld an der kritischen Versorgungslage der Armee als Wien traf die ungarischen Behörden und ihre Vertreter, vor allem den Palatin. Bei den Verhandlungen mit ihnen machte Wallenstein die bösesten Erfahrungen, die neben dem feindseligen Verhalten der Einwohner zu den Soldaten in ihm tiefe Abneigung gegen das Land Ungarn nährten:" Dieses Schelmenland ist nicht wert, daß ihn ihm so viele ehrliche Menschen aus Not elend sterben müssen." Niemand möge eine Armee nach Ungarn bringen. Es sei ein so schlimmes Land, daß „jeder Soldat in jedwedem Land eher Hunger und Plagen ertragen würde als die diesem Land angemessene Versorgung."

Gelang es Wallenstein schon nicht, seiner Armee den Unterhalt zu sichern, so bemühte er sich sehr darum, sie aus dem ungastlichen, feindseligen Land herauszuführen. Er schlug dem Kaiser schon Anfang November vor, sie in Winterquartiere gehen zu lassen, doch dieser lehnte ab, weil sich Bethlen und die Türken etwa fünf oder sechs Tagesmärsche vor Wien befanden. Diese Feindesnähe beunruhigte den Hof. Wallenstein wollte sich aber um keinen Preis so lange in Ungarn aufhalten. Er war überzeugt, daß er hier seine Aufgabe erfüllt habe und daß man noch vor Wintereinbruch versuchen müsse, in Dänemark einige Städte einzunehmen. Doch dazu kam es nicht. Am 29. November teilte er dem Kaiser mit, daß die Armee mangels Proviant und Futter nicht länger im Felde bleiben könne; Soldaten stürben massenhaft, die Pferde gingen zugrunde.

Die lässige Art, wie Bethlen Krieg führte, legte Wallenstein die Vermutung nahe, er wolle ihn beenden. Seine Gewohnheit war es, auf dem Kriegsschauplatz verspätet aufzutauchen, dafür aber einen vorzeitigen Waffenstillstand abzuschließen. Er nahm an, daß der ruinöse Zustand der kaiserlichen Armee eine passende Gelegenheit bot, Waffenstillstandsverhandlungen einzuleiten und die Gegenseite gefügiger zu finden. Er täuschte sich nicht. Die ersten Kontakte in dieser Richtung knüpfte er heimlich schon Ende September an; weder Mansfeld noch der Herzog hatten davon die geringste Ahnung. Bethlen hatte zweifellos triftige Gründe, Friedensverhandlungen anzubahnen: die Ernüchterung angesichts des Kriegsverlaufes in Deutschland, die kürzliche Niederlage des Königs (die Erinnerungen an Stadtholm weckten), die Enttäuschung darüber, daß er nicht in die Haager Allianz aufgenommen und von ihr unterstützt wurde, und auch darüber, daß sein Schwager Gustav Adolf sein Bündnisangebot abgelehnt hatte. Abgesehen vom unzuverlässigen und unsicheren türkischen Beistand, war er auf sich selbst gestellt, auch wenn er im nächsten Jahr den Krieg hätte fortsetzen wollen. Doch ohne fremde finanzielle Hilfe wäre er dazu nicht imstande gewesen. Für ihn war es günstiger, Frieden zu machen, ehe er geschlagen wurde.

Der Kaiser, der auch seine Gründe für einen Frieden mit Bethlen hatte, gab schon am 10. Oktober seine Zustimmung zu Waffenstillstandsgesprächen. Er wünschte lediglich Waffenruhe, aber Bethlen antwortete, er wolle nicht bloß dies, sondern einen stabilen Frieden. Der Kaiser war einverstanden, worauf man zunächst über einen Waffenstillstand, dann über einen Friedensschluß verhandelte. Wallenstein empfahl dem Kaiser, Bethlens Bedingungen anzunehmen und nannte dafür triftige Gründe. Auch im weiteren Verlauf unterstützte Wallenstein die Verhandlungen, denn darin sah er die einzige Möglichkeit, die Armee aus Ungarn herauszuführen und vor dem völligen Verderben zu bewahren.

Der Herzog und Mansfeld nahmen die Nachricht über Bethlens separate Friedenstraktaten mit Bestürzung auf, da sie ohne ihr Wissen stattfanden. Johann Ernst faßte darauf den Plan, sich von Bethlen zu trennen und nach Schlesien zurückzukehren. Gleichzeitig unterbreitete er Vorschläge, wie der dortigen kaiserlichen Besatzung ein Schlag versetzt und ein allgemeiner Aufstand in Schlesien entfacht werden könne. Aber dafür gab Bethlen nicht seine Zustimmung, obwohl der Herzog seine Offerte wiederholte.

Ernst von Mansfeld reagierte auf die Friedensverhandlungen derart, daß er sich entschloß, seine Armee einstweilen zu verlassen und auf die Suche in die westlichen Länder zu gehen, um Geldmittel für ihre Weiterexistenz aufzutreiben. Er nahm an, daß man über die Winterzeit, wie üblich, zu einem Waffenstillstand käme, und er könne im Frühjahr mit Geld zurückkehren. Auf keinen Fall wollte er die Armee auf Dauer verlassen. Mit diesem Ausweg war der Herzog nicht einverstanden, da er ihn als Verletzung der Instruktion Christians IV. ansah, was Mansfeld leugnete. Im Zusammenhang mit dieser Wegsuche brachte Streit zwischen den beiden Generalen aus, der die Unterschiedlichkeit ihren Ansichten offenbarte.

Danach machte sich Mansfeld auf die Reise nach Venedig, das er aber schon nicht mehr erreichte. Er starb unterwegs bei Sarajevo am 29. November, ungeschlagen und unbezwungen, zum Schaden der gesamten protestantischen Sache. Kurz danach, am 14. Dezember, starb in Martin auch Herzog Johann Ernst.

Inzwischen schritten die Verhandlungen gedeihlich voran, so daß der zweiseitige Waffenstillstand am 11. November verkündert werden konnte. Damit endete die militärische Operation, die als Feldzugsgeschehen bis nach Ungarn geführt hatte. Sie war dadurch gekennzeichnet, daß es nicht zu Kämpfen und Schlachten kam. Und doch brachten Hunger und Krankheiten den Armeen mehr Verluste bei als blutige Schlachten es tun konnten. Für Wallenstein endete die ungarische Kampagne nicht mit dem Waffenstillstand. Er mußte ausharren in einem ungastlichen, verhaßten Land auch über der Waffenruhe hinaus, beladen mit der Sorge, der undurchschaubare Bethlen und die Türken könnten den Vertrag brechen. Dabei verschlimmerte sich der ohnehin kritische Zustand der Armee immer mehr, ebenso wie die Unfähigkeit des Hofes und der ungarischen Behörden andauerte, die Versorgung des Militärs zu sichern. Infolge dessen gewannen die Spannungen Wallensteins zum Hofe rapide an Schärfe, wozu noch andere Gründe beitrugen. Es war offensichtlich, daß etwas unternommen werden mußte, die Beziehungen zu klären, wollte man nicht einen Kollaps der Armee und die Zerrüttung ihrer Führung riskieren.

Alle vernünftigen Gründe nötigten den Kaiser und Wallenstein zu dem Versuch, ihre Beziehungen zu klären und die bestehenden Gegensätze durch Verhandlungen auszuräumen. Dazu bot sich eine günstige Gelegenheit, als Wallenstein sein Hauptquartier nach Modra, näher an Wien heran, verlegte. Nach Wien selbst wollte er nicht gehen. Darum fanden die Verhandlungen mit Vertretern des Kaisers, den Geheimen Räten Fürst Eggenberg (erster Minister) und Harrach am 25. und 26. November im Städtchen Bruck a.d. Leitha statt.

Zu dieser Konferenz kam Wallenstein gut vorbereitet. Es gelang ihm unschwer, alle Anschuldigungen und Vorwürfe zu widerlegen wie auch den Verlauf seines Feldzuges zu erklären und zu verteidigen. Die Verhandlungen drehten sich dann eigentlich nur um die Bedingungen, unter denen Wallenstein bereit war, die Armee weiterhin zu führen. Sie endeten, wie konnte es anders sein, mit der Annahme all seiner Bedingungen: 1. Einräumung von Winterquartieren in den kaiserlichen Erbländern zur Erneuerung der Armee, 2. Zumessung der Kontribution aus Böhmen an die Armee als regelmäßige Einnahme, 3. Vermehrung der Armee über den früheren Stand hinaus. Letzterer Punkt war sein größter, in Bruck erreichter Erfolg, weil er gerade deshalb am meisten kritisiert worden war, daß er die Armee unverhältnismäßig und über den wirklichen Bedarf hinaus vergrößere.

Auch seine Kriegspläne für das kommende Jahr stellte er vor. Das Hauptziel, das er anvisierte, war die Befreiung Schlesiens und die Verlagerung der Kämpfe ins Land des dänischen Königs, also die Realisierung des Feldzuges in Richtung Nord, die ihm schon seit Beginn des Krieges vorschwebte. Dem Kaiser empfahl er, die Reichsstände für einen gerechten und vernünftigen Frieden zu gewinnen. Er setzte sich auch mit der Ansicht durch, daß die Armee, nicht ordnungsgemäß und gerecht entlohnt, ihre Mängel durch erhöhte Anzahl der Soldaten ausgleichen müsse, wodurch der Feind abgeschreckt und gelähmt würde. Die Armee dürfe nicht unnötigen Verlusten ausgesetzt werden, beispielsweise bei Belagerungen. Schwächungen jeder Art müsse man vermeiden, sie ebenso vor Niederlagen bewahren, weil das alles den Abschreckungseffekt vermindere. Damit das nicht einträte, sei es notwendig, so lange ein erdrückendes Übergewicht über den Gegner zu halten, bis er eingeschlossen werden könne. So sei der Erfolg im voraus verbürgt. Wallenstein erlangte auch die Vergrößerung seiner Rechte hinsichtlich der Ernennung von Offizieren und des Anberaumens von Versammlungen auf Kosten der kaiserlichen Kompetenz. Er bedang sich nachträglich aus, auch Oberste und Offiziere protestantischen Glaubens annehmen zu können.

Nach Bruck war Wallenstein unsicher und mit ganz ungewissen Aussichten für sich gekommen, von Bruck ging er in unvergleichlich stärkerer Position.

Das Ende der ungarischen Kampagne. Friede mit Bethlen

Nicht alle Angelegenheiten konnt man bei der Eile in Bruck regeln und nicht alle Differenzen ausräumen. Schon einige Tage nach der Zusammenkunft mahnte Wallenstein versprochene Entscheidungen des Kaisers an mit den Worten: „Ohne sie kann und werde ich meinen Dienst nicht tun." Also Drohung mit Abdankung, diesmal freilich aus stärkerer Position heraus.

Er war vorbereitet, am 4. Dezember aufzubrechen und den Rückzug anzutreten, weil die Versorgungslage der Armee inzwischen gänzlich unhaltbar geworden war. Zwar bemühte sich der Palatin, ihn bis zur Unterzeichnung des Friedensvertrages zu halten, aber ein weiterer Verbleib der Armee in Ungarn war ausgeschlossen. Deshalb drang Wallenstein darauf, den Frieden mit Bethlen baldmöglichst herzustellen.

Die Reiterei schickte er in die Winterquartiere, er selbst wollte mit dem Fußvolk am 7. Dezember abrücken, aber der Abmarsch verzögerte sich bis zum 13. des Monats. Jetzt brach er endlich auf in Richtung Kremsier, wo er am 24. Dezember anlangte.

Die Kampftätigkeit in Ungarn hatte im November aufgehört, zur selben Zeit, als der Aufstand in Oberösterreich unterdrückt wurde. Inzwischen näherten sich die Friedensverhandlungen mit Bethlen ihrem Ende, durch Mansfelds Abgang und Tod zweifellos erleichtert und beschleunigt, denn das Ausscheiden dieses Feindes war eine der Hauptbedingungen des Kaisers. Bethlen erfüllte weitere Bedingungen, so die Überführung seiner Armee in die Bergstädte, seine Rückkehr nach Siebenbürgen nach Vertragsunterzeichnung, die Rückgabe des im Kriege eroberten Damásd aus türkischer Hand. Nach dem Inhalt des Dokuments zu urteilen handelt es sich im Grunde um die Erneuerung des Nikolsburger Friedens. Der neue Vertrag wurde am 28. Dezember 1626 in Preßburg unterschrieben.

Dieser Vertrag bedeutet einen tiefen Einschnitt in Bethlens Leben, weil er seine langdauernde Feindschaft mit dem Haus Österreich beendete. Von nun an verzichtete er auf weiteren Kampf mit ihm. Er war sich dessen bewußt, daß dieser Krieg eine letzte Chance auf einen großen Sieg bot, und daß diese Gelegenheit für immer vorbei war. Er verlor völlig das Interesse am Schicksal des Protestantismus im Reich und an den Vorgängen in Mitteleuropa. Als Kalvinist war er kein religiöser Eiferer, vielleicht deshalb, weil seine Gattin zum katholischen Glauben übertrat. Möglicherweise rührt der Umschwung in seiner Einstellung auch daher, daß er an Krankheiten (Wassersucht) litt, denen er drei Jahre später erlag.

Bleibt noch hinzuzufügen, daß sich die Mißerfolge der Türken im Kriege mit den schiitischen Persern auch im folgenden Jahre fortsetzten. Das förderte die Bereitschaft der Hohen Pforte, mit dem Kaiser Frieden zu machen. Sie nahm die Verhandlungen 1625 wieder auf, die in den Vertrag von Zsön im September 1627 einmündeten. Dieser und der Preßburger Vertrag hatten für den Kaiser große Bedeutung, da sie ihn gegen Osten hin schützten, so daß er sich ganz und gar auf den Krieg im Reich konzentrieren konnte. Der protestantischen Sache in Europa gereichten sie zum Nachteil.

Der Gang nach Wien

Da die Verhandlungen Wallensteins mit dem Hof mittels Boten und Briefverkehr zu nichts führten, entschloß sich der Kaiser Ende Februar 1627, den General zu sich nach Wien einzuladen, um alle anstehenden Fragen zu erörtern. Aber Wallenstein erwies sich als schlechter Höfling. Er entschuldigte sich, daß er nicht kommen könne, weil er seine laufende ärztliche Behandlung zu Ende bringen müsse, um danach wieder gesund ins Feld zu ziehen. Es war wirklich unerhört, daß jemand dem kaiserlichen Befehl nicht folgte, und es kann durchaus sein, daß Ferdinand II. ihm das nie vergaß. Aber Wallenstein mußte es nicht unbedingt um eine Geste gegangen sein, denn er durchlitt wahrlich schmerzvolle Tage, in denen er sich nur mittels Sänfte zu bewegen vermochte. Vielleicht kam ihm aber auch der Gedanke, daß diese Reise ihm von Nutzen sein könnte, oder er glaubte, er müsse sich in Wien wiederum verteidigen.

Auf die Reise begab er sich dann am 24. März von Prag aus. Als er zwei Tage später in Habern eintraf, bekam er einen so schlimmen Anfall von Gicht und Steinleiden, daß er die Reise vor lauter Schmerzen nicht fortsetzen konnte. In Habern blieb er bis zum 12. April, dann ging es über Znaim, wo er wiederum einige Tage anhielt, weiter mit der Sänfte nach Wien, das er am 23. April erreichte.

Für Wallenstein war es ein Glück, daß er gerade zu der Zeit in Wien anlangte, als der Ligatag dem Kaiser ernste Vorhaltungen wegen des Verhaltens seiner Armee machte. So konnte er sich verteidigen, Anschuldigungen widerlegen und Vorwürfe entkräften. Er konnte auch beweisen, daß derzeit die Vergrößerung der Armee notwendig sei, ebenso die Stärkung der kaiserlichen Macht. Der Kaiser neigte zu Wallensteins Begründungen und lehnte die Forderung der Liga ab, den Umfang seiner Streitmacht einzuschränken. Des weiteren unterrichtete Wallenstein den Kaiser und den Geheimen Rat über seine Pläne für das laufende Jahr und erntete Zustimmung. Über eine Reihe anderer wichtiger Fragen wurde auch verhandelt, so über die Beseitigung der Mißverständnisse zwischen ihm auf der einen und der Liga, dem bayerischen Kurfürsten und Tilly auf der anderen Seite. Es gelang, ein Stück Versöhnung zu erreichen, worauf sich freilich noch keine Freundschaft gründen ließ. Aber es waren doch die korrekten Beziehungen wiederhergestellt, die sich darin äußerten, daß es für die Kampagne des Jahres 1627 zu einer besseren Zusammenarbeit zwischen beiden Generälen kam als im verflossenen Jahr.

Als Wallenstein Wien am 23. Mai verließ, konnt er zufrieden sein. Ähnlich wie in Bruck, endeten die Verhandlungen mit einem Erfolg. Er hatte die Vergrößerung der Armee durchgesetzt und die Zustimmung des Kaisers zum Aufbau einer mächtigen Streitmacht und damit zu Neuwerbungen erlangt, die er nun in großem Stil auf dem weiten Areal von Wallonien bis Ungarn anlaufen ließ. Merkwürdigerweise haben sich keine Informationen zu Verhandlungen über die Finanzierung der Armee erhalten, wo doch sonst die Spannungen zwischen Wallenstein und dem Kaiser gerade an diesem Problem wuchsen. Wahrscheinlich hat man die einschlägigen Akten nach Wallensteins Ermordung vernichtet.

Feldzug nach Schlesien

Die erste Aufgabe nach Wallensteins Kriegsplan für das Jahr 1627 bestand, wie erwähnt, darin, Schlesien von der dänischen Armee zu befreien. Wir wissen auch, daß Mansfeld und Herzog Johann Ernst bei ihrem Durchmarsch durch das Land Besatzungen in den Städten zurückließen und sich so einen Rückhalt schufen. Zu ihnen stießen im Januar Reste der verwaisten Mansfeld-Weimarischen Armee, die der Bevollmächtigte des dänischen Königs, Generalkriegskommissar Joachim Mitzlaff, dorthin überführt hatte. Bethlen erhandelte für sie im Friedensvertrag keine allzu ehrenhaften Bedingungen. Sie mußten ihren Marsch unter den schlimmsten Klimaverhältnissen antreten: Im Januar kamen sie zum Jablunkauer Paß und brachen nach Schlesien auf. Es waren etwa 5.400 Mann im armseligsten Zustand. Unter Führung des außerordentlich befähigten Mitzlaff konsolidierte und erholte sich aber die kleine Armee nicht nur bald wieder, sondern sie wuchs durch Neuwerbung auf schätzungsweise 9.400 Fußsoldaten und 4.000 Reiter, eingeschlossen die erwähnten Stadtbesatzungen. Nicht ohne Interesse ist die Tatsache, daß diese Armee sich früher regenerierte als die aus Ungarn zurückgekehrte Wallensteinsche. In jener dienten viele Exulanten aus den böhmischen Ländern im Offiziersrang.

Das dänisch besetzte Gebiet Oberschlesiens umfaßte hauptsächlich die Fürstentümer Troppau, Jägerndorf und Teschen. Die Dänen beherrschten die Landstriche von Troppau, Jägerndorf, einem Teil Nordmährens über Leipnik, Mährisch Weißkirchen, Walachisch Meseritz und Teschen, wo starke Besatzungen lagen. Mitzlaff organisierte mit Erfolg im besetzten Gebiet die Verwaltung und Versorgung, auch Kleinmünze zur Besoldung der Soldaten ließ er schlagen. Bevor Wallenstein eindrang, hatten sich die Dänen bereits ein Jahr lang gehalten.

Trotz erkennbarer Erfolge wurde die Lage der dänischen Armee in Schlesien zum Frühjahr 1627 bedenklich. Mitzlaff hatte sich dort mit seiner treuen Streitmacht standhaft behauptet in der Hoffnung, Bethlen werde im Frühjahr heranziehen und würde mit ihm gemeinsam das leisten, was im vergangenen Jahr nicht gelungen war.

Aber im Frühling war die Situation eine ganz andere. Bethlen dachte schon nicht mehr an einen Marsch nach Schlesien; außerdem mißtraute er Christian IV., weil er um dessen Versuche wußte, mit dem Kaiser Friedensgespräche zu führen. Umgekehrt beargwöhnte der König auch Fürst Bethlen, weil der schon Frieden mit dem Kaiser geschlossen hatte. Das war vielleicht der Grund, weshalb Christian ihm keine Subsidien mehr schickte, zu denen er sich verpflichtet hatte. Auch der englische König ließ ihn im Stich, obwohl er formal der Haager Allianz angehörte, und zahlte ihm nicht einen einzigen Taler. Im Hinblick auf solche Erfahrungen mit den Bundesgenossen ist Bethlens Zurückhaltung durchaus begreiflich.

Der König machte sich gegenüber seiner Armee nicht nur dadurch schuldig, daß er sich nicht um Hilfe von Bethlens Seite bemühte, sondern auch damit, daß er sie nicht rechtzeitig abberief. Er selbst war nicht imstande, ihm Beistand zu leisten, weil er damit in die Gefahr geriet, von Tilly und Herzog Georg aus der Flanke überfallen zu werden. Sie konnten ihm auch den Weg abschneiden. Im zeitigen Frühjahr, als sich die kaiserliche Armee in Schlesien noch nicht eingerichtet hatte und Wallenstein in Prag und später in Wien weilte, hegte Mitzlaff die Hoffnung, er könne zu den dänischen Truppen in Mecklenburg oder entlang der Oder nach Pommern gelangen; doch im Juni war es dafür schon zu spät. Die Besetzung des Unterlaufs der Havel durch kaiserliches Militär unter Herzog Georg machte den Rettungszug nach Westen fast unmöglich, und als Wallenstein Arnim entsandte, um Frankfurt, andere Oderstädte und das Gebiet zwischen der Oder und oberen Havel in Besitz zu nehmen, war seine Lage beinahe hoffnungslos, denn ihm waren alle Rückzugswege abgeschnitten außer dem nach Ungarn. Aber dorthin wollte er sich nach den Erfahrungen des Vorjahres nicht mehr begeben. Mithin blieb ihm nicht anderes übrig, als der Dinge zu harren, die da kommen würden.

Inzwischen drangen der Kaiser und der Statthalter auf Wallenstein ein, er möge schon mit der Armee ins Feld ziehen, damit des Kaisers Eigenland (Böhmen) entlastet würde. Doch Wallenstein widerstand dem Druck und lehnte es ab, die Kampagne mit einer unvorbereiteten Armee und ohne Unterhaltsvorräte zu eröffnen.

Von Prag aus begab sich Wallenstein nach Schlesien zur Armee, kurz nach seiner Rückkehr aus Wien, am 2. Juni 1627. Er tat das prahlerisch mit großem Gepränge und prunkvoller Begleitung. Am 10. Juni traf er in Neiße ein, wo er seine Armee versammelt hatte. Dem Geiste seiner Strategie gemäß schuf er sich ein großes Übergewicht: Es waren 22 Regimenter, etwa 40.000 Mann, die er kommandierte. Am 19. Juni zog er mit ihnen ins Feld. Seine Aufgabe bestand zunächst darin, die von dänischem Militär besetzten Städte einzunehmen. Da er sich nicht mit langwierigen Belagerungen aufhalten wollte, wählte er folgende Taktik: Er belagerte eine Stadt und schlug der Besatzung vor, die Waffen niederzulegen und den Ort zu übergeben. Dafür garantierte er ihr freien Abzug in Ehren. Auf diese Weise ergab sich Jägerndorf am 3. Juli. Danach erprobte er seine Macht an der Festung Kosel, wo ein bedeutender Teil der dänischen Streitkräfte konzentriert war. In der Nacht vom 8. zum 9. Juli brach Mitzlaff mit etwa 4.000 Reitern aus der Festung aus. Sein Kriegsrat beschloß, sie so lange zu halten, bis Bethlen herankam. Doch ihr Kommandant Oberst Karpezan konnte Wallensteins verlockendem Angebot nicht widerstehen und übergab die Festung per Akkord am 10. Juli.

In der Zwischenzeit operierten weiter südlich die kaiserlichen Obersten Pechmann und Lorenzo del Maestro, und dort fiel ihnen eine Stadt nach der anderen in die Hände: Freiwaldau, Sovinec, Leipnik, Sternberg, Bielowitz, Odrau, Fulnek und Mährisch Weißkirchen. Nur Grätz bei Troppau verteidigte sich tapfer unter dem mährischen Hauptmann Holub. Am 17. Juli wurde es mit Gewalt genommen und der Kommandant, der mährischer Landsmann war, hingerichtet. Mit diesen Operationen wurde Schlesien mit Mähren und Wien wieder vereinigt.

Den größten Widerstand gegen Wallenstein Truppen leistete die Besatzung von Troppau, die der holsteinische Adlige Markwart Rantzau kommandierte. Da er die Übergabe verweigerte, wurde die Festung belagert. Die Besatzung schlug alle Angriffe zurück, war aber schließlich gezwungen, am 30. Juli zu kapitulieren, weil ihr das Pulver ausgegangen war. Rantzau erreichte aber, daß die Besatzung mit fliegenden Fahnen unbehelligt abziehen konnte. Danach besetzten Wallensteins Truppen die restlichen Städte Teschen, Pleß und Jablunkau. Am 31. Juli teilte er triumphierend allenthalben mit, daß der Feind geschlagen und aus Schlesien vertrieben sei. Er selbst werde sich mit der Armee in den Niedersächsischen Kreis begeben. Am 2. August trat er den Rückmarsch nach Neiße an.

Inzwischen vollzog sich die Anabasis der dänischen Reiterei, die Mitzlaff aus der Festung Kosel herausgeführt hatte mit der Absicht, sie für den dänischen König zu retten. Wallenstein stellte, um sie zu verfolgen, rasch eine berittene Einheit unter den Obersten Pechmann und Merode zusammen, der er auch leichte kroatische und kosakische Reiterei beigab. Die Verfolger erreichten die Dänen an der Grenze Pommerns und schlugen sie im Treffen bei dem Städtchen Bernstein in der Nacht zum 3. September. Dabei fiel Pechmann, einer der fähigsten Obristen Wallensteins, und eine Reihe Exulanten-Offiziere, unter ihnen Oberst Bubna. Der einstige Wallenstein-Rivale im Streit um das Nekeš-Erbe Václav Bítovský von Bítov geriet in Gefangenschaft. Von seinem grausamen Schicksal war schon die Rede. Der unerschrockene Mitzlaff allerdings entkam mit einem Rest von Truppen nach Dänemark. Das war der Endpunkt des kühnen Feldzugs, den Mansfeld und Herzog Johann Ernst nach Ungarn unternommen hatten.

Operation in Brandenburg und an der Elbe

Die Befreiung Schlesiens war nicht das hauptsächliche Kriegsziel Wallensteins. Ihm ging es von Anfang an darum, den dänischen König zu bezwingen und sein Land zu erobern. Darum beorderte er noch während des schlesischen Unternehmens einen Teil seiner Armee in das ausgedehnte Areal Norddeutschlands, vor allem nach Brandenburg. Dessen Besetzung hatte in der gegebenen Situation eine außerordentlich große strategische Bedeutung, denn sie verhinderte die Vereinigung der in Schlesien stehenden dänischen Einheiten mit der Hauptarmee des Königs, eignete sich als Ausgangsbasis für einen Angriff auf dessen Land und bedrohte die dänischen Positionen an der Elbe und in Mecklenburg.

Den dritten Teil seiner Armee (der zur Untersützung Tillys im Reich verblieben war) bildete das Korps unter Herzog Georg von Lüneburg, das zur Zeit bei Havelberg und auf einer Linie entlang der Elbe lag. Dieser Position schrieb Wallenstein einen bedeutenden strategischen Wert zu; er schätzte, daß Tilly sich mit Herzog Georg vereinigen würde. Doch Tilly überlegte es sich anders und handelte selbständig. Wallenstein war entschlossen, in jedem Falle seine Armee bei Havelberg mit dem Korps Herzog Georgs zusammen zu führen.

Doch auch der dänische König und seine Militärs wußten um die außergewöhnliche strategische Bedeutung Havelbergs und der Havellinie. Mitte Juni ernannte Christian IV. den greisen Markgrafen Georg Friedrich von Baden-Durlach zu seinem Stellvertreter (Generalleutnant). Das war eine sehr unglückliche Entscheidung, weil der Markgraf als Heerführer unfähig war; aber dem König blieb nur wenig Auswahl, weil Mangel an höheren Offizieren herrschte. Gleich nach seiner Ernennung übernahm der Markgraf das Kommando bei Havelberg, wo die dänischen Positionen stark waren. Als er am 10. August erfuhr, daß die dänische Reiterei in Schlesien verloren war, entschloß er sich, die Stellung bei Havelberg zu räumen und zurückzuweichen, da er befürchtete, von Tilly, Herzog Georg und Arnim eingeschlossen zu werden. Sein Rückzug führte nach Norden auf die Insel Poel an der mecklenburgischen Küste, wo er völlig untätig blieb. Er unternahm nichts gegen die vordringenden Abteilungen Wallensteins und Arnims, ebenso machte er keinen Versuch, sich an der Unterelbe mit der Armee des Königs und Thurns zu vereinigen, obwohl der Weg dorthin zu dieser Zeit noch offenstand.

Der König war vom Mai bis Juli bestrebt, den Unterlauf der Elbe von der Havelmündung bis Hamburg zu verteidigen. Tilly verharrte lange in Untätigkeit, bis er am 15. Juli von Gifhorn aus nach Norden Richtung Elbe aufbrach. Christian IV., der damals in Lauenburg weilte, stellte sich ihm nicht entgegen, sondern zog sich rasch nach Holstein zurück. Den Schutz der unteren Elbe vertraute er dem böhmischen Exulanten – General Graf Thurn an. Die ihm zur Verfügung gestellten Truppen reichten freilich weder an Zahl aus noch zeigten sie sonderlichen Kampfgeist, so daß Tilly hier auf unerwartet matte Gegenwehr stieß, die er leicht überwand. Trotzdem blieb Thurn nicht ganz ohne Erfolgschancen, weil Tilly nur eine kleine Armee befehligte und seine Position selbst für schwach hielt. Aber davon ahnten Thurn und der Markgraf nichts. Sie versäumten nicht nur die Gelegenheit, Tilly anzugreifen, sondern Thurn leistete ihm auch keinen ernsthaften Widerstand. Der König hielt es für schlimm, daß Thurn vor Tilly ohne Kampf gewichen war; vor allem aber fehlte er selbst, der die ganze Verantwortung trug, auf dem Schlachtfeld. Er, Thurn und der Markgraf verblieben aus unerfindlichen Gründen in purer Passivität, als wären sie aus Mangel an Vertrauen in ihre Kräfte gelähmt. Die dänische Führung versagte in dieser Phase des Krieges völlig, und dies im Angesicht höchster Bedrohung für das Land.

Die Offensive gegen das dänische Staatsgebiet

Nun nahte der große Augenblick im Leben Wallensteins, in welchem er seine Fähigkeit als Feldherr beweisen konnte und in welchem sich die sorgsame Vorbereitung auf diesen Feldzug auszahlen und die großräumige Kriegskunst Früchte tragen sollte, angewandt auf die Weiten der norddeutschen Tiefebene. Den ehrgeizigen General verlangte es danach, seine strategischen Pläne zu verwirklichen, mit neuen Erfolgen seine Widersacher bei Hofe zum Schweigen zu bringen und sich zu rehabilitieren für das nicht allzu gelungene Jahr 1626. Da er sich bei der Eroberung Schlesiens länger als veranschlagt aufgehalten hatte, war er bestrebt, seinen Marsch in den Niedersächsischen Kreis auf höchste zu beschleunigen.

Bevor sich die Armee in Bewegung setzte, teilte er sie. Die Reiterei, annähernd zehn Regimenter stark, schickte er unter dem Kommando des Grafen Heinrich Schlick voraus, der erst kürzlich aus der Gefangenschaft Bethlens heimgekehrt und kurz darauf zum Feldmarschall avanciert war. Schlick zog zur Stadt Brandenburg, wo sich die getrennten Teile der Armee wieder vereinigen sollten. Wallenstein brach am 7. August von Neiße mit neun Fußregimentern auf und nahm die südliche Trasse über Schweidnitz, Sagan und Forst. Unterwegs erreichten ihn lauter angenehme Nachrichten. Schon am 8. August erfuhr er von der Niederlage der dänischen Reiterei bei Bernstein; von Arnim ging die Meldung ein über seinen raschen Vormarsch in Brandenburg, wo er keinen Widerstand gefunden hatte, und über sein Vordringen zu den Grenzen Mecklenburgs und Pommerns. Mitte August war ihm bereits bekannt, daß die Dänen ihre Stellungen bei Havelberg verlassen hatten. Deshalb änderte Wallenstein seinen Plan und faßte den Entschluß, direkt nach Havelberg zu ziehen. Alsbald erfuhr er auch, daß der Markgraf nach Norden, Mecklenburg zu, retiriert war und Thurn seinen Standort zwischen Lauenburg und Boizenburg aufgegeben hatte und daß Tilly folglich keine Gefahr mehr von dänischer Seite drohte.

Am 21. August brach Wallenstein nach Cottbus auf, und während er dort zwei Tage Rast machte, teilte ihm Tilly aus Lauenburg mit, daß er seinen Vormarsch beschleunige. Wallenstein seinerseits ließ wissen, er marschiere mit der Armee unter großen Anstrengungen bei Tag und Nacht voran. Doch dieses Tempo ermüdete, ähnlich wie beim vorjährigen Zug nach Ungarn, die Armee zu Fuß ungemein und verursachte Verluste. Der gesundheitliche und körperliche Zustand der Soldaten ließ damals keine größeren Anstrengungen für längere Zeit zu.

Bei diesem Unternehmen war Wallenstein fest entschlossen, mit Tilly zusammen zu arbeiten; er machte dem bayerischen Kurfürsten diesbezüglich Angebote. Dieser nahm sie mit Dank entgegen und antwortete, er habe Tilly befohlen, der kaiserlichen Armee mit Rat und Tat zu helfen.

Diese bewegte sich mit Wallenstein nach Dahme und Jüterbog (25. August), von da weiter Havelberg zu. Da weit und breit kein Feind zu sehen war, ließ er sein Fußvolk und die schwerfällige Artillerie zurück und eilte, begleitet von der leichten kroatischen Reiterei, vorwärts. Am 28. August war er schon in Perleberg und am 31. dieses Monats bei der mecklenburgischen Festung Dömitz an der Elbe, deren Besetzung er nötigte, sich per Akkord zu ergeben. Am gleichen Tag noch brach er nach Lauenburg auf, wo ihn Tilly erwartete. Beide Generale berieten hier über Friedensbedingungen und den gemeinsamen Vormarsch in die Länder des dänischen Königs. Es herrschte seltene Übereinstimmung zwischen ihnen, die freilich, wie sich bald zeigen sollte, nur von kurzer Dauer war.

Nach Lauenburg kam zu den beiden Befehlshabern Herzog Friedrich von Holstein-Gottorp, Neffe des Dänenkönigs und Schwiegersohn des sächsischen Kurfürsten, mit Friedensvorschlägen. Der Herzog handelte aus eigenem Antrieb, weil er sein Land vor dem Krieg bewahren wollte. Zwar wußte der König davon, doch es war keinesfalls seine Offerte, wie Wallenstein irrtümlich glaubte. Die Einzelheiten dieser Vorschläge sind nicht bekannt, dafür aber die Bedingungen der Generale: völlige Abrüstung des Königs im Niedersächsischen Kreis, Entlassung aller Soldaten, Übergabe aller bis dahin besetzten Plätze, Verzicht des Königs auf seinen Anteil am Herzogtum Holstein und den höchsten Landesämtern und seiner Söhne auf die Ansprüche an Bistümern, Entsagung aller Prätensionen gegenüber den Herzögen von Braunschweig, Lüneburg und anderen Reichsständen sowie voller Ersatz aller diesen Reichsständen zugefügten Kriegsschäden. Schließlich forderten sie vom König, sich aus allen Allianzen zu lösen, die sich gegen den Kaiser und das Haus Österreich richteten, und, nicht zuletzt, die Herabsetzung des Sundzolls.

Auf den ersten Blick war klar, daß das Bedingungen waren, die der König selbst in seiner schwierigen Lage nicht akzeptieren konnte. Deshalb wagte Herzog Friedrich nicht, sie ihm vorzulegen. Im übrigen schätzte auch der Kaiserhof Wallensteins und Tillys Forderungen so ein, daß sie für den König unannehmbar seien. Graf Trauttmansdorff schrieb an Wallenstein, daß der König, wenn er Frieden brauchte und sie annehme, durch sie nicht weniger verlöre als durch Krieg und Niederlagen. Auch Christian IV. erklärte seine Bereitschaft, zu Friedensverhandlungen unter Vermittlung von Bevollmächtigten beider Seiten in

Hamburg zu schreiten; der Reichsrat forderte ihn dazu ausdrücklich auf. Doch tat er keine konkreten Schritte – zu denen er im übrigen schon keine Zeit mehr hatte.

Dadurch, daß die Armeen Wallenstein und Tillys Lauenburg besetzt hatten und die Unterelbe beherrschten, war die dänische Armee in zwei Teile getrennt. Der König hatte es versäumt, die im Erzbistum Bremen und anderen Orten südlich der Elbe liegenden Truppen zu sich aufs rechte Elbufer zu beordern; als er es versuchte, weigerten sich die Soldaten, wegen ausstehenden Soldes zu gehorchen. Die im Gebiet südlich der Elbe liegende dänische Armee war völlig aus dem Spiel geworfen und vermochte zum Schutz des eigenen Landes nichts beizutragen. Im Gegenteil, sie mußte sich eines Teils der Liga-Armee erwehren, der unter Graf Anholt gegen sie operierte.

Ein noch größerer Fehler unterlief Chistian IV. dadurch, daß er nicht rechtzeitig das Korps des Markgrafen von Baden, das untätig auf der Insel Poel lag, heranrief; es war immerhin das eigentliche Hauptkontingent der dänischen Armee. Der Versuch des Königs, in Holstein und Schleswig das Landesaufgebot und den militärischen Einsatz des Adels anzuordnen, schlug völlig fehl, obwohl die Landtage ihn unterstützten und der Maßnahme zustimmten. Vom kämpferischen Geist der nordischen Vorfahren fand sich keine Spur mehr. Wegen all der Mängel war Dänemark gegen den Angriff der kaiserlichen und ligistischen Armee nicht gerüstet. Seine Abwehr hing allein von der kleinen Streitkraft unter Heinrich Mathias Thurn ab, die, was ihre Stärke anbetraf, weit hinter den Armeen zurückstand, denen sie die Stirn bieten sollte. Im allerernstesten Augenblick schickte der König einen Gesandten nach Den Haag mit der Forderung nach Hilfe, doch auch das kam schon zu spät.

Zwar geht es nicht an, dem König Kampfentschlossenheit, eine gewisse Ausdauer und Widerstandsfähigkeit abzusprechen, es ist aber auch nicht möglich, die ernsten Fehler zu übersehen, die er sich in entscheidenden Kriegsphasen zuschulden kommen ließ. Einer der Hauptfehler bestand darin, daß er zuließ, die Armee in drei Teile zu spalten, von denen zwei sich nicht an der Verteidigung des Landes beteiligten (oder es nicht konnten). Dazu kam, daß er in entscheidenden Augenblicken nicht bei seiner Armee war, um sie zu führen und ihr Mut und Entschlossenheit zu vermitteln. Er verließ sie im August, als er die Linie Lauenburg-Bleckede an der Elbe hätte verteidigen müssen, und nahm am Landtag zu Rendsburg teil. Dieser war zwar wichtig, aber seine dortige Abwesenheit wäre das kleinere Übel gewesen als das Wegbleiben vom Kriegsschauplatz.

Die einzige Hoffnung des Königs in der gegebenen Situation konnte der schlechte Zustand der Wallensteinschen Armee sein, den Tilly in seinem Bericht an den bayerischen Kurfürsten aus Boshaftigkeit in den düstersten Farben darstellte. Demzufolge seien es nur 7.000 Fußsoldaten gewesen, die man gegen den Feind hätte führen können, die Qualität der Reiterei schätzte er noch geringer ein. Der niederländische Resident zu Hamburg Foppius von Aitzema meldete den Generalstaaten, die kaiserliche Armee sei von Not und Hunger alsbald aufgezehrt, so daß man nur einige Tage braucht, um ihr standzuhalten. In der Tat litt sie an schlechter Versorgung und den Folgen der Eilmärsche. Auch das noch durchzustehen, was ihr nun zugemutet wurde, war eine beachtliche Leistung, wenn man bedenkt, daß sie drei Monate davor aus Prag zur Eroberung Schlesiens aufgebrochen war und sich nun nicht weit von Hamburg befand.

Zu Anfang des Monats September vereinigten sich nördlich von Lauenburg beide Teile der Wallensteinschen Armee: das aus Schlesien eingetroffene Heer mit den Regimentern, die unter dem Kommando Herzog Georgs im Reich verblieben waren. Ihnen gesellten sich Tillysche Truppen zu, die mit fünf Regimentern nur einen kleinen Zuwachs einbrachten. Die zahlenmäßige Stärke der vereinigten Armee ist nicht bekannt, Schätzungen rechnen mit 40.000 bis 50.000 Mann. Thurn, der Dänemark gegen sie schützen sollte, verfügte über 8.000 Soldaten.

Am 7. September 1627 begab sich der zusammengefügte Heereskörper, dessen Großteil einen Monat davor noch in Schlesien stand, unter Wallensteins Kommando auf den Marsch Richtung Trittau. Die Schnelligkeit dieser Operation widerlegt von selbst die in der Wallenstein-Literatur häufige Feststellung, Wallenstein habe die Armeen phlegmatisch und unentschieden geführt. Tillys Regimenter bildeten den linken Flügel, Schlick kommandierte den rechen, Wallenstein die Mitte. In den nächsten Tagen näherten sie sich zwischen Altona und Hamburg der dänischen Armee; die jedoch brach in aller Eile ihr Lager ab und zog sich nach Norden zurück.

Am 9. September traf Wallenstein in Eiderstedt bei Hamburg eine wichtige Entscheidung, die von größtem Gewicht für das Gelingen der Operation war. Er teilte die Armee. Den einen Teil von 30.000 Mann, befehligt von Schlick, wies er in nordöstliche Richtung mit dem Auftrag, sich der wichtigsten Plätze an der Ostsee zu bemächtigen. Er und Tilly zogen mit dem anderen Teil nach Norden, Schleswig und Jütland zu. Arnim erhielt von Wallenstein den Befehl zum Versuch, den Markgrafen aus seiner Stellung zu vertreiben, dabei mit Schlick zu kooperieren und sich ihm am Ende anzuschließen.

Auf den ersten Widerstand stieß die vereinigte Armee bei Pinneberg, das die Übergabe verweigerte. Bei der Belagerung wurde Tilly verwundet. Er benutzte die Gelegenheit sich wegzubegeben, weil er nicht ständig den zweiten Platz einnehmen wollte. Dabei kam es zur Entzweiung mit Wallenstein, weil Tilly gedachte, alle seine Regimenter abzuführen. Wallenstein stimmte dem nicht zu und setzte durch, daß er drei Regimenter behielt. Mit den zwei übrigen marschierte Tilly nach Lauenburg, weg vom Kriegsschauplatz und überließ dem Jüngeren freie Hand.

Die Stadt Pinneberg ergab sich am 12. September. Wallenstein drang nach Elmshorn vor, von dort aus die dänischen Festungen Krempe und Glückstadt bedrohend. In Elmshorns Umgebung lag Thurn mit einigen Regimentern, aber sie stellten sich Wallenstein nicht entgegen. Kam er ihnen nahe, ergriffen sie die Flucht. Bei Steinberg versuchten sie sich festzusetzen, leisteten aber auch hier keine Widerstand, sondern zogen es abermals vor zu fliehen; das Fußvolk wählte den Weg nach Krempe, südlich von Rendsburg gelegen. Mit der Einnahme von Rendsburg, wo er am 17. September war, hielt sich Wallenstein nicht auf und drang stattdessen von Steinburg in Richtung Rendsburg vor. Unterwegs belagerte er die kleine Festung Breitenburg, die der Familie Rantzau gehörte. Die aus Schotten und Deutschen gebildete Besatzung unter dem Kommando des Schotten Dumbarre verweigerte die Übergabe und leistete heldenmütigen Widerstand. Die Belagerung, die vom 17. bis 29. September dauerte, leitete Wallenstein selbst. Er beschloß, sich an den Verteidigern zu rächen, um die Besatzungen anderer Städte von Gegenwehr abzuschrecken. Zu dieser Zeit war es Kriegsbrauch, eine Widerstand leistende Besatzung gnadenlos niederzuhauen; einer Besatzung aber, die den Akkord wählte, gewährte man freien, ehrenvollen Abzug. Im Falle von Breitenburg gab Wallenstein den Befehl, alle Männer, die sich in der Festung befanden, ohne Pardon zu erschlagen, es waren 500 Mann. Im Schloß befand sich die wertvolle Bibliothek des Humanisten Heinrich Rantzau. Wallenstein ließ sie auf der Elbe nach Böhmen abtransportieren und schenkte sie Pater Lamormain.

Nach dem Fall Breitenburgs führte Wallenstein die Armee vor die Stadt Rendsburg und begann am 2. Okotober mit ihrer Belagerung; am 17. dieses Monats übergab der Kommandant der französischen Besatzung Graf Montgomery die Festung per Akkord; dabei wurde der Bevölkerung die freie Religionsübung zugesichert. Noch während der Belagerung ließ Wallenstein den Obristen Schellart von Görzenich vor eine Kriegsgericht stellen, das ihn wegen Verbrechen an der Bevölkerung und zügelloser Freibeuterei zum Tode verteilte. Die Hinrichtung wurde alsbald vollzogen. Damit wollte Wallenstein verbrecherische Exzesse von Armeeangehörigen eindämmen, zugleich tat er kund, daß er um des Erhalts der Disziplin willen weder auf gehobenen Rang noch auf hohe Geburt Rücksicht nehmen werde.

Der König nahm an der Verteidigung seines Landes von Anfang an nicht teil, diese undankbare Aufgabe übertrug er dem Grafen Thurn. Dieser raffte sich bald auf, rückte von Glückstadt ab und nach Flensburg, wo er eine neue Armee sammeln und die Verteidigung organisieren sollte. Aber ihm blieb keine Zeit mehr, eine Abwehrlinie quer durch die Halbinsel zu schaffen, weil inzwischen die Reiterei in kopfloser und panischer Flucht das Weite gesucht hatte, obwohl die feindliche Vorhut noch weit entfernt war. Die Flucht ging bis nördlich von Flensburg; auch dem König gelang es nicht, sie aufzuhalten, er wurde vielmehr von den Flüchtenden mitgerissen, begab sich nach Kolding und von da auf die Insel Fünen. Er erkannte, daß ihm keine Möglichkeit mehr blieb, irgendeine Verteidigungslinie aufzurichten und ließ daher seine Untertanen wissen, sie müßten sich selbst verteidigen. Sein Reich versank in Chaos und Zerfall, Panik und Ratlosigkeit griffen um sich. Der Kollaps war da; es löste sich nicht nur die Armee, sondern der Staat selbst auf.

Eine bemerkenswerte Ausnahme machte Thurn, er verfiel weder in Panik noch ließ er sich zur Flucht nach Nord-Jütland hinreißen. Er erreichte Glückstadt, und von da setzte er auf das andere Ufer des Elbedeltas ins Erzbistum Bremen über. Dort stieß er mit seinen Soldaten zu jenen dänischen Abteilungen, die sich unter dem Befehl des Generals Morgan befanden, und setzte den Kampf gegen die Liga-Armee fort.

In Rendsburg entschloß sich Wallenstein, mit dem Vormarsch nicht weiter forzufahren, und betraute Schlick mit dem Abschluß der Operation in Dänemark, der sich dieser Aufgabe mit großer Energie annahm. Eigentlich ging es nur noch darum, den Gegner zu verfolgen, denn die kaiserliche Armee überschwemmte die Halbinsel Jütland, ohne Widerstand zu finden. Im Land entstand eine paradoxe Situation: Die Bevölkerung verhielt sich zur eigenen Armee feindselig, während sie die gegnerischen Truppen unterstützte und in einigen Fällen sogar als Befreier begrüßte. Praktizierte doch die dänische Armee auf ihrem Rückzug nach königlichem Befehl die Taktik der verbrannten Erde, raubte, verwüstete und sengte. Ganze Dörfer wurden eingeäschert, Mühlen vernichtet, Dämme durchstoßen und Gräben zerstört. Mit diesen Maßnahmen sollte dem Feind der Vormarsch erschwert, der Unterhalt seiner Armee und ihr weiterer Verbleib im Lande unmöglich gemacht werden; doch trafen sie vor allem die einheimische Bevölkerung mit aller Härte, und am Ende bezahlte dafür auch die eigene Armee. Die Reste ihrer Reiterei waren gezwungen, am 18. Oktober bei Aalborg zu kapitulieren, als ihnen die ansässige Bevölkerung feindselig begegnete und die Meuterei eines Regiments jede Rettung verhinderte. Die totale Demoralisierung auf dänischer Seite konnte sich nicht augenfälliger äußern.

Die Armee des Markgrafen von Baden vergaß die dänische Kriegführung, hauptsächlich bei der Versorgung mit Lebensmitteln und Munition; sie informierte den Markgrafen nicht einmal über die Entwicklung des Kriegsgeschehens. Mitte September stellte ihm der Kriegsrat den Befehl zu, er möge mit seinen Regimentern nach Ost-Holstein überwechseln ins Gebiet des alten Bistums Oldenburg, auch Wagrien genannt. Dorthin dislozierten der Markgraf und Herzog Bernhard von Weimar, der später in der schwedischen Kriegsphase zu Berühmtheit gelangte, acht Regimenter. Zwei mußten mangels Schiffen auf der Insel Poel verbleiben. Niemand in der dänischen Führung, weder der König noch der Kriegsrat, wußte davon, daß sich Schlick in Eilmärschen mit einer starken Armee Wagrien näherte. So tappte der Markgraf ahnungslos in die Falle, die ihm Wallenstein unbewußt gestellt hatte. Schlick schloß die dänische Armee in der Oldenburgischen Landzunge ein, so daß ihr kein anderer Ausweg übrig blieb als zur See. Herzog Bernhard wollte seine Abteilungen auf die Insel Fehmarn übersetzen und führte sie deshalb ans hinterste Ende der Landzunge bei Grossenbrode, aber er fand wiederum keine Fahrzeuge. Markgraf Georg Friedrich, Herzog

Bernhard und einige Offiziere entkamen im letzten Augenblick. Am 24. September ergab sich die abgeriegelte, von ihren Führern verlassene Armee per Akkord zu den üblichen vorteilhaften Bedingungen dem Grafen Schlick. In ihren Reihen befand sich auch das Reiterregiment Joachim Slavates, das sich, mit Pässen versehen, auf den Heimweg nach Böhmen machte. Dergestalt endete der besterhaltene Teil der dänischen Armee. Der Markgraf, Herzog Bernhard und das, was von der Armee übrigblieb, wie auch die Regimenter auf Poel sammelten sich um den König auf der Insel Fünen. Die beiden Generäle fürstlichen Geblüts entließ Christian IV. aus seinem Dienst.

Die ursprüngliche Absicht Wallensteins war folgende: Schlick sollte in östlicher Richtung an die Ostseeküste ziehen, dort die Häfen besetzen und sich schließlich mit Arnim vereinigen. Doch der unerwartet günstige Verlauf des Krieges auf der Halbinsel Jütland veranlaßte ihn, Schlick auf den dortigen Kampfplatz zu rufen. Inzwischen fuhr Arnim mit der Besetzung Mecklenburgs fort, wo er nur vereinzelten oder keinen Widerstand fand, weil der Markgraf und Herzog Bernhard das Feld kampflos räumten und untätig blieben. Arnim konnte einen großen Erfolg verbuchen, als die Stadt Wismar eine kaiserliche Garnison aufnahm. Damit gewann er für Wallenstein und den Kaiser einen der bedeutendsten Ostseehäfen. Rostock allerdings verweigerte die Aufnahme – für Arnim ein Fehlschlag. Zu dessen Vereinigung mit Schlick kam es nicht, weil dieser seinen Marsch Richtung Osten stoppte und nach Dänemark zurückkehrte.

Während der Krieg auf Jütland schon entschieden war, dauerten die Kämpfe an der Südseite der Elbe im Erzbistum Bremen weiter an. Obwohl die Stellung der dänischen Truppen hier nach der Besetzung ihres Heimatlands hoffnungslos war, leisteten sie größeren Widerstand als die Einheiten in Dänemark selbst und ergaben sich nicht ohne Kampf. Ungeachtet dieser standhaften Gegenwehr gewann die Liga-Armee das Übergewicht und nahm eine Stellung nach der anderen ein, so daß sie Ende des Jahres das ganze Stiftsland außer der Festung Stade in Besitz hatte. Dorthin wandte sich Morgan mit seinen Fußtruppen. Ihm leistete der nunmehrige Marschall Graf Thurn in den ersten Oktobertagen große Hilfe, vor allem beim Rückzug von Bremervörde nach Stade. Hier entschied er sich, aus dem dänischen Dienst auszuscheiden und nach den Niederlanden, einem Zufluchtsland der böhmischen Exulanten, zu gehen.

Der dänische König war an allen Fronten außer auf der See geschlagen worden und hatte fast seine gesamte Armee verloren. In deren Reihen hatten viele Exulanten aus den böhmischen Ländern gekämpft, die ihre Aussicht auf Rückkehr in die Heimat der dänischen Sache anheimstellten. Die Niederlage des Königs war auch die ihre, sie war ein weiteres Mißgeschick in ihrem schweren Dasein und begrub ihre Hoffnungen. Nun ging es darum, wie sich Wallenstein zu seinen exilierten Landsleuten stellte, die in Gefangenschaft gerieten. Allgemein gesagt, verfolgte er die gefangenen Exulanten nicht, weil sie gegen den Kaiser gekämpft hatten. Er verfuhr mit ihnen wie mit den übrigen Gefangenen und als wären sie der Zugehörigkeit zum böhmischen Staat enthoben. Zwei Ausnahmen machte er mit Jan Christoph von Waldstein und Václav Bítovský von Bítov. Doch das war eine ganz andere Sache: Hier handelte es sich um fortdauernde frühere Feindschaft, um die Begleichung alter Rechnungen und um persönliche Rache.

Triumphierender Wallenstein

Der überraschend schnelle Sieg Wallensteins über den dänischen König schockierte die ganze protestantische Welt – wie er umgekehrt die katholische Seite jubeln ließ. Das war eine Leistung, die er nicht mit Tilly teilen mußte. Wenn man bedenkt, daß er noch vor einem Jahr bei Tyrnau und Hlohovec stand, daß er die Armee erneuerte und beträchtlich vermehrte, ohne aus Wien Finanzmittel zu bekommen, wenn weiter bedacht wird, daß er Dänemark im Eiltempo einnahm, dann vermochte auch sein ärgster Feind nicht, ihm das persönliche Verdienst daran zu bestreiten. Diesen Sieg vollbrachte er ohne große Schlachten, die den Ruhm eines Heerführers zu begründen pflegten, ohne das sonst übliche Blutvergießen und ohne größere Verluste an Menschenleben. Hier entfaltete sich ein strategisches Talent, das sich namentlich darin äußerte, daß er in großen Räumen, vor allem Norddeutschlands, Krieg führte und den Angriff von mehreren Seiten ansetzte. Seine Taktik beruhte auf dem großen Übergewicht seiner Streitmacht, deren abschreckende Wirkung voll zur Geltung kam. Damit verknüpfte Friedensbedingungen, die er für eine Kapitulation per Akkord anbot, bewirkten, daß sich eine feindliche Stadt oder Stellung nach der anderen, manchmal auch ganze Abteilungen, kampflos ergaben. Damit erreichte er sein Ziel, ohne daß Verluste an Menschenleben auf beiden Seiten zu beklagen waren. Sein Vorgehen enthielt bereits ein modernes Element, denn eine heutige Großmacht baut überlegene Streitkräfte auf, um ihre außenpolitischen Ziele allein durch deren Existenz, nicht durch Kriegseinsatz zu erreichen. Man darf allerdings auch nicht übersehen, daß Wallensteins Erfolg teilweise auch durch die mangelnde Kompetenz der dänischen Militärführung und das Fehlen talentierter Heerführer erleichtert wurde.

Der kaiserliche Feldherr vollendete seinen Sieg nicht. Kurz nach der Kapitulation Rendsburgs vertraute er Schlick das Kommando über die Armee in Jütland an, er selbst trat am 18. Oktober die Reise nach Böhmen an. Zur selben Zeit kam der Kaiser mit seinem Hof auf einen längeren Aufenthalt in Prag an, um die Krönung seiner Gattin Eleonore zur Königin von Böhmen und die seines Sohnes Ferdinand zum König des Landes mit großer Festlichkeit zu vollziehen. Wallenstein besaß nicht so viel Hof-Gewissen, um zum Kaiser zu eilen, eher traf das Gegenteil zu. Als Grund seiner Reise gab er an, der Kaiser wolle mit ihm über verschiedene Angelegenheiten sprechen. Um welche es sich handelte, führt er nicht wörtlich aus. Ohne Zweifel aber waren das die Finanzierung der Armee, ihre Zahlenstärke und etwaige Verkleinerung, Beschwerden der Kurfürsten und Fürsten über sie und nicht zuletzt finanzielle Forderungen an den Kaiser, die sich schon auf eine Million Gulden beliefen. Wallenstein hatte zur Reise auch ganz persönliche Beweggründe: Seine Gattin sollte dem sehnsüchtig erwarteten Erben das Leben schenken.

Die Heimreise trat Wallenstein in dem Augenblick an, als der endgültige Sieg mit Händen zu greifen war. Er war sich dessen freilich nicht bewußt und machte sich im ungünstigsten Moment auf den Weg. Vom militärischen Standpunkt aus gesehen, drückte sich im vorzeitigen Verlassen des Kriegsschauplatzes altes Denken aus, wonach Operationen im Herbst abzuschließen (was sich später bei Lützen wenig auszahlte) und im Frühjahr wieder zu beginnen seien. Wallenstein wußte nicht, daß das milde Seeklima in Dänemark die Fortsetzung des Krieges bis in die kalte Jahreszeit, im günstigsten Falle auch über den Winter, erlaubte. Folglich versäumte er die einzige Gelegenheit, dem Krieg damit ein Ende zu setzen, daß er die Insel Fünen überfiel, die von der jütischen Halbinsel nur durch eine schmale Meerenge, den Kleinen Belt, getrennt ist. Dorthin war der dänische König zurückgewichen, umgeben von einem Häuflein abgerissener Soldaten aus den Resten seiner demoralisierten Armee, die einen Überfall Wallensteins nicht hätten abwehren können. Zum großen Glück für den König dachte Wallenstein nicht daran und unterließ jeden Versuch. Er betraute die Obristen Conti und Schaumburg mit dieser Aufgabe. Doch diese konnten sie nicht ausführen, weil der König in der Zwischenzeit seine Stellung gefestigt hatte.

Das Ausgreifen des Krieges: die Besetzung Pommerns

Noch während seines Aufenthalts in Holstein faßte Wallenstein den folgenreichen Entschluß, Pommern zu besetzen. Dieses Herzogtum hielt sich neutral; sein Herrscher, Herzog Bogislav XIV., war kaisertreu, seine Loyalität allenthalben bekannt. Der Kaiser drängte ihn, die Küste, Städte und Festungen sowie den Lauf der Oder militärisch zu besetzen, und damit das Land vor feindlichen Einfällen zu schützen. Aus Geldmangel konnte der Herzog dem Kaiser indes nur wenig eigene Verteidigungsmaßnahmen zusagen.

Doch Wallenstein wollte Pommern sicher in die Hand bekommen, weil er einerseits befürchtete, Gustav Adolf könnte ihm zuvorkommen, und weil er andererseits das spanische maritime Projekt zu befördern wünschte. „In Pommern gibt es 28 Häfen, und wir müssen sie alle besetzen und befestigen“, erklärte er. Zeifellos hegte er die Absicht, die gesamte norddeutsche Ostseeküste unter Kontrolle zu bekommen. Darüber hinaus hatte er einen geheimen privaten Beweggrund: Er dachte schon damals daran, Mecklenburg zur Deckung seiner finanziellen Ansprüche an den Kaiser zu gewinnen, und betrachtete das Land schon als ihm gehörig. Deshalb war er bemüht, es mit Kriegslasten zu verschonen, indem er einen Teil davon auf das benachbarte Pommern verlagerte. Über all diesen Motiven stand jedoch die eiserne Notwendigkeit, für die Armee frische Winterquartiere zu finden.

Er verlangte vom Pommernherzog, in seinem Land über den Winter zehn Regimentern Quartiere einzuräumen. Bogislav lehnte das aus ganz verständlichen Gründen ab: Die Einquartierung werde die Feindseligkeit fremder Herrscher herausfordern, der Handel werde Schaden leiden, worauf die Landeseinwohner ihre Nahrung gründeten, das Einlegen von Soldaten bedeute den Verderb des Landes, und dem Kaiser würde damit kein Dienst erwiesen. Doch bevor er den Brief erhielt, erließ Wallenstein am 3. November ein Patent, mit dem er bekanntgab, daß er Arnim mit Truppen entsandt habe, um die Städte, besonders die mit Seehäfen, zu besetzen. Der Herzog schloß mit Arnim am 20. November die Franzburger Kapitulation, nach der nur in befestigten Städten (ausgenommen die fürstlichen Residenzen) Soldatenabteilungen zu stationieren seien. Die Stadt Stralsund war nicht ausgenommen, doch der Rat meinte, daß sie vor der Einquartierung durch einen Vertrag mit dem Herzog verschont bleiben könne. Arnim entgegnete, sie müsse sich davon freikaufen ähnlich der Stadt Rostock.

Mit diesem Schritt weitete Wallenstein das Kriegsgebiet aus und verwandelte den niedersächsischen in einen norddeutschen Krieg. Mit der selbstherrlichen Besetzung Pommerns vollendete er die Herrschaft über die Ostseeküste von Frederikshavn bis zur polnischen Grenze in einer Länge von 1.400 Kilometern. Er lud sich damit auch die gewaltige Last der Bewachung und Verteidigung der Nord- und Ostseeküste von der Elbmündung über Jütland bis an Polens Grenzen auf. Das hieß, dort Besatzungen mit einer großen Anzahl von Soldaten zu unterhalten. Vom politischen Standpunkt aus gesehen, rückten Wallenstein und der Kaiser dem polnisch-schwedischen Krieg näher, den sie zukünftig bei ihren Kalkulationen nicht übersehen durften. In Schweden entstand ihnen ein neuer, nun schon nicht mehr ferner Gegner.

Auf der Heimreise. Verhandlungen mit Schweden

Die Rückreise von Rendsburg aus führte Wallenstein über Elmshorn, Pinneberg, Wandsbeck, Trittau und Lauenburg. In Wittenberg trennte er sich von der Elbe und wählte den weiteren Weg über Brandenburg und Schlesien. Während er rasch durch Holstein und Mecklenburg kam, als trügen ihn die schnellen Flügel des Sieges, verlangsamte sich danach das Tempo bei der Route über Perleberg, Fehrbellin und Bernau nach Frankfurt/Oder. Er hatte allen Grund, nach Hause zu eilen, denn in Frankfurt erreichte ihn die Nachricht, seine Gatin habe den ersehnten Sohn namens Albrecht Karl geboren. Doch er hielt sich hier fünf Tage, vom 20. bis 24. November, auf, weil er Arnim antraf, der sich ansonsten in Pom-

mern, am nächsten zu Schweden, aufhielt. Zu dieser Zeit erreichten die streng geheimen Verhandlungen zwischen Wallenstein, der von Arnim vertreten wurde,
und König Gustav Adolf, der Reichskanzler Axel Oxenstierna bevollmächtigt
hatte, über den Abschluß einer Konföderation gegen Dänemark ihren Höhe-
punkt. Diese Verhandlungen sind bis heute ein Geheimnis geblieben. Es gelang
nicht, dafür im Reichsarchiv zu Stockholm einen Beleg zu finden.

Einen ähnlichen Vorschlag hatte Gustav Adolf bereits im Vorjahr an Wallenstein herangetragen, ebenfalls durch einen Vermittler. Es war Oberst Fahrens-
bach, der früher in schwedischen Diensten gestanden hatte. Aus Gründen, die
nicht einmal Wallenstein erfuhr, blieben weitere Schritte aus. Wallenstein seinerseits reagierte bejahend auf die schwedische Offerte und schlug vor, Gustav
Adolf möge Dänemark überfallen und angrenzende Gebiete in Norwegen besetzen. Er hatte dabei größere internationale Verknüpfungen im Auge, vor allem
den polnisch-schwedischen Krieg. Weil er annahm, Polen werde sich von einem
schwedisch-kaiserlichen Bündnis betroffen fühlen, schlug er vor, der Kaiser
möge einen Frieden zwischen Schweden und Polen vermitteln. Doch sollte sich
der Kaiser unbedingt verpflichten, dem polnischen König keine Hilfe zu gewähren. Das schwedische Angebot hielt Wallenstein für so wichtig, daß er den
Kaiser unverzüglich darüber informierte. Mitte Dezember gab dieser seine Zustimmung zu Verhandlungen, die aber, wie erwähnt, aus unbekannten Gründen
nicht zustande kamen.

Nach einem Jahr wurde der Vorschlag wiederholt, und es kam nun tatsächlich
zu Verhandlungen zwischen Arnim und dem schwedischen Gewährsmann
Kanzler Oxenstierna. Wallenstein hatte Interesse daran, daß Gustav Adolf nicht
in den Krieg eingriff und mit dem Kaiser Frieden hielt. Er bemühte sich über
Arnim, ihn von einem Zusammengehen mit Christian IV. abzuhalten. Daß der-
gleichen vorbereitet wurde, hatte Wallenstein erfahren und suchte zu Ungunsten
Dänemarks einzugreifen. Er schlug deshalb Gustav Adolf vor, ein Bündnis gegen
Dänemark herzustellen, Frieden mit Polen durch Vermittlung zu schließen und
Norwegen oder Dänemark vom Kaiser als Lehen anzunehmen. Dabei sollte, um
Christian zu besänftigen, dieser zum kaiserlichen Admiral ernannt werden. Der
schwedische König lehnte das scheinbar verlockende Angebot ab. Sein Realitäts-
sinn und sein protestanisches Gewissen erlaubten ihm nicht, einer solchen An-
fechtung nachzugeben.

Das Verhalten Wallensteins gegenüber den Schweden zur Zeit der Bündnis-
verhandlungen war kontrovers und widersprüchlich, denn er gab damals Arnim
zugleich den Befehl, schwedische Schiffe zu verbrennen, wo er sie finde. Er meinte, reichlich naiv, je ärmer und machtloser der schwedische König sei, „desto besser wird es für uns werden". Mit diesem Befehl bedrohte er selbst schon im Keim
die vorgeschlagene Annäherung an Schweden.

Aller Wahrscheinlichkeit nach brach die schwedische Seite die Kontakte ab.
Dies ist einer Äußerung vom 6. Januar 1628, die Wallenstein gegenüber Arnim

machte, zu entnehmen: Er sei verwundert, daß bislang keine Antwort in Sachen Bündnis mit Schweden eingegangen sei. Gleichzeitig, so meinte er, wäre er froh darüber, wenn es realisiert würde, „denn damit wäre es leichter, sich der dänischen Inseln zu bemächtigen und anzugreifen, wie sie es am Hofe vorschlagen." Aus diesen Worten folgert eindeutig, daß er mit dem Bündnis Schwedens Unterstützung für die Eroberung Insel-Dänemarks zu gewinnen hoffte.

Diese Verhandlungen mit Schweden zeigen, in welchem Maße sich Wallensteins Stellung veränderte. Er war nicht nur mehr der General, der kaiserliche Befehle ausführte, sondern politisches Subjekt und verhandelte selbständig mit fremden Mächten.

Unterdessen war am 14. November der Landtag nach Prag einberufen worden. Am 21. des Monats wurde die Kaiserin Eleonora zur Königin von Böhmen gekrönt und vier Tage später der Kaisersohn Ferdinand zum König. Aus diesen Anlässen strömte der Adel aus allen Kronländern in die Hauptstadt, um dem Kaiser und den Neugekrönten ihre Huldigung darzubringen. Siegesstimmung herrschte bei den zahlreichen Festlichkeiten. Nur Wallenstein, der allererste der böhmischen großen Herren, fehlte. Einige glaubten, er sei absichtlich ferngeblieben; in der Tat lag ihre Vermutung nicht sehr fern von der Wahrheit. Der stolze Wallenstein mochte weder dem Kaiser und noch weniger dessen Sohn, seinem späteren Hauptfeind, huldigen. Einer Nachricht zufolge, die der englische Diplomat Anstruther seinem Dienstherrn Lord Conway sandte, schickte der in Prag versammelte Adel eine Abordnung zu Wallenstein mit der Aufforderung, schnellstens nach Böhmen zu kommen. Er sollte beim Kaiser darum anhalten, die alten Landrechte, vor allem das Königswahlrecht des Adels, zu respektieren. Doch dieser Sproß eines alten böhmischen Herrengeschlechts hatte nicht das geringste Interesse an der Beibehaltung ständischer Privilegien. Die Bitte der katholischen Adligen war für ihn vielmehr ein weiterer Grund, seine Ankunft in Prag hinauszuzögern. Er wollte offensichtlich dieser delikaten Angelegenheit ausweichen.

V

Auf dem Gipfel der Macht?

Die Heimkehr aus dem Felde 1627 – wie anders sah sie aus als die des Vorjahres!

Damals kam er aus Ungarn zwar ungeschlagen, aber auch ohne Siege zurück; über die Art seiner Armeeführung herrschte Unzufriedenheit, er wurde zur Zielscheibe herber Kritik von allen Seiten, und man erwog seine Abberufung. Nun konnte er einen glänzenden Sieg aufweisen, dessen Schnelligkeit und scheinbare Leichtigkeit ganz Europa benommen machte.

Trotz alledem erwartete ihn in Böhmen kein triumphaler Empfang, den er nach einem solchen Sieg verdient gehabt hätte. Er traf wieder die alten Feinde an, deren Position noch stärker geworden war, weil sich Ferdinand, der neugekrönte König von Böhmen, an ihre Spitze stellte; er konnte sich mit Wallensteins Armeeführung nicht abfinden. An dessen Beseitigung arbeiteten mit Ausdauer der bayerische Kurfürst und seine Bundesgenossen, vor allem die geistlichen Kurfürsten; ihn abzusetzen war ihr nahes, im Falle des Mißlingens ihr fernes Ziel.

Der schwerste Schlag traf ihn hinterrücks von einer Seite, von der er es am wenigsten erwartete, weil er bis dahin Spaniens Interessen treu verfochten hatte. Dessen Botschafter Aytona lenkte in seinen Relationen wiederholt die Aufmerksamkeit auf die Gefahr, die aus der Tatsache erwuchs, daß Wallenstein an der Spitze der kaiserlichen Armee stand. Da Aytona am Madrider Hof Gehör fand, gab König Philipp IV. ihm den Befehl, dem Kaiser Wallensteins Absetzung vorzuschlagen.

Dies geschah gerade zu jener Zeit, als Wallenstein sich bereit zeigte, die maritimen Pläne Spaniens im Norden Europas zu unterstützen. In Madrid war man sich wohl bewußt, daß ohne Wallensteins Mitarbeit und Hilfe an deren Verwirklichung nicht zu denken war. Deshalb ist die feindselige Haltung Aytonas auch nicht recht verständlich, es sei denn, er hielt Wallenstein wirklich für unfähig und fehl am Platze.

In der historischen Literatur begegnet man immer wieder der Meinung, Wallenstein habe zu jener Zeit den Gipfel der Macht erklommen. Aber trifft das zu angesichts des Umstandes, daß in den kommenden Monaten über seinen Verbleib oder seine Abberufung verhandelt wurde, und das immerhin auch am spanischen Hofe? Wallenstein, gleich ob Sieger oder Verlierer, galt als böhmischer Emporkömmling, als Reichsfremder; seine Stellung blieb unsicher. Ein Paradoxon waltet über seinem Geschick: Je größere Erfolge er aufwies, desto heftigeren Neid und Haß erntete er.

Die Anfänge seines späteren Schicksals in Regensburg (1630) und Eger (1634) liegen schon im Jahre 1627. Ob er sich der Schattenseiten seines hohen Standorts schon damals bewußt war, ist nicht bekannt, aber wahrscheinlich.

Er kehrte als Sieger nach Böhmen zurück. Die Trophäen seines Triumphes und die erbeuteten Fahnen hatte er schon vordem an den Kaiser gesandt. Im Kopf trug er einen durchdachten Plan seines weiteren Vorgehens, den durchzusetzen mit allen notwendigen Forderungen er entschlossen war. An erster Stelle stand die Verrechnung der Summen, die er dem Kaiser für die Armee verauslagt hatte. Die Höhe seiner Forderungen ist nicht bekannt und wird sich wohl niemals feststellen lassen, weil die entsprechenden Unterlagen – wie alle Dokumente, die seine Erfolgsbilanz belegen könnten – nach seinem Tode vernichtet wurden.

Da aus den Kassen der kaiserlichen Regierung nur selten Geld floß, war von vornherein klar, daß Wallensteins Forderungen nicht in bar beglichen werden konnten, sondern mittels Konfiskationen – auf Kosten Dritter. Es scheint, daß er schon zu Anfang des ersten Generalats beabsichtigte, ein Reichsterritorium zu gewinnen, womit er in die Reihe der Fürsten des Heiligen Römischen Reiches einrücken würde. Er warf sein Auge auf Mecklenburg, das sich zwischen Ostseeküste und Elbe ausbreitete und von seinen Soldaten besetzt war. Wegen seiner Küstenlage und der bedeutenden Höfen Wismar und Rostock kam es seinen wie auch den maritimen Plänen des Hauses Habsburg gelegen. Die beiden Herzöge Adolf Friedrich und Johann Albrecht harrten am längsten von allen Fürsten des Niedersächsischen Kreises an der Seite des Dänenkönigs aus und lehnten es ab, kaiserliche Besatzungen in ihre großen Städte aufzunehmen. Als der Krieg eine ungünstige Wendung für Christian IV. nahm, suchten sie die Gnade des Kaisers; aber es war schon zu spät. Der Kaiser ordnete die Untersuchung des Verhaltens jener Stände des Kreises an, die seine Mandate nicht befolgt hatten, mit dem Ziel, ihren Besitz zu konfiszieren. Diese Maßnahmen betrafen zu allererst die mecklenburgischen Herzöge. Nun kam Wallenstein, seinen Anspruch auf Verrechnung seiner Auslagen präsentierend, mit der Forderung, ihm als Deckung Mecklenburg zu übereignen.

Die Forderung Wallensteins stieß im Geheimen Rat auf Widerstand, und zwar nicht nur bei seinen offenen und versteckten Feinden. Es gab auch politische Gründe, die dagegen sprachen; vor allem war ein negativer Widerhall von Seiten fremder Mächte und deutscher Reichsfürsten zu erwarten. Aber dem Kaiser blieb keine Wahl, weil er keine anderen Mittel hatte, die Kriegsausgaben zu decken. Am 7. Januar 1628 kam es in Brandeis zwischen dem Kaiser und Wallenstein zu einem erneuten Treffen, das überraschend schnell Folgen nach sich zog. Durch Patent vom 1. Februar erklärte der Kaiser beide mecklenburgischen Herzöge ihres Landes für verlustig und verkündete den Ständen und Einwohnern Mecklenburgs, daß er ihr Land zur Tilgung seiner Kriegsschulden dem Herzog von Friedland und seinen Erben als Pfand überlasse, und dies so lange, bis dessen

Forderungen beglichen seien. Diese Maßnahme gründete der Kaiserhof auf den Tatbestand der notorischen Reichsrebellion, verschuldet durch die mecklenburgischen Herzöge, und auf das Pfandrecht, kraft dessen die im Krieg gewonnenen Länder dem Feldherrn als Ersatz für seine Auslagen und Verluste so lange überlassen wurden, bis diese beglichen waren. Damit wurde suggeriert, den Herzögen seien ihre Länder nicht auf Dauer, sondern nur zeitweilig entzogen. Das war ein juristischer Kunstgriff, der schon im Falle Friedrichs von der Pfalz Anwendung gefunden hatte. Er machte es möglich, ganze Fürstentümer rasch, ohne langwierigen Gerichtsprozeß, einzuziehen. Fünf Tage vor dem kaiserlichen Patent, am 26. Januar, hatte der Kaiser mit Wallenstein einen förmlichen Kaufvertrag über Mecklenburg abgeschlossen, kraft dessen er auch den damit verbundenen Titel eines Herzogs führen durfte. Aus rechtlicher Sicht war ihm also das neugewonnene Land dreifach zugesichert worden. Durch ein weiteres Dokument übergab ihm der Kaiser noch das Bistum Schwerin (das der dänische Prinz Ulrich innehatte) und alle dazu gehörigen Klöster und geistlichen Güter – als Entgelt für Auslagen in Höhe von 750.000 Gulden.

An dieser wahrlich geschwinden Transaktion fiel auf, daß sie ohne genaue Taxierung des Pfandgegenstandes und ohne Spezifizierung der finanziellen Ansprüche Wallensteins erfolgte. Das erklärt sich aus zwei Motiven: In den Händen Wallensteins sollte Mecklenburg dazu dienen, das von Spanien geplante maritime Projekt (almirantazgo) zu verwirklichen und gleichzeitig den Angriff auf die dänischen Inseln vorzubereiten, den Wallenstein für das Frühjahr und den Sommer 1628 vorsah. Die mecklenburgischen Herzöge verloren ihre Länder, ohne daß ihr Verhalten im dänischen Krieg untersucht und ihre Schuld festgestellt worden wäre – einfach durch einen Rechtsakt, der die Geltungskraft eines Urteils besaß.

Die mecklenburgischen Stände bemühten sich um einen Aufschub der Exekution des Urteils in der Hoffnung, die Herzöge könnten beim Kaiser Gnade finden. Sie schlugen überdies noch vor, für die kriegsbedingten Ausgaben und Verluste Ersatz zu leisten, aber alle Mühen waren vergeblich. Am 8. April, durch kaiserliche Kommissare zusammengerufen, wurden die Stände gezwungen, Wallenstein als ihrem Pfandherrn zu huldigen und ihm den Treueid zu leisten. In einem Mandat vom 9. Juni 1629 – zur Zeit, als der Lübecker Frieden abgeschlossen wurde – erklärte der Kaiser, beide mecklenburgischen Herzöge hätten sich dadurch schuldig gemacht, daß sie Streikräfte gegen ihn gesammelt und eingesetzt hätten und damit förmlich der Reichsacht verfallen wären. Doch erlasse er ihnen aus Gnade diese Strafe und entziehe ihnen ihre Lehen, die er Wallenstein übertragen habe. Diesen Schritt bekräftigte der Kaiser auch in einem Brief vom 16. Juni 1629. So wurde Wallenstein in den Reichsfürstenstand erhoben und zog sich noch größeren Haß zu als vordem. Doch kaum einer der Kurfürsten und anderen Reichsstände erhob dagegen Protest. Nur die nordischen Könige erkannten die Übertragung nicht an, ebenso der bayerische Kurfürst und weitere Reichsstände.

Doch selbst ein so großes Territorium reichte nicht aus, um Wallensteins Schuldforderungen abzudecken. Schon im Mai 1627 hatte der Kaiser ihm zu diesem Zwecke das Fürstentum Sagan übertragen, am 15. Februar 1628 vergab er es ihm als ewiges Lehen, und am folgenden Tage erhob er es zum Herzogtum und verlieh dem Inhaber den Titel eines Herzogs von Friedland und Sagan.

Die Begegnung mit dem Kaiser während seines Aufenthaltes in Böhmen nutzte Wallenstein auch dazu, seine militärische Macht zu steigern. Durch kaiserliches Dekret vom 14. Februar 1628 wurde er zum „General-Hauptmann im Ozeanischen und Baltischen Meere" mit einem Monatsentgelt von 6.000 Gulden ernannt, seit 21. April 1628 bekleidete er Amt und Würde eines „General Obrister Feldhauptmanns", ausgestattet mit fast absoluter Verfügungsgewalt über die Armee. Der Kaiser übertrug ihm damit die Vollmacht, Obristen zu ernennen; das bedeutete, daß er Regimenter aufstellen und die Armee nach Belieben vergrößern konnte – ein Recht, das bis dahin allein beim Kaiser gelegen hatte. Dieser behielt sich lediglich vor, Generale zu berufen. Wallenstein wurde schließlich auch die Gerichtsgewalt in Zivil- und Strafsachen, die die Armee betrafen, übertragen, ebenso in Versorgungsangelegenheiten. Nach kaiserlichem Schreiben vom gleichen Tage durfte er den Titel „General des Ozeanischen und Baltischen Meeres" oder „Generalkapitän" einer noch nicht existierenden Kriegsflotte tragen.

Die Armee, die sich über das ganze Reich und Dänemark ausbreitete, glich einem Koloß, den von einem Hauptquartier aus zu beherrschen nicht leicht war. Deshalb teilte Wallenstein sie in vier Korps, deren Befehlshaber Schlick (Dänemark), Arnim (Mecklenburg und Pommern), Wolfgang von Mansfeld (Mittel- und Westdeutschland) und Collalto (Süddeutschland) waren. Mit letzterem hatte sich Wallenstein halbwegs versöhnt. Während die anderen drei zu Feldmarschällen avancierten, wurde Collalto zu Wallensteins Stellvertreter, also zum zweiten Mann in der Armee, ernannt.

Nun wähnte sich Wallenstein auf dem Gipfel der Macht. In der Tat – so hoch war vor ihm noch kein Militär in kaiserlichem Dienst emporgekommen. Doch die Pyramide, auf deren Spitze er stand, warf lange Schatten.

Maritime Pläne

Angesichts der Tatsache, daß seine Streitmacht an den Küsten der Nord- und Ostsee stand, hatte Wallenstein, vom militärischen Gesichtspunkt gesehen, tatsächlich den höchsten Punkt seines Weges nach oben erreicht. Als nächstes Ziel wollte er die dänischen Inseln erobern und den Krieg beenden. Zu wiederholtem Male äußerte er, daß er dem dänischen König auf seinen Eilanden einen Besuch abstatten werde – als Entgelt für dessen Besuch in Schlesien. Dazu aber war eine Flotte vonnöten. Er hatte eine große Armee zu Lande geschaffen, doch eine maritime Streitmacht war für ihn, den Mitteleuropäer, eine unbekannte Größe.

Er war entschlossen, Krieg zur See gegen den dänischen König zu führen. Der einfachste Weg, Kriegsschiffe zu beschaffen, schien der, sie von der Brüsseler Regierung anzufordern, die in Ostende und Dünkirchen Flottillen unterhielt. Doch die jüngsten Erfahrungen zeigten, daß dieser Weg nicht gangbar war. Der spanische König war zwar bereit gewesen, auf Verlangen des polnischen Königs eine Eskadron von Kriegsschiffen in die Ostsee zu beordern, doch die Regierung in Brüssel hielt den Versuch, sie durch den Øresund zu führen, für zu gewagt. Deshalb entschied sich Spanien, eine eigene Flotte in der Ostsee aufzustellen; die Schiffe sollten entweder gemietet oder neu gebaut werden.

Danach hegte Wallenstein den kühnen Plan, Nord- und Ostsee durch einen Kanal zu verbinden. Durch Vertiefung und Ausbau des Flußlaufes der Eider sollte er die Halbinsel durchqueren und so den spanischen Handels- und Kriegsschiffen den direkten Zugang zur Ostsee eröffnen. Tatsächlich begannen die Arbeiten am Kanal noch im Herbst 1627. Ein solches Bauwerk überstieg indes die technischen Möglichkeiten seiner Zeit und hätte, im günstigsten Falle, viele Jahre gedauert. (Dieser Schiffahrtsweg, heute „Kieler Kanal" genannt, wurde erst in den achtziger Jahren des 19. Jahrhunderts Wirklichkeit). Wallenstein wollte jedoch die Flotte schnellstens beisammen haben, sah aber keinen anderen Weg, als auf die Hilfe aus Brüssel zu setzen. Kaum in Dänemark angelangt, wandte er sich an Spinola mit der Forderung, ihm Fachleute des Hafenbetriebes und der Schiffahrt zu schicken. Gleichzeitig schlug er vor, durch die Besetzung der Ostseehäfen den Feinden Spaniens den Zugang zur Ostseeküste zu versperren; dabei dachte er vor allem an die Niederlande. Die Infantin nutzte die Gelegenheit und entsandte Ottavio Sforza zu Wallenstein. Dieser teilte mit, daß er so viele Schiffe wie möglich zusammenbringen, ausrüsten und damit den dänischen König, gegen den Nachrichten zufolge die Stände aufbegehrten, auf seinen Inseln überfallen wolle. Zugleich verlangte er, die Infantin möge Philipp von Mansfeld und andere der Seefahrt kundige Personen entsenden, mit denen er sich beraten wolle. Dem polnischen König Sigismund III. übermittelte er die Bitte, seine Kriegsflotte in den Hafen von Wismar zu beordern, damit sie sich dort mit den Schiffen, die er, Wallenstein, bauen ließ, vereinigten. Er beabsichtigte überdies, den Rat des einstigen Admirals von Dünkirchen, Don Firmin de Lodosa, in Anspruch zu nehmen. Aber dieser Gedanke stieß auf entschiedenen Widerstand, auch von kaiserlicher Seite. Angesichts der im Reich allgemein ablehnenden Einstellung zu Spanien und des verbreiteten Argwohns gegenüber allem Spanischen war es undenkbar, einen Spanier an die Spitze der kaiserlichen Flotte zu stellen. Die öffentliche Meinung in deutschen Landen duldete einen solchen nicht einmal als Berater.

Ob es Wallenstein oder dem kaiserlichen Bevollmächtigten Georg Ludwig von Schwarzenberg gelang, bis Ende 1627 einige Schiffe zu bekommen, ist nicht bekannt. Wenn sie glaubten, sie etwa leicht in den besetzten Gebieten am Meer finden zu können, dann mußten sie bald einsehen, daß das ein Irrtum war. Die

Hansestädte, die hier die meisten Schiffe besaßen, gerieten unter Druck Dänemarks und Schwedens, deren Herrscher ihnen mit Vergeltungsmaßnahmen drohten, falls sie dem Kaiser Schiffe überließen. Vor allem die Drohungen Christians IV. mußten sie ernst nehmen, weil durch Schließung des Øresunds ihr Handel gelähmt werden konnte. Darum bewahrten sie Neutralität und widerstanden dem Druck von Seiten des Kaisers. Selbst Wismar, das Wallenstein in der Hand hatte, überlieferte dem Grafen Schwarzenberg bis Ende 1627 kein einziges Schiff; von anderen Städten war das erst recht nicht zu erwarten. Es läßt sich kein Beleg dafür beibringen, daß Wallenstein mit dem Bau eigener Schiffe vor Ausgang des Jahres 1627 begann.

Außer seinen Bemühungen um eine eigene Flotte entfaltete Wallenstein auf einem anderen Gebiet der Seepolitik lebhafte Aktivität, vor allem bei der Unterstützung der spanisch-habsburgischen maritimen Pläne; ihr Urheber war der Erste Minister des spanischen Königs Graf Olivares, der schon im Februar 1625 Schwarzenberg damit bekannt gemachte hatte. Ihr Ziel war die Lähmung des Handels der widersetzlichen Niederlande, der die Hauptquelle ihrer wirtschaftlichen Stärke und Prosperität darstellte. Was Olivares bis dahin mit militärischen Mitteln nicht gelungen war, wollte er mit ökonomischen erreichen. Es sollte eine große deutsch-spanische Gesellschaft gegründet werden, als deren Stütze eine militärisch gerüstete Flotte (almirantazgo), die wiederum von Kriegsschiffen beschützt werden sollte, gedacht war. Diese Gesellschaft sollte das Monopol des Handels zwischen der iberischen Halbinsel und Deutschland bzw. Mitteleuropa erhalten; sie sollte den gesamten, bis dahin von Holland betriebenen Handel im Nord-Ostseegebiet und in Deutschland übernehmen, wodurch die Niederlande wirtschaftlich ruiniert worden wären. Dem neuen almirantazgo war zugedacht, den protestantischen Mächten die Herrschaft über das Mare balticum zu entwinden. Sein deutscher Teilhaber konnte, den Plänen von Olivares zufolge, die Hanse sein, die damit in die Rolle des Hauptrivalen der Niederlande gedrängt würde. Aus der Gesellschaft sollte dem Städtebund ungeahnter Reichtum erwachsen und dem Reich möglicherweise ein einheitliches Wirtschaftssystem.

Diesen Plan unterbreitete Olivares der Brüsseler Konferenz (1626), auf der Graf Schwarzenberg den Kaiser vertrat und das Projekt durchsetzte. Doch blieben die Verhandlungen einstweilen erfolglos, sie scheiterten am Widerstand Bayerns und am Unvermögen, einen bedeutenderen Hafenplatz an der Ostsee zu finden. Ein Umschwung trat schon nach einem Jahr ein, als Wallensteins Militär Teile der Nord- und Ostseeküste besetzte und schließlich Wismar einnahm, wodurch das Projekt eine neue Dynamik bekam.

Der Kaiser fertigte nach Norddeutschland als Bevollmächtigte Graf Schwarzenberg und Reichshofrat Dr. Johann Wenzel mit zwei Aufträgen ab: die Hansestädte als Teilhaber der neuen Gesellschaft zu gewinnen und Schiffe für die kaiserliche Flottille von ihnen zu mieten oder zu kaufen.

Die Verhandlungen der beiden Männer mit den Hansestädten gestalteten sich schwierig. Obwohl diese unter dem Druck der sie einzingelnden kaiserlichen Truppen standen, verhielten sie sich reserviert und gaben zu verstehen, daß sie von dem Plan nicht begeistert seien.

Es gab jedoch Motive, die die Städte zur Mitwirkung bewegen konnten: vor allem die Aussicht auf Gewinne und des Handelsmonopol, aber auch ihre fortdauernden feindlichen Beziehungen zu Dänemark, die Christian IV. durch seine Verachtung ihnen gegenüber noch verschlechterte. Die Gegner Dänemarks auf der kaiserlichen Seite nutzten das weidlich aus und schürten diese Feindschaft bei den Städten. Andererseits gab es auch gegenteilige Motive, vor allem die Stationierung kaiserlicher Truppen in ihrem Umfeld. Mit Spanien hatten die Hansestädte keine guten Erfahrungen gemacht: Ihre Kaufleute erfuhren schlechte Behandlung, sie wurden diskriminiert und ihre Schiffe beschlagnahmt. Sie lehnten von Beginn der Verhandlungen an eines entschieden ab – die militärische Umrüstung ihrer Handelsschiffe, was jedoch die Grundbedingung für die Herstellung des almirantazgo war. Von einer Bewaffnung ihrer Schiffe wollten die Hansevertreter nichts hören. Aufs ganze gesehen, hegten sie gegenüber dem Vorhaben Mißtrauen; einige von ihnen näherten sich ihm, ohne den Argwohn überwinden zu können. Diese Aversionen schürten die in den Hansestädten tätigen Emissäre der nordischen Könige und warnten sie davor, in die kaiserliche Falle zu tappen.

Dem Druck von zwei Seiten ausgesetzt, zeigten sich die Hansevertreter den kaiserlichen Bevollmächtigten gegenüber weniger bereitwillig als erwartet. In der schwierigen Position zwischen den Fronten wählten sie die Hinhaltetaktik. Auf ihrem kleinen Hansetag im Dezember 1627 vertagten sie die Entscheidung auf den großen Lübecker Konvent im Februar des nächsten Jahres. Doch auch hier blieb ein Beschluß aus, man schob ihn für die Tagfahrt im Herbst auf.

Auf der kaiserlichen Seite sind im Verhalten gegenüber der Hanse zwei Linien erkennbar. Die gemäßigte verfolgte Wallenstein. Er schrieb am 21. Janurar 1628 an Schwarzenberg, man müsse mit den Hansestädten sehr vorsichtig umgehen, und dies vor allem deshalb, weil die Holländer dort viele Anhänger hätten. Mit scharfem Zufahren könne Verzweiflung unter ihnen entstehen. Man müsse, so Wallenstein wörtlich, ihnen „mit großer Gewandtheit" begegnen. Demgegenüber verfocht Schwarzenberg die harte Linie. Er empfahl, auf Lübeck – das sich weigerte, die kaiserliche Flottenrüstung zu unterstützen und dies auch seinen Bürgern untersagte (es durften dafür keine Schiffe verkauft, gemietet oder auf den Werften gebaut werden) – mit der Besetzung Travemündes und der damit gegebenen Sperrung der Hafenzufahrt Druck auszuüben. Schwarzenberg erteilte den Lübeckern den Befehl, die kaiserliche Flottenrüstung zu unterstützen. Seiner Ansicht nach war der Kaiser berechtigt, Schiffe von den Städten anzufordern oder sie einfach zu nehmen, wie das auch andere Staaten taten, beispielsweise Spanien. Er empfahl, streng mit den Hansestädten zu verfahren, da er sie für ungehorsam hielt und sie verdächtigte, hinter seinem Rücken mit den Holländern, Dänen und Schweden zu verhandeln. Lasse man ihnen freie Hand, meinte er, dann würden sie die holländische Liga unterstützen, wie das Hamburg, Bremen und Lübeck taten, und sich befreien nach dem Beispiel Hollands. Die kaiserliche Flottille hielten sie für ein störendes Hindernis, und spanischen Schiffen würden sie die Zufahrt verwehren.

Die Hansestädte verlangten bei den Verhandlungen, daß sie mit Spanien nach Genter Recht Handel treiben könnten, daß alle Beschwernisse, die diesen Handel belasteten, beseitigt würden und daß ihnen alle vom spanischen König erhaltenen Privilegien zu bestätigen seien. Die Gültigkeit jener Handelsvorrechte, die ihnen der portugiesische König zugestanden hatte, sei auf das ganze spanische Reich auszudehnen. Die Stadt Hamburg bemühte sich um folgende Zugeständnisse: Neutralität, freie Schiffahrt auf der Elbe, die aus allen Feindseligkeiten herauszuhalten sei, auf der kein Kriegsschiff verkehren und deren Lauf nicht von der kaiserlichen Armee benutzt werden dürfte.

Die Erfolglosigkeit der Verhandlungen mit den Hansestädten verstärkte nicht nur die Spannungen zwischen Schwarzenberg und Wallenstein, es wuchs auch die gegenseitige Abneigung. Wallenstein äußerte sich wenig schmeichelhaft über den kaiserlichen Bevollmächtigten und ließ Ferdinand II. wissen, er werde nicht zur Armee zurückkehren, solange Schwarzenberg in den Hansestädten tätig sei. Er äußerte die Befürchtung, dieser könne die Städte zur Verzweiflung oder gar zum offenen Aufruhr treiben, und er sei nicht gesonnen, ihm bei seinen Chimären Beistand zu leisten. Schwarzenberg, so forderte er, müsse aus dem Gebiet der Hansestädte vesrschwinden. Derlei Worte bedeuteten bei ihm schon etwas! Es wurde ihnen entsprochen, der Geheime Rat berief Schwarzenberg Mitte April ab.

Alle Schuld für den Mißerfolg bei den Verhandlungen auf Schwarzenberg zu wälzen, wie das Wallenstein tat, war nicht richtig: Die Ursachen, die auch durch menschliches Zutun kaum beeinflußt werden konnten, lagen in Wirklichkeit tiefer. Es war das vor allem das Beharren der Hanse auf ihrer Neutralität und ihre Weigerung, einer spanisch-kaiserlichen Gesellschaft beizutreten.

Daß die Verhandlungen mit den Hansestädten keinen Erfolg brachten, durchkreuzte auch Wallensteins Pläne. Es war Frühling, und noch war kein einziges Schiff gewonnen! Wie konnte er da seinen angekündigten Angriff auf die dänischen Inseln unternehmen?

Bemühungen um einen friedlichen Vergleich

Im Frühjahr 1628 lag Wallenstein daran, Frieden im Reich zu schaffen, zugleich verlor er das Interesse am Krieg mit Dänemark. Er ging viel mit dem Gedanken um, einen Reichskrieg mit den Türken zu führen, und machte damit auch Sforza und Aytona bekannt. Bei verschiedenen Gelegenheiten erklärt er, daß ihm auf der Welt am meisten an zwei Dingen liege: am Frieden und am Krieg des Reiches gegen die Türken. Obwohl nicht alle bei Hofe dies befürworteten, vermochte er doch ihren Widerstand zu überwinden, so daß der Kaiser und alle Minister Wallensteins Vorschlag nicht nur billigten, sondern auch tatkräftig unterstützten. Der Kaiser erteilte ihm den Auftrag, mit dem dänischen König zu verhandeln, sofern dieser um Frieden ersuchte. Das geschah indes nicht, da die Vorbedingungen, die der Kaiser stellte, für Christian IV. nicht annehmbar waren. Deshalb konnte bis zum Frühjahr 1628 keinerlei Fortschritt im Friedensprozeß erreicht werden. Er bewegte sich erst im Juni weiter, als der Kaiser Wallenstein auftrug, gemeinsam mit Tilly Verhandlungen mit dem dänischen König einzuleiten, und dies vor allem deshalb, weil Spanien unausweichlich in den Krieg um das mantuanische Erbe hineingezogen wurde.

Wallenstein wollte die Tatsache ausnutzen, daß der Unmut der dänischen Stände und des Reichsrats gegen die Politik des Königs wuchs. Er bekam sogar die Nachricht, man wolle Christian entthronen. Deshalb ließ er vermittels Aldringens und Arnims und eines dänischen Vertrauensmannes darüber verhandeln, den König abzusetzen. Die Stände sollten an seiner Stelle den Kaiser wählen mit dessen Zusicherung, sie bei ihren Privilegien und religiösen Freiheiten zu erhalten. Doch für eine solche extreme Lösung war es schon zu spät. Im Januar 1629 bekam Wallenstein Nachricht, daß der Reichsrat nicht an einen Herrscherwechsel dachte. Die mögliche Absetzung Christians IV. hätte eine jähe Beendigung des Krieges bedeutet, ohne daß irgendwelche Verhandlungen über den Frieden hätten folgen müssen.

Aufenthalt in Böhmen

Die ersten Monate des Jahres 1628 verbrachte Wallenstein in seinem erst kürzlich erbauten Palast an der Prager Kleinseite. Außer daß er wichtige Verhandlungen mit dem Kaiser und seinen Räten, mit ausländischen Diplomaten, mit Vertretern der Reichsstände und der Hanse sowie mit Offizieren führte, befaßte er sich mit der Vorbereitung auf die bevorstehende Kampagne und mit Angelegenheiten der Armee, nicht zuletzt auch mit der Verwaltung seiner Länder.

Seine besondere Aufmerksamkeit galt den Gesprächen mit den spanischen Diplomaten. Mit seinem Beistand rechnete man sowohl in Madrid als auch in Brüssel. Dort hegte die Infantin die Absicht, Wallensteins Hilfe nicht nur für das ambitiöse Vorhaben des almirantazgo in Anspruch zu nehmen, sondern sie wollte ihm unmittelbar die Aufgabe übertragen, seine Armee über den Winter 1627/28 in Oldenburg und Ostfriesland zu stationieren. Damit sollte gegen die Generalstaaten eine neue Front aufgebaut und Entlastung geschaffen werden zugunsten der Truppenteile in Flandern, wo sich der Krieg für Spanien ungünstig entwickelte. Im September 1627 übermittelte ihm Sforza die Forderung, Ostfriesland zu besetzen, doch Wallenstein lehnte mit der Begründung ab, er habe derzeit nicht genug Militär, auch wolle er um jeden Preis einem Konflikt mit den Niederlanden aus dem Wege gehen. Außerdem gehöre Ostfriesland traditionell zum Interessengebiet der Liga.

Damit wollte sich die Infantin nicht abfinden. Sie schickte Sforza wiederum zu Wallenstein und bot ihm an, nach seiner Besetzung Ostfrieslands 25 Schiffe aus Flandern zu ihm abzukommandieren, mit deren Hilfe er nicht nur Dänemark schlagen, sondern sich in gemeinsamem Interesse auch des Øresunds bemächtigen könne. Aber Wallenstein ließ sich mit diesem verlockenden Angebot nicht ködern.

Zu wichtigen Verhandlungen kam es am 22./23. Januar 1628 in Prag, als sich Sforza, der Gesandte Aytona und Admiral Lodosa bei Wallenstein einfanden. Hauptgegenstand war die Besetzung Ostfrieslands, die er abermals ablehnte. Des weiteren ging es um den Øresund, und dazu erklärte Wallenstein, daß er sich nicht blenden lasse und in kein derartiges Unternehmen gehe, solange er nicht genügend Seestreitkräfte habe, seien es eigene oder flandrische. Er forderte, daß ihm Spanien die flandrische Kriegsflotte für die Zeit des Krieges zur Disposition stelle. Doch davon wollte Aytona nichts hören, eine solche Forderung verdiene keinen Kommentar. Man besprach auch die Formierung einer kaiserlichen Flotte in der Ostsee. Die Verhandlungen endeten im ganzen für beide Seiten unbefriedigend, weil keine das erreichte, was sie angestrebt hatte. Spanien brauchte damals Wallenstein dringend, es konnte sich mit ihm nicht deswegen überwerfen, weil er die Wünsche der Infantin nicht erfüllte. Die Spanier mußten sich der Hoffnung begeben, ihn in den niederländisch-spanischen Krieg hineinzuziehen; andererseits aber konnten sie sicher sein, daß er alles nur Mögliche tun würde, das große maritime Projekt in Nord- und Ostsee zu unterstützen.

Während seines Aufenhalts in Böhmen mußte sich Wallenstein nicht nur mit der großen Politik, sondern auch mit den inneren Angelegenheiten seiner Herrschaften befassen. Sein Programm wurde unerwartet und empfindlich durch einen Aufstand seiner Untertanen gestört, der im März 1628 den östlichen Teil seines friedländischen Fürstentums, also die früheren Smiřický-Herrschaften, erfaßte. Weil das Herzogtum ein prosperierendes, von Kriegslasten verschontes Land war, galt es, im Gegensatz zu den verarmten umliegenden Landstrichen, als terra felix. Dieser Ruf wurde durch den Aufstand, der auch auf die benachbarten Trčka-Güter übergriff, nicht wenig erschüttert. Eine solche Bewegung entstand spontan, breitete sich lavinenartig aus und erfaßte auch ansonsten ruhige Gebiete. Zunächst entfaltete sich die Revolte, und die Aufständischen nahmen Náchod, Neustadt a.d. Metau und andere Städte mit Gewalt ein. Bei Smiřice sammelte sich schließlich eine große Armee bewaffneter Untertanen, und der Aufstand näherte sich der Hauptstadt des Herzogtums.

Diesen Aufstand zu unterdrücken wäre für Wallenstein kein Problem gewesen, wenn sich in Böhmen genug Militär befunden hätte. Sobald solches aus

Schlesien herbeigrufen war, wurden die Bauernhaufen überfallen. Sie wurden geschlagen, wie das nicht anders zu erwarten war. Nachrichten des toskanischen Gesandten Sacchetti zufolge zog Wallenstein persönlich gegen die Aufrührer und nahm bei Königgrätz fünfzig ihrer Anführer gefangen. Einige ließ er angeblich aufs Rad flechten, andere auf weniger grausame Art hinrichten. Obwohl diese Nachricht von keiner Seite bestätigt wird, kann es keinen Zweifel an ihrer Richtigkeit geben, denn der toskanische Gesandte war sehr gut informiert, und Wallenstein war tatsächlich am 14. März in Hořice, am 15./16. März in Königgrätz und an den folgenden zwei Tagen in Opočno. Welchen anderen Grund konnte Wallenstein haben, gerade diesen Weg zu nehmen? Der Erklärung der Aufständischen zufolge (von denen der toskanische Gesandte zwei an den Hof in Florenz schickte) trieben sie religiöse Motive, sie leisteten Widerstand gegen die Rekatholisierung. Eine Proklamation forderte die Einwohner von Kosteletz a.d. Adler auf, nicht zum katholischen Glauben überzutreten, eine andere ist unterschrieben mit „Tábor kalicha Ježíše Krista bojujícího" (Lager des Kelchs des streitenden Jesus Christus).

Völlige Ruhe trat indes im Lande nicht ein, nachdem im März 1628 die Aufständischen zerstreut worden waren. Davon zeugt ein Wort Wallensteins vom Juni desselben Jahres. Mit gewohnter Grobheit äußerte er, diese „Hurensöhne" habe man auseinandergetrieben.

Die Kapuziner-Relationen

Zu der Zeit, da Wallenstein den Gipfel der Macht erklommen hatte, schien es so, als ob alle Klagen gegen ihn und die Armee aufgehört hätten und alle seine Feinde im Reich und bei Hofe verstummt wären. Dem war aber nicht so. Der bayerische Kurfürst hegte gegen ihn einen abgrundtiefen Haß; er hörte nicht auf, ihn zu verleumden und sammelte Stoff zu neuen Klagen über ihn. Als sein Werkzeug gebrauchte der Kurfürst den Kapuziner-Provinzial P. Valeriano Magni, einen hochgebildeten, schier allgegenwärtigen Intriganten, den Maximilian entlohnte. Er war schon bei den Verhandlungen in Bruck zugegen gewesen und drängte sich wäh-renddessen in Wallensteins Umgebung und Gunst, der von seiner Rolle nichts ahnte. Jedenfalls verraten seine Relationen einen guten Einblick in die Situation und die Verhältnisse. Sie sind ein Gemisch von Fakten, Klatsch und Verleumdungen, die Magni bei Hofe erhaschte, und denen er böswillige Erfindungen beimengte. In der ersten Relation vom 25. April, die er dem Kurfürsten zusandte, führt er aus, daß er Wallensteins Charakter und Gedanken eingehend studiere und analysiere. Der früher schon geäußerten Verleumdung, Wallenstein wolle seine übermäßig angewachsene Armee nicht gegen äußere Feinde, sondern zur Unterdrückung von Reichsständen (vornehmlich der Liga) einsetzen, fügte er das Schreckensbild der Sklaverei hinzu, in die Wallenstein den Kaiser und den Geheimen Rat gebracht habe. Alle Minister

würden, so behauptete er, von ihm bezahlt, der Beichtvater des Kaisers nicht ausgenommen. Der Grundzug seines Charakters sei ein unstillbarer Ehrgeiz, der
Drang zur höchsten Macht (ad un supremo dominio), der nicht eher befriedigt sei,
als bis der Kaiser stirbt (was man auch beschleunigen könne) und er sich über die
Armee und das ganze Reich als Erbkönig erhoben habe. Das Reich wandle sich
danach in eine absolute Monarchie. Voller Heimtücke verdächtigte Magni ihn, daß
er dem Kaiser nach dem Leben trachte. Er sparte auch nicht mit Kritik an Wallensteins Kriegführung: Er liefere dem Dänenkönig keine Schlacht und habe Mansfeld
nach Schlesien ziehen lassen und nur lässig verfolgt. Gegenüber allen, die sich
gegen ihn stellen, so schließt Magni, verhalte sich Wallenstein wie ein Feigling,
besonders dann, wenn er nicht die Übermacht habe.

Der Kurfürst gab sich mit dieser Relation nicht zufrieden und forderte aus
Prag weitere Informationen, die als „zweite Kapuziner-Relation", datiert auf den
21. Mai 1628, bekannt sind. Darin beschäftigt sich Magni mit zwei Fragen: welche
Ziele Wallenstein mit der Armee verfolge und wie man seine Absichten vereiteln
könne. Als sein Hauptziel schäle sich heraus, die Liga-Armee zu vernichten, um
sich selbst an die Spitze aller bewaffneten Kräfte im Reich zu setzen, die Macht
über Niederdeutschland zu erlangen und endlich den Kaiserthron zu besteigen.
Dem General müsse die Macht entwunden werden, und dafür sei es nötig, einige
hohe Offiziere (Schlick, Wolf von Mansfeld) zu gewinnen. Dabei müsse schnell
gehandelt werden. Wallenstein, der mit Verachtung auf die Reichstage und Kon-
vente blicke, wolle die Form der Herrschaft im Reich ändern. Er hasse die Geistlichkeit und wünche voller Inbrunst, sie zu reformieren.

Der Gesandte Aytona informierte König Philipp IV. hocherfreut über diese
Relationen, weil deren gegen Wallenstein gerichtete Schärfe seiner Auffassung
entsprach, wenn er nicht gar einige Feststellungen Magnis direkt inspirierte.
Aytona war davon überzeugt, daß Wallenstein niemals die Vorhaben des Königs
unterstützen würde, sofern sie seinen eigenen zuwiderliefen. Stets erkläre er seine
Bereitwilligkeit zur Zusammenarbeit, doch er tue nur das, was er für richtig halte. Die Rüstung zur See, mit der Philipp IV. Gabriel de Roy betraute, würde viel
rascher voranschreiten, wenn Wallenstein sie nicht behindere, denn er befürchte,
daß sie nicht seinem absoluten Willen unterstellt werde.

An Aytonas Gegnerschaft gegen Wallenstein hatte sich also nichts geändert,
sie verschärfte sich eher noch. Dabei stimmten die Interessen der spanischen
Krone, des Kaisers und Wallensteins zu jener Zeit durchaus überein. Die Verwirklichung der maritimen Pläne Spaniens war ohne diesen undenkbar. Uneins
war er mit den Spaniern einzig darin, daß er es ablehnte, sich in den Krieg gegen
die niederländische Republik verwickeln zu lassen, wozu im übrigen auch der
Kaiser niemals seine Zustimmung gab. Die Ablehnung der Kurfürsten vermochte
er ohnehin nicht zu überspringen. In Wien folgte man schon lange dem Grundsatz, das Reich nicht in den spanisch-niederländischen Krieg hineinziehen zu
lassen.

Die hetzerischen Relationen Magnis fanden auch ein williges Ohr bei dem, der sie bestellt hatte – dem bayerischen Kurfürsten; sie spornten ihn an, seine Aktivitäten gegen Wallenstein noch zu steigern. Er nahm unverzüglich Verbindung mit dem Mainzer Kurfürsten auf, um beim Kaiser gemeinsam durchzusetzen, daß sich die Liga-Armee unter Tillys Führung nötigenfalls nicht gegen Dänemark, sondern gegen Wallenstein wenden sollte. Des weiteren sollten im Zusammenwirken mit Aytona der Kaiser und der spanische König dazu gebracht werden, den General abzusetzen.

Bei alledem blieb der bayerische Kurfürst als Hauptanstifter der gegen Wallenstein betriebenen Wühlarbeit im Hintergrund, wie sich auch Magni in der Anonymität verbarg. Maximilian fand ein wirksames Mittel, um auf den Kaiser einzuwirken, nämlich die bevorstehende Wahl des Sohnes zum römischen König. Die Kurfürsten gaben dem Kaiser zu verstehen, daß an einen Wahltag nicht zu denken sei, solange ihren Beschwerden über die kaiserliche Armee nicht entsprochen würde. Der Kaiser beugte sich dem Druck und erklärte, er sei bereit, den Ansprüchen zu steuern, mit denen die Armee das Reich belaste.

Zwar auf dem Gipfel der Macht, konnte Wallenstein sich dort keineswegs sicher und sorgenfrei fühlen. Sein Verhältnis zum Kaiser hatte sich geändert, es gründete sich nicht mehr auf Ergebenheit und etwaigen Respekt. Er war sich dessen bewußt, daß seine Stellung aus militärischer und finanzieller Leistung und nicht aus Gewogenheit und Vertrauen von Kaisers Seite resultierte. Eher fürchtete dieser ihn um diese Zeit schon. Wenn er der Forderung nach Absetzung Wallensteins widerstand, dann hauptsächlich aus Angst davor, was mit der Armee anzufangen und wie die Schuldenlast abzutragen sei, und aus der Sorge, die Amtsenthebung könne noch Schlimmeres bringen. Der Kaiser hatte Wallenstein auf das Piedestal der Macht gestellt, aber der bayerische Kurfürst und seine Verbündeten, Aytona und König Ferdinand bemühten sich um nichts anderes, als ihn davon herunterzustoßen.

Der Krieg in den ersten Monaten des Jahres 1628

Da die Aussichten auf Frieden unsicher waren, blieb beiden Seiten nur übrig, über den Winter 1627/28 mit Kriegsvorbereitungen fortzufahren. Wallenstein tat dies vor allem aus einer Abwehrhaltung heraus. Er schickte Kriegsingenieure in die Städte und Häfen der besetzten Länder mit dem Auftrag, deren Befestigungswesen zu leiten und zu verbessern, weil er annahm, und dies zu Recht, daß der dänische König versuchen werde, in einigen Orten zu landen und Fuß zu fassen. Im Januar gab er Torquato Conti, der nach Schlick das Oberkommando in Dänemark führte, den Befehl, die Häfen vor feindlichen Überfällen zu sichern und alle wichtigeren Plätze zu besetzen.

Der dänische König erwachte zu neuem Kampfgeist, kaum daß er auf Fünen Fuß gefaßt und die ersten Gefahrentage hinter sich gelassen hatte. Er trug sich mit der Idee, eine Allianz mit den Seemächten England, Schweden und Niederlande herzustellen und gemeinsam mit ihnen die Nord- und Ostsee zu beherrschen. In seiner Bedrängnis und nach erlittenen Niederlagen suchte er bei diesen Mächten Hilfe; doch außer Versprechungen, vor allem von seiten Englands und der Niederlande, erntete er nichts. Dem Könige war nun bewußt, daß seine größte Hoffnung das Meer war. Es schützte ihn vor neuen feindlichen Einfällen, ermöglichte ihm die Sammlung neuer Kräfte, die Zufuhr von Versorgungsgütern und Waffen und schließlich auch Überfälle auf das Festland, um den Feind zu treffen. Immerhin verfügte er über seine Kriegsflotte, die stärkste auf der Ostsee.

In diesem Winter trat die jahreszeitlich bedingte Waffenruhe nicht ein, es herrschte lebhaftere Kampftätigkeit. Anfang Januar bemächtigten sich die Kaiserlichen der Insel Fehmarn – ein aufmunternder Erfolg.

Der dänische König lief Ende März mit einer großen Kriegsflotte aus, um sowohl seine Macht zur See zu demonstrieren als auch die Moral seines Volkes zu heben; er wollte aber damit auch drohenden feindlichen Einfällen zuvorkommen. Rasch nahm er die Insel Fehmarn ein, deren Besatzung er teils erschlagen, teil gefangennehmen ließ. Danach wandte er sich westwärts, um sich am 5. April der Stadt Eckernförde in Schleswig zu bemächtigen. Dann steuerte er Kiel an und forderte den Kommandanten zur Übergabe der Stadt auf. Dieser weigerte sich und wehrte zwei Sturmangriffe mit Erfolg ab. Als auch die Einwohner dem Aufruf des Königs nicht folgten, gegen die Besatzung vorzugehen, zog er ab. Er landete noch einmal auf dem Festland bei Heiligenhafen, Grossenbrode und Oldenburg, aber seine Truppen konnten sich nicht lange in ihren Feldbefestigungen behaupten, sie verließen die Stellungen. Auch in Eckernförde hielten sie sich nur einen Tag. An alledem zeigte sich, wie durchdacht und wirkungsvoll Wallensteins Maßnahmen zur Befestigung der Städte auf der jütländischen Halbinsel waren.

In Holstein, zuvorderst bei den Festungen Krempe und Glückstadt, entfalteten die Dänen – parallel zu den genannten Maßnahmen – eine sehr lebhafte Kampftätigkeit, indem sie von hier aus gefährliche und weitreichende Überfälle unternahmen. Ein erfolgreicher Ausfall dänischer Reiterei aus Glückstadt, die bei Grossenbrode, quer über die Halbinsel zum König stoßen wollte, erreichte sein Ziel nicht, weil dieser inzwischen vorzeitig das Festland verlassen hatte. Die dänische Kampfaktivität in diesem Landstrich beunruhigte auch Tilly, der die Festung Stade belagerte. Doch die ohnehin nicht sonderlich lebhaften Kriegszüge der Dänen hörten bald auf.

In der nächsten Zeit versuchte der König kein Anlanden auf dem Festland mehr, nur seine Flotte fuhr in den folgenden Monaten Patrouille und bewachte die gesamte norddeutsche Küste, um Transporte des Feindes zu Wasser und Zufuhren für ihn zu stören oder zu unterbinden. Der Hafen Wieck bei Greifswald wurde überfallen und die dort liegenden Schiffe verbrannt. Im Wismarer Hafen trieben die Dänen die Schiffe auseinander und blockierten die Einfahrt durch versenkte Fahrzeuge. Dänische Schiffe wachten auch vor Warnemünde und Rostock. Diese Stadt lehnte es ab, eine kaiserliche Besatzung aufzunehmen, obwohl sie dem neuen Herzog von Mecklenburg zugehörte. Gleichermaßen verhielt sich auch die Stadt Stralsund, und ihre Weigerung wuchs sich zu einer der denkwürdigsten Episoden des Dreißigjährigen Krieges aus.

Stralsunds Widerstand

Vom Abschluß der Franzburger Kapitulation an bemühte sich Arnim erfolglos, die Stadt am Strelasund davon zu überzeugen, eine kaiserliche Besatzung aufzunehmen. Sie war eine bedeutende Hansestadt mit 10.000–12.000 Einwohnern lutherischer Konfession und mit einem Hafen, der zu den besten an der Ostsee gehörte. Sie huldigte zwar den Herzögen von Pommern als ihrem Landesherrn, erstrebte aber eine Autonomie ähnlich den Reichsstädten. Ihr Verhältnis zum Herzog war kein gutes, jahrelang liefen Auseinandersetzungen mit ihm um ihre Priviliegien und Freiheiten. Diese Kämpfe stärkten den Selbstbehauptungswillen und die Standhaftigkeit der Bürger und Einwohner; bald sollte ihre Unerschrockenheit auf eine harte Probe gestellt werden. Eine Besatzung lehnten sie mit der Begründung ab, sie seien kraft Priviling davon befreit, das ihnen der Herzog verliehen habe, und das beziehe sich auch auf die kaiserlichen Truppen. Die Stadt wurde damals von sehr fähigen Männern regiert, die sich der Unterstützung seitens der Brüger erfreuten. Rat und Bürgerschaft waren sich einig, die Besatzung zu verweigern, weil sie befürchteten, die kaiserliche Armee werde sie ihrer Stadt- und Gewissensfreiheit berauben. Diese seien es wert, unter Einsatz des Lebens verteidigt zu werden.

Angesichts der Entschlossenheit und kämpferischen Stimmung der Bewohner suchte Arnim die Sache nicht auf die Spitze zu treiben. Er erklärte, er wolle bei Wallenstein erwirken, daß sich die Stadt mit einem Betrag von 150.000 Reichstalern loskaufen könne. Damit sie diesen Modus auch akzeptiere, solle die Summe eventuell niedriger angesetzt werden. Wallenstein zeigte sich damals den Hansestädten gegenüber durchaus maß- und verständnisvoll, aber in diesem Falle glaubte er, er müsse sich der mecklenburgischen und pommerschen Häfen samt deren Schiffen bemächtigen. Um diese ging es ihm vor allem. An Stralsund hatte er außerordentlich großes Interesse, weil er annahm, der Hafen eigne sich für seine Zwecke besser als der zu Wismar, und von hier aus sei auch die Insel Rügen leicht erreichbar. Im Hintergrund stand außerdem die Sorge, dort könne Christian IV., und noch schlimmer, Gustav Adolf, landen und einen Stützpunkt mit Hilfe der Einwohner schaffen. Anfangs drang er nicht darauf, unbedingt eine Besatzung in die Stadt zu legen; er wollte sich mit der Einnahme des Hafens begnügen, nötigenfalls auch mit einer Ablösungssumme. Aber Wallenstein war nicht der Mann, sich übermäßig zu gedulden. Die Aufschübe, Ausflüchte und der sichtlich wachsende Widerstand der Stadt forderten ihn heraus; am 6. Februar 1628 gab er Arnim die Weisung, er möge einen Weg finden, Stralsund mit einer Besatzung zu belegen.

Auch Arnim verlor die Geduld, seine Haltung gegenüber der Stadt verhärtete und die Lage verschärfte sich. Dazu trug wesentlich bei, daß die Stralsunder faktisch den Krieg begannen, indem sie die Vorstädte niederbrannten, kaiserliche Stellungen beschossen und Gefangene nahmen. Sie ersuchten den dänischen König um Hilfe und erklärten unverhohlen, daß sie seine Soldaten erwarteten. Das war in den Augen Arnims eine Rebellion, und er beorderte einige Regimenter und auch Artillerie in Stadtnähe. Die Lage wurde noch bedrohlicher, als er die kleine Insel Dänholm besetzen ließ, die die Zufahrt zum Hafen und zur Insel Rügen beherrschte. Die Einwohner der Stadt, dadurch in höchste Erregung versetzt, hielten das für eine Kriegserklärung, die jegliche Verständigung unmöglich machte. Nach außen ließen Rat und Bürgerschaft dies nicht erkennen, sie verhandelten weiter mit Arnim. Am 2. März schlossen sie mit ihm einen Vertrag, in dem sie sich verpflichteten, 30.000 Reichstaler zu zahlen und die Besetzung des Dänholms zuzugestehen. In Wirklichkeit waren sie aber nicht gesonnen, die Abmachung einzuhalten, sie wollten nur Zeit gewinnen. Ferner liefen Verhandlungen zwischen Herzog Bogislav, der Stadt und Arnim des Inhalts, statt des kaiserlichen Militärs eine neutrale pommersche Besatzung vorzusehen. Wallenstein befürwortete diese Variante, weil es ihm zuvorderst darum ging, den Hafen und die Schiffe für seine Zwecke zu nutzen. Doch alle Bemühungen scheiterten, die Stadt lehnte sowohl eine kaiserliche als auch eine herzogliche Garnison ab.

Am 27. Februar erging der Befehl Wallensteins an Arnim, die Stadt anzugreifen und nicht eher von ihr abzulassen, bis er sie eingenommen hätte. Ihr Widerstand erbitterte ihn sehr, weil dadurch seine maritimen Pläne durchkreuzt werden konnten. Darüber hinaus wuchs seine Besorgnis, er könne nicht zum Frieden in Deutschland gelangen, um danach den Schauplatz des Krieges gegen die Türken zu verlagern. Darin sah er sein wichtigstes Ziel.

Im Konflikt mit Stralsund führten alle Versuche zu seiner Beilegung nicht dahin, eine Lösung ohne militärische Gewalt zu finden, weil beide Seiten schon zu weit gegangen waren. Die Stadt gab ihre Entschlossenheit zu erkennen, sich zu verteidigen und suchte den Beistand Christians IV. und Gustav Adolfs, freilich nicht in Gestalt bewaffneter Abteilungen, denn sie hatte eindeutig erklärt, keinerlei fremde Besatzung in ihre Mauern zu lassen. Dies und den Willen, für die Freiheit ihres Augsburgischen Bekenntnisses und ihrer Stadt bis zum letzten Blutstropfen zu kämpfen, beschworen die Stralsunder am 12. Mai. Widersprüchlich genug, glaubten sie anderseits, auf einen friedlichen Ausgleich nicht verzichten zu können und versandten Schreiben, in denen sie ihre Unschuld beteuerten; sie wollten sich niemals mit den Feinden des Kaisers verbinden und lediglich von einer Besatzung verschont bleiben. An Wallenstein schickten sie ihre Apologie am 20. Mai. Große Hoffnung setzten sie auf Hilfeleistung von seiten der hansischen Schwesterstädte, doch vergebens. Von ihnen kam keine direkte Unterstützung; die Hanse bewahrte in diesem Konflikt strikte Neutralität, weil sie sich weder mit dem Kaiser noch mit Wallenstein verfeinden wollte. Allenfalls durch Zureden suchten sie die Stralsunder zu mahnen, den Streit ohne Gewalt beizulegen.

Am 9. Mai gelangte eine hansische Gesandtschaft zu Wallenstein, wieder stand die Stralsunder Frage im Vordergrund und verlieh den Verhandlungen eine gewisse Spannung – zum Schaden für andere wichtige Punkte, nämlich die Bereitstellung von Schiffen und die geplante Handelsgesellschaft.

Um diese Zeit kam es in Prag zu einem Treffen Wallensteins mit Vertretern Stralsunds. Schon zu Beginn der Verhandlungen fuhr er diese grob an und nannte sie Rebellen und Bestien. Er sagte ihnen, er werde sich zur Armee begeben und sie nicht eher verlassen, bis Stralsund eine kaiserliche Besatzung aufgenommen habe. Er könne der Stadt auch etwas antun, so daß von ihr nichts mehr übrig bleibe. Den Vertretern anderer Städte begegnete er friedfertiger. Als aber die Gesandtschaft am Ende forderte, die Blockade Stralsunds aufzuheben und den Bürgern nur die Zahlung von 80.000 Reichstaler aufzuerlegen, schrie er, heftig erregt, daß er die Stadt haben müsse, und wenn er dabei 100.000 Taler verlöre. Es gehe ihm um die Stadt und seine eigene Besatzung, nicht um Geld. Wenn sie eine solche annehme, sei es gut, wenn nicht, dann müsse er sie mit Gewalt dazu bringen. Er wolle seinen Entschluß Arnim mitteilen, der weder Italiener noch Katholik, sondern Deutscher und Lutheraner sei. Schließlich ließ er sie durch die Vermittlung Questenbergs wissen, daß es ihm genüge, wenn die stadteigenen Soldaten auf den Kaiser vereidigt würden. In diesem Falle werde Arnim von einer Belagerung absehen. Die Stralsunder vermochten diese einzigartige Gelegenheit nicht wahrzunehmen, womit die Prager Gespräche zur Lösung des Konflikts nichts beitrugen.

Während man noch verhandelte, kam es bei Stralsund zum entscheidenden Kräftemessen. Arnim wollte sich der Stadt mit einem kraftvollen Angriff bemächtigen, um eine längere Belagerung zu vermeiden. Am 23. Mai legte er seine Truppen vor die Stadt, und drei Tage später ließ er die äußeren Befestigungsanlagen heftig angreifen, was zehn Tage dauerte.

Nachdem die Bestürmung eingestellt wurde, beruhigte sich die Kampftätigkeit, die Belagerung aber dauerte an. Jetzt zeigte sich Wallenstein unvermittelt versöhnlich, ob aus eigenem Antrieb oder auf Geheiß des Kaisers, der stets einen maßvollen Umgang mit der Stadt zuneigte, ist unbekannt. In einem Brief vom 30. Mai gab er Arnim die Weisung, mehr Güte als Strenge walten zu lassen, um sich das Vertrauen des Kaisers zu erhalten. In seine, Arnims, militärische Führung gedenke er jedoch nicht einzugreifen; er überließ ihm die Entscheidung darüber, ob er die Stadt einnehmen wolle oder nicht.

In der Stadt dagegen erkannte man in der Versöhnlichkeit der Gegenseite kein Signal zur Verhandlungsbereitschaft und bestenfalls zum Kompromiß. Im Gegenteil, die Radikalisierung schritt fort, womit noch mehr Öl ins Feuer gegossen wurde. Der Rat wandte sich an die nordischen Könige und verlangte die Entsendung von Militär, Waffen und Munition. Das war ein folgenschwerer Schritt, denn damit sollten Truppen fremder Mächte ins Reichsgebiet geholt werden, was ein Verstoß gegen die Reichsgesetze war. Gustav Adolf kam Stralsunds Ersuchen zupaß, weil er schon lange nach einer Gelegenheit Ausschau gehalten hatte, in den „deutschen Krieg" einzugreifen, wenn auch nicht gerade jetzt. Er war nicht gesonnen, Stralsund dem Einfluß Dänemarks zu überlassen und entsandte zwei Abteilungen Soldaten und acht Kriegsschiffe dorthin. Letztere überließ ihm Christian IV. kraft einer gegenseitigen Vereinbarung. Im Unterschied zu diesem leistete Gustav Adolf die Hilfe nicht uneigennützig. Er nutzte sie, um die Stadt zu einem Bündnis mit Schweden zu verpflichten. Ihre Bedrängnis gab ihm die Möglichkeit dazu, es ihr aufzunötigen.

Nachdem Arnim den ersten großen Ansturm eingestellt hatte, begann er von neuem mit der Stadt und dem pommerschen Herzog zu verhandeln. Was ihm mit Gewalt nicht gelungen war, suchte er auf diesem Wege zu erlangen; er war entschlossen, den Konflikt durch einen Vertrag zu beenden, bevor Wallenstein eintreffen würde. Der Stadt kam er ungewöhnlich weit entgegen, indem er die Forderung fallen ließ, eine kaiserliche Besatzung hineinzulegen. Statt dessen solle sie Soldaten des pommerschen Herzogs akzeptieren, und alle fremden Truppen seien zu entfernen. Die Stadt aber lehnte diese annehmbaren, für sie sehr günstigen Vorschläge Ende Juni definitiv ab.

Inzwischen näherte sich Wallenstein dem Schauplatz. Am 2. Juni war er aus Gitschin aufgebrochen, reiste recht langsam über Friedland und Sagan nach Frankfurt/Oder und machte einen Abstecher nach Berlin. Es scheint so, als habe er dieses gemächliche Tempo bewußt gewählt, darauf bauend, daß der Zwist mit Stralsund, so oder so, noch vor seiner Ankunft gelöst werde. Es lag nicht in seinem Interesse, daß sich daran ein großes Feuer entzündete (wie das bald geschah), vor allem deshalb nicht, weil es sich um eine Hansestadt handelte. Ihm ging es darum, gerade die Hansestädte mit friedlichen Mitteln für des Kaisers Seite zu gewinnen. Er hatte schon im Falle der Stadt Rostock Geduld und Mäßigung bewiesen, die schon über Monate hin eine kaiserliche Besatzung abgelehnt hatte, obwohl sie ihm als mecklenburgischem Herzog unterstand. Auch gegenüber Stralsund wollte er es nicht zum Äußersten kommen lassen.

Im Lager vor Stralsund traf Wallenstein am 7. Juli ein. Es scheint so, als ob die bedrohlich am Horizont erscheinende Gestalt des Feldherrn den Bewohnern keinen sonderlich großen Schrecken einjagte, eher umgekehrt: Ihre Stimmung und Kampfbereitschaft hob sich, nachdem dänische und schwedische Militärkontingente in der Stadt angekommen waren.

Gleich in der Nacht nach seiner Ankunft befahl Wallenstein einen heftigen Angriff, der drei Tage lang anhielt. Darauf ersuchte ihn die Stadt um einen Waffenstillstand und die Fortführung der Verhandlungen. Ersteres lehnte er ab, erklärte sich aber in einer freundlichen Antwort zu Verhandlungen bereit. Deren Ergebnis war der Vertrag über Stralsund vom 21. Juli, abgeschlossen zwischen ihm und Herzog Bogislav. Es war eine für die Stadt außerordentlich günstige Vereinbarung, weil Wallenstein auf seine Forderung, dort eine Besatzung zu unterhalten, verzichtete. Das aber war der Hauptstreitpunkt und das Ziel der Belagerung gewesen. Wallenstein söhnte sich mit dem Gedanken aus, die Stadt nicht beherrschen zu können, und gestand ihr einen neutralen Status zu; statt einer kaiserlichen sollte sie eine herzoglich-pommersche Besatzung bekommen. Auch die übrigen Bedingungen waren maßvoll und günstig für die Stadt. Der Rat war bereit, dem Vertrag beizutreten, aber der schwedische Oberst Rosladin über-redete, obwohl tödlich verwundet, die Bürgschaft mit leidenschaftlichen Worten, sowohl den Vertrag als auch die pommersche Besatzung abzulehnen.

Wallenstein sah darin hinhaltende Taktik und erneuerte seine schweren Sturmangriffe noch vor dem Ende der Verhandlungen. Dabei erlitten beide Seiten schwere Verluste; ein schwedischer Oberst wurde tödlich verwundet, ein zweiter gefangen genommen. Es schien, als sei der Fall der Stadt unabwendbar und nur noch eine Frage der Zeit. Da tauchte am 22. Juli bei Rügen der dänische König an der Spitze einer starken Flotte (man sprach von hundert Schiffen) auf und rüstete zu einer Landung. Sie gelang ihm zwar nicht, aber dieses Ereignis brachte die Wende im Belagerungskampf um Stralsund. Das Vorhandensein einer dänischen Flotte weckte in Wallenstein die Befürchtung, der König könne irgendwo an der norddeutschen Küste an Land gehen, wodurch er mit dem größ-ten Teil seiner Armee bei Stralsund eingeschlossen werden könnte.

Am 25. Juli übergab er Arnim das Kommando, verließ eilends das Lager und begab sich nach Güstrow, der Hauptstadt Mecklenburgs, vielleicht mit der Ab-sicht, das Land vor möglichen dänischen Einfällen zu schützen. Es könnte sein, er war sich dessen bewußt, daß der günstige Zeitpunkt zur Eroberung Stralsunds vorbei oder daß diese Stadt weitere Opfer nicht wert war. Auch Arnim begriff, daß ihre Belagerung abzubrechen sei; er stellte die Angriffe ein und begann seinen Abzug vorzubereiten. Den Befehl dazu erteilte ihm Wallenstein am 31. Juli. Um sein Gesicht zu wahren, vollzog der den Schritt unter dem Vorwand, der Herzog von Pommern habe ihn dazu aufgefordert. Das war indes kein Vorwand, denn Bogislav XIV. hatte ihn in der Tat dazu gedrängt.

So blieb Stralsund vor der Besetzung durch kaiserliche Truppen bewahrt, denen bis dahin in Deutschland niemand hatte widerstehen können. Sie war ab-gewandt worden dank der Wendigkeit der führenden Politiker und des bewun-derungswürdigen Widerstandswillens der Bürger. Allerdings hätte die höchste Kampfmoral allein nicht ausgereicht, um sich gegen eine Übermacht zu behaup-ten. Das gelang vor allem dank der Hilfe und Zusammenarbeit Dänemarks und Schwedens. Es blieb das einzige Mal während des ganzen Krieges, die Gemein-samkeit war von kurzer Dauer und beschränkte sich eigentlich auf die Zeit der Belagerung Stralsunds. Das Hauptverdienst an der Abwehr der Kaiserlichen kam nicht Gustav Adolf zu, sondern Christian IV. Er schickte als erster und in der kritischsten Situation Hilfe und tauchte im günstigsten Augenblick mit einer starken Flotte auf. Dessen ungeachtet erkannte man die Palme des Sieges und des Ruhms Gustav Adolf und den Schweden zu. Für die Bekenner und Verfechter des Protestantismus, die im Kampf mit dem kaiserlich-katholischen Gegner zehn Jahre lang nur Niederlagen erlitten hatten und ihre Sache versinken sahen, war dieser erste Sieg nach langer Zeit von außerordentlicher moralischer Bedeutung. Die heroische Verteidigung Stralsunds wirkte auf den Geist des Protestantismus in Deutschland wie ein Lebenselixier.

Daß Stralsund in die Hände der nordischen Mächte fiel, war dagegen für die kaiserliche Seite und für Wallenstein sehr bedenklich, denn dadurch verfügten jene über ein Einfallstor, falls sie sich zu einem Angriff entschlossen. Für Wallenstein hatte indes die Tatsache, daß er ohne die Stadt auskommen mußte, keine so negative Bedeutung, wie es scheint. Sie hinderte ihn nicht daran, eine eigene Flotte aufzubauen, und hinsichtlich der spanisch-kaiserlich-hansischen Seehandels-Gesellschaft gab er Wismar und Rostock den Vorrang, weil sie in seinem Herzogtum lagen. Es ist durchaus denkbar, daß er mit Rücksicht auf dieses Vorhaben nicht um Stralsunds willen ein nicht wieder gutzumachendes Zerwürfnis mit der Hanse herbeiführen wollte und daß der die ferneren Perspektiven seinen unmittelbaren Zielen überordnete. Wie die folgenden Jahre zeigten, konnte er ohne Stralsund durchaus existieren. Doch es blieb ein Mißerfolg, der seinem persönlichen Prestige Wunden schlug.

Als wahrer Sieger aus dem Kampf um Stralsund ging Gustav Adolf hervor – um eine Stadt, die fast verblutet wäre, um sich gegen eine fremde Besatzung zu wehren, die sie dann aber zwei Jahrhunderte hindurch in viel größerer Zahl beherbergen mußte als Wallenstein es vorhatte. Sie verlor ihre Unabhängigkeit, die unter schwedischer Herrschaft weiter abgebaut wurde. Der Traum der Stadt von Unabhängigkeit und Selbstbestimmung ging im Getöse der Schlacht um sie unter.

Ihr Streben, sich aus der Abhängigkeit vom Herzog zu lösen und Reichsstadt zu werden, hatte nach den Verträgen mit Schweden keine Erfolgsaussichten mehr. Sie teilte in den folgenden zwei Jahrhunderten das Schicksal des schwedischen Ostsee-Reiches. Aus der kaiserlichen Macht sich rettend, geriet sie unter die Herrschaft Schwedens.

Von Wolgast zur Nordsee

Der dänische König verblieb weiter mit seiner Flotte in den Gewässern Rügens und unternahm einige Landungsversuche, aber ein ernsthafter unterblieb. Wallenstein verweilte währenddessen in Güstrow, mit gespannter Aufmerksamkeit wartend, ob und wo der Dänenkönig einfallen würde. Er glaubte, dieser werde sich Pommerns mit Hilfe der Stralsunder Besatzung bemächtigen.

Endlich fiel die Entscheidung; der König landete am 11. August auf der Insel Usedom, die von einer pommerschen Besatzung verteidigt wurde; die gleichnamige Stadt und die ganze Insel fiel in seine Hand. Danach setzte er auf das Festland über, ohne auf Gegenwehr zu stoßen, und bemächtigte sich der Stadt Wolgast samt Schloß. Wenn er sich in Pommern behaupten oder auch nur aufhalten wollte, mußte er diese Stadt um jeden Preis haben.

Der König auf dem Festland – das war das Ereignis, auf das Wallenstein ungeduldig gewartet hatte. Die Zeit der Unsicherheit und Spannung war vorüber, denn nun wurde er vor die vollendete Tatsache gestellt. Mit außerordentlicher Entschiedenheit begann er rasch Truppen von nah und fern zusammenzuziehen und brach am 14. August nach Greifswald auf. Dort traf er schon am 18. desselben Monats ein, um eine kleine Armee zu sammeln. Während er das tat, nutzte der König die Zeit zur Befestigung seiner Positionen um die Stadt Wolgast. Wallenstein näherte sich den dänischen, durch Bastionen gesicherten Stellungen am 22. August und begann, sie mit Artillerie zu beschießen. Am nächsten Tage gelang es seinen Soldaten, einen Sumpf zu überqueren, den die Dänen übersehen hatten, und diese zu schlagen. Bis zum Abend waren Stadt und Schloß trotz tapferen Widerstandes gefallen. Diese Gegenwehr, vor allem von seiten des schottischen Obersten McKeye, ermöglichte es dem König, sich geordnet zurückzuziehen, zu Schiff zu gehen und nach Kopenhagen zu segeln. Der Sieg bei Wolgast bedeutete viel für Wallenstein, weil sich seine Reputation nach dem Mißerfolg vor Stralsund wieder hob. Es war das einzige Mal, daß er sich mit Christian IV. auf dem Schlachtfelde maß, und dabei bekam der König eine deutliche Lektion: irgendwo an der norddeutschen Küste zu landen und sich dort festzusetzen würde außerordentlich schwierig sein.

Nach dem Erfolg bei Wolgast hielt er Pommern für gesichert und wandte sich westwärts nach Rostock und Holstein, wo seine Truppen die Festungen Krempe und Glückstadt belagerten. Sein erstes, sorgsam geheimgehaltenes Ziel war die Stadt Rostock, die sich noch immer weigerte, seine Besatzung zu akzeptieren, obwohl sie ihm als Landesherrn unterstand. Weil ihn die Sorge bewegte, sie könnte, ähnlich wie Stralsund, der Macht Dänemarks und Schwedens verfallen, war er entschlossen, sie um jeden Preis zu gewinnen. Das sollte ohne Blutvergießen und Belagerung geschehen, um nicht ein zweites Stralsund herbeizuführen. Es gelang ihm durch geschicktes Vorgehen: Nach einem Vertrag vom 27. Oktober 1628 zog seine Besatzung in Rostock ein.

Von Rostock eilte er, wie im vergangenen Jahr, ein zweites Mal durch Norddeutschland nach Krempe, weil er unterrichtet worden war, daß der dänische König von England und den Generalstaaten Hilfe für Krempe und Glückstadt gefordert hatte. Krempe gewann Wallenstein kampflos durch Akkord am 12. November. Glückstadt einzunehmen, hielt er nicht für zweckmäßig, weil diese Festung, über das Meer versorgbar, schwer zu bezwingen war. Ihr Wert schien nicht so hoch, daß er die Opfer aufwog, die zu ihrer Erringung gebracht werden mußten. Sie war dem König als einzige festländische Festung verblieben, nachdem Morgan Stade schon im Mai an Tilly übergeben hatte. Mit der Einnahme von Krempe endete für Wallenstein die Kampagne des Jahres 1628.

Auf dem Rückweg kam es zu einer Begegnung mit Tilly, dabei erörterten sie die bevorstehenden Friedensverhandlungen, für die sie, ähnlich wie damals in Braunschweig, der Kaiser bevollmächtigt hatte. Sie berieten in Boizenburg das gemeinsame Vorgehen und mußten sich auch der Frage annehmen, wie ihre Armeen zu reduzieren seien. Daran lag dem Kaiser viel, weil er damit den andauernden Beschwerden der Kurfürsten und anderer Reichsstände begegnen wollte. Zu dieser Zeit aber schien beiden Generalen eine Verkleinerung der Armeen nicht angängig, weil sie sehr wohl wußten, daß ihre Position bei den Verhandlungen umso gewichtiger sein würde, je stärker die militärischen Kräfte wären, die hinter ihnen stünden.

Nur Wallenstein kam Ende des Jahres dem Wunsche des Kaisers ein Stück entgegen. Er stimmte mit ihm überein, eine Reform der Regimenter zu vollziehen; das bedeutete, die Fähnlein und Kompanien aufzulösen, deren Mannschaften nicht vollzählig waren, und die vorhandenen Soldaten in andere Einheiten zur Auffüllung einzugliedern. Noch mehr kam er dem Kaiser entgegen, indem er die Armee durch Entlassung schwach besetzter Regimenter verkleinerte.

Das Jahr 1628 endete, trotz des Mißgeschicks bei Stralsund, im ganzen günstig für die kaiserliche Seite und war auch für Wallenstein erfolgreich, wenn auch nicht in dem Maße, wie er es erwartet hatte. Vor allem war es ihm nicht gelungen, den dänischen König auf seinen Inseln zu schlagen; ein schwacher Trost konnte sein, daß dessen Präsenz auf dem Festland im Verlaufe des Jahres 1628 auf einen einzigen Punkt geschrumpft war. Eine Tatsache vor allem dämpfte die Befriedigung auf kaiserliche Seite: die Anwesenheit schwedischen Militärs auf Reichsboden und die Sorge, König Gustav Adolf könne den Krieg aus Polen und Preußen ins Reich tragen.

Das spanische Projekt, eine gemischte Handelsgesellschaft im Norden zu gründen, die den niederländischen Kommerz lahmlegen sollte, erhielt im Jahre 1628 den Todesstoß. Der Hansetag, der sich am 19. September in Lübeck versammelte, faßte endlich den lange aufgeschobenen Beschluß. Die erfolglose Belagerung Stralsunds und der Einzug Wallensteins in Mecklenburg machten die Hansestädte nicht bereitwilliger, ihr Kapital in die vorgeschlagene Gesellschaft zu investieren und ihre Schiffe einer unter kaiserlicher Flagge fahrenden Kriegsflotte zu überlassen. Im Gegenteil, es scheint so, daß sie der erfolgreiche Widerstand Stralsunds in ihrer ablehnenden Haltung zum Projekt bestärkte und ermunterte, wie sie auch die demonstrativen Manöver der Streitkräfte Dänemarks und Schwedens an der Ostsee als warnendes Signal verstanden. Die Vertreter der Städte entschieden sich, bei den althergebrachten Formen ihres Handels zu bleiben und hielten die vorgesehene Gesellschaft für nicht realisierbar. Am Ende der Verhandlungen lehnten sie diese einmütig ab mit der Begründung, zur Zeit gebe es keine günstigen Bedingungen dafür. Es sei eine ernste Sache, bei der man riskiere, von den anderen Völkern aus dem Handel ausgeschlossen zu werden. Der Beschluß dieses Hansetages war ein harter Fehlschlag für das Haus Österreich, denn damit war die spanisch-deutsche Seehandels-Sozietät endgültig begraben. Dazu kam, daß Spanien selbst in aller Stille davon abrückte, weil seine Politik gegenüber den Niederlanden im Wandel begriffen war. In Madrid sah man ein, daß man sich eine Eskalation des Krieges gegen sie nicht leisten könne zu einer Zeit, da man in Italien in einen neuen Krieg verwickelt wurde. Der spanische Hof ließ den Gedanken fallen, die Niederlande mit ökonomischen Mitteln zu bezwingen, stattdessen begann er sich vorzubereiten, einen Waffenstillstand zu ehrenvollen Bedingungen mit ihr einzugehen.

Friedensverhandlungen in Lübeck

Es war ein langer Weg zum friedlichen Vergleich. Er begann eigentlich schon vor drei Jahren in Braunschweig, führte weiter über Vermittlungsversuche der Infantin Isabella, des Grafen von Oldenburg, des sächsischen Kurfürsten und des Herzogs Friedrich von Holstein-Gottorp, auch selbst über Angebote Christians IV. Aber alle Anläufe gingen nicht weiter. Erst im Jahre 1628 entstand eine günstigere Situation, weil die Beweggründe für Verhandlungen auf beiden Seiten stärker wurden. Kriegsmüdigkeit und finanzielle Erschöpfung wuchsen hier wie dort zusehends, auf dem Kriegsschauplatz war eine Patt-Situation entstanden. Wallenstein war Herr auf dem Festland, Christian IV. auf dem Meer. Angesichts seiner Schwäche auf See kam Wallenstein zu der Einsicht, daß der Krieg unter diesen Umständen noch Jahre dauern konnte. Nüchternheit trat bei ihm an die Stelle des früheren Optimismus, denn er erkannte, daß die Schaffung einer Kriegsflotte außerordentlich schwierig war.

Er hatte den Wunsch nach Frieden, und das aus guten Gründen. Er wollte keinen Krieg mehr, weder in Deutschland oder Italien noch anderswo, weil er zur Verwirklichung seiner Absichten, die er das ganze Jahr 1628 hindurch hegte, den Frieden brauchte. Sein Ziel war, wie bereits gesagt, die Armee aus Deutschland heraus und zum Kreuzzug gegen die Türken zu führen, um dort seine militärische Laufbahn zu beenden, wo er sie als junger Mann begonnen hatte. Er wolle Frieden und danach die Armee gegen die Türken führen, versicherte er wiederholt. Für diese Idee gedenke er den Papst, den Kaiser und dessen Räte zu gewinnen. Ein weiterer, nicht weniger starker Beweggrund war Mecklenburg. Seit er dessen Herrscher war, lag ihm daran, den Krieg in Norddeutschland zu beenden, damit sein Land nicht mehr vom Meer her durch dänische Angriffe bedroht würde. Er wünschte sich gute Nachbarschaft und das Land frei von Militär. Vielleicht hielt er den Frieden auch für nötig, um die spanisch-deutsche Handelsgesellschaft unter dem Schutz seiner Wismarer Admiralität einzurichten. Es besteht kein Zweifel, daß es ihm damals um den Frieden ernst war. Er schrieb Friedrich von Holstein, daß Verhandlungen darüber beginnen könnten, sobald er in Holstein eintreffe.

Auch der dänische König neigte stark zum Frieden, denn dadurch würde sein Land von der Truppenlast befreit. Außerdem drängte ihn der Reichsrat dazu.

Gegen Ende September 1628 regte Wallenstein an, die Friedensverhandlungen mit Dänemark wieder aufzunehmen mit der festen Absicht, den Krieg, dessen Bürden nicht mehr tragbar seien, zu beenden. Es seien dafür günstige Bedingungen zu schaffen; in keinem Falle sollten die Verhandlungen zerschlagen werden, indem der dänischen Seite Unannehmbares zugemutet oder die Wiederanbahnung durch überflüssige Prozeduren erschwert würde. Der Kaiser erklärte eindeutig, ihm liege ebenfalls an der Beendigung des Krieges im Reich und an seiner Befriedung. Die allerdings sei seinen Siegen zu verdanken. Damit gab er zu verstehen, wer als Geschlagener seine Bedingungen anzunehmen hätte. Daraufhin beschloß Wallenstein, die Verhandlungen am 16. Januar 1629 zu beginnen, als Orte schlug er Hamburg oder Kiel vor und überließ die Wahl dem dänischen König.

Bei ihrem Treffen in Boizenburg hatten Wallenstein und Tilly vereinbart, einen Keil zwischen König und Reichsrat zu treiben und ausschließlich mit letzterem, ohne den König, zu verhandeln. Sie hatten Nachricht erhalten, daß zwischen beiden scharfe Widersprüche bestünden und der König abgesetzt werden solle. Dies glaubten beide Generale ausnutzen zu können. Doch sie verrechneten sich, der Reichsrat stand zum König, und so führten sie mit ihm die Verhandlungen. Die vorgeschlagenen Orte waren für ihn nicht annehmbar, und als er Lübeck vorschlug, stimmte Wallenstein zu. Am Kaiserhofe herrschte die Meinung, daß die kürzlichen militärischen Erfolge die Verhandlungen erleichtern würden, doch das war ein Irrtum. Wallenstein lehnte, eingedenk seiner Braunschweiger Erfahrungen, jede Vermittlung, auch die der Kurfürsten, ab.

Die Delegationen beider Seiten kamen am 22. Januar in Lübeck zusammen. Die vom König vorgelegten Bedingungen waren auf den ersten Blick für die kaiserliche Seite nicht akzeptabel. Sie gingen in der Tat an den Realitäten vorbei. Doch der König gab zu verstehen, daß er nicht in toto auf ihnen beharre, sondern in einzelnen Punkten nachzugeben bereit sei. Die Bedingungen der kaiserlichen Seite waren ungewöhnlich hart, härter noch als die „lauenburgischen" vom Jahr 1627, überspannt und geradezu arrogant. Man merkte ihnen an, daß sie aus der Werkstatt der Wiener „Habichte" stammten. Sie waren für den dänischen König unannehmbar.

Die tonangebende Person der Lübecker Traktaten war unstreitig Wallenstein, er hatte Interesse daran, die Verhandlungen forzuführen, auch aus der scheinbar aussichtslosen Lage heraus. Die kaiserlichen Vorschläge betrachtete er sehr nüchtern, er bemühte sich nicht, sie durchzusetzen, das wäre hoffnungslos gewesen. Er begriff, daß er den Kaiser dahin bringen müsse, eine andere Lösung als die der militant-kompromißlosen Kreise zu suchen. Er ließ die Verhandlungen weiterlaufen, damit der Kaiser und seine Geheimen Räte zur Einsicht gelangten, daß die von ihnen gestellten Bedingungen keine Aussicht auf Annahme hatten; in Wirklichkeit arbeitete Wallenstein insgeheim daran, seine Vorsätze zu realisieren, und gewann dafür auch Tilly. Es scheint, daß er von Anfang an nicht daran glaubte, aus dem Friedensvertrag all das herauszuhalten, worauf die „Kriegspartei" am Wiener Hofe hoffte. Sie hatte der bisherige Siegeszug blind gemacht gegenüber eigenen Schwächen und künftigen Gefahren. Am besten diente er der Sache, wenn er sie in seine Hände nahm. Zunächst verhandelte er mit dem Hof. Er wandte sich mit einem Memorial (26. Februar 1629) an den Kaiser, in dem er seine Gedanken und Ansichten über die Friedensbedingungen darlegte. Eigentlich handelte es sich um deren kritische Wertung. Das Ziel seiner Denkschrift war es, durch maßvolle Bedingungen den Frieden zu erreichen. Demgemäß schlug er dem Kaiser nichts Geringeres vor, als dem dänischen König Jütland, Schleswig und Holstein ohne Gegenleistung zurückzugeben; anders sei nach seiner Auffassung kein Frieden zu erlangen. Die kaiserliche Armee könne diese Länder nicht mehr lange halten, weil sie völlig ausgezehrt seien. Das wisse auch der König, und es liege ihm umso weniger am Frieden, als er glaubte, er bekäme das Seine sowieso ohne Schwertstreich zurück.

Am Hofe schlug dieses Memorial wie eine Bombe ein. Derartiges hatte man dort gewiß nicht erwartet, und darauf vorbereitet war kaum jemand; es lenkte wieder Wasser auf die Mühlen der Feinde Wallensteins. Zwar bedeutete das Memorial noch keine Wende in den Verhandlungen, aber es brachte Gedanken hinein, die den Weg zur Annäherung der scheinbar unversöhnlichen Standpunkte öffneten. Um seine Ideen durchzusetzen, ging er bei Hofe zur Geheimdiplomatie über.

Wenn er im Memorial darlegte, daß die fremden Mächte bestrebt seien, den König vom Frieden abzubringen, dann entsprach das der Wahrheit. Darum bemühten sich England, die Generalstaaten und Frankreich, vor allem aber Gustav Adolf. In dessen Interesse lag es , daß der Krieg zwischen dem dänischen König und dem Kaiser fortdauerte. Er würde dadurch Zeit gewinnen für ungestörte Kriegsvorbereitungen zum Zwecke des Einfalls in das Reich. Es war seine Absicht, am Friedenskonvent in Lübeck teilzunehmen unter dem Vorwand, sich mit dem Kaiser in der Stralsunder Angelegenheit vergleichen zu wollen. Er schickte seine Gesandten nach Lübeck, um die Forderung zu erheben, die kaiserliche Armee möge die gesamte Nord- und Ostseeküste von Ostfriesland bis Pommern räumen. Diese Bedingungen waren ebenso unrealistisch wie arrogant, und Gustav Adolf glaubte, mit Wallenstein wie mit einem Besiegten umgehen zu können. Es wäre möglich, daß sie nicht ernst gemeint waren, denn der schwedischen Delegation ging es allein darum, die Verhandlungen in die Länge zu ziehen und zu vereiteln. Doch dazu kam es nicht, weil Wallenstein die Teilnahme der Schweden entschieden ablehnte mit der Begründung, gemäß dem uspründlichen Beschluß werde nur zwischen dem Kaiser und dem dänischen König verhandelt. Er verwarf auch eine Teilnahme der Generalstaaten.

Um die Gegenseite gefügiger zu machen, führte Christian IV. das Gespenst einer dänisch-schwedischen Verbindung ins Feld. Auf seine Einladung fand ein Treffen mit Gustav Adolf statt, bei der letzterer große Mühe aufwandte, den dänischen König für einen gemeinsamen Kampf gegen den Kaiser zu gewinnen und ihn von Friedensverhandlungen abzuhalten. Er, Gustav Adolf, schlug vor, eine große Armee nach Deutschland zu führen, wobei ihm der Oberbefehl über die vereinigte Streitmacht zukäme, für die er drei Viertel der Mannschaft und des Geldes stellen wollte. Christian hatte Zweifel an der Offerte und antwortete, Dänemark verzichte auf weitere Kriegsunternehmen. Er verlangte lediglich Beistand zur See, um die kaiserliche Delegation in Lübeck zu beeindrucken. Christian war also starkem Druck von verschiedenen Seiten ausgesetzt, den Krieg fortzuführen. Es ging jetzt um eine Schicksalsentscheidung: Krieg oder Frieden. Er wählte den Frieden, sofern dieser ihm dienlich war, die Herrschaft über seine Länder wiederherzustellen und sofern die übrigen ihm gestellten Bedingungen annehmbar wären. Darin fand er die Unterstützung des Reichsrates, der ebenfalls den Frieden wünschte.

So liefen alle Anstrengungen Gustav Adolfs ins Leere, die Begegnung mit Christian brachte beide einander nicht näher, sondern nährte den alten Groll. Gustav Adolf hielt im tiefsten Innern Christians Rückzug aus dem Krieg für Verrat an der protestantischen Sache.

In der Situation, da die Annäherung der Standpunkte beider Verhandlungsparteien gering war, wählte Wallenstein den Weg geheimer Sondierungen, und das zunächst beim Wiener Hof. Sei es, daß Wallensteins Einfluß im Spiele war oder nicht, der Kaiser zeigte sich im März zur Mäßigung seiner Bedingungen geneigt. Er war bereit, dem dänischen König seine Länder zurückzugeben, verlangte aber eine Entschädigungssumme. Zugleich verzichtete er auf die Forderung, dem sächsischen Kurfürsten pfandweise Jütland als Entschädigung dafür zu überlassen, daß er von ihm die Lausitz zurückverlangte. Auf diese Weise würde er seine Ziele erreichen, weil die angegebene Summe ausreichte, wiederum die Lausitz aus der Pfandschaft zu lösen. Doch die dänischen Delegierten hielten dafür, daß eine Verpfändung Jütlands an Kursachsen jeglicher Rechtsgrundlage entbehre.

Die beiden Seiten tauschten Vorschläge, Repliken und Dupliken aus – mit dem Ergebnis, daß die Verhandlungen auf dem toten Punkt anlangten und gänzlich zu scheitern drohten, wie das in Braunschweig geschehen war. Im kritischen Augenblick, als das Ende gekommen schien, entschloß sich Wallenstein, um das voraussehbare endgültige Scheitern zu verhindern, zu Geheimverhandlungen mit der dänischen Seite. Er nahm mit ihr Kontakt auf und erreichte, daß das Fiasko abgewendet wurde, auf das die Gegenseite bedacht zu sein schien. In diesen nicht öffentlichen Traktaten wurden zwar keine Vereinbarungen erreicht, aber doch die Hoffnung auf Frieden genährt, falls der König auf jegliche Einmischung in Reichsangelegenheiten und auf die norddeutschen Stifter verzichtete und der Kaiser ihm seine Länder ohne Ersatzforderungen zurückgab. Das waren im

Grunde jene Bedingungen, die Wallensteins Memorial vom 26. Februar enthielt. Zwar blieben noch einige Hürden, aber die meisten konnten in den Geheimverhandlungen überwunden werden, die bis 10. April andauerten. An ihrem Ende stand die völlige Einigung und die Verabredung, den Friedensvertrag abzuschließen. Wallenstein hatte in kurzer Zeit sein Ziel erreicht.

Mit Tilly gemeinsam verlangte er vom Kaiser, die Forderung nach Entschädigung für die Rückgabe der besetzten dänischen Gebiete und für seine Kriegsausgaben fallen zu lassen. Auch hier gelang es Wallenstein, in Geheimverhandlungen beim Wiener Hof die Hindernisse zu überwinden und die Zustimmung des Kaisers zu erlangen, den Vertrag abzuschließen. Christian IV. stimmt dem ebenfalls zu.

Am 22. Mai war der Friedensvertrag in seiner definitiven Form vorbereitet, in welcher der Kaiser und der dänische König ihn ratifizieren sollten. Wallenstein hielt den Frieden schon für Tatsache. Er nahm an, Christian werde angesichts der für ihn günstigen Bedingungen mit beiden Händen nach ihm greifen. Da traf die Nachricht ein, der König sei mit Truppen in Holstein eingefallen, und es schien, als bräche der Krieg von neuem aus. Die kaiserliche Seite reagierte darauf mit verständlicher Erregung, und Wallenstein war erzürnt. Doch er behielt einen kühlen Kopf und lehnte es ab, militärische Gegenmaßnahmen zu ergreifen, um nicht im letzten Augenblick den Frieden zu vereiteln. Der weitere Gang der Ereignisse gab ihm recht.

Der in englischem Solde stehende General Morgan brach in der zweiten Mai-Hälfte aus Glückstadt auf, bemächtigte sich der Insel Nordstrand, landete auf dem Festland und versuchte, ostwärts weiter vorzustoßen. Doch er fand größeren Widerstand als erwartet, und sein Angriff auf Husum wurde abgeschlagen. Der König segelte mit starken Kräften am 29. Mai von Fünen ab, landete an der Ostküste von Jütland und stieß nach Schleswig vor. Sein Ziel war es, sich mit Morgan zu vereinigen, danach die Halbinsel zu durchqueren und die kaiserliche Armee in Jütland nach Süden zu abzuriegeln. Das gelang ihm nicht, die Aktion endete mit einem Mißerfolge, ehe Wallenstein eingreifen konnte. Er war am 6. Juni bereit, sich nach Holstein zu begeben und dem König ein neues Wolgast zu bescheren. In seiner Starrköpfigkeit kämpfte dieser bis zur Verkündung des Friedens weiter; das war das letzte Aufflackern des dänischen Krieges. Das Motiv für diese Aktion ist bis heute nicht geklärt. Sie war eigentlich überflüssig, weil sie nichts zu ändern vermochte, selbst wenn sie Erfolg gehabt hätte.

In Lübeck kamen die Traktaten ungeachtet der Kämpfe gut voran. Am 5. Juni unterzeichneten der König, Wallenstein und Tilly den Vertrag; am 7. Juli wurde unter Glockengeläut der Frieden verkündet, und vier Tage später hörten alle feindlichen Handlungen der Kriegsparteien auf. Die kaiserliche Ratifikationsurkunde traf am 30. Juni ein, um mit der des Königs ausgetauscht zu werden.

Der Lübecker Friede war, daran besteht kein Zweifel, das Verdienst Wallensteins; ohne seine Geheimdiplomatie wäre er kaum erreicht worden. Sein Verdienst besteht vor allem darin, daß er den Kaiser davon überzeugte, in wesentlichen Punkten nachzugeben. Im Gegensatz zu Friedrich von der Pfalz ging Christian IV. ohne größere Verluste aus dem Krieg hervor; der erreichte Frieden fiel angesichts der erlittenen Niederlagen ungewöhnlich günstig für ihn aus, das erweisen seine Bedingungen: Der König habe sich jeglicher Einmischung in Reichsangelegenheiten zu enthalten, ausgenommen jene, die sich aus dem Besitz des Herzogtums Holstein herleiten; für sich und seine Söhne müsse er auf alle Ansprüche an Reichsstiftern verzichten. Der Kaiser wiederum werde nicht in die Herrschaft des Königs eingreifen. Alle Streitigkeiten, die sich zukünftig ergeben könnten, sollten im Guten oder durch Vermittler-Schiedsspruch geschlichtet werden. Beide Seiten verzichteten auf alle aus dem Kriege ableitbaren Schadenersatzansprüche. Für den König bestand das wichtigste Ergebnis darin (und das war zugleich sein großer Erfolg), daß ihm der Kaiser ohne Gegenleistung alle Länder zurückgab und unverzüglich räumen ließ, die die kaiserliche Armee okkupiert hatte. In den Frieden einbezogen waren die spanische und die polnische Krone, die Brüsseler Infantin, das ganze Haus Österreich, der bayerische Kurfürst und die Liga, auf dänischer Seite die französische, die englische und die schwedische Krone sowie die Vereinigten Niederlande. Nicht einbegriffen in den Vertrag wurde der Niedersächsische Kreis, der damit der Gnade oder Ungnade und den Konfiskationsmaßnahmen des Kaisers ausgeliefert war. Um des eigenen Vorteils willen ließ Christian IV. seine Verbündeten und Anhänger im Stich, bestand nicht auf einer Amnestie für sie, obwohl er sie in den Kreig hineingezogen hatte. Er setzte auch nicht durch, daß ihnen die Freiheit des Augsburgischen Bekenntnisses zugesichert wurde, was er usprünglich als eines seiner Hauptziele erklärt hatte. Die Last der Niederlage fiel nicht in aller Schwere auf den König, sondern auf die Stände des Niedersächsischen Kreises.

Der Lübecker Frieden fand ein widersprüchliches Echo in Europa. Er stellte weder die katholische noch die protestantische Seite zufrieden. Papst Urban VIII. verurteilte ihn als skandalös. Kardinal Richelieu bezichtigte, obwohl Frankreich nichts zu seiner Unterstützung getan hatte, Christian IV. der Feigheit, weil er nicht willens war, als Richelieus Schachfigur zu agieren. Im protestantischen Lager verbreitete sich Enttäuschung, bedeutete doch der Friede das Ende der Haager Koalition, auch wenn sie im Vertrag nicht genannt wurde. Es scheint so, als ob er auch die Hoffnungen Friedrichs von der Pfalz auf Restitution zu Grabe trug. Die Protestanten im Reich hatten allerdings kaum Recht sich zu beschweren, weil keiner Christian zu Hilfe gekommen war. Auch die Bundesgenossen der Haager Koalition leisteten seinem Kriegsunternehmen keinen wirkungsvollen Beistand. Die Generalstaaten waren tief in ihren eigenen Krieg verstrickt, ebenso England in den Konflikt mit Frankreich; in England dauerte außerdem der Streit zwischen König und Parlament an.

Wenngleich Wallensteins Verdienste um den Lübecker Frieden unstreitig und im allgemeinen anerkannt sind, wäre es nicht richtig, sie zu überschätzen. Sie fallen ihm zur Hälfte zu, die andere Hälfte ergibt sich aus den Wirkungen der Mantuanischen Krise. Hätte es sie nicht gegeben, dann wäre der Frieden für den dänischen König viel weniger günstig ausgefallen. Aus dem Gang der Friedensverhandlungen ist ersichtlich, daß in dem Maße, wie der Konflikt um Mantua bedrohlicher und der Kaiser unter dem Druck Spaniens unabwendbar in den Mantuanischen Krieg hineingezogen wurde, der Wiener Hof nachgab und seine Bedingungen mäßigte. Der Kaiser war fest entschlossen, sich Spanien dadurch erkenntlich zu zeigen, daß er seine militärischen Kräfte aus dänischen und norddeutschen Gebieten auf den italienischen Kriegsschauplatz verlegte, und daraus folgerte seine plötzliche Bereitschaft zum Nachgeben. Es ist nicht übertrieben zu sagen, daß es ohne Mantua keinen Lübecker Vertrag gegeben hätte, wenigstens nicht in vereinbarter Gestalt und zu jener Zeit, allerdings auch nicht ohne Wallenstein.

Der Lübecker Frieden, obwohl nach vier Jahren Krieg mühevoll erreicht, war nicht von langer Dauer; er hielt im Reich nur für ein Jahr. Schweden war in den Frieden einbezogen und konnte ihm drei Monate nach Ratifikation beitreten. Doch genau das Gegenteil trat ein. Er bestärkte Gustav Adolf in seinem Entschluß, in großem Stil in den deutschen Krieg einzugreifen. Der Reichsrat unterstützte das Vorhaben, er reagierte auf den Frieden, indem er seine Beschlüsse vom Dezember und Januar bestätigte. Das bedeutete, daß der Ausbruch des „schwedischen Krieges" nur noch eine Frage der Zeit und vom Willen des Königs abhängig war. Der Lübecker Frieden schloß eine Phase des „großen Krieges" ab, um der Ausgangspunkt für eine weitere zu werden. Sein Tragik bestand darin, daß der Krieg sich noch verderblicher in Deutschland austobte, als eine Art „totaler Krieg", wiewohl mit anderen Teilnehmern. Dänemark blieb ihm fürderhin fern.

Wallenstein nach dem Lübecker Frieden

Nach zehn Jahren Krieg war der Frieden wieder ins Reich eingekehrt, ausgenommen in Stralsund, das in den Händen Schwedens verblieb. Es schien, als ob es nun günstige Zeit für Wallenstein sei, seine früher gehegte Idee des Krieges gegen die Türken in die Tat umzusetzen.

Die Voraussetzung des Zuges gegen die Osmanen war die völlige Befriedung Europas. Doch sie trat nicht ein. Im Westen dauerte der niederländisch-spanische, im Osten der polnisch-schwedische Konflikt weiter an, im Süden entzündete sich ein neuer um das mantuanische Erbe, umstritten zwischen Spanien, Savoyen und Frankreich. Wallenstein lehnte diesen Krieg ab, weil es ihm um den universalen Frieden ging als notwendige Bedingung für einen gemeinsamen Zug gegen die Türken, wenngleich er anerkannte, daß der Infantin und dem polnischen König auch Hilfe gebühre. Er war nicht gewillt, unter Hintansetzung des Friedens und des Türkenzuges, sich an diesen drei Kriegen zu beteiligen; aus den ersten beiden hatte er sich schon während des dänischen Krieges ohnehin herausgehalten.

Nachdem dieser beendet war, wurden alle Truppen, gemäß dem Friedensvertrag, unverzüglich aus den okkupierten dänischen Gebieten abgezogen; eine große militärische Kraft war damit freigesetzt, die irgendwo anders tätig werden konnte. Kurz vor Abschluß des Lübecker Friedens hatte sich Wallenstein entschlossen, der wiederholten Bitte der Infantin um Hilfe nachzugeben. Er entsandte einige Regimenter unter dem Kommando des Feldmarschalls Johann von Nassau in die Niederlande, dem noch ein kleines Korps von knapp vier Regimentern unter Oberst Montecuccoli unterstellt wurde. Dieser Sukkurs diente offensiven Zwecken.

Dem spanischen Druck nachgebend, entschied der Kaiser, daß seine Armee nach Italien verlegt werden sollte, um an der Seite der spanischen Truppen zu kämpfen. Dies sollte allerdings erst nach Abschluß des Friedens mit Dänemark geschehen. Ende Juni und Anfang Juli, zur Zeit der Unterzeichnung des Vertrages, erschien Sforza im Güstrower Hauptquartier Wallensteins und informierte diesen, daß sich Spanien entschlossen habe, in Italien Krieg zu führen und dafür die militärische Hilfe des Kaisers erbäte. Diese Absicht des spanischen Königs wolle er Wallenstein kundtun und zugleich dessen Wunsch übermitteln, ihm in Italien beizustehen, indem er die Armee dorthin entsende. Ob Sforza auch für die Infantin in den Niederlanden warb, ist nicht bekannt; sicher aber verhandelte er mit Wallenstein darüber.

Nach Wallensteins Ansicht bestand zwischen der militärischen Intervention in Italien oder den Niederlanden im Grunde kein Unterschied, weil beide den Nutzen der spanischen Krone beförderten. Aber er verwarf den Krieg in Italien und gab der Hilfe für die Infantin den Vorzug, um als Gegenleistung die versprochene Entsendung einer spanischen Flottille zu bekommen. Er lehnte Sforzas Vorschläge ab und entschied sich für die Infantin. Kurz nach Unterzeichnung des Friedensvertrages, am 7. Juli, gab er Befehl, zu ihrer Unterstützung noch weitere 20.000 Mann nach Friesland zu entsenden, die bis dahin auf dänischem Gebiet lagen. Diese Armee sollte in Friesland eine neue Front aufrichten, niederländische Kräfte binden und auch dem belagerten Herzogenbusch Erleichterung verschaffen. Ihr dachte Wallenstein eine defensive Aufgabe zu, und ihr Einsatz sollte keine Kriegserklärung des Reiches bzw. des Kaisers gegen die Vereinigten Niederlande bedeuten.

Zur gleichen Zeit schickte Wallenstein dem Kaiser einen Brief, um ihn von der Entsendung einer Streitmacht nach Italien abzubringen. Er argumentierte damit, daß die Jahreszeit schon fortgeschritten und die Armee nicht vor Anfang September aus Deutschland zu dislozieren sei; außerdem werde man für sie in Mailand keinen Proviant, keine Artillerie und Munition bereitstellen. Aus diesen Gründen schlug er vor, den Zug nach Italien auf den März des folgenden Jahres zu verschieben und stattdessen der Infantin die geforderte militärische Hilfe nach Friesland zu gewähren. Aber den wahren Grund verschwieg er: Er war nicht willens, die Armee ins ferne Italien marschieren zu lassen, während er nahezu täglich mit einem schwedischen Einfall und einer gefährlichen politischen Entwicklung im Reich rechnete. Doch es war schon zu spät, der Kaiser vermochte sich nicht mehr Wallensteins Argumenten zu beugen, weil er Spanien durch Vereinbarungen fest verpflichtet und entschlossen war, im Mantuanischen Konflikt Kräfte einzusetzen. Er gab Wallenstein den Befehl, die aus Dänemark abzuziehenden Streitkräfte nach Italien zu überführen. Das war sein bis dahin tiefster Eingriff in die Befehlsgewalt seines Feldherrn, dem er damit die Grenzen seiner Machte zeigte. Dieser erhielt eine deutliche Lektion zur Frage, wer der Herr sei, und es scheint, als ob er sie als solche begriff. Am selben Tage, als er den Befehl vom Kaiser erhielt, es war der 15. Juli, nahm er seinen eigenen vom 7. Juli zurück und gab Anweisung, die aus den dänischen Quartieren abrückenden Regimenter ins schwäbische Memmingen abzuordnen, wo sie zu sammeln seien, um darauf über Graubünden nach Mailand zu marschieren. Weil er annahm, daß der Eingriff in Italien einen Krieg mit Frankreich nach sich ziehen werde, wies er einen Teil der Truppen an die Westgrenze des Reiches, denen er die Aufgabe übertrug, die Verteidigung vorzubereiten und Vorräte anzulegen. Den Angriff Frankreichs erwartete er auf jeden Fall, wenn nicht im laufenden, dann im nächsten Jahr; er traf daher Maßnahmen, ihm vorzubeugen.

Die große kaiserliche Armee, Gegenstand so vieler Beschwerden und Klagen im Reich und die Hauptursache des Strebens der Kurfürsten samt der Liga nach Abberufung Wallensteins, war plötzlich Mitte des Jahres 1629 zerteilt und zumeist aus dem Reich abgezogen. Doch diese Tatsache stimmte jene nicht um, die nach der Absetzung des Generals verlangten. Sie waren entschlossen, ihn so oder so und um jeden Preis beiseite zu schieben. Mitte des Jahres hatte er auftragsgemäß 15.000 Mann nach Polen, 17.000 in die Niederlande und nach Italien schätzungsweise 30.000 abkommandiert. In Pommern, Mecklenburg und Brandenburg verblieben annähernd 12.000 Mann, in Thüringen und um das zum Aufruhr neigende Magdeburg lag eine strategische Reserve von 6.000 Mann, an der französischen Grenze etwa dieselbe Zahl. Damit entstand im Reich unerwartet eine Art Machtvakuum, ausgedehnte Gebiete waren des Militärs entledigt – eine Situation, die Gustav Adolf zweifellos ermunterte, seine beabsichtigte Invasion ins Reich zu unternehmen.

Daß es dazu kommen würde und ebenso zum Einfall Frankreichs, hielt Wallenstein für sicher, und weil er außer dieser Bedrohung noch einen allgemeinen Aufstand im Reich herannahen sah, schien ihm die zahlenmäßige Stärke der verbliebenen Streitkräfte zu gering. Er beschloß daher, weitere 10.000–12.000 Mann zu werben, obwohl er ursprünglich nicht vorhatte, die Armee zu vergrößern. Zu dieser neuen Werbung nötigten ihn auch Umstände, die Anfang des Jahres noch nicht voraussehbar waren, sich aber aus der dauernden Gefahr von Schwedens Seite ergaben, die nun ihrerseits in offene Feindschaft zum Kaiser umzuschlagen drohte. Angesichts dessen unterstützte er leidenschaftlich die Idee, dem König von Polen im Kampf mit Schweden Hilfe zu leisten. „Polen muss man auf alle

weis sucuriren", schrieb er. Im schwedisch-polnischen Krieg sah er die Fortführung seines Kampfes mit Gustav Adolf, der in Stralsund begonnen hatte. Dessen Absicht, ins Reich einzufallen, hatte sich kundgetan und konnte Wallenstein
nicht verborgen bleiben. Dieser nahm an, daß der König seinen Vorstoß von
Stralsund aus ins Innere des Reiches oder gegen die kaiserlichen Erblande unternehmen würde. Dem gedachte er damit zuvorzukommen, daß der ihm, wie er
sagte, lieber in Preußen als in Schlesien begegnen wolle. So geschah es dann auch.

Aber als Folge der veränderten Situation lösten sich die Pläne, einen Zug
gegen die Türken vorzubereiten, ins Nichts auf, und das schon kurze Zeit nach
Unterzeichnung des Lübecker Friedens.

Während Wallenstein die Entsendung eines Hilfskorps vorbereitete, wurde
am 18. März ein Waffenstillstand zwischen den polnischen und schwedischen
Truppen abgeschlossen, der bis 7. Juni dauern sollte. Als damit die unmittelbare
Gefahr gebannt war, nahm die Entschlossenheit zur Verteidigung des Landes
sichtlich ab und die Kampfmoral schwand. Wallenstein hielt die Hilfe für Polen
für sehr wichtig. Er meinte, „unsere (die kaiserliche) Sache" stehe an keinem anderen Orte so schlecht wie in Polen, und dort werde man allein, ohne seine Hilfe,
nicht standhalten können. Diese Hilfe sei genau so nötig, als wenn die kaiserlichen Erblande überfallen worden wären. Er war auch verwundert darüber, daß
die Polen den Krieg so schlecht führten und daß der schwedische König, wohin
er kam, einen Ort nach dem andern einnehmen konnte.

Die Hilfe für den polnischen König fiel bedeutend aus in Gestalt eines Korps
von 15.000 Mann. Zu dessen Befehlshaber ernannte Wallenstein, gegen den Willen König Sigismunds III., Feldmarschall Hans Georg von Arnim – einen typi-
schen Söldnerführer seiner Zeit, der für die anstehende Aufgabe besondere Eignung mitbrachte. Da er früher sowohl in schwedischen als auch in polnischen
Diensten gestanden hatte und schwedischer Oberst gewesen war, kannte er die
Kampfweise im schwedisch-polnischen Krieg sehr gut, ebenso die Gegeben-
heiten im Küstenbereich der Ostsee. Nach Wallensteins Ansicht war er die
geeignete Person ebenso aus politischen Gründen, weil er von ihm als branden-
burgischem Untertan erwartete, er werde zur Verbesserung der Beziehung oder
gar zu einem Bündnis zwischen dem Kurfürsten und dem polnischen König bei-
tragen können. Seine Vergangenheit mochte andererseits aber auch Mißtrauen
auf polnischer Seite hervorrufen.

Feldmarschall Arnim formierte sein Korps recht bald, und im Mai marschierte
er nach Polen, ohne vorher, wie Wallenstein angewiesen hatte, dem König seine
Ankunft mitzuteilen – ein Umstand, der Sigismund mißliebig machte. Das kaiserliche Hilfskorps fand in Polen keine gute Aufnahme; es wurde nicht als Beschüt-
zer angesehen, weil die unmittelbare Gefahr vorüber war. Unter dem Adel weckte es Besorgnis, die von Schweden eifrig geschürt wurde, der König werde das
Korps dazu benutzen, seine Macht zu stärken und die Freiheit des Adels einzuschränken. Eine andere Ursache der Spannungen zwischen Arnim und den Polen

bestand in der mangelnden Versorgung und fehlenden Bezahlung des kaiserlichen Militärs. Sofern Sold überhaupt gezahlt wurde, geschah das zu so niedrigen Sätzen, daß sich die Soldaten davon nicht ernähren konnten. Sie litten daher in den ersten Monaten ihres Aufenthaltes in Polen Hunger, und viele desertierten.

Inzwischen landete Gustav Adolf am 31. Mai mit neun frischen Regimentern in Pillau. Es zeigte sich, daß der von Arnim kritisierte polnisch-schwedische Waffenstillstand Schweden Vorteile brachte, weil der König ihn nutzte, seine Streitmacht zu verstärken. Dieser marschierte in südlicher Richtung nach Graudenz mit dem Vorsatz, Arnims Truppen zu zerschlagen, ehe sie sich mit der polnischen Armee unter Stanisław Koniecpolski vereinigen konnten. Doch Arnim wich aus und überfiel seinerseits in der Nacht zum 21. Juni die Truppen Wrangels, wurde aber zurückgeschlagen. Da Arnim und Koniecpolski den Schweden zahlenmäßig überlegen waren, entschloß sich König Gustav Adolf, nach Marienwerder und weiter nach Marienburg, dem schwedischen Hauptquartier in Preußen, vorzustoßen. Auf dem Wege zwischen beiden Städten, bei dem Dorfe Honigfelde, überfielen Arnim und Koniecpolski am 27. Juni seine Hauptmacht und fügten ihr eine entscheidende Niederlage zu, die bei größerer Disziplin und Kooperationswilligkeit der Polen für Gustav Adolf zur Katastrophe hätte werden können. Er selbst geriet im Schlachtgetümmel in äußerste Gefahr; er wurde verwundet und gefangen genommen, konnte aber mit größter Mühe entkommen. Es war die einzige Schlacht, die er je verlor.

Danach zog sich der König nach Marienburg zurück, und der Krieg spielte sich den Rest des Jahres im Weichseldelta ab; er führte ihn defensiv, der kaiserlich-polnische Gegner offensiv. Für diesen war der bisherige Verlauf ein außerordentlicher Erfolg, weil der draufgängerische schwedische König, der Polen im Jahr 1629 einen entscheidenden Schlag zufügen wollte, zum Stillhalten gezwungen wurde. Bisher war er es in diesem Krieg gewohnt zu siegen, anzugreifen, vorzudringen und zu besetzen, aber keineswegs sich zu verteidigen. Polnische und kaiserliche Abteilungen überfielen das schwedische Lager und die Feldbefestigung bei Marienburg, doch die Schweden hielten hier stand. Auch kam ihnen das Glück zu Hilfe: das Zerwürfnis Arnims mit den Polen und seine Resignation als Befehlshaber. Außerdem wuchs der Hunger weiter in den Reihen der Kaiserlichen, ihre Offensivkraft erlahmte.

Noch am Abend nach der siegreichen Schlacht bei Honigfelde ersuchte Arnim Wallenstein um Entlassung aus dem Dienst; als Grund gab er körperliche Indisponiertheit an. Das war indes ein Vorwand. Der unmittelbare Anlaß war die dringliche Forderung des polnischen Königs, die Stadt Königsberg zu besetzen, die dem brandenburgischen Kurfürsten gehörte. Arnim lehnte das mit der Begründung ab, er als Untertan und Lehensmann des Kurfürsten könne eine solche Handlung nicht mit seinem Gewissen vereinbaren. Außerdem überschritt sie sein Mandat, zu einem Angriff gegen den Kurfürsten benötigte er einen Befehl des Kaisers oder Wallensteins. Doch dazu bestand kein Grund, denn der Kurfürst verhielt sich loyal zum Kaiser. Das Ansinnen des polnischen Königs war unverantwortlich und nicht zu entschuldigen, denn er wollte auf diese Art die kaiserliche Streitmacht mißbrauchen. Es kam überdies noch zu einigen Zwischenfällen und Beschwerden, wobei sich der König schändlich behandelt fühlte. Verletzen mußte Arnim auch, daß sich Wallenstein seiner im Streit mit dem König nicht annahm. Er verhielt sich eher wie ein Höfling denn als Generalissimus. Auf Sigismunds Beschwerden antwortete er, es tue ihm leid, daß Arnim ihm ungebührlich begegnet sei. Er würde ihn exemplarisch bestraft haben, wenn er nicht schon aus kaiserlichen Dienst ausgeschieden wäre.

Nach Arnims Abgang übernahm Herzog Julius Heinrich von Sachsen-Lauenburg den Oberbefehl, dem Philipp von Mansfeld als Stellvertreter zugeordnet wurde. Damit entblößte Wallenstein die Admiralität in Wismar, aber er hatte keine Wahl, da der Mangel an höheren Offizieren groß war. Der Herzog fand die Armee bei seiner Ankunft in schlimmem Zustand. Der Hunger zehrte an den Kräften der Soldaten; in ihrer Armut aßen sie sogar Gras, was es bis dahin in der kaiserlichen Armee nirgends gegeben hatte. Die Offiziere und Soldaten suchten Zuflucht und Rettung bei Wallenstein, den sie flehentlich baten, sie nicht elend zugrunde gehen zu lassen. Ihre herzzerreißenden Bitten, die sie an den General richteten, waren in der Tat erschütternd. Wallenstein fordert schriftlich vom König und vom Kronprinzen Władysław, für die Besserung der Bedingungen zu sorgen, doch ohne Erfolg. Schließlich riß ihm die Geduld, er schwor sich, nach Polen niemals wieder Hilfe zu senden.

Die letzten Kämpfe spielten sich im Weichseldelta ab, und das nahe Altmark war Ort der Verhandlungen über einen Waffenstillstand zwischen Polen und Schweden. Früher war die Initiative zu einem Vergleich zwischen diesen Ländern von den Generalstaaten ausgegangen, die Interesse daran hatten, ungestörten Handel in der Ostsee zu treiben. Nun drängte Frankreich zur Beilegung des Konflikts. Je mehr der Gegensatz zwischen Frankreich und Habsburg in Italien an Schärfe gewann, desto mehr wuchs bei Richelieu die Überzeugung, daß Gustav Adolf vom polnischen Krieg befreit werden müsse, damit er die Rolle spielen konnte, die ihm der Kardinal-Minister zugedacht hatte – die eines französischen Werkzeugs in Deutschland. In ihm sah er jenen Mann, der seine anti-habsburgischen Pläne verwirklichen würde, nachdem Christian versagt hatte und aus dem Spiel geworfen worden war. Die kaiserliche Diplomatie, in deren Interesse die möglichst lange Fortsetzung des polnisch-schwedischen Krieges lag, der Gustav Adolf vom Einfall ins Reich abhalten mußte, unternahm indes nichts, um die Verhandlungen zu verhindern oder doch wenigstens zu stören.

Der kürzlich abgeschlossene Friede zwischen England und Frankreich ermöglichte es, daß England bei den Verhandlungen in Altmark vertreten war; auch der brandenburgische Kurfürst nahm teil. Dank den diplomatischen Bemühungen der genannten Mächte gelang es, alle Hindernisse zu überwinden. Gustav Adolf wollte den Krieg auf jeden Fall im Jahre 1629 beenden. Da ihm das mit entscheidenden Siegen zu Felde (die ihm Arnim verwehrt hatte) nicht gelungen war, willigte er in den Waffenstillstand. Er wurde am 26. September in Altmark unterzeichnet und galt für sechs Jahre. Für Schweden war er sehr vorteilhaft, denn er sicherte ihm die Zolleinkünfte in Preußen und Livland zu, ohne die es Gustav Adolf nicht wagen konnte, in Norddeutschland zu landen. Die Einstellung des Krieges mit Polen hätte allein – ohne diese Finanzquelle – nicht genügt, um seinen geplanten Eingriff abzusichern.

Die westlichen Mächte waren einen entscheidenden Schritt vorangekommen, um nach dem Ausscheiden Dänemarks die Dienste Schwedens gegen Habsburg für sich in Anspruch zu nehmen und keinen Tropfen eigenen Blutes vergießen zu müssen. Der Rückzug Polens aus dem Krieg ermöglichte Gustav Adolf seinen Eingriff in Deutschland, folglich war der Waffenstillstand ein Mißerfolg für die habsburgische Politik.

Von den Verhandlungen in Altmark wußte selbstverständlich und vor allem Wallenstein; schon am 12. September befahl er Philipp von Mansfeld, sich im Falle eines Waffenstillstandes mit Wissen des polnischen Königs auf den Rückmarsch zu begeben. Doch die Armee brach nicht sofort auf, weil sie Schwäche daran hinderte und weil sie auf die Zahlung des Soldes wartete, den ihr die polnische Krone schuldete. Erst am 18. Oktober machten sich die Trümmer des einstigen Elitekorps auf den Rückweg, ohne ein Stück Brot zu besitzen. Es war eine Anabasis, wie sie trauriger kaum sein konnte; sie fiel sogar aus dem Rahmen der gewiß harten und grausamen Zustände, die der Dreißigjährige Krieg mit sich brachte. Den ganzen Weg des traurigen Rückmarsches begleiteten (oder eher verfolgten) polnische Einheiten die Reste des kaiserlichen Heeres, sie töteten jeden, der zurückblieb. Auch die Bauern erschlugen einzelne Soldaten wie tolle Hunde. Die Offiziere taten alles, um ihre Soldaten auch unter diesen widrigen Bedingungen aus Polen herauszuführen. Das gelang Anfang November, als die elenden Reste der einstigen Arnimschen Armee Bütow in Pommern erreichten. Von ihr waren noch 5.000 Mann übrig geblieben, größtenteils Kranke und Kampfunfähige. Wunderliche Verbündete, die derart mit ihren Bundesgenossen umgingen!

Es besteht kein Zweifel, daß die Polen zu Hilfe geschickte Armee unter Arnim ihre Kampftüchtigkeit bewies – eine größere, als ihr in der historischen Literatur zugestanden wird. In polnischen Darstellungen erfuhr ihr Einsatz kaum eine objektive Bewertung, und ihre Bedeutung wird unterschätzt. Dieses Urteil leitet sich möglicherweise daher, daß man der kaiserlichen Truppenhilfe in Polen von Anfang bis Ende mit Widerstand begegnete. Es wurde sicher auch beeinflußt von den Beschuldigungen und Verleumdungen, die im Gefolge des Streits um ihre Bezahlung über sie ausgeschüttet wurden. Die Unterbewertung der von Wallenstein nach Polen geschickten Armee ging von der polnischen auch in die tschechische und andere Literatur über. Doch dieser Sukkurs kam in der Tat zur rechten Zeit, um Polen schützen zu helfen. Die Behauptung, diese Hilfe sei eine einzige Enttäuschung gewesen, muß einer objektiven Beurteilung weichen.

VI

In den Netzen der Politik

Nach zehn Jahren Krieg, als dessen wahres Ziel der Kaiser die altkirchliche Restitution verkündete, und nach einer ununterbrochenen Kette von Siegen hielt Ferdinand II. die Zeit für gekommen, die kirchlich-konfessionellen Verhältnisse im Reich umzustoßen. Das hieß vor allem, die der römischen Kirche von den Protestanten quasi unrechtmäßig entrissenen Güter zurückzuführen. Der Anstoß zu dieser Restitution kam schon aus dem Kurfürstenkollegium in Mühlhausen (1627), wo dessen katholische Mitglieder darüber ratschlagten und nach Taten verlangten. Der Kaiser betraute zunächst den Reichshofrat mit der Angelegenheit. Dieser erarbeitete ein Gutachten, auf dessen Grundlage das Restitutionsedikt konzipiert wurde. Der Kaiser unterzeichnete es am 6. März, die Publikation folgte am 22. desselben Monats. Die Reichsstände, vor vollendete Tatsachen gestellt, waren zutiefst darüber bestürzt.

Im Edikt gab der Kaiser kund, daß es ihm lediglich um die Wiederherstellung der Verhältnisse zur Zeit des Augsburger Religionsfriedens von 1555, also um Vollzug des Reichsrechts, gehe. Das Ziel des Edikts war es, nach dem mittelbaren Kirchengut auch das gesamte geistliche Eigentum, das die Protestanten nach 1552, dem Normaljahr des Augsburger Reichsabschieds, an sich gebracht hatten, der Altkirche zurückzugeben. Des weiteren wurde den geistlichen Fürsten (nach dem Grundsatz cuius regio eius religio) gleich den weltlichen Fürsten das Recht zuerkannt, ihre Untertanen auf die obrigkeitliche Konfession festzulegen. Diese Bestimmung bedeutete eine sehr weite Auslegung der geheimen Declaratio Ferdinandea, die protestantischen Ritterschaften und Städten in katholischen Fürstentümern ihren Bekenntnisstand garantiert hatte. Das Edikt erkannte lediglich den Angehörigen der katholischen und Augsburgischen (lutherischen) Konfession den Genuß des Religionsfriedens zu; andere, vor allem die Reformierten, stellte es außerhalb des Rechts. Die Kurfürsten von Sachsen und Brandenburg, die Protest einlegten, hatte der Kaiser aus dem Edikt, zeitweilig und hauptsächlich aus politischen Gründen, ausgenommen.

Das Restitutionsedikt sah den Umsturz der bestehenden Verhältnisse im Reich vor und rückte urplötzlich ins Zentrum der Innenpolitik. Seine Exekution betraf ausgedehnte Gebiete, große Besitztümer und Teile der Bevölkerung, ganz unmittelbar zwei Erzstifter und zwölf Bistümer im Niedersächsischen und Westfälischen Reichskreis sowie etwa fünfhundert Klöster im Reichsgebiet. Sie waren nach 1552 in protestantische Hände gelangt.

Für jeden Kreis wurde eine Restitutionskommission mit einem Fürsten an der Spitze gebildet, des weiteren Kommissionen in den reichsunmittelbaren Stiften und solche, die in den Reichsstädten tätig werden sollten, um die Rückführung der entfremdeten Güter und Rechtsansprüche der Altkirche durchzusetzen. Allein in Württemberg gingen dem Herzog dadurch 14 große und 36 kleine Klöster verloren! Noch schlimmere Folgen ergaben sich für die Untertanen, denn der Wechsel der Obrigkeit bedeutete Zwang zum Wechsel ihrer Konfession.

Natürlich wollte niemand freiwillig auf seinen Besitz und seinen Glauben verzichten, deshalb war zur Durchsetzung des Edikts Macht erforderlich, und diese boten die Armeen Wallensteins und der Liga.

Wallenstein – Gegner des Restitutionsedikts

Am 24. März 1629 erteilte der Kaiser Wallenstein und Tilly die Weisung, ihre Offiziere hätten, wenn erforderlich, den Restitutionskommissaren militärischen Beistand zu leisten. Doch Wallenstein enttäuschte in diesem Falle als Handlanger der kaiserlichen Politik. Er hielt das Edikt von Anfang an für einen falschen Schritt, zu dem der Kaiser von der Geistlichkeit gedrängt worden war: Es verschärfe die Gegensätze, störe das bestehende Gleichgewicht der Macht und mache seine, Wallensteins, Bemühungen um einen Universalfrieden zunichte. Die Spannungen im Reich schienen ihm auch ohne das Edikt groß genug, um einen allgemeinen Aufstand anzufachen, in dem die protestantische Bevölkerung König Gustav Adolf als Messias herbeirufen würde. Er verhehlte seine Auffassung nicht und wich der Erfüllung des kaiserlichen Befehls aus, wo er nur konnte. Schien er irgendwann vonnöten, um das Edikt zu vollziehen, dann war er nicht anzutreffen.

Aus diesen Gründen ergaben sich für ihn aus dem Edikt ungünstige Folgen. Er verfeindete sich die katholischen Fürsten und die Liga noch um einiges mehr. Gleichzeitig arbeiteten am Wiener Hofe jene Kreise eifrig gegen ihn, die den Erlaß des Edikts durchgesetzt hatten. Sie vermehrten die Reihen seiner Gegner. Sein bisheriger Gönner Lamormain wandte sich von ihm ab. Haß erhob sich paradoxerweise gegen ihn im ganzen Reich als Repräsentanten der kaiserlichen Macht.

Die schlimmste Folge für Wallenstein war der drohende Verlust des Erzstifts Magdeburg und des Stifts Halberstadt, die ihm als Basis seiner Armee dienten. Wie bereits erwähnt, war Wallenstein von Anfang seines Feldzuges mit dem Hofe einig, diese Länder für den Kaisersohn Leopold Wilhelm vorzusehen. Ein Termin für ihre Übergabe war nicht festgesetzt. Wallenstein ging davon aus, daß sie der Armee bis Ende des Krieges zur Verfügung stünden. Aber zu seiner unliebsamen Überraschung lehnte der Kaiser das im Namen seines Sohnes schon im August ab. Der General erhob Protest, da seine Armee ohne diese Territorien resp. ohne sie als Versorgungsquellen nicht auskommen könne und noch mehr

Hunger leiden müsse als bisher. Er erklärte sich einverstanden, den jungen Erzbischof mit der geistlichen, nicht aber mit der politischen und ökonomischen Verwaltung zu betrauen.

Am frühesten und heftigsten reagierte die Bevölkerung auf die Kundmachung des Edikts in Magdeburg, wo ein Aufstand der radikalen Einwohner, des „Volkes" (offizieller Ausdruck für Gesindel), ausbrach. Sie bewaffneten sich, unternahmen Ausfälle in die Umgebung der Stadt und die Dörfer, raubten und stifteten Brände.

Wallenstein wählte eine maßvolle Umgangsart gegenüber der Stadt; etwas anderes war nicht möglich, weil er nicht genügend Soldaten zur Verfügung hatte, um sie zu belagern. Auf keinen Fall wollte er etwas tun, was zur weiteren Ausbreitung des Aufstandes in solche Dimensionen führen konnte, die nicht mehr beherrschbar waren. Gleichzeitig wollte er ein neues Stralsund und – weil es sich bei Magdeburg um eine wichtige Hansestadt handelte – ebenso eine Verschlechterung seiner Beziehungen zum Hansebund vermeiden. Statt des militärischen wählte er den ökonomischen Weg. Er verhängte eine Blockade über die Stadt, um sie mittels Aushungern gefügiger zu machen. Auf diese Weise konnte sich der Aufstand nicht in die Umgebung ausbreiten und keine Hilfe von außen bekommen. Der Stadt blieb nichts anderes übrig als ihn um eine Vereinbarung und einen Pardon zu ersuchen.

Zu diesen Maßnahmen entschloß sich Wallenstein Anfang Oktober 1629. Im Zusammenhang mit der Übereinkunft gab er dem Kaiser zu verstehen, daß er in der vorliegenden Sache ausgleichend wirken könne, unmöglich aber sei es ihm, die Hansestädte daran zu hindern, dem schwedischen König oder den Holländern die Hand zu reichen. Als Grund nannte er die unzweckmäßige, hart zufahrende Gegenreformation, ebenso das Edikt, kraft dessen die geistlichen Güter restituiert und die Reformierten ausgetilgt werden sollten. Das war schon nichts weniger als verwegene und scharfe Kritik an der kaiserlichen Politik, aber auch Kühnheit, die ihm schaden konnte, und eine Herausforderung des Kaisers und der orthodoxen altkirchlichen Kreise. Er nahm sich allzu viel heraus, dieser Emporkömmling aus Böhmen! Derlei Dreistigkeit führte, in der Summe mit späteren Anmaßungen, zweifellos zu seinem Sturz.

Der spanisch-niederländische Krieg

Der Lübecker Frieden setzte, wie bereits erwähnt, große Teile der kaiserlichen Armee frei, die dänische Gebiete besetzt gehalten hatten. Sie weiter zu verwenden, standen zwei Kriegsschauplätze zur Wahl: die Niederlande und Italien. Die Infantin hatte den Kaiser schon am 2. Mai ersucht, ihr namhafte militärische Unterstützung zu leisten. Der Kaiser war dazu bereit, hielt es aber für angemessen, Streitkräfte der Liga in die Niederlande zu entsenden. Trotzdem forderte er

Wallenstein auf zu erwägen, ob es nicht günstig wäre, dorthin ebenfalls Einheiten zu beordern. In der Tat waren die Spanischen Niederlande damals auf einem Tiefpunkt angelangt.

Im Verlaufe des Winters 1628/29 verschob sich das militärische Übergewicht zugunsten der Vereinigten Provinzen. Während ihre Armee fortwährend anwuchs, verschlechterte sich die Lage der flandrischen (spanischen) Streitkräfte infolge des fatalen Fehlers der spanischen Politik, in den Mantuanischen Erbfolgestreit einzugreifen. Militärische und finanzielle Mittel, die in Flandern nötig waren, wurden nach Italien umgelenkt und der fähigste General, Ambrosio Spinola, dorthin beordert. Überdies brachte der Verlust der mexikanischen Silberflotte die spanischen Finanzen aus dem Gleichgewicht. Der Mangel an Geld- und Versorgungsmitteln erreichte in Flandern ein höchst kritisches Stadium. Gleichzeitig mobilisierte Frankreich, nachdem La Rochelle bezwungen war, für die Intervention in Italien bedeutende Kräfte, was wiederum die Position der Vereinigten Provinzen begünstigte.

Die Schwächung der Spanischen Niederlande konnte Prinz Friedrich Heinrich nicht übersehen, er nutzte sie tatkräftig. Er erkannte die einzigartige Gelegenheit, durch einen entscheidenden Schlag die spanische Macht in ihren eigenen Grundlagen zu erschüttern. Im Staatsrat zu Madrid herrschte keine Einigkeit, wie im niederländischen Krieg vorzugehen sei. Man tat sich schwer zu entscheiden, ob der Krieg fortzusetzen oder über einen Waffenstillstand zu verhandeln sei. Endlich entschloß man sich zu letzterem auf der Basis des Vertrages von 1609. Doch die Verhandlungen schleppten sich hin. Obwohl die Gefahr einer Offensive der Vereinigten Provinzen klar zutage lag, hoffte der Madrider Hof auf das Ende des Krieges; aber er sollte sich gründlich verrechnen. Er richtete seine Bemühungen mehr auf diplomatische Schritte als auf die Verteidigung Flanderns, ging auch mit alt-neuen Plänen um, eine habsburgische Allianz bzw. „Liga" zu schmieden.

Der Mannschaftsbestand der niederländischen Armee wuchs in den ersten Monaten des Jahres auf 77.000 Mann, sie war damit doppelt so stark wie die flandrische Streitmacht. Nach Sammlung eines schlagkräftigen Korps' wandte sich Friedrich Heinrich Ende April der Festung Herzogenbusch zu und begann ihre Belagerung, ohne daß die Besatzung von eigenen Truppen Beistand erwarten konnte. In höchster Not forderte Olivares Wallenstein im Namen des spanischen Königs auf, größtmögliche Hilfe zum Entsatz der Festung zu schicken oder wirksame Diversionen zu unternehmen, die die Holländer zwingen sollten, von der Belagerung abzulassen. Das Hilfeersuchen kam von demselben Olivares, der kurz davor im Staatsrat vorgeschlagen hatte, dem Kaiser die Absetzung Wallensteins zu empfehlen. Dieser war sich der Bedeutung Herzogenbuschs bewußt, er verfolgte die Belagerung mit großer Sorge, und ihm lag viel daran, die Festung zu entsetzen.

Er erfüllte die Forderung der Infantin nach Hilfe, die ihm Sforza übermittelt hatte, und schickte ein Korps von 17.000 Mann in die Niederlande. Als dessen

Befehlshaber ernannte er auf Wunsch der Infantin Feldmarschall Johann von Nassau, dem er von Anfang an Oberst Montecuccoli als Stellvertreter beiordnete. Die spanischen Truppen hatten unterdessen vergeblich versucht, den Prinzen zu zwingen, die Belagerung aufzugeben. Er verfügte die totale Mobilisierung der ganzen Republik, so daß seine Armee die bis dahin nie gekannte Stärke von 128.000 Mann erreichte. Obwohl die spanische Gegenoffensive sein Land bedrohte, harrte Friedrich Heinrich bei Herzogenbusch aus, und auch die Ankunft Montecuccolis mit dem kaiserlichen Korps brachte ihn nicht von der Belagerung ab. Das Korps stieß tief in niederländisches Gebiet hinein, während weiter nördlich eine spanische Kolonne erfolgreich vordrang. Sie bemächtigte sich der Stadt Amersfort. Die Folge war, daß die Republik nahezu quer in einen nördlichen und südlichen Teil gespalten wurde. Obwohl das für sie gefährlich war und die Generalstaaten samt der Öffentlichkeit zum höchsten beunruhigte, behielt der Prinz einen kühlen Kopf und ließ von Herzogenbusch nicht ab. Der 19. August brachte gleich darauf die Wende im ganzen Krieg. An diesem Tage eroberten die Niederländer mit einem überraschenden Angriff die Festung Wesel. Dadurch wurden das Korps Montecuccolis und die spanische Armee gezwungen, sich zurückzuziehen. Die Nachricht vom Fall Wesels und von diesem Rückzug wirkte auf Olivares und den König niederschmetternd.

Am 14. September kapitulierte Herzogenbusch, die Kaiserlichen unter dem Grafen von Nassau mußten infolge dessen auf Reichsgebiet zurückgehen. Bei Duisburg schlugen sie ihr Lager auf. Anfang Oktober berief Wallenstein sein Korps aus dem Dienst bei der Infantin ab, und das aus guten Gründen: Der Einfall Gustav Adolfs schien ihm unmittelbar bevorzustehen, dazu kam die Befürchtung, ein allgemeiner Aufstand könne im Reich ausbrechen. In den Niederlanden rechnete er nicht damit, daß die Truppen der Republik über den Winter etwas Bedeutendes unternehmen würden. Die Infantin legte beim Kaiser Protest gegen Wallensteins Maßnahmen ein, und bei diesem erreichte sie, daß das Korps Nassaus am Niederrhein verblieb. Darüber hinaus verlangte sie die Zuführung weiterer 8.000 Mann.

Wie bei solcher Militärhilfe üblich, endete die ganze Angelegenheit mit einem Zerwürfnis, vor allem durch die Schuld der Spanier. Sie gingen übel mit den kaiserlichen Soldaten um und dankten ihnen die Hilfeleistung schlecht; sie gestatteten ihnen nicht, in den Städten Quartier zu nehmen, sondern überließen ihnen nur das freie Feld, wo sie den Unbilden der Natur ausgesetzt waren. Diese erbärmliche Behandlung seiner Truppen bedrückte Wallenstein sehr. Sie war nicht viel besser als in Polen. Nassau warf dem Grafen von Berg, Oberbefehlshaber der spanischen Armee, vor, er sei der schlimmste Feind der kaiserlichen Soldaten, denn er habe ihnen durch Vorenthaltung und Ruinierung von Unterkünften große Unbill zugefügt. Auch Collalto meinte, die Könige von Polen und Spanien hätten der kaiserlichen Armee mehr geschadet als der Feind, da sie die ihnen zu Hilfe geschickten Soldaten Hungers sterben ließen.

Der Mantuanische Krieg

Der dänische Krieg war noch nicht zu Ende, als am anderen Ende Europas ein neuer aufflammte – der Krieg um das Gonzaga-Erbe, die Herzogtümer Mantua und Montferrat. Er fand zwar im zeitlichen Rahmen des Dreißigjährigen Krieges statt, fällt aber auf Grund seines Charakters aus ihm heraus. Ihm fehlt der für den „großen Krieg" bestimmende Antagonismus zwischen Katholizismus und Protestantismus bzw. Reformation und Gegenreformation. Sein Haupt-Protagonist war ein glühender Katholik und sein Motiv die Vermehrung von Macht und Landbesitz.

Das Herzogtum Mantua und die Frage nach seinen Erben war schon Jahre zuvor Quell von Spannungen gewesen. Der regierende Herzog Francesco IV. Gonzaga aus der mantuanischen Linie, das galt schon als sicher, würde ohne direkte männliche Erben sterben. Deshalb wurde seine Hinterlassenschaft Gegenstand von Ambitionen und Spekulationen einiger interessierter Herrscher und Mächte. Der Streit darum hatte schon früher (1613–1615 und 1616–1617) zu Kriegen geführt, deren Hintergrund das Ringen zwischen Spanien und Frankreich um die Herrschaft in Oberitalien bildete. Hier lagen reiche Länder von großer strategischer Bedeutung, in denen sich Hauptwege in nord-südlicher und west-östlicher Richtung kreuzten. Spanien, vom Kaiser sekundiert, behauptete, daß die direkte Linie der Gonzaga am Aussterben sei und die Erbschaft als Reichslehen in kaiserliche Verfügung zurückfallen müsse. Beide Herzogtümer waren in der Tat Lehen des Heiligen Römischen Reiches wie das ganze übrige Oberitalien.

Die größte Sorge bereitete diese Erbschaft dem Madrider Hof, weil an ihr die Sicherheit Mailands hing. Dieses Herzogtum genoß Priorität in der spanischen Politik, weil es zu besitzen Macht über das nördliche Italien verlieh und die Landverbindung zwischen Italien und Flandern sicherte. Mailand und Flandern stellten für Spanien verbundene Glieder dar, denn um Flandern zu behaupten, mußte man Mailand unbedingt in der Hand halten, führte doch von dort die „spanische Straße" über das Veltlin, Chur, den Rheinlauf entlang ins Elsaß und nach Flandern. Um sie offen zu halten, waren die Spanier einst auch in die Rheinpfalz eingefallen. Das Herzogtum Mantua grenzte südwestlich und Montferrat südöstlich an das Mailänder Territorium, und dort lagen zwei der bedeutendsten Festungen Norditaliens: Casale und Mantua. Diese Grenzen zu sichern lag im höchsten strategischen Interesse Spaniens.

Am 12. Dezember 1627 starb der letzte Herzog von Mantua, nachdem er beide Fürstentümer seinem nächsten Gonzaga-Verwandten aus der französischen Linie, Karl von Nevers (Sohn des Ludovico Gonzaga) vermacht hatte. Infolge einer Erbschaft hatte sich dieser in Frankreich niedergelassen und war das Haupt einer der reichsten und mächtigsten Fürstengeschlechter. Sein Erbanspruch fand, weil legitim, widerspruchslos Anerkennung im Lande. Seine Regierung, die er unverzüglich antrat, übte er vermittels seines ältesten Sohnes, des

Herzogs de Rethel, aus, der vor dem Tod des letzten Mantuaner Herzogs die Ehe mit dessen Enkelin Maria geschlossen hatte. Nevers ging sehr energisch vor, ohne Rücksicht auf Spaniens Interessen und ohne sich mit ihm zu ver-gleichen. Damit fand sich der spanische König nicht ab. Savoyisches und spanisches Militär fiel im März 1628 in Montferrat ein und eröffnete die Offensive gegen Nevers.

Damit begann der dritte Mantuanische Krieg, der spanischerseits ein Expansivunternehmen war, da sein Ziel in der Gewinnung eines Teils von Montferrat bestand. Obwohl im Grunde nur ein lokaler Krieg um das Mantua-Erbe, wuchs er sich wegen seiner Teilnehmer und der Einbindung in den großen kontinentalen Konflikt zu einem Krieg von europäischer Bedeutung aus. Er führte die alte französisch-spanische Auseinandersetzung um das burgundische Erbe fort und war überdies Ausdruck der hegemonialen Aspirationen des Hauses Österreich.

Das entscheidende Wort im Mantuanischen Erbstreit hatte der Kaiser zu sprechen. Anfangs neigte er dazu, die Lösung anzuerkennen, die durch die Ehe zwischen Maria Gonzaga und Herzog de Rethel gegeben war, und dies unter dem Einfluß der Kaiserin, der Tante Marias. Aber diese Haltung bewahrte Ferdinand II. nicht lange, da er dem Druck Spaniens erlag. Um ihm entgegen zu kommen, entschied er sich folgerichtig, das Lehensrecht des Reiches geltend zu machen. Auf Vorschlag des spanischen Königs stellte er die beiden Fürstentümer unter Zwangsverwaltung, bis der Erbstreit auf dem Rechtsweg entschieden würde. Er setzte Reichskommissare ein, die die Länder verwalten sollten, und forderte Nevers auf, sich der Entscheidung zu unterwerfen. Dieser lehnte ab und verwies auf die Verletzung des Friedens in Montferrat, wo der Gouverneur von Mailand, Don Gonzalo de Córdoba, und der Herzog von Savoyen fortfuhren, das Land zu besetzen. Nevers verlangte vom Kaiser die Wiederherstellung des vormaligen Status.

Der spanische Einfall in Montferrat rief beträchtlichen Widerstand in Italien hervor, da er als neuerlicher Versuch angesehen wurde, fremde Herrschaft über die Apenninenhalbinsel auszubreiten. Mit größter Erregung reagierte Frankreich, das sich bedroht wähnte; es sah im spanischen Angriff die Vollendung seiner Umklammerung durch Spanien – Habsburg und fürchtete, seinen Einfluß in Italien zu verlieren. Aus diesen Gründen nahm der Pariser Hof eine eindeutige Haltung ein, stellte sich entschieden auf die Seite von Nevers und sagte ihm Unterstützung zu. Das Versprechen erwies sich indes als leere Geste, da die französischen Streitkräfte vor dem belagerten La Rochelle gebunden waren. Die Fähigkeit Frankreichs, in Italien einzugreifen, wurde durch den Kampf gegen die Hugenotten und, damit verbunden, gegen England lahmgelegt. Nevers konnte deshalb nicht auf rechtzeitige Hilfe von Frankreich rechnen, und wenn Spanien und der Kaiser von Anfang an entschieden gegen ihn vorgegangen wären, hätte er sich kaum in Mantua halten können. Aber zum Glück für ihn nutzten sie die erzwungene Abwesenheit Frankreichs auf dem Kriegsschauplatz nicht aus, sondern vergeudeten fast ein Jahr mit Untätigkeit. Spanien konzentrierte sich derzeit auf den Krieg in den Niederlanden und der Kaiser war in den dänischen Krieg verstrickt, den er siegreich zu beenden trachtete.

Nahezu ein ganzes Jahr liefen Verhandlungen zwischen Nevers und seinen Widersachern, vor allem dem Wiener Hof, doch ohne Erfolg. Dabei trat die Absicht Spaniens klar zutage, keinen Frieden in Italien zu schließen, solange es die Festung Casale nicht eingenommen hatte. Sie zu besitzen – darin bestand das Hauptziel der spanischen Kriegführung. Der Herzog von Nevers weigerte sich unverändert hartnäckig, sich der kaiserlichen Entscheidung zu beugen, und lenkte damit alle Widrigkeiten auf sich. Der Kaiser wiederum war außerstande, gegen ihn militärisch vorzugehen, um ihn zum Gehorsam zu zwingen; es fehlten die Mittel, außer Mahnschreiben und Drohungen mit der Reichsmacht. Doch es gab niemand, eine solche zu vollstrecken.

Die Wende in der Mantua-Frage näherte sich erst mit dem Fall La Rochelles am 28. Oktober 1628. Das Ende des Bürgerkrieges machte Frankreich (genauer gesagt: Kardinal Richelieu) die Hände frei, er konnte endlich den Augenblick nutzen, auf den er lange gewartet hatte. Nachdem die innere Krise überwunden war, drängte es den Kardinal, die Großmachtpolitik König Heinrichs IV. wieder aufzunehmen. Ähnlich wie dieser, gab er den staatlichen Interessen den Vorrang vor den konfessionellen. Er beendete die Phase des freundschaftlichen Auskommens mit dem spanischen Hof, dessen Unterstützung gegen England er genutzt hatte, solange er an die Belagerung La Rochelles gebunden war. Auch hatte er Zeit zu gewinnen versucht, Spanien in Sicherheit zu wiegen und von größeren Kriegsvorbereitungen abzuhalten. Beides gelang ihm schließlich.

Sobald sich Richelieu entschieden hatte, begann er systematisch und ohne zu zögern, an der Verwirklichung seiner Absichten zu arbeiten. Außer daß er bestrebt war, Spanien in Italien diplomatisch zu isolieren, rüstete er verstärkt auf und formierte eine neue Armee. Gerade zu dieser Zeit war Spanien außerstande, darauf mit gleichstarken Kriegsvorbereitungen zu antworten, da ihr die Silberflotte am Vorgebirge von Matanzas auf Kuba verloren gegangen war. In Madrid nahm man an, Frankreich sei noch nicht stark genug, um in Italien militärisch einzugreifen, und versuchte, Zeit zu gewinnen, solange Casale nicht erobert und der Kaiser zur Militärhilfe in Italien außerstande war. Doch darin irrten die Spanier. Richelieu war zur rechten Zeit vorbereitet und überschritt trotz ungünstiger Jahreszeit Ende Februar die Alpen mit einer Armee von 35.000 Mann. Er schlug Karl Emanuel von Savoyen und schloß mit ihm am 7. März in Susa einen Separatfrieden und einen Bündnisvertrag. Damit ging der Herzog die wichtige Verpflichtung ein, gemeinsam mit den Franzosen die Spanier unter Don Gonzalo aus Montferrat zu verdrängen, sofern dieser nicht zum Beitritt und zu einem Waffenstillstand bereit wäre. Der Gouverneur entschloß sich, vor der Übermacht zu weichen, ohne eine Entscheidung oder Zustimmung aus Madrid abzuwarten. Er trat dem Vertrag von Susa bei, brach die Belagerung von Casale ab und räumte Montferrat. Durch diese bittere Niederlage büßte Córdoba, der berühmte

General des pfälzischen Krieges, für immer seine Reputation ein, sie schlug auch Spaniens Prestige eine tiefe Wunde. Das Ereignis beleuchtete grell die Schwäche Spaniens und seine mangelnden Voraussetzungen für die bedeutende Rolle, die es in Italien zu spielen wähnte. In den Zentren des spanischen Reiches verließ man sich allzu sehr auf das Mittel, das Spanien vorzüglich handhabe – die Diplomatie. Doch die Zeit verlangte, daß sie durch Stärke gestützt werde, wenn man eine Übereinkunft nicht erreichte – so wie es Richelieu gerade demonstriert hatte. In Madrid gab man sich keine Mühe, Don Gonzalo Verstärkungen zuzuführen, weil man glaubte, die kaiserlichen Truppen würden den Krieg in Italien auskämpfen; diese aber befanden sich noch auf dem norddeutschen Schauplatz. Die Kalkulation des spanischen Hofes, die Verhandlungen bis zur Ankunft der kaiserlichen Streitkräfte hinzuziehen, erlitt an der Tatkraft des Kardinals Schiffbruch.

Für Richelieu schlug der Vertrag von Susa als ganz persönlicher Erfolg zu Buche. Ohne Begegnung mit der spanischen Armee, ohne einen einzigen Schuß, ja sogar ohne Kriegserklärung an Spanien hatte er sein Ziel erreicht: die Befreiung Casales, den Abzug der spanischen Truppen aus Montferrat und die Rückgabe dieses Herzogtums an den Herzog von Nevers. Es triumphierten Geschick, Entschiedenheit und Stärke – kontrastierend mit der Schwäche und Unangemessenheit der spanischen Politik. Dieser französische Erfolg fand gebührenden Widerhall in Italien und ganz Europa.

Nachdem Frankreich seine Ziele, vor allem die Befreiung Casales, erreicht hatte, zog es sich aus Italien zurück, denn Richelieu wollte einem offenen Krieg mit Spanien ausweichen. Damit endete die erste Phase des Mantuanischen Krieges. Es war klar, daß Spanien die Situation, wie sie infolge des Vertrags von Susa entstanden war, nicht hinnehmen und danach trachten würde, die Demütigung wettzumachen. In Madrid wartete man nur auf eine günstige Gelegenheit dafür, genauer gesagt, auf das Erscheinen einer starken kaiserlichen Streitmacht, die Wallenstein formiert hatte.

Der Eingriff des Kaisers in den Mantuanischen Krieg und Wallenstein

Das Mitglied des Geheimen Rates Graf Trauttmansdorff informierte Wallenstein über den Mantuanischen Erbstreit im Dezember 1628 und machte ihn darauf aufmerksam, daß es in Italien zu einem großen Krieg kommen könne, falls der Herzog von Nevers den Vergleichsvorschlag des Kaisers nicht annehme. Kurz darauf teilte ihm der Kaiser mit, daß er das Recht des Reiches wahren müsse und daß er in den Erbstreit um Mantua eingreifen werde, wenn sich Nevers der Reichslehen Mantua und Montferrat bemächtigte. Ferdinand II. erwog um diese Zeit schon eine militärische Intervention in Italien und erbat von Wallenstein ein

Gutachten darüber, ob er Truppen aus dem südlichen Teil des Reiches dorthin entsenden könne. Der Generalissimus, der sich damals in Mecklenburg befand und die Beendigung des Krieges mit Dänemark und die schwedische Gefahr im Sinne hatte, lehnte einen Krieg in Italien zu dieser Zeit ab. Er trug sich u.a. mit der Sorge, die ohnehin schon gespannten Beziehungen zu Frankreich könnten sich verschlechtern. Italien – das war ihm damals ein allzu fernes Land, nicht nur geographisch, sondern auch gedanklich.

Allem Anschein nach neigten der Kaiser und seine Räte Ende 1628 zu einem direkten Eingriff in Italien. Der spanische Hof gab eine Zeitlang dem dortigen Krieg den Vorrang vor dem niederländischen, obwohl er ihm ursprünglich zweitrangige Bedeutung zumaß, weil es ihm in erster Linie um die Sicherheit der Landverbindung nach Flandern zu tun war. In Spanien ging man sogar so weit, den Abschluß eines langjährigen Waffenstillstandes (für dreißig oder vierzig Jahre) mit den Niederlanden zu erwägen, falls diese bereit wären alles zurückzugeben, was sie seit 1609 erobert hatten. Mitglieder des Geheimen Rates verhandelten mit spanischen Diplomaten über den Umfang der Kriegsziele und bereiteten einen Plan für deren Realisierung vor. Diese Überlegungen erlangten im Januar 1629 eine bestimmte Erheblichkeit. Spaniens ursprüngliches Ziel war die Vergrößerung des Herzogtums Mailand um einen Teil Montferrats mit Einschluß Casales. Nun sah es der Madrider Hof als Hauptziel an, das Recht des Kaisers auf Verhängung des Sequesters geltend zu machen, ebenso seinen juristischen Anspruch auf die Erbschaft, unter Zurückweisung fremder, vor allem französischer, Einmischung. Im Gefolge des französischen Einfalls änderte sich die Lage, der Streitfall eskalierte. Die nun mit aller Schärfe gestellte Frage, ob bei Nachfolgestreitigkeiten unter Reichsvasallen dem Kaiser oder Frankreich die Entscheidung zukam, mußte zugunsten der Hoheit des Reichsoberhaupts entschieden werden.

Der Einfall französischer Truppen in Italien förderte noch die Eingriffsabsichten des Wiener Hofes. Man war entschlossen, Krieg gegen Frankreich zu führen. Er begann klein, wuchs sich aber zu großem Umfang aus. Zugleich wollte man die Republik Venedig angreifen, die, neben Frankreich, als böswilligster Feind galt. In diesen Krieg sollten Wallenstein und Collalto dadurch hineingezogen werden, daß man sie ganz persönlich daran interessierte. Beiden wurde die Möglichkeit angezeigt, in Italien für sich ein Fürstentum zu gewinnen; damit sollte mittels geweckter Begehrlichkeit der Krieg gegen Venedig in eine Jagd nach Beute umgewandelt werden. Wallenstein sollte Herzog von Verona und Collalto Fürst von Padua werden. Wallenstein ließ sich jedoch mit derlei Lockmitteln nicht ködern; er lehnte einen Krieg in Italien, an dem er teilnehmen sollte, ab.

Die Kapitulation von Susa beschleunigte die Entscheidung des Wiener Hofes, in Italien bewaffnet zu intervenieren. Im April erteilte der Kaiser Wallenstein und Collalto den Befehl, durch eine rasche Besetzung der Pässe in Graubünden der Armee den Weg nach Italien zu bereiten. Collalto übertrug dem Obersten de

Merode die Aufgabe. Dieser rückte mit 5.000 Mann in die Schweiz und bemächtigte sich binnen kurzem aller Alpenübergänge bis zum Comer See. Damit begann die zweite Phase des Mantuanischen Krieges, wenig später, nachdem Richelieu mit seiner Armee Italien verlassen hatte.

So flog der Krieg über Nacht von den Heiden Dänemarks und Norddeutschlands in die Poebene. Im Laufe des September vollzog sich der Transfer der „italienischen" Armee nach Mailand. Sie wurde geteilt: Ein Korps unter Aldringen sollte den Fluß Oglio forcieren, das andere unter Gallas nach Mantua marschieren. Collalto war bereits dazugestoßen, und ebenfalls im September traf der neuernannte Befehlshaber der spanischen Armee, Ambrosio Spinola, ein. Beide einigten sich über das weitere Vorgehen: Spinola sollte nach Montferrat und Collalto nach Mantua marschieren. Die zwei Armeen bildeten zusammen eine Streitmacht von 56.000 Mann, wie sie bis dahin Norditalien nicht gesehen hatte.

Wegen des Mangels an Artillerie konnte der Feldzug erst Mitte Oktober beginnen. Die kaiserliche Armee kam in allen Richtungen gut voran und verdrängte die Truppen des Herzogs von Nevers. Leisteten diese Widerstand, wurden sie geschlagen. Ende November schloß sich der Ring um Mantua, die Belagerung begann. Doch die Kaiserlichen berannten die von Seen umgebene Stadt vergeblich. Die Kämpfe dauerten bis Weihnachten, danach gingen die Belagerungstruppen in die Winterquartiere. Spinola operierte inzwischen im Herzogtum Montferrat und besetzte eine Stadt nach der anderen, wich aber größeren, von Franzosen besetzten Festungen aus, bis auf Casale. Im Ganzen waren also die Ergebnisse und Aussichten des Hauses Habsburg Ende des Jahres 1629 gut.

In die letzten Monate fiel noch die päpstliche Initiative zur Aufnahme von Verhandlungen über einen friedlichen Vergleich zwischen beiden Kriegsparteien, sie zeitigte aber keine Erfolge.

An einem solchen Vergleich hatte auch Wallenstein echtes Interesse. Er hatte den Krieg von Anfang an abgelehnt, weil er ihn für eine untergeordnete Sache hielt, an der man nicht die Kräfte zersplittern sollte. Seiner Überzeugung nach konnte die Entscheidung nur zwischen ihm und Gustav Adolf fallen, dessen Invasion er gerade zu jener Zeit erwartete. Außerdem schien ihm der Erbanspruch des Herzogs von Nevers rechtens, der Vorstoß Spaniens aber ohne Rechtsgrundlage zu sein. Obwohl er, nach seiner Meinung, das Möglichste zum Gelingen des Italienzuges tat, wollte er trotzdem den Kaiser und seine Räte vom italienischen Krieg abbringen. Als ihm das nicht gelang, trat er mit dem Vorschlag hervor, ihn mit einem Friedensschluß bald zu beenden, und wirkte auch in dieser Richtung. Die ganze Welt, so sagte er, habe sich wegen des italienischen Krieges gegen Habsburg verbunden; er rate zum Frieden, weil im Reich mehr zu tun sei als man glaube. Er schrieb in dieser Sache an Pater Lamormain und bat ihn, nur dem Kaiser, Fürst Eggenberg und Graf Trauttmansdorff davon Kenntnis zu geben. Der Beichtvater beging jedoch eine Indiskretion und unterrichtete auch den Nuntius und den mantuanischen Gesandten. Diese reagierten höchst gereizt.

Durch sein Bemühen guten Willens, dem Krieg zu entsagen, geriet er in ein gefährliches Spiel, ein Spiel gegen Spaniens Interessen und gegen Olivares selbst. Damit konnte er sich die Feindschaft Madrids, der spanischen Diplomaten zu Wien und der prospanischen Hofpartei zuziehen, abgesehen davon, daß ihm die kaiserliche Ungnade drohte. Dabei ging es ihm eigentlich gar nicht um seine Interessen, sondern um die des Kaisers sowie um die Sicherheit des Reiches, deren Gefährdung von Seiten Schwedens er voraussah. Trotz ausbleibenden Erfolgs und der Gefahr, daß sich zu seinen Gegnern auch jene gesellten, die den Krieg entfacht und an ihm Interesse hatten, hörte er nicht auf, sich für dessen Beendigung mittels Friedensschluß einzusetzen. Dies lege, so meinte er, die bestehende Situation nahe. Der Kaiser und das Reich kämen in größere Schwierigkeiten denn je, denn alle Nichtkatholiken würden gegen den Kaiser und seine Parteigänger durch das Restitutionsedikt zusammengeführt und aufgebracht. Der italienische Krieg wiederum schicke diesen alle Katholiken, die Türken und Bethlen auf den Hals. Die kaiserliche Seite habe mehr Diversionen zu erwarten als Spanien, weil gegen sie das ganze Reich, ebenso Schweden, die Türkei und Bethlen stünden.

Kaum jemand am Madrider und Wiener Hof sah die Situation so klar und vorausschauend wie Wallenstein. Sein Rufen und Mahnen aber blieb ungehört. Man vertraute allzusehr dem militärischen Übergewicht, und wie leicht hatte man immer gesiegt! Wie die nahe Zukunft zeigte, war der Mantuanische Krieg ein fataler Fehler beider Zweige des Hauses Habsburg, und schließlich, nach zeitlichem Abstand, gestand auch Olivares später, daß dieser Krieg der größte Fehler seines Lebens gewesen sei.

Der Kaiser und der spanische König traten in Italien völlig einheitlich auf, was sich als sehr wirksam erwies. Der Kaiser stellte seine militärischen Kräfte gänzlich in den Dienst Spaniens, und Wallenstein hatte keine Möglichkeit, ihn von diesem Krieg abzukehren. Dessen Bemühungen um Frieden entsprachen im Grunde auch den päpstlichen Interessen und fanden deshalb in Rom Aufmerksamkeit. Papst Urban VIII. sprach ihm seine Anerkennung für sein Bestreben aus und äußerte den Wunsch, er möge den Triumph der Waffen mit dem Frieden krönen. Friedensangelegenheiten blieben zu jener Zeit ausschließlich Herrschern und ihren Ratgebern vorbehalten, und es galt als ebenso ungewöhnlich wie unerhört, daß irgendein General sich ihrer annahm, wenn er nicht damit beauftragt war. Wallenstein überschritt in dieser Hinsicht seine Vollmachten, und es war nur eine Frage der Zeit, wie lange man ihm das gestattete. Der Papst kündigte zwar dem Kaiser an, er werde sich bemühen, Hindernisse auf dem Wege zum Frieden wegzuräumen und die nötigen Verhandlungen zu führen, Wallenstein erwähnte er nicht. Urban VIII. nahm für den Herzog von Nevers Partei. Als sich das Übergewicht auf die spanisch-kaiserliche Seite neigte, strebte er umso eifriger nach einem Vergleich, um für den Herzog günstigere Bedingungen zu erhandeln, bevor sich die militärische Lage für diesen noch ungünstiger gestaltete und der spanische Einfluß in Italien weiter wuchs.

Der kaiserliche Feldherr ließ sich durch den Mißerfolg seiner „italienischen" Politik bei Hofe nicht beirren; er setzte sie fort, obwohl er sich damit schadete. Das Jahr 1630 eröffnete er mit einem dringenden Aufruf an Collalto, er möge sich für den Frieden in Italien einsetzen, dadurch könne er Gott, dem Kaiser und der ganzen Christenheit einen guten Dienst erweisen und seinen Namen unsterblich machen. Kurz danach wiederholte er noch dringlicher, daß der Frieden im Frühjahr hergestellt sein müsse. Er begründete seine Aufforderung mit einer Analyse der politischen Lage: Der Zustand des Reiches sei ernster und gefährlicher als je zuvor; überall herrsche große Erregung. Die Katholiken befürchteten, der Kaiser erstrebe eine absolute Monarchie, die Nichtkatholiken seien in Aufruhr angesichts der Restitution geistlicher Güter und des gegenreformatorischen Gewissenszwanges, und es wachse unter ihnen die Besorgnis, man werde mit ihnen genauso verfahren wie mit ihren Glaubensbrüdern in den Erbländern. Man sehe vielerorts weitere Konfiskationen und militärische Bedrückungen auf sich zukommen. – Kurzum, auf niemanden im Reich könne sich kaiserliche Politik verlassen.

Doch der Kaiser war entschlossen, den Mantuanischen Erbstreit mit militärischen Mitteln zu lösen, obwohl er zuzeiten erklärte, er sei bereit, dem Herzog Gnade widerfahren zu lassen, wenn dieser seine Fehler erkenne und sich der kaiserlichen Gerechtigkeit beuge. Da der Herzog keinerlei Zeichen der Versöhnlichkeit gab (er verließ sich allzu sehr auf französische Militärhilfe und entschied kaum noch etwas selbst), war zu erwarten, daß der Krieg eskalierte. Der Kaiser forderte Wallenstein auf, weitere 20.000 Mann zur Verstärkung der Armee Collaltos in Italien zu entsenden und sich selbst, wenn nötig, dorthin zu begeben. Es ging dem Kaiser dabei nicht nur darum, den Krieg siegreich abzuschließen, sondern er verfolgte noch ein anderes Ziel: Mit der Entfernung Wallensteins kam er den deutschen Fürsten entgegen, die nicht wußten, auf welche andere Weise er beiseite geschoben und ihm die Macht im Reich entwunden werden konnte.

Der Kardinal vermochte den Einmarsch spanischer und kaiserlicher Truppen nach Italien im Herbst 1629 nicht zu verhindern, weil er nicht über die Geldmittel verfügte, um einen neuen Italienzug noch im laufenden Jahre zu unternehmen. Er konnte sich andererseits auch mit der gegebenen Situation abfinden und die Versöhnung suchen, wollte er durch einen Mißerfolg in Italien nicht seine Stellung erschweren oder gar seinen Sturz riskieren. Ende des Jahres begab er sich nach Lyon, um mit der Sammlung von Truppen zu beginnen und Kriegsvorbereitungen zu treffen. Diesmal brachte er freilich nicht so viel zusammen wie im Jahr zuvor. Er überschritt Anfang März 1630 mit der Armee die Alpen und betrat Savoyen, wurde nun aber nicht mehr willkommen geheißen. Herzog Karl Emanuel verweigerte den französischen Truppen den Durchmarsch und die Erfüllung des Abkommens von Susa. Die Verhandlungen zogen sich hin, bis Richelieu die Geduld verlor und zur Gewalt griff. Er erklärte Savoyen den Krieg und überfiel es. Aus einstigen Bundesgenossen wurden unvermittelt Feinde. Am

22. März bemächtigten sich die Franzosen der wichtigen Festung Pinerolo. Doch diesmal verrechneten sie sich, Susa wiederholte sich nicht. Im Gegenteil: Der Fall Pinerolos hatte zur Folge, daß ganz Savoyen den französischen Truppen Widerstand leistete und sich standhaft wehrte. Sie kamen nicht bis Casale, um die Belagerten zu befreien oder doch wenigstens mit Nachschub zu versorgen, obwohl sie Versuche dazu unternahmen. Zwischen ihnen und der Festung lag als Barriere die savoyische Armee. Die hermetische Einschließung von Casale schritt fort.

Im Grunde war Wallenstein bereit, dem kaiserlichen Befehl zufolge weitere Kontingente nach Italien abzufertigen, und in der Tat gingen Verstärkungen aus der alten, im Reich aufgebauten Armee dorthin, soweit sie entbehrlich schienen. Die Einzeltatsachen aus einem großen Zusammenhang heraus beurteilend, glaubte er, daß von einem günstigen Ausgang der Konfrontation in Italien das Ergebnis der Friedensverhandlungen mit Schweden abhing, die am 20. April in Danzig beginnen sollten. Zu dieser Zeit hatte er in Deutschland nicht genügend Truppen, abgesehen davon, daß er Diversionen gegen Frankreich vorsah. Der Kaiser verlangte von ihm militärische Intervention nach mehreren Richtungen, band ihm aber andererseits damit die Hände, daß er ihm auf Druck der Kurfürsten nicht nur weitere Werbungen untersagte, sondern auch auf der Reduzierung der Streitkräfte bestand. Darin äußerte sich nach Wallensteins Meinung die Kurzsichtigkeit des Wiener Hofes, für die der Kaiser bezahlen müsse, da sich alle Angriffe gegen ihn richten würden. Bei Hofe, so schien es ihm, zog der eine hierhin, der andere dorthin; alle würden nicht müde, ihre Meinung als die am meisten begründete und durchdachte zu präsentieren. Er selbst habe mehr Zwist mit einigen Ministern als mit allen Feinden.

Die Truppen, die Wallenstein dem Herzog von Savoyen an die Seite stellen wollte, langten Anfang August in Norditalien an, aber Karl Emanuel konnte sie nicht mehr empfangen. Er starb, ungeschlagen, am 26. Juli, nachdem er, auch ohne diese Hilfe, die französische Invasion abgewehrt hatte.

Unterdessen blieb die Armee Collaltos nach dem vorweihnachtlichen Angriff auf Mantua in der Defensive und bemühte sich, lediglich das zu halten, was sie bereits erobert hatte. Die Belagerung der Stadt, in der die Pest grassierte, ging allerdings weiter. Die Spanier hielten ihre Zusage nicht ein, den Unterhalt der kaiserlichen Armee in Italien zu gewährleisten, so daß die gegenseitigen Spannungen wuchsen, auch zwischen Wallenstein und Spinola. Diesem lastete Wallenstein alle Unzulänglichkeiten an und zeigte sich unzufrieden mit dessen Art der Kriegführung.

Im Mai 1630 äußerte er erstmals die Absicht, selbst nach Italien zu gehen, um Abhilfe zu schaffen. Das hieß, der kaiserlichen Armee dasjenige zukommen zu lassen, was ihr laut Versprechen gebührte, „um nicht ständig bei Spinola um Almosen betteln zu müssen", wie er sagte. Wallenstein wäre gern mit der ganzen Masse der Armee in den italienischen Krieg gegangen, aber zweierlei hielt ihn davon ab: die Pestepidemie und die verderbliche Behandlung der kaiserlichen Soldaten infolge Vertragsbruchs durch Spinola. Wallensteins anklagende Worte dazu: „Wir müssen untergehen, so oder so und ohne Nutzen".

Ungeachtet der Schwierigkeiten verlief der Krieg zugunsten Habsburgs. Nachdem die Franzosen in Savoyen eingedrungen und die Festung Pinerolo genommen hatten, traten die Venezianer an der Seite Nevers' in den Krieg ein. Ihre ursprüngliche Absicht, Mailand zu überfallen, gaben sie auf und begnügten sich damit, dem Herzog in Mantua zu Hilfe zu eilen. Viel fruchtete sie nicht, denn es mangelte der venezianischen Armee an einem fähigen Befehlshaber, in der Führung herrschte Verwirrung, unter den Soldaten fehlte es an Disziplin und gänzlich an Kampfgeist. Gallas schlug sie bei Villabuona und vertrieb sie. Nachdem er ihren Widerstand gebrochen und ihnen die Möglichkeit, erneut zum Kampf anzutreten, genommen hatte, war für sie der Krieg vorbei.

Im Gefolge dieser Niederlage wurde die Situation des belagerten Mantua unhaltbar. Sie war umso schwieriger, als die Pest die Reihen der Verteidiger lichtete. Nevers rief Frankreich und Venedig vergeblich um Hilfe an. Die geschlagenen Venezianer gaben kein Lebenszeichen mehr, die Franzosen wagten nicht, von Westen her durchzubrechen, weil sie die Armee Spinolas und Collaltos fürchteten. Am 18. Juli fiel Mantua den Truppen Aldringens in die Hände. Der Herzog unterschrieb die Kapitulation und verließ die Stadt. Er war völlig geschlagen: Von Mantua blieb ihm nichts, von Montferrat nur das belagerte Casale, dessen Fall er nach Tagen erwartete. Für Wallenstein und den Kaiser endete der Mantuanische Krieg mit einem vollen Sieg.

Deshalb überrascht es, daß Wallenstein trotzdem entschlossen war, nach Italien zu gehen. Seine dortige Anwesenheit hatte nach dem Fall Mantuas scheinbar ihren Sinn verloren. Dem war aber nicht so, weil in Italien für ihn noch Wichtiges zu tun übrig blieb. Die französischen Truppen mußten vertrieben und (womöglich vor allem) Rechnungen mit der Republik Venedig beglichen werden wegen deren Aggression. Noch herrschte Kriegszustand zwischen ihr und den habsburgischen Mächten.

Am 11. Juli erklärte der Kaiser sein Einverständnis mit der beabsichtigten Reise Wallensteins nach Italien, ersuchte ihn aber, mit der Abreise noch zu warten (ohne in den Vorbereitungen innezuhalten), weil sich bei schon währendem Kurfürstentag in Regensburg vieles ergeben könne, zu dem er Wallensteins Informationen und Gutachten benötige. Am 28. Juli war dieser so weit, daß er alsbald nach Italien aufbrechen konnte. Doch dann änderte sich alles infolge der schwedischen Invasion. In den letzten Julitagen wußte Wallenstein bereits, daß sich Gustav Adolf der Inseln Rügen und Usedom bemächtigt hatte. Torquato Conti forderte Hilfe an, die Wallenstein nicht in der Lage war zu leisten. In der gegebenen Situation hielt er es für nötig, in Italien frühestmöglich Frieden zu schließen. Sei man mit Schweden ans Ende gekommen, dann könne man – so meinte er – die Türken überfallen. Krieg an zwei Orten zu führen sei nicht möglich, weil man jeden gegen sich habe. Es war das letztemal, daß er seinen lange gehegten Gedanken (oder eher seine fixe Idee oder Vision), gegen die Türken zu ziehen, aussprach. Als er vom Einfall der Schweden Kenntnis erhalten hatte, gab er den Regimentern, die auf dem Wege nach Italien waren, den Befehl, an dem Orte zu verbleiben, wo sie der Befehl erreichte. Er war sich dessen bewußt, daß die schwedische Invasion die Gesamtlage verändert habe und daß er die Armee zum Schutze des Reiches und seiner Länder aus Italien zurückholen müsse. Damit ginge Italien verloren. Er drängte deshalb Collalto, dort so rasch wie möglich Frieden zu schließen, weil sich, nach seiner Meinung, die Situation zum Schlechten gewendet habe.

Der Beginn des schwedischen Krieges

Kaum war der Krieg mit Polen durch den Waffenstillstand von Altmark beendet, ging Gustav Adolf daran, den Einfall in Pommern, den er für das folgende Jahr plante, zielstrebig vorzubereiten. Es war im übrigen auch das Ziel der französischen Vermittlung des Waffenstillstandes, Gustav Adolf den Eingriff in Deutschland zu ermöglichen. Zur Verwirklichung dieser Absicht ermunterten den König eine Reihe fördernder Umstände: der sukzessive Abgang der kaiserlichen Armee, deren überwiegender Teil nun in Italien, den Niederlanden und Preußen, zu kleineren Kontingenten an der französischen Grenze und bei der Blockade Magdeburgs standen. Überdies wußte der König um die Angriffe der Liga gegen Wallenstein und ihre Bemühungen, ihn beiseite zu schieben, was ihm von Nutzen sein konnte. Andererseits kamen ihm, je näher der schicksalhafte Schritt rückte, neue Bedenken, das große Unternehmen zu wagen: Ist der Krieg für Schweden wirklich unvermeidbar oder kann man ihm durch Friedensverhandlungen ausweichen? Diese Frage stellten sich der König, seine Räte und der Reichsrat. Die kriegerische Lösung hatte Gustav Adolf schon zweimal im Reichsrat erörtert und erreicht, daß dieser ihr zustimmte. Auch der Reichstag anerkannte seine Argumente und bekräftigte die Entscheidung des Reichsrates. Der König hatte also die Vertreter aller Stände hinter sich. Er war sich seiner Verantwortung vor dem Volke bewußt, denn ein Krieg in Deutschland, sollte er Wirklichkeit werden, konnte das Schicksal Schwedens für mindestens eine Generation prägen. Endete er mit einer militärischen Katastrophe, dann entging er nicht dem Verdikt der Nachwelt, den Krieg leichtfertig begonnen zu haben.

Bei der Vorbereitung des „deutschen Krieges" ging Gustav Adolf sehr methodisch vor. Es wurde nichts vergessen, was ihm dienlich sein konnte. Wie er schon vor dem Reichsrat im Oktober 1629 äußerte, gedachte er in den böhmischen Ländern einen Aufstand anzufachen, der angesichts der Unzufriedenheit und Unzuverlässigkeit der dortigen Bevölkerung durchaus annehmbar war. Er spekulierte darauf, daß dadurch das Hinterland des Gegners verunsichert und dieser gezwungen sein würde, Truppen vom Kriegsschauplatz im Norden ins Innere des Landes zu verlegen. Dies zu verwirklichen gelang ihm vollendet im Falle Magdeburgs, obwohl es sich hier, genau genommen, nicht um die Anzettelung, sondern um die Ausnutzung eines bereits ausgebrochenen Aufstandes handelte.

Mit dem Ziel, Unruhen zu stiften, wurde der schlesische Exulant Ondřej Kochtický d. J. von Kochtice Ende Januar in die böhmischen Länder beschieden. Zu dieser Zeit Offizier in der schwedischen Armee, wurde er später Oberst eines Reiterregiments. Er war der Sohn Ondřej Kochtický d. Ä., einst Landeshauptmann von Oppeln; seine Familie war indes im Troppauer Gebiet ansässig. Der jüngere Kochtický tauchte erst im April in Elbing auf, wo sich eine bedeutende Kolonie böhmischer Exulanten befand.

Die Verhandlungen in Elbing, über die er dem König am 16. April berichtete, befriedigten den Emissär nicht allzu sehr. Er fand dort nur wenig „Unternehmungsgeist", also Unentschlossenheit. Danach begab sich Kochtický ins Meißnische, in die Lausitz und Schlesien, kam aber höchstwahrscheinlich nicht nach Böhmen. Er begegnete verschiedenen Exulanten, fand sie zwar wohlgesinnt, aber allzu sehr bedrückt. So sah die Realität aus. Die böhmischen Länder, einer ständischen Führungselite beraubt, waren so sehr zertreten, verwüstet und verarmt, daß die Bewohner die Fähigkeit verloren hatten, sich aus eigener Kraft zu erheben. Es konnte höchstens, aus der Verzweiflung heraus, zu örtlich begrenzten Aufständen der Untertanen kommen.

Wallenstein vor dem Einfall der Schweden

Der Mann, den das Schicksal dazu bestimmte, Gustav Adolf entgegen zu treten und seine strategischen Pläne zu vereiteln, war Wallenstein. Er stand an der Spitze der größten Streitmacht des christlichen Europas, seine Ausgangsposition aber war unendlich schlechter als die des schwedischen Königs. Während dieser bei allen Ständen bzw. beim ganzen Volke Rückhalt fand und alle Kräfte nach seinem Willen und Verstand lenken konnte, hatte Wallenstein diese Freiheit nicht; er mußte Befehle des Kaisers ausführen, mit denen er oft nicht einverstanden war oder die seinen Absichten direkt zuwider liefen. Vergleicht man diese beiden Führergestalten des damaligen Europas, dann muß man im Auge behalten, daß der eine ein Souverän, der andere ein subordinierter General war, der fremde Befehle zu erfüllen hatte, die er vielfach für wenig zweckmäßig oder gar kontraproduktiv hielt. An der Jahreswende 1629/30, als die schwedische Gefahr sich bereits klar abzeichnete, konnte Wallenstein nicht so über die Armee verfügen, wie es seinen Überlegungen entsprach. Gegen seinen Willen wurde er gezwungen, ihren größten und besten Teil in den Krieg nach Italien zu schicken, den er für verfehlt hielt, einen weiteren Teil auf den niederländischen Schauplatz, und, mit Rücksicht auf den italienischen Konflikt, schließlich noch Einheiten an die Grenzen zu Frankreich. Nur die im Reich verbliebenen Kontingente konnte er zur Verteidigung der norddeutschen Küsten gegen den bevorstehenden schwedischen Einfall oder zur Aufrechterhaltung der Ruhe im Reich verwenden. In Madrid war entschieden worden, daß der überwiegende Teil der kaiserlichen Armee für Spaniens Krone focht, und dem stimmte der Kaiser, ohne vorausschauend abzuwägen, zu. Die Tatsache, daß die Hauptkräfte der Kaiserlichen in Italien standen, zeigte beim schwedischen König Wirkung; die Nachrichten vom Festland lauteten günstig für sein Unternehmen: Innere Widersprüche im katholischen Lager schwächten dessen Aktionsfähigkeit, ebenso die wachsende Feindseligkeit der Liga gegen Wallenstein. Es drang nach Stockholm durch, daß dessen Stellung zunehmend unsicher – und daß er schließlich abgesetzt würde.

Der Gefahr eines schwedischen Einfalls hatte Wallenstein schon größtes Gewicht beigemessen, als eine schwedische Besatzung in Stralsund einrückte. Im Herbst 1629 schien sie ihm so akut, daß er Gustav Adolfs Landung täglich erwartete. Als sie nicht eintrat, glaubte er keineswegs, sie sei gebannt. Vielmehr rechnete er 1630 mit ihr, deshalb ließ er nicht nach, ihre Abwehr vorzubereiten.

Im November 1629, da die schwedische Gefahr sich abschwächte, erlangte er vom Kaiser die Zustimmung, sich nach Gitschin zu begeben. Doch er erkrankte schwer und mußte noch länger als zwei Monate in Halberstadt bleiben. Erst am 31. Januar konnte er sich in einer Sänfte auf den Weg nach Gitschin begeben, wo er am 17. Februar eintraf. Ende März reiste er nach Karlsbad und blieb dort zur Heilung seiner Leiden. Noch in Halberstadt und unterwegs holte ihn die Nachricht über schwedische Kriegsvorbereitungen ein. Er nahm sie sehr ernst und bemühte sich, die Armee Feldmarschalls Contis zu verstärken. Damit sie den ihr gestellten Aufgaben gewachsen war, ließ er sie durch neue Werbungen vergrößern.

Damit stieß er diesmal auf unerwarteten Widerstand des Kaisers, der ihm in einem eigenhändigen Schreiben befahl, mit neuen Werbungen innezuhalten, denn er wollte sich dem herannahenden Kurfürstentag empfehlen. Die Armee sollte reduziert werden, aber das paßte nicht zu seiner ausgreifenden Großmachtpolitik, die sich damals vor allem darin äußerte, daß er nicht nur nicht bereit war, sein Engagement in Italien zurückzunehmen, sondern sogar einen Angriff gegen Frankreich erwog. Das zeigt eindeutig, daß der Wiener Hof die schwedische Gefahr unterschätzte, denn anders läßt sich ein solcher Befehl Ferdinands II. nicht erklären. Je näher der Kurfürstentag rückte, desto dringlicher pochte er auf seine Ausführung. Überdies ging es ihm nicht nur darum, den Zuwachs der Armee zu verbieten, sondern auch um ihre Reduzierung. Wallenstein versuchte ihm zu erklären, daß das für ihn verderblich sein werde – doch umsonst, der Kaiser beharrte auf seiner Verfügung. Im April erhielt Wallenstein von ihm den strikten Befehl, die Werbungen einzustellen und die Armee zu verkleinern. Etwas Besseres konnte sich Gustav Adolf nicht wünschen. Die kaiserliche Entscheidung spielte seine Melodie und fiel in die Waagschale bei der Alternative, den schicksalhaften Schritt nach Deutschland zu tun oder nicht. Obgleich sich der Kaiser dessen nicht bewußt war – durch die Schwächung seiner Armee am Vorabend der schwedischen Invasion wurde er ungewollt zu deren Beförderer.

Seinen Verteidigungsplan stütze Wallenstein auf zwei Truppenkörper. Den einen gedachte er in einem Lager südlich von Stralsund zu stationieren, wo der Peene-Fluß als Abwehrlinie ausgebaut werden sollte. Er nahm an, Gustav Adolf werde in diesem Gebiet anlanden. Dieses Korps kommandierte Oberst Heinrich Ludwig von Hatzfeld. Da sich Conti mit ihm nicht vertrug, trat der Herzog von Savelli an seine Stelle – ein Soldat von mittelmäßiger Eignung, eher durch Exzesse als durch Befähigung bekannt. Das zweite Korps befehligte Conti selbst, es gruppierte sich um Kolberg in Hinterpommern, wo der Feldmarschall auch sein Hauptquartier aufschlug. Anfang Mai dislozierte er sein Hauptkontingent nach Westen und richtete bei Greifenhagen und Gartz ein starkes Lager ein, das die wichtigste Basis der kaiserlichen Truppen in Norddeutschland darstellte. Die Besetzung von Gartz, Greifenhagen und Damm sperrte den Oderlauf und bildete die Barriere gegen einen möglichen schwedischen Vorstoß nach Schlesien. Wallensteins Annahme, Gustav Adolf werde in Stralsund oder südöstlich davon bei der Odermündung landen, erwies sich als nahezu richtig. Seinem Plan gemäß sollten sich beide Korps vereinigen und den König schlagen, sobald bekannt wäre, wo er seine Truppen ausschiffen würde.

Die Verteidigung der Küste stützte Wallenstein weiterhin auf die starken Besatzungen in Wismar, Rostock, Greifswald, Wolgast, Anklam, Demmin, Ueckermünde, Gartz, Greifenhagen, Damm, Stargard, Stolp und Kolberg. Die offene Küste sicherte er schwächer, weil dort eine Landung eher unwahrscheinlich war und weil ihm im Verhältnis zur Küstenlänge nicht genügend Truppen zu Gebote standen.

Was an ihm war, hatte Wallenstein zur Sicherung der Meeresküsten des Reiches getan. Sein Ziel war es, Conti im Juni 50.000 Mann zur Verfügung zu stellen; in Wirklichkeit hatte er etwas mehr. Sie verkörperten eine bedeutende Streitmacht, die doppelt so stark wie die Invasionsarmee sein sollte. Zu Beginn des schwedischen Einfalls war dann das Verhältnis noch günstiger für die Kaiserlichen. Es war erstaunlich, daß eine zahlenmäßig so starke Militärmacht zusammenkam angesichts der bereits erwähnten Umstände: Reduktion der Armee, wiederholte Überschickung von Abteilungen nach Italien und zur Unterstützung des Herzogs von Savoyen, Wacht an der Grenze zu Frankreich sowie Abzweigung eines Hilfskontingents für die Infantin.

Die Schweden erwiesen sich als sehr gut informiert über die Mannschaftsstärke und Lokalisation der kaiserlichen Truppen in Pommern und Mecklenburg. Die eingehenden Spionageberichte, die Gustav Adolf zur Disposition standen, wichen nur wenig von der Realität ab.

Die Armee Contis hatte kein Hinterland, das Verstärkungen hätte liefern können, weil Wallenstein nur über unbedeutende Reserven verfügte. Hinter ihr befand sich ein großes Vakuum. Zwischen ihr und der untätig bleibenden Liga-Armee lag die Elbe und klaffte eine gewaltige Lücke. Beide Armeen hatten keine Verbindung zueinander, von Zusammenarbeit ganz zu schweigen, so als berühre die schwedische Invasion die Liga überhaupt nicht. Tilly hatte sich weg- und nach Regensburg begeben.

Der Befehlhaber der kaiserlichen Armee reiste indessen von Karlsbad nach Memmingen in Süddeutschland, wo er schon früher sein Hauptquartier aufschlagen wollte, um, wie er sagte, allen Dingen nahe zu sein und nach allen Seiten Ausschau halten zu können.

Er traf am 9. Juni in der Reichsstadt ein. Im Hinblick darauf, daß die Schwerpunkte der kaiserlichen Kriegspolitik derzeit in Italien, am Oberrhein und an Frankreichs Grenzen lagen, war die Wahl Memmingens durchaus begründet, gut motiviert und zweckdienlich. Außerdem beabsichtigte er, auf den italienischen Schauplatz zu gehen, den Oberbefehl zu übernehmen und den dortigen Krieg rasch zu beenden. Er hatte diese Intention, wie bereits erwähnt, schon früher kundgetan.

Nicht unwahrscheinlich ist, daß Wallenstein bei seiner Ankunft in Memmingen Frankreich für einen gefährlicheren Gegner als Schweden hielt. Der unerklärte Krieg mit Frankreich war schon angebrochen und im Gange (wenn auch beide Armeen noch nicht aufeinander getroffen waren) und drohte jeden Augenblick in den offenen Konflikt an der Westgrenze des Reiches überzugehen. Die Gefahr schien akut, und Wallenstein arbeitete intensiv an dem Plan, eine Diversion gegen Frankreich in dem Falle zu unternehmen, daß er Befehl vom Kaiser bekäme und Savoyen schützen müßte. Er rüstete sich auch für den umgekehrten Fall, daß Frankreich als erster angriff.

Die schwedische Gefahr war zwar bedrohlich, aber nicht so akut wie die französische. Sie dauerte bereits ein dreiviertel Jahr, ohne daß sich etwas ereignete. Infolgedessen breitete sich eine gewisse Ermüdung beim alltäglichen Warten auf die Invasion aus. Außerdem hegte Wallenstein gegenüber Schweden und dem König keineswegs unfreundliche Gefühle. Er setzte gewisse Hoffnungen auf die Friedensverhandlungen in Danzig, die damals beginnen sollten, ohne daß er angesichts der harten schwedischen Bedingungen greifbare Ergebnisse erwartete. Frieden bezweckte Gustav Adolf augenscheinlich damit auch nicht, was Wallenstein durchschaute. Trotz kärglicher Erfolgschancen bewogen die vorgesehenen Danziger Gespräche den König zumindest dazu, den Einfall auf spätere Zeit zu verschieben. Seine Denkweise als Soldat verwehrte es Wallenstein sicher zu unterstellen, der König pflege Friedensverhandlungen und setze zugleich die Invasion in Gang. In der Tat wollte dieser mit den Traktaten den Gegner in Sicherheit wiegen und ihn veranlassen, seine Verteidigungsvorbereitungen zu vernachlässigen. Das gelang ihm jedoch nicht. Wallenstein war umsichtig genug und verließ sich hauptsächlich auf seine wirksame Abwehr. Er kümmerte sich um Verstärkungen für Conti und organisierte den militärischen Schutz der mecklenburgischen und pommerschen Küste.

Friedensverhandlungen mit dem Helm auf dem Kopf

Wie bereits erwähnt, ging der Anstoß für die Danziger Konferenz von Christian IV. aus, der Gustav Adolf in einem Brief vom 19. Oktober 1629 seine Dienste zur Wiederherstellung des Friedens angeboten hatte. Das Echo im schwedischen Reichsrat war uneinheitlich. Der König rief zwar zur Offensive (d.h. zum Krieg), konnte aber die Möglichkeit nicht unbeachtet lassen, seine Ziele auf friedlichem Wege zu erreichen. Ans einmal gesteckte und definierte Ziel konnte man auf zweierlei Wegen gelangen: durch Krieg oder durch Verhandlungen. Der König war der Ansicht, daß der beste Weg zum Frieden der Überfall auf den Feind sei und daß das beste Argument darin bestand, ihm einen Schlag zu versetzen. Er wollte einen Vertragsfrieden „mit dem Helm auf dem Kopf". Folglich vollzog sich schwedische Politik zweigleisig: Einerseits wurde der Krieg vorbereitet, auf der anderen Seite die Friedensverhandlung. Deshalb entschloß sich Gustav Adolf, den dänischen Vorschlag anzunehmen. Dies teilte er dem dänischen König allerdings erst brieflich am 5. Dezember mit; er akzeptierte dessen Vermittlung und bot an, mit den Verhandlungen am 10. April 1630 zu beginnen.

An einer Konferenz hatten auch der Kaiser und Wallenstein Interesse, wobei das Motiv des letzteren am aufrichtigsten war. Er bemühte sich schon im Jahre 1629, einem Krieg mit Schweden entgegenzuwirken. Das gelang ihm, indem er einem schwedischen Einfall mit politischen und militärischen Mitteln vorbeugte. Ein präventives politisches Mittel sah er darin, mit protestantischen Partnern im Reich eine Verständigung herbeizuführen, um dem schwedischen König den Vorwand zur Einmischung in Deutschland zu nehmen. Neben der militärischen sollte eine politische Barriere aufgebaut werden. Im Einklang damit betrieb Wallenstein eine unauffällige Annäherung an den dänischen König, der als eine Stütze gegen Schweden geeignet schien. Die schwedisch-dänische Rivalität lag für Wallenstein auf der Hand, ebenso ihre Ausnutzung. Er wollte Dänemark für die kaiserliche Seite gewinnen, deshalb bot er Christian IV. die Insel Rügen an. Diese Politik stieß auf entgegenkommende Schritte dänischerseits, da der König daran interessiert war, seine Beziehungen zum Kaiser zu verbessern. In den Rahmen der Politik Wallensteins fügte sich auch der vorsichtig geäußerte Vorschlag, den Hansestädten die Besetzung Stralsunds anstelle Schwedens zu übertragen. Seine Beziehung zu Schweden gestaltete er korrekt und übte, so im Falle von Wismars Blockade, Geduld. Er war fast ängstlich darauf bedacht, daß es nicht zu Zusammenstößen zwischen seiner dortigen Flottille und schwedischen Schiffen kam, was zum Anlaß für eine größere Konfrontation werden konnte. Des weiteren suchte er sogar (nach unsicherer Überlieferung), mit den vertriebenen mecklenburgischen Herzögen zu einer Vereinbarung zu gelangen, indem er ihre Länder nur auf Lebenszeit beanspruchte. In Wien habe man daraufhin angeblich erwogen, den Herzögen ihren Besitz zurückzugeben und Wallenstein anderweitig zu entschädigen. Dadurch wäre in der Tat ein Spannungsherd im Norden des Reiches getilgt worden.

Die Beziehungen Schwedens zum Kaiser waren mit einer Reihe von Problemen belastet. Am schwersten wog, daß Schweden, eine fremde Macht, Stralsund als eine Stadt des Reiches besetzt hielt. Es ging darum, die schwedische Garnison zu entfernen, und das nicht nur aus Gründen der Reichshoheit, sondern auch aus der Sorge heraus, daß Stralsund als Einfallstor der Invasion Schwedens dienen könnte. Diese Gefahr beunruhigte Wallenstein nicht wenig, und deshalb war er beflissen, die Stralsunder Angelegenheit zu ordnen, und das wünschte auch die Stadt selbst.

Die beiden Verhandlungspartner, Wallenstein und Gustav Adolf, erklärten sich mit der Vermittlung des Dänenkönigs einverstanden. Dieser teilte Wallenstein am 22. Januar mit, daß er sie übernehme, da beide ihn als Mediator annähmen, und daß der Beginn der Verhandlungen auf den 10. April in Danzig festgelegt sei. Nach Wallensteins Vorschlag ernannte der Kaiser Burggraf Karl Hanibal von Dohna zu seinem Bevollmächtigten – einen der führenden Adligen Schlesiens, Präsident der dortigen Kammer und Oberst, erfahren auch in diplomatischen Diensten.

Er begab sich zum vereinbarten Termin nach Danzig, fand aber keinen der schwedischen und dänischen Delegierten vor. Von schwedischen Offizieren erfuhr er, die Flotte bereite eine Landung auf dem Festland vor und schwedische Truppen würden einen Hafen in Pommern in Besitz nehmen. Nach Dohnas Meinung könne man nicht auf einen Frieden hoffen. Nachdem von den anderen Unterhändlern keiner ankam, verlor er die Geduld und ersuchte den Kaiser, ihm die Abreise zu erlauben. Daß die Partner ausblieben, war für den Kaiser und seinen Vertreter sehr ehrenrührig. Am 28. Mai traf die Zustimmung des Kaisers zu Dohnas Abreise ein, an demselben Tag aber erhielt er die Nachricht, die dänischen Delegierten, die durch widrigen Wind und Stürme aufgehalten worden waren, seien unterwegs. Sie langten am 12. und 14. Juni an und entschuldigten ihre Verspätung mit stürmischer See. Der schwedische Bevollmächtigte, Reichskanzler Axel Oxenstierna, der damals in Elbing weilte, reiste absichtlich nicht nach Danzig und verlangte im letzten Augenblick, die Verhandlungen in eine andere Stadt zu verlegen.

Unterdessen wartete Dohna in Danzig vergeblich; der schwedische Reichsrat erörterte erst Mitte Mai seine Friedensbedingungen. Es waren jene, die schon für die Lübecker Verhandlungen dienen sollten, allerdings mit einigen Veränderungen. Als wichtigste stach hervor, daß Schweden die Stadt Stralsund zu seiner größeren Sicherheit behalten wolle, auch wenn die kaiserliche Seite Mecklenburg und Pommern herausgebe. Würden die Schweden auf dieser Bedingung beharren, dann versperrten sie schon damit den Weg zu einem Kompromiß. Doch sie verlangten überdies, die kaiserliche Armee solle aus dem Nieder- und Obersächsischen Kreis abgeführt werden. Das mutete wie das Diktat eines Siegers über einen Geschlagenen an, folglich war nicht zu erwarten, daß der Kaiser annahm. Konnten die Schweden ihm verbieten, im Reich, wo er wollte, eine Armee zu halten?

Es ist überflüssig, sich im einzelnen mit diesen Bedingungen zu befassen, da sie in Danzig nicht vorgebracht und nicht verhandelt wurden. Hinter dem Hinausschieben der Anreise schwedischer Bevollmächtigter steckte die Regie Oxenstiernas. Er verzögerte bewußt den Beginn der Verhandlungen, weil er an ihnen nicht interessiert war. Die Konferenz sollte den Gegner täuschen, ihn in Hoffnung und Spannung halten. An den König schrieb er, die Zusammenkunft habe das Ziel, den Widerpart zu narren; man müsse ihn am Band halten, wie er uns, und den Kaiser gegen Frankreich anstacheln. Die schwedische Diplomatie betrieb das Hinausschieben der Verhandlungen bis nach der Invasion, um die Gegenseite des Betrugs zu zeihen und möglichst lange unter psychischen Druck zu setzen, aber auch für den Fall, daß der König die Landung im letzten Moment vertagen müßte.

In Wirklichkeit ließ sich Gustav Adolf durch nichts von seinem Entschluß abbringen, auf Reichsboden zu landen, deshalb nahm weder er noch der Kanzler die anberaumte Konferenz ernst. Dem Kanzler gelang es, sie so lange hinauszuzögern, bis sie sich von selbst erledigte. Die Schuld an ihrem Scheitern fiel voll auf ihn, obwohl er sie auf den dänischen König abzuwälzen suchte. Als die drei übrigen schwedischen Delegierten am 16. Juli in Elbing bei Oxenstierna eintrafen, war die Situation nahezu hoffnungslos. Verhandlungen kamen auch jetzt nicht zustande, weil es die schwedische Delegation, namentlich der Kanzler, ablehnte, nach Danzig zu reisen. Er schlug statt dessen vor, in Elbing zusammen zu treffen, was wiederum Dohna und die dänischen Vermittler entschieden zurückwiesen. Einige Tage später, am 26. Juli, reisten sie aus Danzig ab.

So endete die Konferenz, einzig denkwürdig dadurch, daß sie nichts bewirkte.

Kleine Armee – große Wende im Kriege

Am 6. Juli kam die schwedische Invasionsarmee in Peenemünde an und begann mit der Landung. Sie war überraschend klein: 13.593 Mann, davon 10.413 Fußsoldaten, 2.755 Reiter und 425 Artilleristen. Unverhältnismäßig klein am Anfang, sollte sie die große Wende im Dreißigjährigen Krieg und tiefgreifende Veränderungen im Reich herbeiführen!

Indem Gustav Adolf seinen Plan änderte und die Insel Usedom als Ausgangspunkt seiner Invasion wählte, umging er die erste Verteidigungslinie, die Wallenstein an der Peene hatte ausbauen lassen und die wegen ihrer ausgedehnten

Sümpfe eine hervorragende Barriere bildete. Mit dieser Ortswahl schuf sich der König offenen Zugang nach Stettin. Sowohl vom militärischen wie politischen Standpunkt war es wichtig, so rasch wie möglich und vor den Kaiserlichen an die eine Hauptstadt Pommerns heranzukommen und den ersten Verbündeten im Reich zu finden.

Über die Ursachen, weshalb Gustav Adolf, König eines Landes mit eineinviertel Million Einwohnern, in den „deutschen Krieg" eingriff, ist viel geschrieben und oft nach den Aussagen des Königs selbst oder des Reichskanzlers geurteilt worden. Man führte religiöse, politische und wirtschaftliche Gründe ins Feld. Die deutsch-evangelische Darstellung stilisierte Gustav Adolf als Helden, der nach Deutschland kam, um die Sache des Protestantismus zu retten, die durch die Niederlagen des vorangegangenen Jahrzehnts erschüttert und durch das Restitutionsedikt schwer bedroht war. Dieses religiöse Motiv spielte bei der Entscheidung des Königs zweifellos eine große Rolle. Gustav Adolf war unstreitig eine religiöse Persönlichkeit von seltener Größe, der am Schicksal des evangelischen Glaubens verantwortlichen Anteil nahm. Dazu im Widerspruch steht jedoch die Tatsache, daß er nichts zur Unterstützung Friedrichs von der Pfalz und Christians IV. getan hatte, die nacheinander an der Spitze des antihabsburgischen Kampfes standen und in schwere Bedrängnis gerieten. Gustav Adolf war nicht Idealist in solchem Maße, daß er einen so riskanten Krieg wagte und sein ganzes Volk mitzog um eines nebelhaften, wenn auch erhabenen religiösen Ziels willen. Sein Hauptziel, das zu seinen Lebzeiten romantisch verbrämt und danach bis heute mit religiösem Idealismus veredelt wurde, war es, Schweden gegen die kaiserliche, gegebenenfalls auch gegen die kaiserlich-spanische, Macht zu sichern, die in seiner Vorstellung als tödliche Gefahr für seine Dynastie und den schwedischen Staat erschien. Diese Gefahr machte er sich sogleich bewußt, als die Wallensteinsche Armee an den Küsten der Ostsee Stellung bezog. Er hielt es für unbedingt erforderlich, sich der südlichen, deutschen Gegenküste, notfalls auch ganz Norddeutschlands zu bemächtigen und die kaiserliche Armee von dort zu verdrängen. Darin bestand seine erste Aufgabe. Obwohl er deutschen Boden als Streiter für den dortigen Protestantismus betrat, hatte er dort keinen Verbündeten.

Der König war nicht bloß ein religiöser Eiferer und Idealist, sondern – und das vor allem – auch ein großer Kriegsmann und Eroberer, der jahrelang schon expansive Politik verfolgt hatte, und dies stets im Interesse seiner Dynastie und seines Reiches. Es sei nur daran erinnert, wie er sich die Hilfe für Stralsund bezahlen ließ. Insgesamt gesehen, verkörpert sich in seiner Wirksamkeit die Synthese von Politik und Religion, von Realismus und Idealismus. Mit anderen Worten: Wenn er sich vornahm, den deutschen Protestantismus zu unterstützen und zu retten, wie ihm das die protestantische Publizistik zuschreibt, dann hatte er stets die schwedischen Staatsinteressen im Auge, die Gewinnung neuer Länder und Einnahmequellen für die Krone – und nicht zuletzt das dominium maris Baltici. Allerdings fiel auf seine Lichtgestalt als protestantischer Glaubenskämpfer ein Schatten, und das war die Tatsache, daß ihm das katholische Frankreich Beistand leistete, in dem vor nicht allzu langer Zeit die Protestanten hart unterdrückt wurden.

Die Landung des Schwedenheeres auf Usedom erregte weniger Aufmerksamkeit in Europa, als zu erwarten gewesen wäre. Seine Ankunft war schon so lange erwartet und aufgeschoben worden, daß es niemand überraschte, als sie wirklich eintrat.

Gustav Adolfs Vormarsch

Der König konnte, militärisch und politisch betrachtet, keinen günstigeren Augenblick für seine Invasion wählen. Die gegnerische Seite war gespalten und innerlich zerstritten. Die Uneinigkeit und Verwirrung nahm im Verlaufe des Regensburger Kurfürstentages noch weiter zu, wo man mit den Zwistigkeiten so beschäftigt war, daß kaum Aufmerksamkeit für die äußere Gefahr blieb. Am meisten kam ihr die Tatsache zugute, daß sich der überwiegende Teil der kaiserlichen Streitkräfte in Italien und am Niederrhein befand. Ende 1629 zählten die in Italien stehenden Truppen etwa 36.000 Mann, sie wuchsen bis Mitte 1630 auf 55.000 Mann. Eine weitere wichtige Tatsache, die sich Gustav Adolf zunutze machte, war Wallensteins Abwesenheit auf dem Schauplatz Norddeutschland. Er befand sich in den Tagen der schwedischen Invasion auf dem Weg nach Italien. Ihr sollte die nördliche Armee unter dem 30jährigen Feldmarschall Torquato Conti, deren Nominalstärke 53.000 Mann betrug, die Stirn bieten. Sie erreichte diese Kopfzahl jedoch infolge Sterben, Krankheit und Desertion nicht. Wallenstein wußte wohl, wem er den Schutz des Reiches anvertraute, er kannte Conti schon aus der Zeit des Krieges gegen Venedig (1617). Er wurde Oberstleutnant in seinem Regiment und nahm an der Schlacht am Weißen Berge teil. Zur Zeit der schwedischen Landung erkrankt, ersuchte er Wallenstein darum, sich zur Heilung nach Italien begeben zu dürfen. Wallenstein konnte der Bitte nicht entsprechen, weil er für Conti keinen Ersatz hatte.

Den Raum, in dem sich die schwedische Landung vollzog, hatte Wallenstein erstaunlich gut vorausgesehen, seine Kräfte entsprechend verteilt und einen strategischen Plan gefaßt. Danach sollten zwei Korps den Feind von zwei Seiten gleichzeitig angreifen, um von Anfang an zu verhindern, daß er an der Küste Fuß faßt oder gar weiter vordringt. Conti versicherte Wallenstein, daß er mit dem Plan einverstanden sei und beide Korps in kürzester Zeit zusammenführen könne. Wallenstein konnte also glauben, die Verteidigung der pommerschen Küste sei hinreichend vorbereitet.

Nach der Anlandung in Peenemünde dauerte das Ausladen der schwedischen Armee einige Tage, ohne daß sie auf Widerstand stieß. Selbst die Schweden waren davon überrascht und erklärten diesen Umstand aus der Unfähigkeit der

Führung und aus Feindesfurcht bei den Kaiserlichen. Von den Verteidigern aus gesehen, war der Landeplatz sehr günstig, weil er sich zwischen den beiden Teilen der Armee Contis befand, so daß es möglich schien, die Invasoren von Osten und Westen anzugreifen und einzuschließen. Weshalb Contis Armee in den Tagen der schwedischen Landung untätig blieb und Wallensteins Plan nicht folgte, ist bislang ungeklärt. Zwar befand sich Conti zu dieser Zeit im fernen Kolberg, doch reicht das nicht aus, um die Passivität seiner Armee zu erklären. Seine Abwesenheit vom Landeterrain kann freilich als glücklicher Umstand für Gustav Adolf gedeutet werden; sein Unternehmen stand offenbar unter einem guten Stern. Er vollzog seine Landeoperation unweit des westlichen Korps unter Oberst Hatzfeld, das im Raum Anklam–Stolpe lag. Dieser aber blieb untätig – das Beste, was sich der König wünschen konnte. Sein Vorstoß ging ungehindert weiter. In den Tagen des Landemanövers am verwundbarsten, überwand er dank der Tatenlosigkeit des Gegners die kritische Phase seiner anlaufenden Invasion. Für die Kaiserlichen bestand das Gebot der Stunde darin, die schwedische Armee so schnell wie möglich anzufallen und damit ihre eigene zahlenmäßige Überlegenheit zu nutzen. Doch sie rührten sich nicht, und ihr Übergewicht schmolz in dem Maße dahin, wie die Schweden weiteres Militär an den Brückenkopf heranführten. Ende Juli standen dort schon mehr als 20.000 Mann.

Die Schweden betraten nach Usedom auch die Insel Wollin, besetzten ohne Widerstand Kammin auf dem Festland östlich der Odermündung und öffneten sich damit den Zugang nach Vor- und Hinterpommern. Danach entschied sich Gustav Adolf, nach Stettin vorzustoßen, weil er seine Basis verbreitern und den großen Hafen zur Zufuhr von Verstärkungen und Versorgungsgütern benutzen wollte. Wiederum unternahmen Conti und Hatzfeld nichts, um ihn daran zu hindern. Am 20. Juli erschien der König mit seinen Truppen vor Stettin, und noch am selben Tage öffnete ihm die Stadt die Tore. Er nötigte den machtlosen Herzog Bogislav XIV. zu einem Bündnisvertrag, durch den Pommern – zwar unter günstigen Bedingungen für den Fürsten selbst – faktisch unter schwedische Protektion geriet. Neutralität erkannte der König, wie er sagte, in diesem Kampf zwischen Gott und dem Teufel nicht an.

Nach der Einnahme Stettins wandte sich Gustav Adolf mit den Truppen ostwärts nach Hinterpommern, weil er inzwischen nicht wagte, nach Süden zum Oderstrom vorzustoßen und die starken Stellungen Contis bei Gartz und Greifenhagen, die ihm im Wege standen, anzugreifen. Bis Ende August fiel Hinterpommern in schwedische Hände, ausgenommen Kolberg mit einer starken kaiserlichen Besatzung.

Der andere Teil der schwedischen Armee stieß westwärts von Stettin weiter vor mit dem Ziel, eine Landverbindung mit Stralsund herzustellen. Ihr Vormarsch verlief langsamer und schwieriger, weil er auf zähen Widerstand der Kaiserlichen stieß und das Terrain vielfach zergliedert und sumpfig war. Trotzdem konnten die Schweden die Städte Ueckermünde, Anklam und Wolgast einnehmen; bei Greifswald freilich kamen sie zum Stehen, da sich in der befestigten Stadt eine starke kaiserliche Garnison befand. Sie wählten deshalb den südlichen Weg, den sie sich mit der Einnahme Pasewalks öffneten. Da raffte sich Conti plötzlich auf und überfiel die dortige Besatzung. Die Stadt ließ er wegen der kampflosen Aufnahme einer schwedischen Einheit ausplündern und teilweise zerstören.

Um die Mitte des Monats September hörte die Kampftätigkeit in Vorpommern für das laufende Jahr auf. Gustav Adolf ging nun langsamer und systematischer vor. Er änderte seinen strategischen Plan und richtete die Kampagne gegen Mecklenburg.

Der Marsch dorthin begann Mitte September. Unter dem Einfluß des Magdeburger Aufstandes rechnete der König damit, daß sich bei seiner Ankunft die Stadt Rostock und das ganze Land erheben würde. Sein Vorstoß würde dadurch erleichtert werden. Er ließ in Mecklenburg einen höchst fragwürdigen Aufruf verbreiten, in dem er die Bewohner aufforderte, sich wieder in die Untertänigkeit ihrer vormaligen Herzöge zu begeben und all jene zu fangen und zu erschlagen, die es mit Wallenstein hielten.

Mit diesen Plänen verrechnete sich der König. Niemand erwartete und begrüßte ihn im Lande, weder in Rostock noch anderswo kam es zu einem Aufstand, auch war die Gegenwehr der Kaiserlichen stärker als er geglaubt hatte. Der Statthalter Wallensteins erhielt zur rechten Zeit Verstärkung von Conti, und zu Hilfe eilte auch Savelli mit seinem Korps. Der Feldzug des Königs nach Mecklenburg endete erfolglos, weil er dort auf ungewöhnlich gut organisierten Widerstand stieß. Statthalter Wengersky, dem Hatzfeld, Conti sowie die Obersten Virmond und Pappenheim zur Seite standen, vermochte den Vorstoß zu vereiteln, so daß Gustav Adolf keines seiner Ziele erreichte. Mecklenburg wurde für Wallenstein als Herzog erfolgreich verteidigt; die abgesetzten Herzöge konnten nicht zurückgeführt werden, worin der König sein Hauptanliegen gesehen hatte. An einen Durchbruch bis Magdeburg war nicht zu denken; irgendeine Erleichterung war ebensowenig zu spüren.

Nach diesem Mißerfolg kehrte Gustav Adolf nach Stralsund zurück. Er wandte sich nun wieder seinem ursprünglichen Plan zu, mit dem er sich schon sieben Jahre trug: entlang der Oder nach Schlesien vorzustoßen. Das setzte aber voraus, daß er die Barriere überwand, die die gut befestigten Positionen der Kaiserlichen bei Gartz und Greifenhagen bildeten. Wengersky, der diese Absicht sogleich erkannte, schrieb am 4. November an Wallenstein, daß der König seine ganze Macht gegen Gartz werfen werde. Eine schwedische Abteilung war schon am 16. Oktober vor dem Gartzer Lager aufgetaucht. Es kam zu einem Scharmützel, bei dem die Schweden geschlagen und vertrieben wurden. Doch das war nur der Vorbote des großen Sturms.

Vom militärischen Standpunkt aus gesehen, entfaltete sich der riskante Feldzug Gustav Adolfs besser, als zu erwarten war. Nach einem halben Jahr konnte er mit dessen Ergebnissen mehr als zufrieden sein. Es war ihm verhältnismäßig leicht gelungen, sich eine Basis von beachtlicher Größe zu schaffen. Unter politischem Aspekt sah seine Bilanz weniger günstig aus, sie war eher bitter enttäuschend. Nach dem geistig-moralischen Standort der deutschen Bevölkerung und nach den Voraussagen lag es nahe, daß zumindest die lutherischen Einwohner die Ankunft der Schweden leidenschaftlich begrüßen würden. Das geschah nicht, niemand erwartete sie und hieß sie willkommen, niemand bot Hilfe an. Der Empfang fiel mehr oder minder kühl, verlegen oder gar ablehnend aus. Trotz aller aufgewandten Mühe fanden sich auf deutschem Boden lediglich zwei Bundesgenossen: aus Spontanität die Stadt Magdeburg und auf Grund militärischen Drucks der Herzog von Pommern.

Seine militärischen Erfolge verdankte der König nicht nur seinen sorgfältigen Vorkehrungen und seinem Talent, sondern in nicht geringem Maße auch den Fehlern seines Gegners; einige waren geradezu fatal. Zu seinen Bundesgenossen, wenn auch indirekt und ungewollt, wurden der Kaiser, der spanische König und die Kurfürsten, denn mit ihrer Politik spielten sie ihm in die Hände und ebneten ihm den Weg ins Reich.

Woran lag es, daß die kaiserliche Armee die Schweden zu Beginn ihrer Invasion an der Küste sich festsetzen ließ – als sie die zahlenmäßige Überlegenheit hatte und die Eindringlinge leicht schlagen konnte? Warum ließ sie es zu, daß diese ihren Brückenkopf unbehelligt auszubauen vermochten? Es gab mehrere Gründe, aber der wichtigste bestand in der defensiven Haltung Contis, der gegen die anlandenden Schweden nichts unternahm und, wie schon gesagt, Wallensteins strategischen Plan, die Invasoren anzugreifen, nicht ausführte. Von Anfang an verharrte er in der Defensive. Er hatte von Mitte Juli bis Anfang Oktober bei Gartz eine bedeutende Streitmacht zusammengezogen, die andernorts fehlte. Im Lager vor der Stadt blieb er aber untätig, selbst die große Truppenmasse bewog ihn nicht, aktiv zu werden. In seinem Brief an Wallenstein vom 15. August unterstrich Conti die Notwendigkeit, die Schweden zu schlagen, bevor sie sich festsetzen konnten, aber er selbst unternahm nichts und machte sich dadurch schuldig, sie auf dem Festland Fuß fassen zu lassen. Später, bei den Operationen in Mecklenburg, erkannte er, daß es möglich ist, auch gegen einen Meister des Kriegshandwerkes wie Gustav Adolf erfolgreich anzutreten, aber da war es schon zu spät. Die Schweden saßen bereits auf dem Festland.

Wallenstein nach der Invasion

Als Wallenstein die Nachricht vom Einfall der Schweden erhielt, war er, wie bereits erwähnt, eigentlich schon unterwegs nach Italien. Er stand vor der schweren Entscheidung, der schwersten während seines ersten Generalats, ob er den angetretenen Weg fortsetzen oder nach Norden eilen sollte, um sich dem König von

Schweden entgegenzustellen. Die Qual der Wahl lag einzig bei ihm selbst. Der Kaiser, der sich kurz davor in die Angelegenheiten der Armeeführung eingemischt hatte, hüllte sich in ratloses Schweigen und ließ jeglichen Hinweis vermissen, wie sich Wallenstein verhalten sollte. Er war zu sehr mit der Durchsetzung seiner Interessen auf dem Kurfürstentag in Regensburg und mit den dortigen Streitigkeiten beschäftigt.

In den ersten Tagen, nachdem er die mißliche Nachricht erhalten hatte, blieb Wallenstein dabei, nach Italien abzureisen, davon hielt ihn auch der schwedische Einfall nicht ab. Daran änderte sich bis 28. Juli nichts, als er sich letztmalig in diesem Sinne äußerte. Es hat nicht den Anschein, daß er die Invasion unterschätzte, aber es ist die Frage, ob er die von ihr ausgehende Gefahr für zu gering erachtete oder ob er sich zu sehr auf Conti verließ. Wahrscheinlich traf letzteres zu, denn es hat sich kein Nachweis erhalten, daß er eine Reise auf den nördlichen Kriegsschauplatz erwog. Der Grund, weshalb er in jenen Julitagen, ungeachtet des schwedischen Einbruchs, nach Italien gehen wollte, liegt wahrscheinlich darin, daß er die Absicht hegte, den Krieg in Italien um jeden Preis bis Jahresschluß zu beenden, mit der Armee zurückzukehren und sich mit vermehrten Kräften gegen Gustav Adolf zu wenden und ihn aus dem Reich zu vertreiben.

Aber mit einem Schlage änderte er seinen Plan. Nach dem 28. Juli erwähnte und hielt er nichts mehr von einer Reise nach Italien. Er machte sich offenbar bewußt, daß die Anwesenheit Gustav Adolfs, der Magdeburger Aufstand und die daraus resultierende Gefahr es erfordere, unbedingt im Reich zu verbleiben. Da er den Krieg in Italien nicht persönlich beenden und Frieden schließen konnte, gab er Collalto den dringenden Auftrag, sich darum zu bemühen. Er machte ihn darauf aufmerksam, daß er genötigt sein werde, die Armee zum Schutze aus Italien ins Reich abzuziehen. Doch der Friede müsse davor abgeschlossen werden, weil er ohne Anwesenheit der kaiserlichen Truppen nicht zu erreichen sei.

Auf die Nachricht von der schwedischen Invasion reagierte Wallenstein sogleich, indem er zwei nach Italien ziehenden Regimentern befahl, augenblicklich an dem Orte anzuhalten, an dem sie seine Order erhielten. Gleichzeitig lehnte er die Forderung der Stadt Rostock, die Besatzung zu verkleinern, ab, da feindliche Gefahr drohe; eher sei die Garnison noch zu verstärken. Außerdem sandte er noch im Juli Verstärkungen an Wengersky und Conti, herangeholt, woher es nur möglich schien: aus Thüringen, dem Bistum Metz und aus dem Elsaß. Insgesamt schickte er ihnen acht Regimenter, dazu die Aufforderung, durch Werbungen ihre Armee zu verstärken, und zu diesem Zweck stellte er ihnen siebzig Werbepatente zu. Für die Verteidigung Mecklenburgs tat er das meiste und trieb für Wengersky und Conti Kompanien auf, wo immer sie entbehrlich waren. Anderen Verbindlichkeiten, etwa auch auf die explosive Situation in Magdeburg zu reagieren, konnte er nicht nachkommen. Am 5. August schickte er Graf Berthold von Waldstein zu Wengersky und Conti mit der Instruktion, wie sie vorzugehen hätten, doch Waldstein traf dort erst einen Monat später ein.

Die Situation um Magdeburg erhob sich vor Wallenstein als großes, wenn auch nicht neues Problem. Ihm mußte er, neben dem schwedischen Einfall und dem Krieg in Italien, die nächste Aufmerksamkeit zuwenden. Die Stadt hatte sich schon im Jahr davor im Aufruhr befunden, als er gezwungen war, ihr eine Blockade aufzubürden. Im Jahre 1630 heizte sich die Feindseligkeit noch weiter auf. Die Ankunft Gustav Adolfs steigerte die Kampfbereitschaft der Stadt in bedeutendem Maße, ebenso aufmunternd wirkte der miserable Zustand der kaiserlichen Truppen in der Umgebung der Stadt. Mitte August war die Situation schon so ernst, daß die Magdeburger Ausfälle aufs flache Land unternahmen und dort plünderten.

Der Aufstand in Magdeburg

Die Unruhe des Jahres 1629 hatte sich kaum in der Stadt gelegt, da wuchs die Spannung wiederum infolge des Restitutionsedikts an. Das Domkapitel stellte sich entschieden gegen die Kandidatur Erzherzog Leopold Wilhelms auf den Erzbischofsstuhl. Aber der Kaiser beharrte auf ihr und fertigte eine Kommission nach Magdeburg ab, um das Erzstift, ausgenommen die Stadt, in katholische Hände zu überführen. Die Kommission enthob sogleich die evangelischen Domherrn ihrer Würde und betraute Graf Wolf von Mansfeld mit der weltlichen Verwaltung; die Kontribution floß weiter in den Unterhalt der Wallensteinschen Armee. Der Kaiser bekundete unmißverständlich, daß er auf der katholischen Restitution bestand. Damit aber goß er Öl ins Feuer.

Die Bürgeropposition in der Stadt gewann an Radikalität. Sie erstritt die Einsetzung eines neuen Rates, in dem sie bedeutenden Einfluß hatte und versteifte sich auf die Rückkehr des früheren Administrators Christian Wilhelm, der mit Hilfe schwedischen Militärs das Land von der kaiserlichen Herrschaft befreien sollte. Der Administrator verständigte sich insgeheim mit seinen Anhängern in der Stadt, um seine Wiederkehr auf den erzbischöflichen Stuhl vorzubereiten. Er begann mit Werbungen und schlug Gustav Adolf ein Bündnis vor. Diesen lockte die Aussicht, daß ein Aufstand im Reich gerade in dem Moment ausbrechen könnte, wenn er seinen Fuß auf Reichsboden setzte. Er stimmte zu, daß Christian Wilhelm die Stadt in einem günstigen Augenblick besetzen sollte und versprach ihm, nach Möglichkeit Hilfe zu leisten.

Zu Anfang des Monats August kamen der Administrator und die Bevollmächtigten des schwedischen Königs in die Stadt. Unter dem Druck des Administrators und der revoltierenden Bürgerschaft schloß der Rat ein Bündnis mit Gustav Adolf. Wie stets in solchen Verträgen, behielt dieser sich die Kriegführung und das militärische Kommando vor. Er beauftragte einen seiner fähigsten Offiziere, Oberst Dietrich von Falkenberg, mit Werbungen, um Magdeburg in seinem Namen zu befreien. Falkenberg war zugleich auch Kommandant der Stadt.

Abgesehen davon, daß allein schon der Abschluß des Bündnisvertrages eine Kriegserklärung bedeutete, warf sich der Administrator mit seinen neugeworbenen Soldaten ohne Zögern auf das Territorium des Erzstifts. Er nutzte das Überraschungsmoment und die Abwesenheit kaiserlicher Truppen und hatte, wie jeder Angreifer, Erfolg: Eine Reihe Städte und Klöster, in denen nur schwache Besatzungen lagen, nahm er rasch ein und vertrieb die Kaiserlichen. Am 16. August verkündete er durch ein Patent, daß er zurückgekehrt sei und die Herrschaft über Halberstadt und Magdeburg wieder angetreten habe. Er bemächtigte sich auch der Residenzstadt Halle, konnte sich aber kaum eine Woche dort halten. Mit seinen Erfolgen war es vorbei; die militärische Situation begann sich zu seinen Ungunsten zu wenden. Ihm blieb nur übrig, zur Defensive überzugehen und auf schwedische Hilfe zu warten. Die aber langte niemals an. Während der Aufstand andauerte, kam zufällig Oberst Holk ins Land, um dort sein Regiment zu mustern, und obwohl das nicht angeordnet war, ergriff er die Initiative und sicherte von sich aus die drei wichtigsten Städte Wolmirstedt, Aschersleben und Halberstadt.

Sobald die ersten schlechten Nachrichten über Magdeburg zu Wallenstein gelangten, ergriff er energische Maßnahmen. Er war sich selbstverständlich klar über den Zusammenhang zwischen dem Aufstand und der Landung Gustav Adolfs. Dessen Bereitschaft, Magdeburg zu Hilfe zu eilen, hatte zur Folge, daß Wallenstein seine Bemühungen verstärkte, den Aufstand zu unterdrücken. Er dirigierte vor allem Verstärkungen dorthin, aber er verfügte, ausgenommen kleinere Reserven in Thüringen, über keinerlei Truppen in Mitteldeutschland. Er löste das Problem, indem er fünf Reiterregimentern, die er zu dieser Zeit gerade Conti als Verstärkung zusenden wollte, den Befehl erteilte, ihren Weg über Magdeburg zu nehmen und dort eine „nützliche Arbeit" zu verrichten. Das überzeugte: Schon ihr bloßer Anmarsch übte eine solche psychische Wirkung auf die Einheiten des Administrators aus, daß sie sich kampflos zurückzogen. Danach tat er einen weiteren wirkungsvollen Zug: Er ernannte Generalmajor Virmond von Nersen zum Befehlshaber in den Bistümern Magdeburg und Halberstadt und stellte ihm Verstärkungen zur Verfügung, die er schier hervorzuzaubern schien, z.B. aus dem Elsaß. Der offensichtlich wirkungsvollste Schachzug war die Entscheidung, daß Virmond von den Regimentern, die zu Conti und Wengersky marschierten, einige Kompanien (oder gar ein Regiment) zugestellt bekam. Virmond bediente sich ihrer mit großem Geschick, und so gewann er bis Ende August das faktische und moralische Übergewicht über die Aufständischen. Seine Reiterei fegte sie geradezu von Straßen und Wegen. Anfang September trieb Virmond die Abteilungen des Administrators bis in die Vororte Magdeburgs, ohne daß es zu größeren Gefechten kam. Damit war der Aufstand faktisch niedergeschlagen. Darin bestand auch die letzte Leistung Wallensteins während des ersten Generalats, bei der er mit Umsicht und Entschiedenheit auf fast unauffällige Weise, weit vom Schauplatz entfernt, eine gefährliche Situation meisterte.

Im Sommer erreichten Wallenstein beunruhigende, nicht nur Magdeburg betreffende Nachrichten aus dem Norden, wo der Vormarsch des schwedischen Königs erfolgreich verlief. Der kaiserlichen Armee mangelte es an Lebensmitteln, Krankheiten griffen um sich. Ihr fehlte es aber nicht nur an Geld und Unterhalt, an ihrer Kraft zehrten auch die Zwistigkeiten zwischen deutschen und italienischen Offizieren. Am meisten beunruhigten Wallenstein die Nachrichten über den Gesundheitszustand der Befehlshaber: der des Conti-Stellvertreters General Courtenbach war hoffnungslos, er starb. Conti selbst war erkrankt und bat um seine Ablösung. Bei ihm fiel der Ersatz am schwersten, weil großer Mangel an höheren Offizieren herrschte. Unter diesen Umständen war die Situation Wallensteins, der vom Kaiser, dem Geheimen Rat und von den Hofräten nichts an Unterstützung erwarten konnte, keineswegs beneidenswert. Da wurde er unerwartet aus seiner Tätigkeit gerissen. In Memmingen kamen am 6. September die kaiserlichen Abgesandten Kanzler Werdenberg und Kriegsrat Questenberg und brachten ihm die mißliche Nachricht, der Kaiser habe beschlossen, ihn von der Führung der Armee abzuberufen.

Wallensteins Abberufung

In der Abberufung Wallensteins vom Oberbefehl gipfelten die hartnäckigen Bestrebungen seiner Feinde, die in den verflossenen vier Jahren, seit dem Treffen in Bruck an der Leita, an Boden gewonnen hatten – als er damals um seine Existenz ringen und sein weiteres Vorgehen verteidigen mußte. Wenn er auch im ganzen mehr oder weniger erfolgreich war, stets riefen sie nach seiner Beseitigung. Sogar nach seinem triumphalen Feldzug nach Dänemark im Jahre 1627 gab sich der spanische Gesandte alle Mühe, ihn abzusetzen. Danach folgten die Kapuziner-Relationen, sie seinen Namen beschmutzten, seinem Ruf großen Schaden zufügten und fernerhin als Inspirationsquelle für Verleumdungen von Seiten seiner Feinde dienten. Sein Leben ging dann ganz besondere Wege, unvergleichbar mit denen anderer Heerführer seiner Zeit. Er war gezwungen, an zwei Fronten zu kämpfen: nach außen gegen feindliche Armeen, nach innen gegen seine Feinde bei Hofe, deren Intrigen er zunichte machen und deren Angriffe er abwehren mußte. An der inneren Front war er in der Defensive. Im Reich war er verhaßt als Repräsentant der kaiserlichen Macht, die er bis zu ungekannter Höhe steigerte, so daß Attacken gegen ihn sich gleichzeitig gegen den Kaiser selbst richteten, doch dieser besaß nicht die Weitsicht, um sich dessen bewußt zu sein. Als Reichsfürst wurde Wallenstein nicht für voll angesehen, sondern galt eher als böhmischer Emporkömmling.

Alle, ob im Reich oder in den Erbländern, haßten ihn aus persönlichen Gründen oder weil sie ihn fürchteten. Zu seinen Erzfeinden gehörte nicht zuletzt der Kaisersohn, der sich mit Wallensteins Machtfülle nicht abfinden konnte. In dem

Maße, wie die Armee wuchs und der Krieg sich hinzog, wurde die Last für die Bevölkerung schwerer und Wallenstein immer verhaßter. Das Restitutionsedikt weckte die Befürchtung, die Armee werde zu seiner Exekution genutzt werden, obwohl Wallenstein gegen das Edikt und gegen die Verwendung der Armee zu seiner Durchsetzung war. Er hatte Protestanten wie Katholiken gegen sich, aber seine größten Feinde befanden sich auf katholischer Seite: die katholischen Kurfürsten und die Liga. An ihrer Spitze stand Kurfürst Maximilian von Bayern, der ihn fast krankhaft haßte.

Die Liga formulierte ihre gegen Wallenstein gerichtete Politik auf ihren Zusammenkünften in Heidelberg (Januar–Februar 1629) und Mergentheim (November–Dezember 1629). Hier trat der Mainzer Kurfürst Anselm Kasimir, neben Maximilian von Bayern Direktor der Liga, mit dem Vorschlag hervor, vom Kaiser die Entlassung Wallensteins aus dem Befehlsamt und damit „die endliche Erledigung von dem Joche des friedländischen Dominats" zu fordern. Dies fand keine Zustimmung, weil die Liga es nicht wagte, einen solchen Vorschlag direkt an den Kaiser heranzutragen. Aber man beschloß, den Kaiser zur Einberufung eines Kurfürstentages in Regensburg zu bewegen und dort die Entlassung des Generals zu erzwingen. Wallenstein selbst sollte auf keinen Fall dort zugelassen werden.

Der Brief, in dem die Liga-Mitglieder den Kaiser über ihre Versammlung informierten, war in scharfem wallensteinfeindlichen Ton verfaßt. Breit ausgeführt wurden die Gründe, weshalb es nicht ratsam sei, Wallenstein am Kolleg teilnehmen zu lassen. Da der schwedische König bereits Rügen erobert und weitere Fortschritte gemacht hatte, werde Wallenstein dort zu tun und keine Zeit für Regensburg haben, hieß es sarkastisch. Was über Rügen behauptet wurde, traf übrigens nicht zu. Des weiteren erklärten sie, daß die Mecklenburg-Frage erneut und gerecht behandelt werden müsse. Sie könnten mit der Übertragung des Herzogtums an Wallenstein nicht einverstanden sein, da sie ohne ihre Zustimmung und unter Verletzung ihrer und des Reiches Rechte erfolgt sei. Zwischendurch häuften sie Beschwerden über die Armee, obwohl deren Großteil das Reich verlassen hatte oder sich allenfalls in den protestantischen Territorien Norddeutschlands befand, also die katholischen Stände nicht belastete.

Als sich das Kurkollegium Anfang Juni in Regensburg versammelte, entwand es dem Kaiser gänzlich die Regie. Die Kurfürsten hielten es für das wichtigste und dringendste Anliegen, die Streitmächte neu zu ordnen, anders gesagt, Wallenstein daraus zu entfernen, die Kriegslasten zu mindern und die Armee zu reduzieren. Schon am 10. Juli erhoben sie geradeheraus die Forderung, Wallenstein abzusetzen. Sie wurde dem Kaiser am 17. Juli schriftlich übergeben. Der Kaiser antwortete in seiner Replik vom 20. Juli abschlägig. Daraufhin verlangten die Kurfürsten noch nachdrücklicher die Abberufung in ihrer Duplik vom 30. Juli. In seiner Ratlosigkeit übergab der Kaiser sie dem Reichshofrat zur Begutachtung. Dieser entschied nicht kollektiv, sondern jedes Mitglied gab separat und geheim sein Votum ab. Das Ergebnis ist nicht bekannt. Auch die Geheimen Räte forderte der Kaiser zur Stellungnahme auf. Deren Gutachten ist ein Beispiel heuchlerischer Zweideutigkeit. Im ersten Teil nahmen sie Wallenstein in Schutz angesichts dessen, daß er niemals die kaiserliche Ungnade herausforderte, im zweiten empfahlen sie dem Kaiser, sich mit den Kurfürsten nicht zu überwerfen und lieber den General zu entlassen. Doch der Kaiser befolgte den Rat nicht; in seiner Erwiderung vom 7. August stellte er sich hinter ihn und verteidigte dessen Besitzrecht auf Mecklenburg. Eine solche Antwort hatten die Kurfürsten nicht erwartet. Sie beharrten aber auf ihrem Standpunkt, rückten noch enger gegen Wallenstein zusammen, Protestanten und Katholiken näherten sich weiter an. Sie waren entschlossen, ihre Forderungen Schritt für Schritt durchzusetzen. In dieser Angelegenheit würden sie für immer die Verlierer sein und an Einfluß einbüßen, wenn sie jetzt nachgaben. In ihrer Antwort vom 12. August stellten sie wiederum klar, daß sie von ihren Forderungen nicht abwichen. Der Kaiser war damit vor eine schwere Entscheidung gestellt.

Die Alternative war klar: Er hatte zu wählen zwischen einem Zerwürfnis mit den Kurfürsten oder mit Wallenstein. Die Entscheidung war eine Sache der Vernunft und des Gewissens. Dabei spielte das Hauptziel seiner Politik die erste Rolle, mit dem er, geradezu besessen, nach Regensburg ging: die Wahl seines erstgeborenen Sohnes zum römischen König. Dazu brauchte er die Kurfürsten und konnte sich keinesfalls mit ihnen entzweien. Wallenstein hatte die Macht des Kaisers zu nie dagewesener Höhe emporgehoben, würde dieser es ihm danken? Lag ihm etwas an Wallenstein? Was wog schwerer in ihm – die Treue zu seinem General oder die Furcht vor ihm? Sicher ist, daß er nicht eindeutig zu Wallenstein stand. Das kam darin zum Ausdruck, daß er sich schon im März bei Tilly insgeheim versichern wollte, ob dieser bereit wäre, das Generalat nach Wallenstein zu übernehmen. Ob er schon wirklich an Trennung dachte oder sie sich nur vorspiegelte – er suchte Rat bei seinem Beichtvater Lamormain, denn es ging auch um eine Gewissensfrage. Dieser sprach sich für Wallensteins Abberufung aus. Das überraschte sehr, denn Wallensteins Beziehungen zu Pater Lamormain waren von Anfang an eng. Er korrespondierte mit ihm, wandte sich voll Vertrauen an ihn bei verschiedenen Angelegenheiten, und zweifellos drückte er seine Verehrung auch in Geschenken aus. Es scheint keinesfalls abwegig, den Pater als seinen Gönner anzusehen. Doch in den letzten Jahren des Generalats trübte sich das Verhältnis, was zweifellos auf Wallensteins unverhohlene Ablehnung des Restitutionsedikts zurückzuführen war, das auf Betreiben der Jesuiten erlassen worden war. In den Sommermonaten zog er sich besonders die Abneigung geistlicher Kreise und der Liga zu, weil er sich weigerte, die Exekution des Edikts gegen den Herzog von Württemberg vorzunehmen. Es ist freilich die Frage, ob sich Lamormain aus eigenem Willen oder auf Befehl des Ordensgenerals für die Abberufung Wallensteins aussprach, der wiederum einem Wink des Papstes folgte. Während deren Anteil nicht nachweisbar und wenig wahrscheinlich ist, kann die Mitwirkung des Paters bei Wallensteins Fall nicht zweifelhaft sein.

Der Kaiser handelte also letztlich aus Unterwerfung; am 13. August teilte er den katholischen Kurfürsten mit, daß er eine Änderung bei der Führung der Armee vornehmen werde, Wallenstein aber keinen Schaden an Ehre und Besitz nehmen dürfe. Der Entschluß blieb eine Woche lang geheim, erst dann erfuhren die protestantischen Kurfürsten davon. Der Kaiser bekam für seine Entscheidung keinen Gegenwert. Über die von ihm ersehnte Zustimmung zur Wahl seines Sohnes fiel kein Wort. So verlor der Kaiser seinen General, der für ihn eine Streitmacht ungekannten Ausmaßes geschaffen hatte, erhielt aber nichts dafür. Der im Geheimen Rat geäußerte Vorschlag, Wallenstein den Oberbefehl bis zur Anstellung eines neuen Generals zu belassen, wurde abgelehnt. Die katholischen Kurfürsten empfahlen Maximilian von Bayern als Nachfolger, doch das war für den Kaiser allzu demütigend und demzufolge unannehmbar. Die Beratungen über eine Nominierung zogen sich in die Länge, eine Entscheidung ließ lange auf sich warten.

Nun blieb noch die überaus schwierige und heikle Aufgabe, die böse Nachricht dem gefürchteten, in seinem Stolz tief getroffenen Manne zu überbringen. Es war eine große Unbekannte, wie er sie aufnehmen und wie sich die Armee verhalten würde. Diese konnte nur dem Namen nach als kaiserliche gelten, in Wirklichkeit war sie eine Wallensteinsche, aufgebaut auf seine Kosten und seinen Kredit. Die Offiziere waren an ihn gebunden mit ihren Forderungen ihm gegenüber. Die Furcht ging um, Wallenstein werde die Absetzung nicht annehmen, rebellieren und nach Regensburg marschieren oder sich gar mit dem Feind verbünden. Ob nun aus diesen Sorgen heraus oder weil noch kein Nachfolger ernannt war – die Gesandtschaft wurde lange aufgeschoben. Über Wallensteins Verhalten während des Kurfürstentages oder über irgendwelche Maßnahmen seinerseits, sich gegen die Absetzung zu wehren, haben sich keine Nachrichten erhalten. Seine Verhandlungen, die er in jenen Tagen bezüglich Regensburg führte, sind in Dunkel und Schweigen gehüllt. Sicher ist, daß er über die Absetzung durch seinen Verwandten Graf Maximilian von Waldstein oder durch Graf Montecuccoli informiert war, so daß er Zeit hatte, sich mit der schockierenden Kunde abzufinden. Er entschied sich dafür, sich nicht zu weigern und mit der Würde eines wahren Fürsten abzutreten. Auch in Wien beschloß man, mit ihm im Guten auseinander zu gehen und ihm die bittere Pille in süßer Verpackung zu verabreichen.

Als schließlich am 6. September die offiziellen Abgesandten Werdenberg und Questenberg zu ihm kamen, war er nicht überrascht und hörte ihre Nachricht ruhig und gleichmütig an. Über den Kaiser meinte er, er wolle ihn nicht beschuldigen, aber es tue ihm leid, daß dieser sich seiner nicht inständiger angenommen habe. Zu den beiden Sendboten sagte er, er habe die Nachricht schon in den Sternen gelesen, und daß über dem Kaiser der Geist des bayerischen Kurfürsten schwebe. Um seine Würde nach außen zu wahren, wurde vereinbart, daß er auf seine Funktionen verzichten werde. In der Korrespondenz heißt es dann, er habe seinen Platz geräumt.

Danach forderte er den Kaiser schriftlich auf, ihn in seinen Ehren, Würden und Besitzungen, besonders in Mecklenburg, zu schützen. Der Geheime Rat entschied indes, ihm den Erhalt des Herzogtums nicht zu gewähren, sondern ihm die Lausitzen zu übertragen. Aber als man in Regensburg erfuhr, wie glatt, ohne Probleme und Widerstand die Absetzung vonstatten gegangen war, vergaß man seine Ansprüche, und der Kaiser beantwortete seinen Brief nicht einmal. Den Obersten gab der Kaiser die Resignation am 13. September bekannt.

Während sich die Kurfürsten darauf konzentrierten, den verhaßten Wallenstein beiseite zu schieben und die Armee zu verkleinern, schritt der schwedische Vorstoß an der Nordküste des Reiches fort. Gustav Adolf faßte festen Fuß auf Reichsboden und verbreitete das eroberte Gebiet systematisch weiter, ohne auf namhaften Widerstand zu stoßen. Die Kurfürsten und der Kaiser erfaßten in ihrer Blindheit nicht die Bedeutung des schwedischen Eingriffs in den Krieg und waren außerstande, dessen Folgen abzuschätzen. Zur ungünstigsten Stunde des Reiches entledigten sie sich jenes Mannes, der aller Wahrscheinlichkeit nach als einziger fähig war, sich dem „Leu aus Mitternacht" entgegen zu stellen, seinen Siegeslauf aufzuhalten und vom Reich weitere Verheerungen abzuwenden. Sie konnten wahrlich Gustav Adolf keinen besseren Dienst erweisen, als Wallenstein von der Bühne des Kriegstheaters zu entfernen.

Der Kaiser ließ sich auch nötigen, die Armee auf 38.000 Mann herabzusetzen und einen schmählichen Frieden mit Frankreich zu schließen, der den Mantuanischen Krieg beendete. Er bedeutete eine völlige und unbegreifliche Kapitulation des Kaisers angesichts der Tatsache, daß er den Krieg gewonnen hatte. Frankreich hingegen war erfolglos geblieben, außerstande, den Herzog von Nevers wirksam zu unterstützen, Mantua zu verteidigen und das belagerte Casale zu entsetzen. Der Vertrag widerspiegelte im Ganzen das Gegenteil, als wenn Frankreich der Sieger und der Kaiser der Geschlagene wäre. Der siegreiche Ausgang des Krieges, den die kaiserliche Armee erfochten hatte, wurde durch dessen Nachgiebigkeit in Regensburg zunichte gemacht. Pater Joseph brachte es fertig, die Niederlage in einen Sieg umzuwandeln. Der Kaiser steckte in allen Punkten zurück und anerkannte den Herzog von Nevers als rechtmäßigen Erben. In Madrid nahm man den Vertrag mit Bestürzung und Erbitterung auf, weil Ferdinand II. keine Rücksicht auf Spaniens Interessen genommen hatte; man hielt ihn für den schlimmsten Vertrag, den man je gesehen hätte. Nie zuvor wurde ein Krieg derart militärisch gewonnen und politisch verspielt wie dieser. Der Kaiser mußte für seinen Fehler büßen, indem er sich von den Kurfürsten drängen ließ, die Armee zu verkleinern und Wallenstein zu entlassen. Seine Macht im Reich und in Europa ruhte auf dieser Streitmacht und auf diesem Feldherrn, der sie aufgebaut und unterhalten hatte. Ohne diese Stütze wurde der Kaiser in Regensburg zur machtlosen Figur in den Händen der Kurfürsten.

Rückkehr nach Böhmen

Der Inhalt der Verhandlungen zwischen Questenberg und Werdenberg einerseits und Wallenstein andererseits um die Modalitäten zur Veränderung der Armeeführung sind nicht bekannt. Sicher ist, daß sich Wallenstein nicht weigerte und daß er keine anderen Bedingungen als die genannten stellte. Er verschmähte es, mit dem Kaiser über irgend etwas zu feilschen. Erstaunlich auch, daß er nicht der Versuchung erlag, sich nach Mecklenburg zu begeben und sein schwer bedrohtes Land zu verteidigen; er überließ das der kaiserlichen Armee. In jener Zeit bewahrte der heftige und emotionsgeladene Wallenstein eine vornehme Haltung.

Da sich der Kaiser und die Kurfürsten nicht auf seinen Nachfolger einigen konnten, blieb die Armee ohne Befehlshaber, Chaos und Ratlosigkeit waren die Folge. Sein plötzlicher Abgang verursachte Verwirrung, Demoralisierung, Passivität und Unzufriedenheit in den Reihen der Offiziere. Der Zusammenhang zwischen den Teilen der Armee in Italien, den Niederlanden, am Niederrhein, Süddeutschland, Magdeburg, Mecklenburg und Pommern, den bis dahin Wallenstein gehalten hatte (und in dessen Hauptquartier alle Fäden geknüpft worden waren), ging verloren. Die Kurfürsten bewog nicht einmal der schwedische Vormarsch im Norden dazu, von ihrem fruchtlosen Streit abzulassen und sich auf seinen Nachfolger zu einigen. Sie ließen die Armee ohne Befehlshaber bis zum Ende ihres Konvents im November. Da erst kamen sie überein, Tilly zu ernennen, der das Amt nach seiner Genesung Mitte Dezember übernahm. Drei Monate lang, in einer für den Kaiser kritischen Zeit, war seine Armee ohne Führung geblieben.

Wie aus der Korrespondenz hervorgeht, übte Wallenstein seine Funktion noch eine Woche nach der Zusammenkunft mit den kaiserlichen Gesandten aus. Sobald seine Resignation offiziell bekannt wurde – von der man wußte, daß sie erzwungen war –, beendete er die Befehlstätigkeit. Militärische Korrespondenz führte er weiterhin, allerdings nur noch als Privatperson. Da er sich namentlich um die Verteidigung Mecklenburgs kümmerte, stand er vor allem mit Wengersky in Briefwechsel, nicht mehr als General mit dem unterstellten Obrist, sondern als Herzog mit seinem Statthalter. Aus Unruhe heraus wandte sich eine Reihe höherer Offiziere, darunter Conti, weiter an ihn, als wenn nichts geschehen wäre. Wie es seine Gewohnheit war, antwortete er auf die Briefe, aber er ordnete nichts an und traf keine Dispositionen mehr. Er trat in den Hintergrund und enthielt sich jedes Eingriffs in die Angelegenheiten der militärischen Führung.

Einige Offiziere fühlten sich mit Wallenstein so eng verbunden, daß sie mit ihm abtreten wollten. Wengersky und Hatzfeld versicherten ihm, sie wollten zu ihm stehen bis zum letzten Blutstropfen. Damals bot sich ihm die einzigartige Gelegenheit zur Rache. Wenn er den Obersten geraten hätte, aus der Armee auszuscheiden (oder sie dazu ermuntert hätte), konnte das zur völligen Auflösung der Streitkräfte und zum Zusammenbruch der Verteidigung Norddeutschlands führen. Aber Wallenstein verhielt sich loyal und ritterlich zum Kaiser. Oberst Sparr schrieb er, er rate ihm, nicht zu resignieren, und rief ihn auf, weiter im Dienste des Kaisers zu bleiben, denn jeder Kavalier begegne täglich Gutem und Schlechtem, er dürfe deswegen aber nicht verstimmt sein. Faßte er seine Entlassung in diesem Geiste auf? Zumindest trug er einen solchen Standpunkt zur Schau; was sich in seinem Innern abspielte, verbarg er sorgsam.

Am 14. September bekundete Wallenstein, er werde schon bald nach Böhmen abreisen. Er hielt sich möglicherweise noch in Memmingen auf, bis sein Nachfolger ernannt wäre, dem er das Kommando über die Armee übergeben wollte. Auf jeden Fall brauchte er einige Zeit, um die Arbeit des Hauptquartiers abzuschließen. Er hinterließ ein gigantisches Kriegsinstrument, das er aufgebaut hatte, dessen Handhabung er aber keinem Nachfolger überantworten konnte; ein solcher war bis dahin nicht bestimmt.

Er machte sich am 3. Oktober auf den Weg, als der Aufstand in Magdeburg schon unterdrückt war, als aber auch die Offensive Gustav Adolfs gegen Mecklenburg lief. Er wählte die kürzeste Route nach Böhmen, aber schmerzhafte Krankheitsanfälle hielten ihn auf. Am 28. Oktober erreichte er Weiden, in Prag traf er erst am 18. November ein.

Nach seiner Abberufung hüllte sich Wallenstein in undurchdringliches Schweigen und offenbarte niemandem etwas davon, was seine Gedanken bewegte. Wollte jemand versuchen, seine Überlegungen nachzuvollziehen oder seine Empfindungen aufzuhellen, dann wären das reine Spekulationen, die jeder Grundlage entbehrten. Es besteht jedoch kein Zweifel, daß er in seinem Stolz tief getroffen und über den Undank des Kaisers erbittert war. Jedem an seiner Stelle ginge es so. Er hatte sein Schicksal mit Ferdinand von Steiermark schon 1614 verknüpft, ihm treu gedient und seine Partei gegen den böhmischen Aufstand ergriffen. Unter nationalem Gesichtspunkt stand er damit auf Seiten des Feindes. Im Dienste Ferdinands kämpfte er auch nach dem Ende des böhmisch-pfälzischen Krieges, und als der dänisch-niedersächsische Krieg bevorstand, baute er ihm auf eigene Kosten eine Armee auf, ohne die die Truppen der Liga der Haager Allianz kaum hätten widerstehen können. Er vergrößerte sie auf bis dahin unbekannte Dimensionen, und mit ihrer Hilfe erlangte Ferdinand eine Machtfülle, wie sie kein Kaiser nach Karl V. gehabt hatte. Im Dienste des Kaisers hatte er sich mit dem ganzen Reich verfeindet, und in der Feindschaft gegen ihn waren sich beide Kriegsparteien einig. Die kaiserliche Macht greifbar und hauptsächlich repräsentierend, rückte er in den Mittelpunkt des seit langem laufenden Ringens zwischen Kaiser und Fürsten. Als die Kurfürsten dem Kaiser in Regensburg das Ultimatum stellten: „entweder wir oder Wallenstein", gab er jenen den Vorzug, obwohl sie ihm keinerlei Zugeständnisse machten. Es zeigte sich, daß Wallensteins Stellung, die er als Befehlshaber (oder eher Besitzer) der größten Armee des damaligen Europa erreicht hatte, reversibel und daß er selbst von der Gnade des

Kaisers völlig abhängig war. Der Kaiser hatte seinen Diener auf eine nie dagewesene Höhe emporgehoben, und nun ließ er ihn fallen, statt sich seiner anzunehmen.

Die Beschaffenheit der Verhältnisse am Kaiserhof kannte Wallenstein gut, und darum wußte er, daß herrscherliches Wohlwollen unbeständig ist und daß man auf Dankbarkeit nicht zählen kann. Weil er aber wußte, worauf er sich einließ und welches Risiko mit seiner Stellung verbunden war, konnte er sich nicht beklagen, wenn er aus der Höhe, die er dank der Gunst des Kaisers erklommen hatte, in die Tiefe stürzte. Vom Haus Habsburg konnte niemand, dessen war er sich bewußt, Dankbarkeit erwarten. Er hatte doch einst (1626) geäußert, er werde es noch im Grabe bereuen, in kaiserlichen Dienst getreten zu sein. Lange erwog er seine Resignation, aber zu seinem eigenen Schaden war er nicht konsequent genug, sie zu vollziehen.

Im Laufe des Generalats veränderte sich seine Position zusehends. Auf Grund des Anwachsens der Armee und seiner feldherrlichen Erfolge wuchsen seine Macht und sein Einfluß ungewöhnlich an. Am Anfang nur General, Diener des Kaisers und dessen Befehle ausführend, war er am Ende nicht nur ein bedeutender Militär, sondern auch eine politische Persönlichkeit, deren Entscheidungen und Haltung auch der Kaiser in Betracht nehmen mußte. Namentlich nach dem Sieg über Dänemark wurde er zum politischen Subjekt, mit welchem solch eine Großmacht wie Spanien unmittelbar Verhandlungen pflog. Mit seinen umfangreichen Kenntnissen und seinen Ratschlägen, gleich ob abverlangt oder aus eigenem Antrieb erteilt, war er bestrebt, die Politik des Wiener Hofes und des Hauses Habsburg zu beeinflussen. Ihm diente er ergebungsvoll; man könnte sogar sagen, daß er in den letzten Jahren „habsburgerischer" als der Kaiser und seine Räte dachte und handelte. Wie der Gang der Ereignisse zeigte, waren viele seiner Ratschläge vorausschauend, und ihre Befolgung bewahrte den Kaiser und Habsburg vor einer Reihe von Fehlern, von denen sich einige im Hinblick auf ihre Interessen fatal auswirken konnten.

In dem Maße, wie er den Habsburgern diente, kämpfte er gegen böhmische Grundinteressen, gegen die, die am Weißen Berge geschlagen wurden, gegen die Rückkehr der Exulanten, gegen die Wiederherstellung der staatsrechtlichen Verhältnisse vor 1620. Er kämpfte gegen jene Exulanten aus den böhmischen Ländern, die für Böhmens Interessen in den Reihen der dänischen und schwedischen Armee fochten. Wiederum, wie am Weißen Berge, standen sich in den Kämpfen Tschechen und Angehörige der böhmischen Kronländer gegenüber. Die Siege Wallensteins waren gegen die lange bewahrte Eigenständigkeit Böhmens gerichtet und machten die Hoffnung der Exulanten auf Heimkehr zunichte.

Es bleibt nun noch die Frage zu beantworten, die zu den schwierigsten der Wallenstein-Historie gehört: Warum türmte er für den Kaiser eine derart beispiellose Macht auf – eine Macht, die ihn selbst schließlich zermalmte? Aller Wahrscheinlichkeit nach tat er das, um sein politisches Programm zu verwirklichen, zu dem er sich vielfach äußerte. Sein Ziel und Traum war ein vom Reich getragener Zug gegen Konstantinopel, um ein- für allemal die türkische Gefahr zu bannen. Um das zu realisieren, war es nötig, in ganz Europa Frieden zu schaffen oder, falls das seine Möglichkeiten überschritte, doch wenigstens das Reich und Mitteleuropa zu befrieden. Seinen Plan hat Wallenstein nicht im einzelnen und näher beschrieben, weil sich noch keine günstigen Bedingungen zu seiner Umsetzung eingestellt hatten. Zunächst war der militärische Sieg und die Beilegung der inneren Streitigkeiten zwischen jenen Kräften nötig, die den Frieden nicht wünschten. Dem Augenblick des Sieges näherte er sich gerade, als der Einfall Gustav Adolfs abzusehen war. Seine Vorstellungen über eine Friedensordnung hat Wallenstein niemals jemanden eröffnet, aber der nach seiner Maßgabe durchgesetzte Lübecker Friede und seine tolerante Haltung in Mecklenburg kamen dem nahe, was der Westfälische Friede später erbrachte. Weil der Friede in Europa nicht erreicht werden konnte, war an einen großen Zug gegen die Türken nicht zu denken. Dabei schien die Zeit für ein solches Unternehmen nicht ungünstig, da das Osmanische Reich von inneren Unruhen und Konflikten erbebte und einen verlustreichen, erfolglosen Krieg mit dem persischen Reich führte.

Den Kaiser bewegten indes andere Gedanken. Er wollte die Macht, die ihm Wallenstein zubereitete, zur katholischen Gegenreformation und zur Stärkung seiner Gewalt im Reich handhaben. Zwischen ihm und Wallenstein wuchs ein unauflösbarer Widerspruch, der nicht zuletzt das Restitutionsedikt zur Grundlage hatte. Wallenstein ließ man nichts anderes übrig als zuzusehen, wie die von ihm aufgebaute Macht für Ziele ausgenutzt wurde, mit denen er nicht übereinstimmte. Es waren das Ziele, die den Krieg verlängerten, den ersehnten Frieden in die Ferne rückten und seine weitreichenden Pläne durchkreuzten. Nach seiner Vorstellung sollte sich die Friedensordnung auf den konfessionellen status quo ante und die Koexistenz der katholischen und protestantischen Religion gründen. Auf Grund seiner realistischen Sicht der Dinge hielt er die gewaltsame Rekatholisierung (wie sie in den kaiserlichen Erblanden betrieben wurde) für undurchführbar. Sein Bild von den künftigen Verhältnissen im Reich, soweit sie die Religion betrafen, fand in der Armee Anwendung, die sich als konfessionell undifferent darstellte und in der Nichtkatholiken wichtige Befehlsstellen einnahmen. Die kritische und ablehnende Haltung gegenüber dem Restitutionsedikt trug zweifelsohne zu seinem Fall bei, wenngleich sie nicht die einzige Ursache war. Die Gegensätzlichkeit der Pläne des Kaisers und Wallensteins war zwar eine der Triebfedern der Abberufung, für die weitere Entwicklung hatte sie aber faktisch keine Bedeutung mehr, weil die Pläne beider durch Wallensteins erzwungene Resignation und durch Gustav Adolfs Invasion zum Scheitern verurteilt waren.

Noch vor seiner Rückkehr nach Böhmen erfuhr Wallenstein vom tragischen Ende seines Bankiers Hans de Witte, der das Opfer seines Sturzes wurde. De

Witte machte sich um die Armee sehr verdient, denn er stellte Wallenstein die nötigen Barmittel bereit. Wallensteins Kontributionssystem zum Unterhalt der Armee funktionierte nur in Verbindung mit Kreditierung bzw. Vorschuß, weil die Armee auf ununterbrochenen Zufluß von Bargeld auch dann angewiesen war, wenn die abgeforderten Kontributionssummen verspätet einkamen. Zur Zeit der Absetzung Wallensteins schuldete die Armee dem Bankier 600.000 Gulden, die durch Kontributionen aus Böhmen, Mähren, Schlesien, Magdeburg und Halberstadt gedeckt werden sollten. Mit Wallensteins Abberufung stürzte das Kontributionssystem zusammen, die eingetriebenen Gelder hörten auf zu fließen, wodurch de Witte in unüberwindliche Zahlungsschwierigkeiten an seine Kreditgeber geriet. Eine briefliche Aufforderung an den Kaiser, er möge Besserung erwirken, fruchtete nichts. Da die Herbstmesse in Frankfurt und damit die Fälligkeit der Wechsel näher rückte, sah der ehrenhafte Bankier keinen anderen Ausweg, als sich das Leben zu nehmen; es geschah am 11. September 1630. Die Nachricht davon nahm Wallenstein mit erstaunlicher Gleichgültigkeit auf. Das erklärt sich möglicherweise daraus, daß sie kurz davor im Unfrieden auseinander gegangen waren, weil de Witte nach der Abberufung Wallensteins die monatlichen Zahlungen an ihn einstellte; er hatte dazu kein Geld mehr. Wallenstein glaubte nicht daran und erklärte es sich daraus, daß de Witte ihn, wie so viele andere, verlassen hatte.

VII

Der Weg zum zweiten Generalat

Nach der Rückkehr nach Böhmen weilte Wallenstein zunächst in Gitschin und Prag. Der Aufenthalt dort bedeutete Befreiung von ständiger Anspannung, von schweren Sorgen und drückender Verantwortung, verschaffte ihm die nötige Rast und Ruhe. In seinen Palästen umgab er sich mit höfischem Glanz. Es schien zwar, als ob er sich bemühte, politische und militärische Angelegenheiten beiseite liegen zu lassen, doch es gelang ihm nicht. Die erhaltenen Briefe zeigen, daß er unlösbar in sie eingebunden blieb, gleich nachdem er zurückgekehrt war. Als arbeitsgewohnter Mensch widmete er sich mit großem Eifer seinen Ländereien und ausgedehnten Bauten in Sagan und Gitschin.

Nachdem er sich in Regensburg mit dem Kaiser entzweit hatte, änderte sich alles. Ihre Wege trennten sich, und die zwanzig Jahre während Politik der engen Anlehnung an das Haus Habsburg fand ein jähes Ende. Er verlor dessen Rückhalt und war künftig auf sich selbst verwiesen und genötigt, neue Wege zu suchen. Andererseits gewann er seine Unabhängigkeit und brauchte keine Rücksicht auf die Interessen des Kaisers zu nehmen, er verselbständigte sich und konnte als Reichsfürst Verhandlungen mit fremden Mächten pflegen. Der entlassene Wallenstein, aller äußeren Stützen ledig, angewiesen nur auf sich selbst, nicht an Rücksichtnahme auf andere gebunden, war vollkommen frei in seinem Handlungsspielraum. Das muß im Auge behalten werden, will man seine Verhandlungen und Maßnahmen in der Zeit zwischen dem ersten und zweiten Generalat richtig verstehen. Unter den obwaltenden Umständen war er damals genötigt, seine Kenntnisse, Erfahrungen und Fähigkeiten einzusetzen, um die für ihn nicht leichte Situation zu meistern. Man sagt, daß er im Krieg gewaltigen Besitz angehäuft habe; das war mitnichten so. Er hat sich auf keinerlei Weise bereichert, sondern verausgabte sich eher, und darum mußte er sein persönliches Eigentum in die Waagschale werfen, um alle ihm zugänglichen materiellen Quellen zu mobilisieren und mit der neuen Situation fertig zu werden. In dieser Zeit hätte er allein seinen Interessen dienen können, doch das war ihm nicht vergönnt.

Der erste, der ihn wiederum in militärische und politische Angelegenheiten hineinzog, war der Kaiser. Dieser nahm mit ihm schon durch einen Brief vom 12. November Verbindung auf, also noch bevor Wallenstein nach Prag kam. Der Brief zeugt vom Vertrauen, das der Kaiser ihm entgegenbrachte. Er schrieb, als wäre nichts gewesen, und betitelte ihn als „General Obrist Veldt-Haubtman". Dadurch ließ sich Wallenstein indes nicht beirren, er erinnerte den Kaiser in seiner Antwort daran, daß er entlassen worden sei und daß ihm ein solcher Titel nicht zukomme. Von Wichtigkeit war der Brief vom 10. Dezember, weil er eine ganze Reihe eröffnet, in denen der Kaiser Gutachten über politische und militärische Fragen und Ratschläge, wie zu verfahren sei, verlangte. Am 16. Dezember erbat er Rat hinsichtlich der Verlegung der Armee aus Italien ins Reich und erinnerte Wallenstein an dessen Versprechen, er könne sich in schwierigen Fällen um Rat und Meinung an ihn wenden. Danach folgen Anfragen des Kriegsrates Questenberg in militärischen und politischen Angelegenheiten, auch Werbungen betreffend. Dessen Schreiben vom 4. Januar 1631 gibt Aufschluß darüber, daß der Kaiser sich der Meinung Wallensteins angeschlossen habe. Am 20. Januar fragte der Kaiser um Rat in Sachen Bedrohung Schlesiens durch die Schweden. Wallenstein empfahl ihm, einen größeren Truppenteil dorthin zu beordern, neue Werbungen vorzunehmen und die Armee völlig zu reorganisieren. Diese Beispiele mögen genügen, um die neue Rolle Wallensteins zu beschreiben.

So wurde er wider Willen zum offiziellen Berater des Kaisers und des Hofes im militärischen und politischen Bereich und hatte die Möglichkeit, beeinflussend in deren Entscheidungen einzugreifen. Diese seine neue Rolle wurde allgemein akzeptiert und als normal betrachtet. Mit zeitlichem Abstand und vom objektiven Standpunkt aus gesehen, kommt man zu dem Schluß, daß seine Gutachten und Ratschläge gut gemeint, sachlich und loyal ausfielen. Es findet sich in ihnen keine Spur von irgendwelchen Hintergedanken und schon gar nicht von Rachsucht.

Einige Zeitgenossen und, ihnen folgend, Historiker und Schriftsteller schildern Wallenstein in der Zeit zwischen dem ersten und zweiten Generalat als rachgierigen Menschen; doch für diese Behauptung gibt es in den Quellen keinen Beweis. Es kann nicht ausgeschlossen werden, daß er solche Gedanken insgeheim hegte, nachzuweisen sind sie aber nicht, und es bleibt nichts übrig, solche Annahmen als unbegründet abzulehnen.

Außer mit dem Kaiser korrespondierte Wallenstein hauptsächlich mit Questenberg, der, nach heutigen Begriffen, das Amt des Kriegsministers bekleidete. Er wurde zum Mittelsmann in den Kontakten mit dem Kaiser und dem Hof und gab dem Kaiser Wallensteins Briefe zur Kenntnis. In einem Brief vom 2. April äußerte er sich, die militärische Lage sähe nicht so schlimm aus, wenn es nicht zur Abberufung gekommen wäre. Er habe dem Kaiser ins Gesicht gesagt, daß er ihn in kritischer Situation nach Italien geschickt, aber ihm auch geraten habe, in Memmingen zu bleiben. Questenberg konnte sich das wohl erlauben, da der Umgang bei Hofe sich angesichts der bedrohlichen Allgemeinlage sichtlich lockerte. Der überwiegende Teil der Korrespondenz Wallensteins war natürlicherweise Briefwechsel mit höheren, ihm früher unterstellten Armeeoffizieren, die ihm nicht nur ihre Ergebenheit bekundeten und zuweilen den Wunsch vorbrachten, er möge zurückkehren, sondern die ihn auch im einzelnen über die Vorgänge auf dem Kriegsschauplatz und die Zustände in der Armee informierten. Infolge dessen hatte er sehr gute und genaue Kenntnis über das militärische Geschehen, das er besser übersah als der Wiener Hof. Außerdem unterhielt er korrekten Briefwechsel mit den neuen Armeekommandanten, hauptsächlich mit Tilly und Pappenheim. Letzterer galt im übrigen als sein Bewunderer.

Unter seinen Briefpartnern finden sich überdies die Infantin und selbst Olivares. Mit Genugtuung las er dessen Worte, er – Olivares – zweifle daran, daß die Abberufung dem Kaiser irgendeinen Nutzen gebracht habe. Das war in verhaltenem Ton geäußerte Sympathie für Wallenstein und Kritik an dessen Entlassung. Auch von seinem Vertrauensmann in Madrid, Oberst Paradis de Echaide, erhielt er die Nachricht, am Hof seien alle der Meinung, daß alles Übel, das vom Feind droht, nur dadurch abgewendet werden könne, wenn er zurückkehre und zu den Waffen griffe. Der Oberst teilte ihm auch mit, die Infantin und ihre Räte hielten seine Wiederberufung für notwendig, denn nur so sei es möglich, dem schwedischen König die Stirn zu bieten. Was half's, es war schon zu spät! Letztendlich trugen auch die Spanier, die sich ihm gegenüber doppelbödig und feindselig verhalten hatten, Mitschuld an seiner Absetzung. Unbekannt ist, ob der spanische Vertreter beim Regensburger Kurfürstentag, Fürst Tursi, ihm zur Seite stand. In Madrid und Brüssel erkannte man zu spät – erst nach den Niederlagen der kaiserlichen Truppen und dem siegreichen Vorrücken Gustav Adolfs – aber immerhin doch die Bedeutung Wallensteins für die Erhaltung der habsburgischen Macht und den Schutz des Reiches. Einer Nachricht Sacchettis zufolge setzte sich die spanische Diplomatie seit Frühjahr 1631 nachdrücklich am Wiener Hofe für die Rückkehr Wallensteins ein.

Er bekam zahlreiche Briefe von vielen Seiten, auch schmeichlerische. Seine Kriegskanzlei, die er nicht aufgelöst hatte, arbeitete weiter, wenn auch um ein weniges kleiner als vordem. Er empfing Gesandte fremder Herrscher (von Polen, Dänemark und England). Unter anderen besuchte ihn der Gesandte des englischen Königs, Robert Anstruther, und verhandelte mit ihm über die Restitution der Pfalz. In seinem Palast gaben sich Gesandte und Kuriere den Türgriff in die Hand. Die Sorge um die Verwaltung seiner Länder, hauptsächlich Mecklenburgs, hinzugerechnet, war seine Atempause in Gitschin und Prag kein Tusculum und keine Erholung, sondern eher ein Arbeitsaufenthalt. Er befand sich weder im Exil noch in der Isolation. In den sechzehn Monaten litt er keineswegs an Vereinsamung noch war er vergessen. Im Gegenteil, seine Bedeutung und Autorität wuchsen, die Angriffe seiner Feinde hörten auf. Er war ein freier Reichsfürst und vom Kaiser unabhängig, erhaben auftretend und wiederholt äußernd, daß er in des Kaisers Dienst nicht mehr zu treten gedenke. In der Tat scheint es so, als ob dieser Dienst ihn enttäuscht und desillisioniert hatte. Davon zeugen Worte an Collalto wie: Was in Regensburg vereinbart wurde, sei ihm lieb von ganzer Seele, weil er dadurch dem Labyrinth entkommen sei; und zu Questenberg: Eine angenehmere Nachricht hätte er nicht erhalten können, er danke Gott, daß er aus der Schlinge sei. Das war sicher aufrichtig gemeint.

Inzwischen entwickelte sich der Krieg in Pommern, wo im Dezember der kranke Conti endlich durch den Feldzeugmeister Graf Schaumburg abgelöst worden war, weiter zu Ungunsten des Kaisers. Für ihn begann das Jahr 1631 unglücklich. Gustav Adolf stieß am 3. Januar überraschend nach Greifenhagen vor und eroberte noch am gleichen Tage diesen wichtigen Ort an der Oder. Schaumberg gab an, ihm stünden nicht mehr als 4.000 gesunde Soldaten gegen eine vierfache Übermacht zur Verfügung. Zwei Tage später überließ er dem Gegner die Stadt Gartz und das von Conti errichtete befestigte Lager kampflos dem Gegner und floh mit seinen demoralisierten Einheiten. Die Schweden verfolgten ihn bis Küstrin. Die Reste des Schaumburgschen Korps retteten sich nach Frankfurt a.d. Oder und Landsberg. Das war der erste größere Erfolg des schwedischen Königs auf deutschem Boden; er zerbrach den Riegel, mit dem Schlesien vor seinen Einfällen geschützt werden sollte. Aber Gustav Adolf glaubte nicht stark genug zu sein, um entlang der Oder weiter ins Landesinnere vorzustoßen, und verlegte sein Hauptquartier nach Bärwalde. Dort unterzeichnete er am 23. Januar einen Vertrag mit Frankreich, das sich zur Zahlung von jährlichen Subsidien in Höhe von 400.000 Reichstalern an Gustav Adolf verpflichtete. Damit begab sich das Feldherrntalent in den Dienst der katholischen Krone Frankreichs, die von ihm den Kampf gegen den Kaiser als Gegenleistung erwartete.

Der Fall Frankfurts a.d. Oder und Magdeburgs

Der nunmehrige Oberbefehlshaber der kaiserlichen Armee, Graf Tilly, der angesichts der laufenden Verhandlungen Bayerns und der Liga mit Schweden über Neutralität stillgehalten hatte, brach, nach Erhalt der Nachricht von der Katastrophe bei Gartz und Greifenhagen, am 12. Januar von Halberstadt zur Hilfeleistung für Schaumburg auf. In der Tat gelang es ihm, Ordnung in die Reihen der Kaiserlichen zu bringen. Der König zeigte nicht die Absicht, sich mit ihm zu messen, und kehrte die Angriffsspitze seiner Armee nach Westen, um einen zweiten Feldzug gegen Mecklenburg zu unternehmen. Diesmal war er erfolgreich, es gelang ihm, im Laufe des Februar die östliche Hälfte des Landes zu erobern.

Daraufhin wandte sich Tilly von der Oder wiederum zur mittleren Elbe. Sein hauptsächliches Kriegsziel für das Jahr 1631 war die Einnahme Magdeburgs. Er hatte schon Ende 1630 die Blockade über die Stadt verhängt und wandelte sie allmählich in eine Belagerung um, indem er um die Elbmetropole starke Kräfte konzentrierte. Er tat das in der Hoffnung, Gustav Adolf zur Hilfeleistung für Magdeburg herbeizulocken, um ihn kraft zahlenmäßiger Überlegenheit schlagen zu können. Doch Gustav Adolf ließ sich nicht verführen, tief ins Landesinnere bis zur Elbe vorzustoßen. Da er sich aber als Bundesgenosse der Verantwortung für die Stadt bewußt war, suchte er ihr auf irgendeine Weise zu helfen. Er erwartete und erhoffte von ihr, sie werde – wie bereits gesagt – das Fanal für einen das ganze Reich ergreifenden Aufstand werden und die kaiserliche Macht zutiefst erschüttern. Allein das geschah nicht. Der Aufstand blieb isoliert und die Stadt ohne Hilfe. Obwohl es der König nicht für erwägenswert hielt, bis vor Magdeburg zu ziehen, fühlte er sich doch der verbündeten Stadt gegenüber verpflichtet. Sie hatte sich zum Aufruhr hinreißen lassen, und er gedachte sie durch eine indirekte Diversion zu unterstützen.

Deshalb wandte sich Gustav Adolf nach der Mecklenburg-Operation abermals zur Oder und unternahm einen Angriff auf Frankfurt, das er am 13. April eroberte. Er schlug dabei gleichzeitig fast den ganzen „schlesischen" Teil der kaiserlichen Armee aus dem Felde; nur die Reiterei entkam. Zwei Wochen später nahm er Landsberg ein. Der Verlust dieser Festung rief am Kaiserhof Entsetzen hervor, weil er dem König den Weg nach Schlesien und letztendlich nach Wien freimachte. Der Feind stand tatsächlich ante portas, die Situation war ernst. Auch das Wallensteinsche Fürstentum Sagan war bedroht. Der König hegte jedoch diesmal nicht die Absicht, die kaiserliche Erblande zu überfallen, vielmehr gedachte er Tilly von Magdeburg wegzulocken und so die Stadt zu entlasten. Er zählte darauf, daß Tilly zur Oder eilen würde, um ihm den Zugang nach Schlesien zu versperren. Doch er verrechnete sich. Tilly brach zwar nach Brandenburg auf und bereitete sich zur Hilfeleistung für Frankfurt vor. Als er aber die Nachricht vom Fall der Stadt erhielt, wandte er sich unverzüglich wieder nach Magdeburg.

Der König rüstete sich zwar, der belagerten Stadt unmittelbar zu helfen, aber er war dazu nicht sogleich imstande. Magdeburg fiel am 20. Mai; es folgte eines der schrecklichsten Massaker des Dreißigjährigen Krieges: Der Großteil der Bevölkerung wurde erschlagen, die Stadt fast gänzlich in Schutt und Asche gelegt. Von der blühenden, reichen Hansestadt blieb nur ein Haufen Asche und rauchender Trümmer. Wallenstein nahm die Nachricht vom tragischen Ende der Stadt mit dem Ausdruck des Unwillens auf: „Das ist nicht wahr!".

Der Fall Frankfurts hatte zwiefache Bedeutung. Einerseits steigerte er die Bemühungen des Wiener Hofes um die Rückberufung Wallensteins, andererseits beeinflußte er stark die Politik Wiens in den nächsten Monaten. Die Verhandlungen über Wallensteins Wiedereinsetzung, direkt oder indirekt geführt, liefen mit Unterbrechungen bis Mitte Dezember. Questenberg schlug ihm am 27. April eine Zusammenkunft in der Nähe Wiens auf einem seiner Güter in Niederösterreich vor. Am 30. April wiederholte er seine Offerte und suchte sie mit der Schilderung des traurigen und deprimierten Zustands Kaiser Ferdinands zu begründen. Endlich bezwang sich der Kaiser selbst und forderte Wallenstein höflich auf, sich zu ihm nach Wien oder in dessen Nähe zu begeben. Wallenstein lehnte aus gesundheitlichen Gründen ab, und bei diesem Standpunkt zum Generalat blieb er zunächst.

Nach dem stets gut informierten Sacchetti wurden Wallenstein schon früher Angebote auf Rückkehr ins Befehlsamt gemacht, und zwar unmittelbar nach dem

Einfall der Schweden in Mecklenburg. Eggenberg beauftragte Maximilian von Waldstein damit festzustellen, ob sein Onkel den Vorschlag annehmen würde. In einem Brief vom 22. März informierte Sacchetti darüber, daß Wallensteins Antwort an den Wiener Hof abschlägig ausgefallen sei. Am 5. April teilte er mit, Wallenstein beharre darauf, den Oberbefehl über die Armee nicht anzutreten. Trotzdem ließ der Hof nicht von dem Gedanken, Wallenstein wieder an die Spitze der Armee zu stellen. Das unterstützten nicht nur seine Freunde und Anhänger, sondern auch die Spanier. Das Gerücht über Wallensteins Rückkehr machte verständlicherweise rasch eine weite Runde. Die Kurfürsten von Bayern und Mainz, die Wallensteins Sturz am eifrigsten betrieben hatten, richteten Briefe an den Kaiser, die offenbaren, daß das Kurfürstenkollegium und das ganze Reich sich ablehnend verhalten werde, falls etwas geschehe, das den Regensburger Entscheidungen zuwiderliefe. Sacchetti zufolge lehnten bei Hofe der Beichtvater Lamormain und Graf Trauttmansdorff eine Wiederberufung Wallensteins ab. Im August wiederholte der Hof seine Bemühungen, Wallenstein für das Generalat zu gewinnen, aber der bayerische Kurfürst und die beiden Genannten waren unwandelbar dagegen. Auch Wallensteins ablehnender Standpunkt, der im ganzen aufrichtig und ohne Hintersinn war, änderte sich nicht.

Wie bereits angedeutet, beschäftigte Wallenstein der Fall Frankfurts sehr, er hatte maßgeblichen Einfluß auf seine Einschätzung der militärischen und Machtverhältnisse sowie auf seine eigenen Beziehungen zum Kaiser und zum schwedischen König. Die Ereignisse, die im Verlaufe des April eintraten, zeigten, daß die Schweden das entscheidende militärische Übergewicht besaßen, andererseits enthüllten sie die Schwächen der kaiserlichen Position. Demzufolge mußte mit einer Operation der Schweden gegen Schlesien und Böhmen gerechnet werden. Schon in einer Nachricht vom 16. April an seinen Statthalter in Sagan, Graf Kounic, die den Fall Frankfurts betraf, äußerte er sich besorgt über die Gefahr, die dem Fürstentum drohte. Am folgenden Tag schrieb er ihm, daß die Stadt Sagan aufs äußerste gefährdet würde, wenn die Schweden Krossen besetzten. Vom Kommandeur der kaiserlichen Truppen in Schlesien, General Tiefenbach, erfuhr er, daß Tilly diesem keinerlei Verstärkung schicken könne. Auch Tiefenbach rechnete mit dem weiteren Vorstoß der Schweden nach Schlesien. Aus Breslau meldete ihm ein Agent, die Schweden gedächten „in Böhmen nach Friedlandt" zu ziehen. Zweifellos bereitete ihm diese Möglichkeit große Sorgen, weil er annahm, daß die kaiserlichen Truppen den Schweden kaum größeren Widerstand entgegensetzen könnten. Seine nächsten Maßnahmen waren daher, das Herzogtum Friedland in Verteidigungszustand zu bringen und sein Archiv nach Prag zu überführen.

Es war eine Situation entstanden, in der sich ein Teil-Kriegsschauplatz bis nahe an Sagan und Friedland ausdehnte, und damit rührte er an das ganze Wallensteinsche Machtgebäude. Er mußte sich die Frage stellen, was geschehe, wenn die Schweden ihren Vormarsch nach Süden fortsetzten, und die Antwort konnte nur sein, daß die kaiserlichen Truppen in diesem Falle die Besetzung beider Herzogtümer schwerlich abwenden würden. Und das bedeutete, mit größter Wahrscheinlichkeit, nicht nur den Verlust seiner Machtstellung, sondern die Bedrohung ihrer Grundlagen und seiner Existenz.

Noch schlimmer sah für ihn die Situation in Mecklenburg aus, das durch die schwedischen Truppen praktisch abgetrennt war. Wallensteins kurze Regierung, bei der er seine administrativen und ökonomischen Fähigkeiten erprobte, erwies sich als überraschend erfolgreich. Bevor die Schweden einfielen, hatte er das Land möglichst von Kriegslasten verschont, die Steuern gesenkt, die Gesetzte verbessert, den Handel gefördert, die Wirtschaftlichkeit gehoben, der Bevölkerung die Freiheit ihres evangelischen Glaubens gewährt. – Kurzum, das Land prosperierte. Deshalb wünschte niemand die Rückkehr der früheren Herzöge, und niemand erhörte die flammenden Aufrufe Gustav Adolfs, den Tyrannen und blutbefleckten Usurpator zu stürzen. Für Gustav Adolf war es wichtig, sich Mecklenburgs so früh wie möglich zu bemächtigen, denn das Beispiel verdarb sein eigenes Image, ein Befreier von der Tyrannei und der Retter des evangelischen Glaubens zu sein.

Der in Böhmen weilende Herzog erteilte seinem Statthalter Wengersky Befehl, das Land so lange wie möglich zu verteidigen. In Mecklenburg lagen ständig 9.000 kaiserliche Soldaten unter dem Befehl des Generals Virmond. Sie bildeten keine Feldarmee, waren aber als Besatzung auf Städte und Festungen verteilt. Eigene Abteilungen zur Verteidigung des Landes hatte Wallenstein nicht, denn die Initiative in diesem Krieg war völlig auf die schwedische Seite übergegangen. Aus Mecklenburg erhielt er monatlich 20.000 Reichstaler, die größtenteils aus dem Verkauf von Getreide, das auf seinen landesherrlichen Gütern wuchs, stammte. Doch diese Einnahmequelle versiegte. Im Mai teilte der Statthalter Bertold von Waldstein, der Wengersky ersetzt hatte, mit, in der Kammer befänden sich nicht einmal zehn Taler. Nach der Februar-Offensive der Schweden wurde die Situation nahezu unhaltbar. Herzog Adolf Friedrich formierte eine kleine Streitmacht, die gemeinsam mit schwedischen Truppen eine Stadt nach der anderen einnahm. Aber Wengersky und Bertold übergaben keinen Platz ohne Kampf. Nachdem sich später mecklenburgisch-schwedische Einheiten Schwerins und der Hauptstadt Güstrow bemächtigt hatten, wurden die beiden Herzöge feierlich und im Beisein von Gustav Adolf und anderer Fürsten am 6. Juli wieder in ihre Würde eingesetzt. Das Gepränge sollte die Verdienste Gustav Adolfs um die Befreiung des Landes vom Wallensteinschen Joch augenfällig machen und trug die Zeichen einer gegen diesen gerichteten Inszenierung. Wallenstein selbst hüllte sich in Schweigen, äußerte sich zu keiner Zeit über den Verlust Mecklenburgs. Es hat den Anschein, als habe er ihn ruhig hingenommen.

Doch nicht das ganze Mecklenburg kapitulierte, einige Besatzungen hielten sich bis zur völligen Erschöpfung ihrer Verteidigungsmittel. Wismar ergab sich erst am 22. Januar 1632, gleichzeitig fiel die 13 Kriegsschiffe zählende kaiserliche Flottille in schwedische Hände, die vom Kommissar des spanischen Königs

Jacob Febeur kommandiert wurde. Sie zeigte eine erstaunliche Lebenskraft, denn sie hielt sich noch eineinhalb Jahre nach der schwedischen Invasion und vergrößerte sich, einer Meldung des Admirals Ryning zufolge, am Ende um zwei Schiffe. Mit ihrem Verlust endeten definitiv die kaiserlich-wallensteinschen Anstrengungen, eigene Seestreitkräfte in der Ostsee zu unterhalten.

Nachdem Wallenstein Mecklenburg verloren hatte, schien ihm die Bedrohung Sagans und Friedlands umso größer. Es war die Frage, ob Gustav Adolf nach Beherrschung der Situation in Norddeutschland versuchen würde, die Oder oder die Elbe entlang in die kaiserlichen Erblande vorzudringen. Für Wallenstein entstand daraus in jedem Falle eine kritische Lage. Er hatte selbst keine Soldaten, und auf die kaiserliche Armee konnte er sich nicht verlassen. Deshalb hing seine Stellung im Falle schwedischen Eindringens ganz von der Haltung Gustav Adolfs ab. Alles spricht dafür, daß ihm in dieser Situation daran gelegen sein mußte, mit dem König in Kontakt zu kommen, um sich mit ihm zu verständigen.

Wallenstein und Gustav Adolf

Die einzige Quelle, die über die Kontakte Wallensteins mit Gustav Adolf Aufschluß gibt, ist die kontrovers gedeutete Nachricht des böhmischen Exulanten Sezima Rašín von Riesenburg, der in schwedischen Diensten stand, ebenso wie Graf Thurn. Rašín war dessen Vertrauensmann oder vielmehr sein Agent, der die Verbindungen mit den Malkontenten in Böhmen vermittelte, zu denen namentlich die Familie Trčka gehörte. Zu ihr unterhielt Rašín engen Kontakt. Später, im Jahre 1635 (er lebte damals in Dresden), wurde er auf Veranlassung der Untersuchungskommission des Hofrates aufgefordert, schriftlichen Bericht über seine Vermittlertätigkeit zwischen Wallenstein, dem schwedischen König und dem kursächsischen Hof zu geben. Dafür wurde ihm Begnadigung versprochen, ebenso die Erlaubnis, nach Böhmen zurückzukehren, des weiteren Schadenersatz für seine Verluste während des Exils, was vor allem die Rückführung seiner konfiszierten Güter hieß. Rašín war sich durchaus bewußt, was man von ihm forderte und erwartete. Er übergab, wie verlangt, seinen Bericht im Oktober 1635. Dessen Endredaktion nahm Wallensteins Erzfeind Vilém Slavata vor, der die Schrift schon vor der Abgabe nachgebessert und überarbeitet hatte, was an sich schon Zweifel an ihrer Authentizität weckte. Rašín ist verdächtig, nur das niedergeschriebene zu haben, was dem Kaiser zu seiner Rechtfertigung diente und was Dankbarkeit für den zugesagten Lohn ausdrückte. Der Bericht überrascht durch die Einzelheiten, die er noch fünf Jahre nach dem Geschehen vorführt. Einige von ihnen stimmen mit der Wirklichkeit überein, wodurch der Schein der Wahrhaftigkeit entsteht. Andere Angaben rufen Zweifel hervor, auch das Urteil der Historiker über den Inhalt ist widersprüchlich. Josef Pekař hält den Rašín-Bericht für authentisch und verwendet ihn als Hauptrolle, um sein Bild über

Wallensteins Verrat zu konstruieren. Rašín erhielt seinen Lohn in Gestalt des konfizierten Trčka-Gutes Chotěboř.

Beide, Wallenstein und Rašín, begegneten sich in Opočno anläßlich einer Tauffeier der Familie Trčka im Februar 1631, dabei erfolgte zunächst keine Verhandlung zwischen ihnen. Rašín kam dann wiederum am 17. Mai zu den Trčkas, diesmal nach Dymokur, und jetzt erwog man die Möglichkeit von Verhandlungen zwischen Wallenstein und Gustav Adolf. Danach fanden solche Gespräche Rašíns und Thurns mit der schwedischen Seite statt. Beide wurden vom König empfangen. Am 18. Juni traf Rašín in Prag ein, es kam zu einem Treffen mit Wallenstein. Darüber schreibt der Agent sehr ins einzelne gehend. Mitte Juli trafen sich Rašín und Thurn in Berlin und begaben sich zu Gustav Adolf nach Tangermünde, wo sich derzeit dessen Hauptquartier befand. Thurn überredete den König dazu, Wallenstein einen eigenhändigen Brief zu schreiben, in dem er diesem zusicherte, er werde zu ihm gegen seine Feinde stehen und ihm in allem Hilfe leisten.

Der Agent begab sich sodann mit diesem ermunternden Brief zu Wallenstein, der ihn angeblich mit großer Befriedigung durchlas. Er lehnte es aber ab, schriftlich zu antworten, um nicht sich selbst, Trčka und Rašín zu kompromittieren, falls der Brief in kaiserliche Hände fiel. Rašín zufolge habe Wallenstein dem König seine Forderungen offeriert: ihm 10.000 bis 12.000 Mann unter Führung Thurns zu schicken. Außerdem wolle er Trčka und dessen Regiment sowie einen größeren Teil der in Schlesien stehenden Armee gewinnen, die damals 8.500 Mann unter Tiefenbachs Kommando zählte. Wallenstein habe zudem Gustav Adolf geraten, sich mit dem sächsischen Kurfürsten zu verbünden. Käme es dazu, dann könne man tiefer ins Reich vorstoßen. Andere Gedanken zur Armee als diese habe Wallenstein nicht geäußert. Nichts davon ist erwähnt, daß er nach Wien ziehen wollte, um den Kaiser zu vertreiben oder ihn zum Frieden zu zwingen. Derlei Unterstellungen hat man Rašíns Relation hinzugefabelt. Schließlich habe der Herzog von Friedland dem König nahegelegt, sich der Städte Dömitz, Rostock und Wismar zu bemächtigen, in denen Wallenstein noch seine Besatzungen unterhielt!

Nach der Prager Begegnung mit Wallenstein reiste Rašín wieder zu Thurn nach Berlin, und beide begaben sich zum König, den sie (frühestens am 25. August) bei Brandenburg antrafen. Gustav Adolf war mit Wallensteins Antwort zufrieden und ließ ihm sagen, er werde ihm die verlangten Truppen schicken, wenn er beim bevorstehenden Kräftemessen mit Tilly, das er vorbereite (die künftige Schlacht bei Breitenfeld), glücklich sein sollte. Er betonte also, daß alles davon abhinge, wie sich die Dinge auf dem Kriegsschauplatz entwickelten. Als eine definitive Antwort konnten solche Ausführungen allerdings nicht gelten.

Mit dieser Antwort begab sich Rašín nach Prag, wo er mit Wallenstein und Trčka zu einer geheimen Beratung zusammenkam. Rašín notierte fleißig, was Wallenstein dort vortrug: Dieser habe unter anderem gesagt, er werde sich Böh-

mens, Mährens und Österreichs bemächtigen und wünsche, daß das Haus Österreich und der spanische König an den Bettelstab kämen. Dem schwedischen
König habe er noch übermitteln lassen, er solle keinen Frieden mit dem Kaiser
machen und ihm zu dem versprochenen Truppenkontingent noch einige Regimenter aus der sächsischen Armee zusenden.

Mit diesem Bescheid kehrte Rašín zurück und besuchte gemeinsam mit Thurn
den König in Schleusingen. Dort teilten die beiden mit, Wallenstein fordere die
Truppen binnen kürzester Zeit. Doch Gustav Adolf zögerte plötzlich: Er könne
Wallenstein nur 1.500 Mann zustellen. Darauf entgegnete Thurn, das sei wenig,
und Wallenstein werde das nicht annehmen. Der König empfahl nun, er möge
sich in diesem Falle an den sächsischen Kurfürsten und an Arnim wenden, sie
würden ihm ein Kontingent überlassen. Damit endeten die Verhandlungen und
eine eventuelle Zusammenarbeit zwischen Wallenstein und Gustav Adolf. So
weit der Bericht Rašíns, der sich nicht mit anderen Quellen verifizieren läßt, es
fehlen vor allem Nachweise auf schwedischer Seite.

Es steht außer Zweifel, daß solche Verhandlungen stattfanden, doch zweifelhaft bleibt ihr Gegenstand. Bedenken gibt es eine ganze Reihe. Nicht vorstellbar
ist, daß der umsichtige und mißtrauische Wallenstein einem Menschen, den er
wenig kannte, und Thurn, dem Feind aus der Zeit des böhmischen Aufstandes,
derart gefährliche und kompromittierende Dinge anvertraute. Er hatte keinerlei Garantie, daß die Gegenseite ihn nicht verriet oder daß sie ihn nicht in eine
Falle locken wollte. Solche Dinge, das wußte er aus eigener Erfahrung, ließen sich
schwer verheimlichen, Boten und Briefe konnten abgefangen werden. Es scheint
wenig glaubhaft, daß er die beschriebene jähe Wendung vollzogen und sich
Gustav Adolf in die Arme geworfen hätte, der ihn verraten konnte. Beide hatten
von Soldat zu Soldat voreinander Respekt, aber sie mißtrauten sich auch gegenseitig. Außerdem waren sie Gegner im Felde, und Wallenstein mußte beklagen,
daß Gustav Adolf ihn um Mecklenburg gebracht hatte. Man mag nicht glauben,
der stolze Wallenstein hätte sich in dessen Abhängigkeit begeben und so seine
Macht vermehrt. Das ist schlechterdings undenkbar. Und was das Objekt
der Verhandlungen betraf – was sollte Wallenstein mit einem derart kleinen
Truppenangebot beginnen? Immer gründete er seine Strategie auf die Überlegenheit, die möglichst erdrückend sein sollte. Mit einer so geringen Streitmacht
konnte er kaum eine Offensive wagen, außerdem mußte er sich nach den Interessen Gustav Adolfs richten oder größte Rücksicht auf ihn nehmen. Hätte er
schon eine Armee zur Disposition gehabt – es fehlte ihm an Geld, Kredit,
Artillerie, Munition und Vorräten, um sie zu halten. Und der Vorschlag, der
König möge sich seiner mecklenburgischen Häfen und seiner Flotte bemächtigen, ist absurd und verdient keinen Kommentar. Hätte Rašín niedergeschrieben,
daß sich die Verhandlungen um Mecklenburg, die Sicherung Sagans und Friedlands sowie um den allgemeinen Frieden drehten – Dinge, die Wallenstein sehr
am Herzen lagen, dann konnte er auf keinen Lohn hoffen. Vorausgesetzt, etwas

derartiges wäre nur eine Vermutung, dann ist es geraten, sich davor zu hüten. Es ist bisher ungeklärt, was die Verhandlungsinhalte Wallensteins waren. Was seinen „Verrat" betrifft, den hat er sich nicht zuschulden kommen lassen, weil er aus dem Dienst des Kaisers gelöst und als Herzog von Mecklenburg ein freier Reichsfürst war, dem das Recht zukam, mit fremden Staaten und Herrschern Verhandlungen anzuknüpfen und Verträge zu schließen, ebenso wie andere deutsche Fürsten das taten, z.B. der Kurfürst von Sachsen. Niemand beschuldigte diese des Verrats.

Im Jahre 1631 führte Wallenstein Verhandlungen oder korrespondierte mit dem Kaiser und dem Hof, mit Armeeoffizieren, mit Schweden und Sachsen (Arnim) sowie mit dänischen und böhmischen Emigranten.

Vom März bis November verhandelte Wallenstein aus eigenem Antrieb, aber mit Zustimmung des Kaisers und mit Eggenbergs Wissen, geheim mit Dänemark. Seine Politik zielte schon seit dem Lübecker Frieden darauf ab, den König für die kaiserliche Seite oder gar für einen Seekrieg gegen Schweden zu gewinnen. Damit gedachte er ein Gegengewicht gegen die schwedische Macht im Ostseeraum zu schaffen. Durch Vermittlung von Oberst Holk, einem gebürtigen Dänen, machte er Christian IV. Angebote; um ihn geneigt zu machen, trug er ihm einige angrenzende Städte Mecklenburgs und der Stifter Bremen und Verden an. Das war verlockend für den König und ein Ausgleich für die Verluste, die er im Lübecker Frieden erlitten hatte. Er schickte seinen Unterhändler Oberstleutnant Moritz Oynhausen zu Wallenstein mit dem Auftrag, ihm über die Verhandlungen Bericht zu geben. Der Kontaktversuch scheiterte an der Ablehnung des Kaisers, der mit der Abtretung geistlicher Territorien nicht einverstanden war; er beharrte konsequent auf dem Restitutionsedikt.

Auch mit Arnim pflegte Wallenstein Kontakte, er empfing ihn im Dezember 1630 in Gitschin als Besucher. Sie unterhielten weiterhin Korrespondenz, wovon man in Wien wußte. Im Herbst 1631 fragte der Kaiser bei Wallenstein an, ob er noch mit Arnim in Verbindung stehe, und bat ihn um Vermittlung beim sächsischen Kurfürsten, um diesen von einem Bündnis mit Schweden abzuhalten. Bis Ende Juni 1631 galt Arnim als eine Privatperson mit großem Einfluß; er war vor allem deutscher Patriot und Lutheraner und wandte sich gegen jeglichen Eingriff fremder Mächte ins Reich, also auch Schwedens. Dessen Invasion mißbilligte er. Er war Verfechter einer Politik der „dritten Partei", die im Reich einen profilierten Platz zwischen der kaiserlich-ligistischen Seite und Schweden mit seinen Verbündeten einnahm. Später, als Arnim an der Spitze der sächsischen Armee stand, nahmen die Kontakte Wallensteins mit ihm einen anderen Charakter an, sie wandelten sich teilweise in Beziehungen zu Kursachsen. Der Kaiser gedachte daran anzuknüpfen und Wallenstein als Vermittler in Verhandlungen mit Johann Georg einzuschalten. Questenberg schlug Wallenstein in einem Brief vom 28. September vor, mit Arnim Gespräche anzuberaumen. Der Kaiser stellte diesem am 13. Oktober einen Paß für die Reise nach Böhmen aus. Doch die

Begegnung in Friedland, durch die Sachsen von Schweden abspenstig gemacht werden sollte, kam nicht zustande, weil Arnim schon kurz vor seinem Einmarsch nach Böhmen stand.

Das Ende der sächsischen Neutralität

Im Frühjahr 1631 fand auf Initiative des sächsischen Kurfürsten ein Kongreß evangelischer Reichsstände statt, in dem die Bemühungen um die Bildung einer „dritten Partei" im Reich Gestalt annahmen. Die versammelten Stände beschlossen, zu eigenen Rüstungen zu schreiten. Zwar gelang es nicht, eine gemeinsame Armee der evangelischen Reichsstände, eine Art neuer Union, zu schaffen, aber der sächsische Kurfürst begann zügig zu rüsten. Ende August hatte er eine Armee von 20.000 Mann beisammen, zu deren Befehlshaber Arnim als Feldmarschall am 1. Juli ernannt wurde.

Inzwischen, nach dem Fall Magdeburgs, operierten Gustav Adolf und Tilly auf dem weiten Areal des nördlichen Deutschland gegeneinander, ohne daß es einem der beiden Feldherrn gelang, den strategischen Vorteil zu erlangen oder den Gegner zu überlisten. Zu einer engen Berührung zwischen beiden Armeen kam es in den ersten Augusttagen bei Werben an der Elbe, wo der König ein befestigtes Lager errichtet hatte; eine Schlacht aber blieb aus. Danach lösten sich die Gegner voneinander, und der König wandte sich nach Thüringen. Eine Entscheidungsschlacht lag jedoch in der Luft, sie rückte unausweichlich näher. In dieser Situation trug der Kaiser mit seiner unwägbaren Politik wesentlich dazu bei, daß Gustav Adolf unerwartet einen starken militärischen Verbündeten fand. Ferdinand forderte den Kurfürsten auf, seine Armee zu entlassen oder sich ihm anzuschließen. Tilly stellte Johann Georg im folgenden ein Ultimatum: die Werbungen einzustellen und die schon angeworbenen Truppen dem Kaiser zu überlassen. Das lehnte der Kurfürst ab, nachdem er sich des schwedischen Beistands versichert hatte. Darauf rückte Tilly ins Land des Kürfürsten ein und eröffnete den Krieg gegen ihn – ähnlich wie er 1625 den dänisch-niedersächsischen Krieg mit einem eigenmächtigen Einmarsch in braunschweigisches Territorium inauguriert hatte. Das Ende der sächsischen Neutralität war gekommen. Der Kaiser und Tilly trieben den Kurfürsten in die Arme Schwedens, obwohl er den Einfall Gustav Adolfs ins Reich nicht billigte, irgendwelchem Eingriff fremder Mächte in Reichsangelegenheiten entgegenstand und bislang ein Bündnis mit Schweden abgelehnt hatte. Dessen Abschluß folgte nun am 11. September. Einem Rate Gustav Adolfs gemäß bezog die sächsische Armee eine solche Position, daß ihre Vereinigung mit der schwedischen vollziehbar war. Tilly war es in keinem Falle möglich, dieses Zusammenführen zu verhindern und jede Armee gesondert anzugreifen.

Die Vereinigung erfolgte Mitte des Monats, und zur erwarteten Schlacht kam es am 17. September bei Breitenfeld. Der bis dahin ungeschlagene Tilly erlitt eine vernichtende Niederlage. Die kaiserlich-ligistische Armee wurde teils vernichtet, teils zerstreut, die Artillerie ging verloren. Binnen kurzem hatte sie aufgehört zu existieren, niemand konnte mehr auf sie zählen. Damit brach die kaiserliche Macht in Deutschland zusammen, die militärische Ohnmacht des Kaisers und der Liga war vollkommen. Gustav Adolf stand der Weg in den Westen und Südwesten des Reiches offen. Der Krieg ergriff nun auch die katholischen Territorien, wo sich die Domäne der Liga befand. Die schwedische Armee schritt nach Belieben weiter, stieß kaum auf Widerstand und hielt Einzug in die reichen Stifte Würzburg und Mainz, die der Krieg bis dahin nicht berührt hatte.

Im Zusammenhang mit der Katastrophe bei Breitenfeld, die am Wiener Hofe Bestürzung und Lähmung auslöste, trat die Frage der Rückkehr Wallensteins abermals in den Vordergrund. Der Kaiser warb wieder um seine Dienste. Der Hof war ständig geteilt in seine Anhänger und Gegner. Einige Mitglieder des Geheimen Rates fürchteten seine Rache. Aber auch der Großteil seiner Widersacher sah ein, daß Wallenstein der einzige war, der die Katastrophe abwenden konnte, indem er die Schweden aus dem Reich vertrieb. Sacchetti schrieb, die Dinge änderten sich in solchem Maße, daß seine ehemaligen Feinde seine Kriegsführung während des Generalats lobten und priesen. Aber für den Kaiser bedeutete die Rückberufung eine Demütigung und das Eingeständnis seiner Niederlage; trotzdem drängte, bat er. Bis Anfang Dezember wurde Wallenstein mit Angeboten und Forderungen überhäuft. Sacchetti zufolge schlugen die Spanier vor, ihn mit der gleichen Macht wie früher auszustatten, ihn aber zum Schein als Stellvertreter König Ferdinands einzusetzen. Das lehnte Wallenstein ab.

In den letzten Oktobertagen traf Questenberg bei Wallenstein in Prag ein, um ihn im Namen des Kaisers aufzufordern, das Generalat zu übernehmen. Wallenstein lehnte mit der Begründung ab, daß er krank sei und keinen Appetit auf die Kriegführung verspüre. Er bat nur, Eggenberg nicht heranzuziehen, da das für sie beide peinlich sei. Nach seiner Rückkehr teilte ihm Questenberg aus Wien mit, der Kaiser sei wegen seiner ablehnenden Antwort niedergeschlagen und betrübt. Dem Brief war ein eigenhändiges Schreiben des Kaisers beigefügt. Darin schlug er Wallenstein eine Begegnung in der Umgebung Wiens vor, um endlich die Frage einer neuerlichen Übernahme des Generalats zu lösen. In Wien beriet man, wie Wallenstein zu überzeugen sei, kam aber zu keinem Schluß. Dieser antwortete auf Questenbergs Brief und das Schreiben des Kaisers betont ausweichend. Er wollte weder Zeit noch Ort der Begegnung bestimmen und schickte seinen Kämmerer Breuner zum Kaiser.

Während diese Verhandlungen liefen, traten unerwartete und wichtige Ereignisse ein, die beschleunigenden Einfluß auf das Hin und Her ausübten. Das tat vor allem der sächsische Einfall nach Böhmen. Die schwedische und sächsische Armee hatten sich nach Breitenfeld getrennt. Während die schwedische den Weg nach Westen einschlug, hielten der Kurfürst und Arnim ihre Absichten sorgsam geheim bis zum Einmarsch in Böhmen, der alle überraschte: Gustav Adolf (ohne dessen Wissen er geschah), den Kaiser und Wallenstein. Die Überraschung war umso größer, als das Ziel des Einfalls unklar blieb. Arnim überschritt am 1. November die Grenze bei Schluckenau und drang nach Prag vor, ohne auf Widerstand von Seiten der kaiserlichen Truppen zu stoßen. Der Militärbefehlshaber von Böhmen General Marradas übergab die Hauptstadt kampflos und zog sich nach Tábor zurück. Arnims Truppen besetzten Prag am 14. November und ebenso das Herzogtum Friedland. Er erteilte ihnen strengen Befehl, Disziplin zu halten und sich keiner Übergriffe auf die Bevölkerung schuldig zu machen.

Als sich die sächsische Armee Prag näherte, begab sich Wallenstein am 11. November nach Pardubitz, wo er am 13. eintraf. Mit dieser Reise begann die letzte Phase seiner politischen Aktivität vor der Rückkehr ins Generalat. In Pardubitz wartete er, wie sich die Situation entwickeln würde. Für ihn selbst liefen die Dinge sehr unbefriedigend. Mit dem sächsischen Militär kehrten nämlich die Exulanten ins Friedländische zurück, ihnen schlossen sich aufständische Bauern an. Sie überfielen gemeinsam die herzogliche Herrschaft Neuschloß, plünderten sie aus und nahmen den Schloßhauptmann gefangen. In Münchengrätz stand der dortige Hauptmann mit den aufrührerischen Bauern im Bunde, wofür ihn Wallenstein am 4. Dezember mit dem Tode bestrafte. Diese gefährliche Entwicklung veranlaßte Wallenstein, sich an Arnim mit der Beschwerde zu wenden, daß es einige Exulanten in seinen Herrschaften Neuschloß, Böhmisch Leipa, Weißwasser, Bösig, Houska und Hirschberg mutwillig trieben, die Untertanen gegen die örtlichen Beamten aufwiegelten, gefangen setzten und statt ihrer andere ins Amt brächten, und jene auch nötigten, diesen neuen Leuten Lohn zu zahlen. Außerdem verlangte Wallenstein, das Militär aus seinen Herrschaften zu entfernen. Arnim versprach Abhilfe, die Exulanten fanden keine Erwähnung.

Der Herzog von Friedland war sich wohl bewußt, welche Gefahr seinem böhmischen Fürstentum durch die Rückkehr der Exulanten drohte, denn es bestand hauptsächlich aus deren konfiszierten Gütern. Seine Existenz stand auf dem Spiel. Der Sieg der Schweden und Sachsen bedeutete Rückkehr der Exulanten und Restitution der eingezogenen Besitztümer, möglicherweise auch den allgemeinen Aufstand in Böhmen. Er sah sich künftig ohne Besitz – und damit verloren. Wenn es ihm nicht gelang, mit den Schweden und Sachsen eine Vereinbarung zu treffen, was blieb ihm anderes übrig, als seine Unabhängigkeit aufzugeben und sich wiederum dem kaiserlichen Lager zuzuwenden?

Am 30. November fand auf dem Trčka-Schloß Kounice eine Zusammenkunft mit Arnim statt. Das war die aufgeschobene Begegnung, die für Oktober vorgesehen war, wobei Wallenstein in kaiserlichem Auftrag über einen Separatfrieden mit Sachsen verhandeln sollte. Über die Unterredung auf Schloß Kounice ist mangels Quellen fast nichts bekannt. Auch die einschlägigen Wallenstein-Akten enthalten keine Nachricht. Sicher ist nur, daß verhandelt wurde: über die Wiederherstellung des Friedens und der Einheit im Reiche, vielleicht auch über Religionsfragen (die Zukunft des Protestantismus und das Restitutionsedikt) sowie einen Waffenstillstand, zweifellos außerdem über das Herzogtum Friedland und die Beziehung zu den sächsischen Okkupanten. Das Treffen war kurz und blieb ohne Ergebnis. Einigen Autoren zufolge beendete dieser Mißerfolg auch die Phase der direkten Zusammenarbeit Wallensteins mit Arnim. Sie setzten zwar ihren Briefwechsel fort, ihm kam aber für die nächstfolgende Zeit wenig Bedeutung zu.

Wallensteins zweites Generalat

Hatte sich Wallenstein schon einige Tage vor dem Kounicer Treffen innerlich durchgerungen, das Generalat zu übernehmen, so bestärkte ihn diese Zusammenkunft in seinem Entschluß. Nach seiner Rückkehr nach Pardubitz war eine endgültige Vereinbarung mit dem Kaiser nur noch eine Frage der Zeit. Schon am 17. November entsandte er seinen Kämmerer Breuner nach Wien, der dem Kaiser seinen Vorschlag mündlich übermittelte. Über diese Audienz ist nur bekannt, daß eine Begegnung zwischen dem Mittelsmann und Vertretern des Kaisers in Znaim verabredet wurde. Am 2. Dezember reiste Breuner wiederum nach Wien, um über die Zusammenkunft Wallensteins mit Arnim zu berichten, und bei dieser Gelegenheit fixierte man das Datum der Znaimer Begegnung. Der Kaiser delegierte dazu seinen ersten Minister Fürst Eggenberg, den er mit einer Instruktion ausstattete.

Die Begegnung begann am 10. Dezember und endete am 14. des Monats mit einer Vereinbarung. Welche Konditionen zur Übernahme des Generalats sich Wallenstein in Znaim ausbedang, ist nicht genau bekannt, weil sich das Original der schriftlichen Übereinkunft nicht erhalten hat. Aber die wichtigsten Punkte kennen wir auch ohnedies. Am 15. Dezember ernannte Kaiser Ferdinand II. Wallenstein zum „General-Capo" über die kaiserliche Armee, und am gleichen Tage informierte er darüber alle höheren Armeeoffiziere, die hohen Beamten des Königreichs Böhmen, Kardinal Dietrichstein und weitere. Wallenstein übernahm den Oberbefehl lediglich für drei Monate ohne Entgelt. Die Vereinbarung galt nur bis Ende März 1632. Der Kaiser akzeptierte praktisch alle Bedingungen Wallensteins Es wurde ihm eine unbegrenzte Kommandogewalt über die Armee zuerkannt. Werbungen, Ernennung von Offizieren aller Chargen, Bewegungen und Verschiebungen der Truppen, ihre Unterbringung – all das fiel jetzt in seine Kompetenz. Er hatte außerdem die Vollmacht, die Armee zu reorganisieren. Eine Assistenz des Königs von Ungarn, an der dem Kaiser sehr viel lag, lehnte er ab und bedang sich aus, daß der Beichtvater und andere geistliche Personen aus allen Angelegenheiten der Streitkräfte herauszuhalten seien. Seine Aufgabe bestand darin, eine neue Armee aufzubauen, der auch die in den Erbländern befindlichen Truppen zugeführt werden sollten. Wie seine Beziehungen zu Tilly definiert wurden, ist nicht überliefert.

Es war also Arnim, der durch seinen Einfall in Böhmen bewirkte, daß Wallenstein in den kaiserlichen Dienst zurückkehrte – oder vielmehr getrieben wurde. Er war sich der Schwäche und Zerbrechlichkeit seiner Stellung durchaus bewußt. Stets war er völlig auf den guten Willen Arnims, seines einstigen Untergebenen, angewiesen. Es hing von diesem ab, ob das Herzogtum Friedland von den Soldaten ruiniert oder an die ursprünglichen Besitzer, die Exulanten, verteilt würde. Diese Abhängigkeit, die ständig drohende Gefahr und die Anwesenheit fremder Truppen in Böhmen – das alles empfand er als unerträglich. Am Dienst für den Kaiser lag ihm wahrlich nicht viel, ihn abzulehnen war aufrichtig gemeint; er hegte auch nicht die Absicht, die allergünstigsten Bedingungen zu erzwingen. Er wollte sich aber durch die Übernahme des Generalats von Bedrohung und Unsicherheit befreien und seine Existenz bewahren. Außerdem schwebte ihm der Gedanke eines allgemeinen Friedens vor. Im Jahr zuvor hatte er sich in dieser Richtung mehrfach bemüht, mußte sich aber davon überzeugen, daß zu seiner Verwirklichung eine starke Macht nötig war.

Konnte Arnim glauben, daß Wallenstein das Generalat nur angenommen hatte, um sich wegen der (inzwischen verratenen) Geheimverhandlungen mit den Schweden zu exkulpieren, dann belehrten ihn die Znaimer Bedingungen eines Besseren, denn dort hatte Wallenstein die Bedingungen diktiert. Falls Arnims Vermutung zugetroffen hätte, dann wäre Wallenstein gezwungen gewesen, jedwede Bedingung anzunehmen.

Die nächsten vier Monate residierte Wallenstein in Znaim und widmete sich mit ungewöhnlicher Energie jener Tätigkeit, in der er unübertrefflich war – dem Aufbau der Armee. Seine Aufgabe bestand darin, die bedenklich gelichteten Reihen der alten Regimenter wieder aufzufüllen, die Moral zu heben, Disziplin und Ordnung wieder herzustellen und die materielle Ausstattung zu verbessern. Außerdem mußte er neue Regimenter formieren, denn kaum hatte er die Werbung verkündet, strömten von allen Seiten Offiziere und Soldaten unter seine Fahnen. Dabei achtete er darauf, für die neue Armee gute Offiziere zu gewinnen. Des weiteren mußte er für Unterkunft und Versorgung der alten und neuen Regimenter sorgen, für den Ankauf von Waffen und Munition sowie für die Bestallung von Artillerie. Zum Heeresaufbau von 1625 gab es jetzt einen wesentlichen Unterschied: Diesmal hatte er kein Geld, um es in das Militär zu investieren, und keinen Kredit, und so war der Kaiser gezwungen, die nötigen Barmittel aus seinen Erbländern einzutreiben oder sie von Madrid, Rom und anderswo zu erbitten.

Während ihn Termine und Arbeit fast völlig verschlangen und seine politischen Kontakte sich festigten, lief die Zeit weiter; der Tag, an dem das vorläufige Generalat endete, rückte unausweichlich näher. Aus Wien wurde er mit Bitten und Ersuchen überhäuft, beim Generalat zu bleiben, obwohl dort eine Reihe ehrgeiziger und teils auch fähiger Generale ein solches Angebot anstelle Wallensteins angenommen hätten. Er lehnte stets ab; erst im April entschloß er sich, dem Drängen nachzugeben.

Nach vorherigen Gesprächen mit dem Wiener Abt-Bischof Anton und dem königlichen Beichtvater P. Quiroga fanden die abschließenden Verhandlungen zwischen Wallenstein und dem kaiserlichen Repräsentanten Fürst Eggenberg am 13. April auf Schloß Göllersdorf, zwischen Znaim und Wien gelegen, statt. Ihr Ergebnis war die berühmte Göllersdorfer Vereinbarung dieses Datums, berühmt aus verschiedenen Gründen. Vor allem ist sie ein Schlüsseldokument, um die Frage nach Wallensteins Schuld zu entscheiden. Das Original und andere authentische Texte sind verloren, und darum ist der Inhalt immer wieder Gegenstand von Vermutungen und Spekulationen gewesen. Der Wortlaut des Vertrages läßt sich aber aus anderen, im ganzen zuverlässigen Quellen erschließen, namentlich aus Sacchettis Relationen. Nachträgliche Textrekonstruktionen gibt es, die zwar in einigen Punkten voneinander abweichen, aber in der Hauptsache übereinstimmen. Der Kaiser verzichtete auf den Großteil seiner Hoheitsrechte und betraute Wallenstein mit der uneingeschränkten Kommandoführung und rechtlichen Verfügung über die Armee sowie mit der Entscheidungsgewalt in Sachen Frieden und Waffenstillstand. Ebenso unbegrenzt war seine Vollmacht, Offiziere zu ernennen, Konfiskationen im Reich vorzunehmen, deren Erträge der Armee zufallen sollten. Er galt nicht weniger denn als Generalissimus des Kaisers, aber auch des ganzen Hauses Österreich und der spanischen Krone. Als Ersatz für den Verlust Mecklenburgs gab ihm der Kaiser das Herzogtum Groß-Glogau zu Lehen, weiter wurde ihm als Tauschobjekt ein nicht näher bezeichnetes „höchstes Regal" aus okkupierten Ländern zugesagt. Ausdrücklich wurde auch statuiert, daß sich der Kaisersohn nicht bei der Armee aufhalten noch viel weniger sie befehligen sollte. Das Angebot, monatlich 30.000 Gulden ausgezahlt zu bekommen, nahm er nicht an, er begnügte sich, wie beim ersten Generalat, mit 6.000 Gulden.

Mit dem Göllersdorfer Vertrag erlangte Wallenstein das „directorium absolutum", wie es in den Bündnispakten Gustav Adolfs hieß. Mit anderen Worten, er wurde auf unbestimmte Zeit Diktator im Reich. Das Original und alle Exemplare des Vertrages wurden nach Wallensteins Ermordung sorgsam beseitigt, weil ihr Wortlaut aus zwei Gründen für Wallenstein sprach: Erstens beweist er, daß dessen Verhandlungen mit fremden Mächten, die ihm als Verrat angelastet wurden, im ganzen legal waren, und zweitens belegt er, daß der Kaiser und der Hof das Abkommen von Anfang an verletzten. Das war die Ursache der Krise, die zu Wallensteins Sturz führte.

Über die Gründe, die zur Übernahme des zweiten Generalats führten, ließ Wallenstein selbst nichts verlauten. Zweifellos waren es die gleichen wie beim Antritt des vorläufigen Befehlsamtes, aber tiefer empfunden: Es bedrückte ihn die eigene Ohnmacht gegenüber den sächsischen Okkupanten, deren Anwesenheit im Lande und die Bedrohung seiner Besitztümer von Seiten der Exulanten. Und wer garantierte ihm, daß nicht irgendwer, eventuell Sachsen oder Schweden, den früheren Eigentümer Christoph von Redern heranführte, der schon jenseits der Grenze darauf wartete, die Herrschaft Friedland wieder zu bekommen? Zur Zeit war er eigentlich ein Flüchtling, der seine Häuser in Prag und Gitschin nicht bewohnen konnte, was in Anbetracht seines Standes für längere Zeit unerträglich war. Es ist sicher, daß er auch höhere Ziele hatte, vor allem den allgemeinen Frieden, den er zu erreichen suchte. Deshalb und nicht zuletzt hatte er sich im Vertrag das Recht ausbedungen, über ihn uneingeschränkt verhandeln zu können. Das war bei einem General zu jener Zeit ungewöhnlich, er überschritt in dieser Beziehung die Grenzen der Wirksamkeit eines Militärs und wurde zum Staatsmann. Die Zeit war noch nicht herangereift, damit er seinen Friedensplan vorlegen konnte, aber nach den späteren Indizien zu urteilen, war es sein Vorsatz, die deutschen Verbündeten Gustav Adolfs durch Gewalt oder durch Verhandlungen zum Frieden zu veranlassen und danach die Schweden aus dem Reich zu vertreiben. Entschieden abzulehnen ist die verbreitete, aber unbelegbare Ansicht, daß sein hauptsächlicher Beweggrund, das Generalat zu übernehmen, das Verlangen nach Rache für die Beleidigung von Regensburg und Machtgier gewesen sei. Im Gegenteil: Die schlimmste Rache hätte darin gegipfelt, die Armee nicht aufzubauen und das Generalat nicht anzutreten. Mit dem zweiten Generalat rettete er eigentlich Habsburg und Wittelsbach in ihrer kritischsten Stunde. Der siegreiche Vorstoß Gustav Adolfs durch Deutschland schritt unaufhaltsam weiter. Zwei Tage nach Unterzeichnung des Vertrages schlug der schwedische König die kaiserlich-ligistische Armee unter Tilly in der Schlacht am Lech. Der Feldherr wurde tödlich verwundet. Gustav Adolf zog am 17. Mai in München ein, der Weg nach Wien war frei.

VIII

Wallensteins Verschwörung – oder Verschwörung gegen Wallenstein?

Die Zeit des zweiten Generalats steht bis heute im Mittelpunkt des Interesses der Historiker. Das Hauptproblem 350 Jahre nach dem Tode Wallensteins ist die Frage geblieben, ob er nach der Göllersdorfer Zusammenkunft als Retter für oder als Haupt einer Verschwörung gegen Habsburg handelte. Der Text des Abkommens, sofern es überhaupt niedergeschrieben wurde, hat sich, wie bereits gesagt, nicht erhalten, aber gut informierte Vertreter italienischer Staaten in Wien meinten seinen Inhalt zu kennen. Das Grundproblem, das deshalb vor uns steht, ist das Problem, ob Wallenstein – sei es nach dem Wortlaut des Vertrages oder nach der persönlichen Unterhandlung mit Ferdinand II. – die Bedingungen des Abkommens überschritt oder nicht.

Über zwei Punkte des Abkommens gibt es unter Historikern keine Meinungsverschiedenheiten: Wallenstein hatte als Generalissimus Befehlsgewalt über alle Teile der Armee, gleich welcher Herkunft, und konnte ihre Kommandeure ernennen. Zum zweiten war er berechtigt, mit den Gegnern des Kaisers, vor allem mit Sachsen und Brandenburg, über einen Waffenstillstand, gegebenenfalls auch über einen Separatfrieden, zu verhandeln. Die vernichtende Niederlage Tillys bei Breitenfeld bedeutete für Wallenstein nicht nur einen schmerzlichen Verlust, sondern diese Schlacht öffnete Gustav Adolf auch den Weg nach Mittel- und Süddeutschland.

Während Wallenstein die Sachsen unter Arnim rücksichtsvoll aus Böhmen verdrängte und seine Truppen unter Gallas Schlesien besetzten, stieß Gustav Adolf bis zum Main vor, und hier nahm er Treueide entgegen und verteilte eroberte Gebiete als Lehen der schwedischen Krone. In seinen Plänen rechnete er mit dem Hinausdrängen der Habsburger aus dem Reich und mit dessen Reorganisation unter schwedischer Ägide. Beim Frühjahrsfeldzug 1632 schlug er Tilly am Lech bei Rain. Mit dessen Tode schied der einzige ernsthafte Rivale Wallensteins aus.

Gemeinsam mit Gustav Adolf zog auch Friedrich von der Pfalz in München ein, und Comenius meinte, die Zeit der ersehnten Wende sei gekommen. Er war in Leszno ungenügend darüber informiert, daß die Sachsen in der Okkupationszeit die Güter Wallensteins sorgsam schonten und den zurückkehrenden Emigranten mit Václav Vilém von Roupa nicht den geringsten Anteil an der Landesverwaltung einräumten. Kurfürst Johann Georg folgte nicht dem Beispiel des dänischen Königs, der 1626/27 die Verwaltung der von ihm besetzten Gebiete Mährens und Schlesiens Ladislav Velen von Žerotin anvertraut hatte. Comenius konnte nicht wissen, daß Wallenstein in der Zeit seiner erzwungenen Ruhe durch

Vermittlung Thurns und Trčkas, ähnlich vorsichtig wie Johann Georg, diplomatische Sondagen mit den Schweden vornahm. Obwohl Wallensteins Person die Berichterstatter Spaniens, Frankreichs und der Niederlande (hier vor allem der gewandte Foppius von Aitzema) lebhaft interessierte, ist es heute kaum möglich, Spuren dieser Sondierungen in schwedischen und niederländischen Archiven zu finden. Es scheint eher, als hätten die Schweden ihr Interesse an Wallenstein größtenteils verloren, nachdem sie in Mecklenburg einmarschiert waren; auch der Staatsrat in Den Haag nahm wohl Aitzemas Berichte nicht ernst. Wallenstein hingegen war über die diplomatische Hilfe informiert, die Frankreich den Schweden bei den Verhandlungen über einen sechsjährigen Waffenstillstand mit Polen leistete. Er war sich sicher auch der Gefahr bewußt, die Habsburg drohte, wenn sich die Bourbonen mit den schwedischen Wasa verbündeten. Eine solche Koalition zu vereiteln war nur dadurch möglich, daß man den Schweden ihre protestantischen deutschen Bundesgenossen abspenstig machte – Sachsen und Brandenburg. Wallenstein setzte im Winter 1631/32 große Hoffnungen auf seinen einstigen Feldmarschall und nunmehrigen sächsischen Politiker Arnim, und durch Vermittlung vornehmlich Adam Erdmanns von Trčka offerierte er indirekt auch den Schweden Angebote, über einen Waffenstillstand oder einen Frieden zu verhandeln. Von diesen Angeboten wußte der Kaiser, denn es war offenkundig, daß er infolge der Erschöpfung seiner Länder zu Zugeständnissen bereit war, eingeschlossen die Zurücknahme des Restitutionsedikts von 1629.

Sonst so umsichtig und ein guter Menschenkenner, irrte sich Wallenstein in einigen Personen, denen er vertraute. Neben Kondottieri italienischer Herkunft (Gallas, Piccolomini, Clari u.a.) traf das auch auf Arnim zu. Dieser wurde, wie sein Herr, Kurfürst Johann Georg, geleitet von eigenen und sächsischen Interessen und bezog im Konflikt zwischen Schweden und Habsburg zumeist eine neutrale Position. Weder Arnim noch Johann Georg trauten ihrem schwedischen Partner übermäßig; Gustav Adolf mußte den Kurfürsten mehr oder weniger gewaltsam zur Koalition zwingen. Die Diplomatie des 16. und 17. Jahrhunderts folgte dem Grundsatz, daß niemandem zu trauen sei. Und legitim sei es, denjenigen zu betrügen, den man zu gewinnen trachtet. Das Schlagwort Philipps II. von Spanien, ausgedrückt in der Bezeichnung disimilar – gleich vorspiegeln oder betrügen –, bestimmte praktisch die Politik aller Beziehungspartner. Johann Georg hatte 1619 gleichzeitig mit den böhmischen Machthabern und den Habsburgern verhandelt, und Anfang 1634 schrieb Ferdinand II. Wallenstein liebenswürdige Briefe, während er schon dessen Ende beschlossen hatte.

Im Frühjahr 1632 konnte der schwedische Vorstoß, wie es schien, auch Wien bedrohen. Wallenstein war deshalb gezwungen, entschiedene Maßnahmen zu treffen, um diese Absicht zu vereiteln. Beide Armeen postierten sich Auge in Auge gegeneinander bei Nürnberg, wo Wallenstein ein befestigtes Lager ausbaute. Im Raum bis Regensburg, wo sich Kurfürst Maximilian als Belagerter aufhielt, standen sich zwei Armeen gegenüber, deren Befehlshaber den Schlüssel zur Lösung des ganzen Konflikts in der Hand hielten. Wallenstein, seiner Taktik der Abwehr und des Gegenangriffs vertrauend, wartete auf einen Sturm der Schweden, während Gustav Adolf auf die Angriffsstrategie baute und es damit versuchte. Er wurde jedoch geschlagen. Da der König berechtigterweise der Politik des sächsischen Kurfürsten und Arnims mißtraute, verzichtete er auf die Realisierung seiner Pläne in Süd- und Mitteldeutschland und führte seine Armee nach Sachsen. Dort kam es am 16. November zur Schlacht bei Lützen, die der Form nach für die Schweden siegreich ausging. Sie bedeutete jedoch das Ende der Politik der großen Entwürfe, weil – wahrscheinlich wegen seiner Kurzsichtigkeit – der König fiel. Wallenstein, wohl wieder von einem Anfall geplagt, bewies in der Schlacht persönliche Tapferkeit; er ließ sich auf ein Pferd helfen, obwohl ihm das furchtbare Schmerzen bereiten mußte. Schließlich gab er seinen Truppen den Befehl zum Rückzug. Er verlor in der Schlacht eine Reihe seiner Unterbefehlshaber, darunter General Pappenheim, der zu Prag in der Kirche des Strahov-Klosters beerdigt wurde. Der Rückzug der Kaiserlichen vollzog sich so geordnet, daß Zeitgenossen Zweifel hegten, wer eigentlich die Schlacht verloren hatte. Es war allerdings Tatsache, daß mit Gustav Adolf weitgesteckte Pläne dahinsanken, auf die einige Mitglieder der böhmischen Emigranten, namentlich Thurn, gebaut hatten. Die kritische Situation nach Gustav Adolfs Tode meisterte der Reichsrat und sein Haupt, Kanzler Oxenstierna, freilich mußten die Kriegsziele nüchtern überprüft werden. Der Kanzler und der Rat regierten in Vormundschaft Christinas, der minderjährigen Tochter des Königs, die im humanistischen Geiste einer gemäßigten Theologie erzogen und Sympathie für die eben herausgegebene Pansophie von Jan Amos Comenius zum Ausdruck brachte.

Einige Historiker meinen, daß die Zeit von der Schlacht bei Lützen bis zu Wallensteins Tod als politischer Zweikampf zwischen Wallenstein und Oxenstierna charakterisiert werden könne. Dieses Gleichnis scheint kaum geeignet, die Wirklichkeit zutreffend zu beschreiben. Wallenstein füllte im Winter 1632/33 die Reihen seiner Regimenter wieder auf. Übereinstimmend mit den meisten kaiserlichen Räten vertrat er die Ansicht, daß eine versöhnliche Politik gegenüber den protestantischen Fürsten am besten der Situation entsprach, in der die Sommer-Kampagne bevorstand. In dieser Beziehung übervorteilen ihn Oxenstierna und Arnim, denn am 23. April 1633 vereinigten sich namentlich die oberdeutschen protestantischen Reichsstände zum Heilbronner Bund, wobei sich Oxenstierna das Direktorium und die politische Führung vorbehielt.

Der Sieg bei Steinau

Der Heilbronner Bund beschloß, eine starke Armee aufzustellen, unterließ es aber, den finanziellen Forderungen seines schwedischen Patrons nachzukommen. Einige schwedische Einheiten (es ging um die sog. deutsche Armee, die in

Deutschland angeworben war) hatten schon jahrelang keinen ordnungsgemäßen Sold mehr erhalten. Aus diesem Grund meuterten im Frühjahr 1633 schwedische Einheiten in Süddeutschland. Es gelang Oxenstierna zwar, mit finanzieller Hilfe Frankreichs und der Niederlande die kritische Situation zu meistern, aber die Zeit war weitergeeilt, so daß für eine große Sommer-Kampagne immer weniger Hoffnung bestand. Die sächsische Politik Johann Georgs und Arnims bereitete insgeheim eine Verständigung mit dem Kaiser vor, was Wallensteins Bestrebungen entsprach. Er konnte einer Gruppe böhmischer Emigranten, die am Dresdner Hofe um Graf Kinský lebte, indirekt zusichern, daß sie in den Genuß religiöser Freiheit kämen. Wallenstein, der gut über die Spannungen zwischen Schweden und dessen deutschen Verbündeten informiert war, richtete seine Politik darauf aus, Sachsen und Brandenburg von Schweden abzusondern. Der brandenburgische Kurfürst Georg Wilhelm war nach Wallensteins Ansicht bereit, über eine Verständigung zu verhandeln, weil er sich mit den Schweden nicht über die Zukunft Pommerns zu einigen vermochte, wo die einheimische Dynastie mit Herzog Bogislav XIV. aussterben würde. Pommern und Mecklenburg waren aber als Basis für schwedische Operationen in Mitteleuropa unentbehrlich. Pommern hatte, wie Schlesien, überdies für Schweden großen Wert, weil von da aus die katholischen Wasa in Polen bedroht werden konnten. Der Brandenburger, obgleich Schwager Gustav Adolfs und Onkel der schwedischen Königin Christina, trieb unter Maßgabe seines katholischen Ministers Adam Schwarzenberg (wie der sächsische Kurfürst mit Arnim an der Seite) eine Politik des Hin- und Herschwankens zwischen Schweden und dem Kaiser. Im Januar 1633 sandte Georg Wilhelm seinen Vertreter nach Dresden, doch dort hatte schon seit Weihnachten Oxenstierna verhandelt, um den Zusammenhalt des antihabsburgischen Lagers zu stärken. Er kam mit den Sachsen insoweit überein, daß der Schwerpunkt der Kämpfe Schlesien sein müsse, dessen strategische Bedeutung für Schweden der Agent Dr. Rutgersius schon 1619/20 in Prag nachdrücklich bekräftigt hatte. Der sächsische Kurfürst bedang sich dafür aus, zum Befehlshaber der neuen sächsisch-schwedischen Armee Thurn zu ernennen, obwohl es über dessen Fähigkeiten in der Kriegskunst seit dem böhmischen Krieg große Zweifel gab. Wallenstein war durch diesen Gang der Ereignisse gezwungen, den Großteil seiner Streitkräfte ebenfalls nach Schlesien zu überführen. Aber nach seiner Gewohnheit und im Bestreben, Frieden mit Sachsen zu erlangen, ließ er überflüssigerweise einen Sommermonat nach dem anderen verstreichen. Endlich gelang es ihm, die verbündeten Gegner voneinander zu trennen, indem er mit Arnim zweimal Waffenstillstand schloß – angeblich deshalb, um Zeit für diplomatische Aktionen zu gewinnen. Wallenstein, der davon hörte, daß einige von seinen Generälen mit der Untätigkeit auf dem Kriegsschauplatz unzufrieden waren und der es ertragen mußte, daß der Kaiser in Wien, entgegen der Göllersdorfer Vereinbarung, Generäle ernannte, ließ sich dazu provozieren, einen Angriff auf die schwedische Armee unter Thurn zu unternehmen. Dieser verließ sich darauf, daß Wallenstein während des Waffenstillstandes mit Sachsen auch die Schweden in Ruhe lassen würde. Am 27. September 1633 überfiel Wallenstein indes die Schweden unerwartet bei Steinau, schlug sie und nahm binnen einer Woche 8.000 Mann, darunter den überraschten Thurn, gefangen. Diesen allerdings entließ er aus der Gefangenschaft gegen das Versprechen, alle von Schweden oder Emigranten besetzten Städte kampflos zu übergeben. Er gab Thurn frei, obwohl er wußte, daß er damit seine Gegner bei Hofe in Aufruhr versetzte.

Andererseits verlor Wallenstein das Vertrauen der Schweden und Sachsen. Es gelang ihm schon nicht mehr, mit ihnen Verhandlungen über Waffenstillstand und Frieden anzuknüpfen. Seine Generäle überzeugten sich davon, daß seine Position allein vom Wohlwollen Eggenbergs abhängig war. Dessen Einfluß auf den Kaiser nahm aber ständig ab. Der ganze Feldzug des Sommers 1633 brachte dem Kaiser nur wenig Gewinn. In der Tat war Schlesien erneut gegnerisch besetzt worden, und den Schweden und Brandenburgern stand dort nur der schwächere Teil der Armee gegenüber, deren Kommandeure nach Wien Berichte über die Untätigkeit Wallensteins schickten. Dazu kam der Druck Maximilians von Bayern, dessen Land die Schweden größtenteils okkupiert hatten, abgesehen davon, daß Wallenstein weiterhin Pläne, die spanischen Positionen in Italien und den Niederlanden stärken zu helfen, ablehnte. Wallenstein wollte Zeit für weitere Verhandlungen gewinnen, indem er die Sommer-Kampagne beendete und die Armee in die Erbländer des Kaisers (Schlesien, Böhmen, Nieder- und Oberösterreich und Mähren) schickte, um dort zu überwintern. Das war, nach den Erfahrungen des Vorjahres, nicht nur eine schreckliche Vorstellung für die Stände der einzelnen Länder, sondern auch für deren Statthalter, so auch für Kardinal Dietrichstein in Mähren. Sie alle betonten, die Folge des neuerlichen Wallensteinschen Generalats sei der Verderb ihrer Länder samt deren Einwohnern, und warnten vor dem Ausbruch eines Aufstandes der verzweifelten Bauern. Wallenstein mußte schließlich nachgeben, er schickte den Kern der Armee ins Böhmische. Auf Befehl des Kaisers und nach jammervollen Bittgesuchen Maximilians von Bayern wurde ein Teil in die Oberpfalz und in die nahegelegenen Gebiete Bayerns verlegt. Dort hatten, mehr durch Zufall als durch Kampf, die Schweden Regensburg erobert, das kürzlich die letzte Zufluchtsstätte des Kurfürsten gewesen war. Wallenstein selbst begab sich, der Armee nachreisend, an die Donau und stellte fest, daß das für die Belegung ausersehene Gebiet Bayerns ausgeplündert war. Nach seiner Ansicht blieb nichts anderes zu tun, als den Großteil der Armee zurück in die Winterquartiere nach Böhmen zu beordern. Es war ein Zeichen abnehmenden Prestiges des Generalissimus, daß die Prager Statthalter dagegen protestierten und verlangten, das Land so viel wie möglich davon zu verschonen.

Auch sein Sieg bei Steinau bewahrte Wallenstein nicht davor, daß Denunziationen nach Wien gingen, die ihn beschuldigten, wenn schon nicht ein Verräter, so doch unfähig zu sein. Der Kriegsrat begann, namentlich einem Vorschlag Schlicks folgend, Erwägungen anzustellen, den König von Bayern an die Spitze der Armee und Mathias Gallas ihm zur Seite zu stellen. Anfang Dezember, als Wallenstein aus Bayern nach Pilsen zurückkehrte, wo sich sein Hauptquartier befand, sandte ihm der Kaiser einen auf den 9. Dezember datierten Brief, in dem er ihm die Ankunft seines Bevollmächtigten Trauttmansdorff ankündigte. Dieser und auch Wallensteins Anhänger Questenberg, der wegen der Gicht bettlägerig war, vermochten den Feldherrn einigermaßen zu überzeugen; die Kluft zwischen Wien und Wallenstein konnte aber nicht überbrückt werden. Auch Wallenstein war krank aus Bayern zurückgekehrt, die erhalten gebliebenen Rezepte der Pilsner Apotheke deuteten freilich nicht auf eine ernste Krankheit hin. Als am 15. Dezember in Pilsen ein Brief des Kaisers eintraf, der Wallenstein anwies, wiederum mit der Armee nach Bayern zurückzukehren, beauftragte dieser Feldmarschall Christian Illo, alle nach Pilsen zu berufenden Kommandeure mit dem Brief bekannt zu machen. Diese waren indes keineswegs für eine winterlichen Zug, und Illo erreichte von ihnen eine gemeinsame Erklärung, in der sie sich kollektiv für Wallensteins Plan aussprachen, die Winter-Kampagne zu beenden. Wallenstein mochte meinen, der Wiener Hof sei damit zufrieden. Er rechnete nicht damit, daß den Hofkriegsrat die Briefe des bayerischen Agenten Richel, Ottavio Piccolominis und möglicherweise auch seines verstoßenen Rivalen Marradas weit mehr und gegenteilig beeinflußten. Des letzteren Schloß Frauenberg wurde zum Verschwörer-Treff von Wallensteins Gegnern im Rat der Generäle.

Irrgänge voller Nachrichten

Neben Frauenberg gewann auch die schlesische Stadt Glogau zeitweilig an Bedeutung für Umtriebe gegen Wallenstein. Dort kam Ende Dezember Gallas mit Ottavio Piccolomini zusammen, und das kurz bevor man in Wien das Gerücht verbreitete, der kranke Generalissimus sei nicht nur unfähig, sondern auch ein Verräter. Die Nachrichten über seine zwei letzten Lebensmonate sind, wie man damals sagte, ein verwirrendes „Labyrinth". Einerseits versicherte Wallenstein den Kaiserhof seiner Loyalität oder verhandelte Anfang Januar 1634 gar mit dem Beichtvater der ungarischen Königin Maria Anna, andererseits suchte er Rückhalt und Zuflucht in Sachsen. In dieser Situation berief Wallenstein zum 11. Januar alle Generäle und Obristen nach Pilsen, um ihnen mitzuteilen, er habe sich entschlossen, infolge des zunehmenden Mißtrauens gegen ihn das Amt des Generalissimus niederzulegen. Die Versammelten waren zwar nicht begeistert vom Gedanken eines Winterfeldzuges, wußten freilich aber auch vom wachsenden Zwist Wallensteins mit dem Wiener Hof; aber nach gegenseitigen Beschuldigungen und in lärmender Erregung unterzeichneten nicht weniger als 42 von 49 Anwesenden den Revers, mit dem sie sich hinter Wallenstein stellten.

Einen Tag später unterschrieben Vertreter der Obristen dem Feldherrn ganz persönlich einen zweiten Revers, der sie allein zum Dienst für ihn verpflichtete.

Unter den Namenszeichen auf dem Revers der Obristen vom 12. Januar war auch die Unterschrift des 35jährigen Generals der Kavallerie und Kommandanten von Wallensteins Leibwache Ottavio Piccolomini. Dieser wie auch eine Reihe weiterer Obristen genoß die Sympathie des Generalissimus wegen seiner italienischen Herkunft und möglicherweise auch wegen des Umstandes, daß die Nativitätskonstellationen der Gestirne sich glichen. Auf dem Revers fehlte die Unterschrift eines weiteren Italieners – des Generalleutnants Mathias Gallas. Er befehligte jenen Teil der Armee, der auf Schlesien verteilt war. Desgleichen stand auch der Namenszug des Lothringers Johann Aldringen nicht auf dem Revers, der Befehlshaber eines selbständigen, in Bayern operierenden Korps war. Diejenigen Obristen, die den Revers nicht unterschrieben, konnten mit der Unterstützung des früheren Wallenstein-Gegners Don Balthasar Marradas, Herr auf Frauenberg, rechnen. Er hatte die Leibwache Kaiser Rudolfs II. kommandiert, war nun aber schon ohne Funktion. Er war es, der am frühesten engen Kontakt mit Aldringen aufnahm, und figurierte als „geborener" Mittelsmann der Obristen-Verschwörer mit Wien. Dort stand ein anderer persönlicher Widersacher Wallensteins an der Spitze des Hofkriegsrates – Graf Heinrich Schlick, in der Schlacht am Weißen Berge dereinst Kommandant eines tapferen Regiments aus Mähren. Piccolomini behauptete in seinem Denunzianten-Brief, den er in Pilsen nach seiner Rückkehr aus Schlesien und nach seiner Unterzeichnung des Reverses schrieb, Wallenstein und sein Vertrauter Graf Kinský hätten ihn schon Ende Dezember 1633 in ihre hochverräterischen Pläne eingeweiht, die angeblich nichts weniger als die Vernichtung des Hauses Habsburg beabsichtigten. Wallenstein vertraute Piccolomini so sehr, daß er ihn nach Oberösterreich schickte, um eine mögliche Gegenaktion Aldringens unschädlich zu machen. Piccolomini verließ Pilsen und traf vier Tage später in Linz ein, von wo er Oberstleutnant Fabio Diodati mit einer Wallenstein denunzierenden Anzeige nach Wien beorderte. Er ahnte kaum, wie willkommen sie in Wien war.

Der Kaiser, der bis dahin gezögert hatte, gegen den Mann vorzugehen, der ihm einige Male aus der Not geholfen und zweimal die Monarchie gerettet hatte, gab den Text der Hochverrats-Anzeige einer Kommission zur Entscheidung, der Eggenberg, Trauttmansdorff und der Bischof von Wien angehörten. Alle diese einstigen Gönner Wallensteins sprachen sich, wie auch der Jesuit und Beichtvater des Kaisers Lamormain, für die Absetzung des Feldherrn aus. Am 24. Januar 1634 unterschrieb Ferdinand II. ein Patent, das Wallenstein des Oberbefehls entsetzte, Gallas zu seinem Nachfolger bestimmte und zugleich allen Obristen Amnestie gewährte, die mit den Pilsner Reversen ihre Treue zu Wallenstein bekundet hatten. Von größter Tragweite war ein zweites Patent mit der Aussage, das „Haupt der Verschwörung" und seine Verbündeten seien, soweit möglich, gefangen zu setzen, nach Wien zu befördern oder als überführte Übeltäter zu töten. Das bedeutete praktisch das Todesurteil über Wallenstein und seine Getreuen.

Das Dokument vom 24. Januar wurde länger als eine Woche sorgsam geheim gehalten. Erst am 4. Februar 1634 erhielt Piccolomini in Linz ein neues kaiserliches Patent, das ihn mit der Durchführung der Aktion gegen Wallenstein betraute, und zugleich ein Dekret, das ihn zum Feldmarschall beförderte.

Nach einem gewissen Zögern entschloß sich Piccolomini zum entscheidenden Schritt. Dabei half ihm Gallas, der Ende Januar in Pilsen ankam und dort von dem geheimen kaiserlichen Patent erfuhr. Piccolomini und Aldringen kamen dann bei Marradas in Frauenberg zusammen, und weil weder dieser noch Aldringen sich vor Wallenstein zeigen wollten, oblag es Piccolomini, das Patent zu vollziehen. Er traf am 11. Februar zu einer neu anberaumten Obristenversammlung in Pilsen ein. Den ursprünglichen Plan, den abgesetzten Generalissimus mittels einer Gruppe von italienischen Angehörigen der Leibwache Piccolominis ermorden zu lassen, ließen die Verschwörer fallen. Sie waren sich ihrer Stellung noch nicht sicher, und namentlich Gallas bemühte sich, schnellstens aus Pilsen zu entweichen. Das gelang ihm am 13. Februar. Er fuhr mit einer Kutsche Wallensteins nach Bayern. An diesem Tage erteilte er seinen ersten Befehl, mit dem er Piccolomini die Vollziehung des kaiserlichen Patents übertrug.

In den nächsten zwei Wochen versagte das ansonsten gut funktionierende Informanten-Netz Wallensteins völlig. Es entging ihm, daß Marradas rehabilitiert war und daß Gallas den Regimentern bekanntmachen ließ, er sei zum Oberbefehlshaber ernannt worden. Wallenstein begnügte sich damit, daß er seinen Neffen Maximilian von Waldstein nach Wien mit dem Angebot schickte, abdanken zu wollen. Dieser unterrichtete ihn aber nicht davon, daß weder Eggenberg noch andere, die seinen Onkel vordem unterstützt hatten, mit ihm überhaupt sprechen wollten. Es beunruhigte Wallenstein auch nicht, daß Pater Quiroga, Questenberg und der als spanischer Agent bei ihm tätige Dr. Fernando Navarro aus Pilsen abreisten. Da ihm der Kaiser weiter Briefe mit allen Titeln zusandte und seinen Rat erbat, verhielt sich Wallenstein so, als wäre nichts geschehen. Zum 19. Februar berief er alle Generale und Obristen wiederum nach Pilsen.

Mit Hilfe Illos erhob er, wie im Januar, Vorwürfe gegen die schlechten Ratgeber des Kaisers und erwirkte von den Anwesenden neue Reverse, allerdings mit dem Zusatz, zu ihm wie als treue Untergebene des Kaisers zu stehen. Obwohl ihm das eine Warnung sein konnte, verließ sich Wallenstein weiterhin auf sein Prestige in der Armee. Er setzte seine Abreise aus Pilsen auf den 22. Februar fest. Zum 24. Februar rief er alle in Böhmen stationierten Regimenter auf die Ebene am Weißen Berge bei Prag zusammen. Allerdings hätte ihn die Nachricht aufstören müssen, daß Oberst Luigi Diodati ohne Befehl am 19. Februar mit seinem Kürassierregiment aus Pilsen abrückte. Um sich zu vergewissern, wie die Zusammenziehung der Armee voranging, schickte er seinen Vertrauten Adam Erdmann Trčka am 21. Februar nach Prag. Dieser begegnete schon bei Rokitzan dem Obersten Sparr, der ihm mitteilte, in Prag habe General Suys den Befehl übernommen, und dort seien Plakate mit dem Patent des Kaisers angeklebt, die die Absetzung Wallensteins kundmachten. Erst dadurch erfuhr Wallenstein vom Patent des 24. Januar, und erst jetzt mochte er sich bewußt werden, daß er Max von Waldstein und Oberst Mohr vergeblich nach Wien gesandt hatte. Auf die zugespitzte Krisensituation reagierte Wallenstein so energisch, wie es ein ernstlich Kranker niemals hätte tun können. Würde seine Abdankung nicht angenommen, und wollte er nicht in Pilsen warten, bis die Verschwörer-Generäle ihn hier verhafteten, mußte er sich sofort entscheiden. Die Meinung, er habe jetzt bei den Schweden Zuflucht suchen wollen, ist durch nichts zu belegen.

Nach Sachsen über Eger

Da er nicht nach Prag gehen konnte, wählte er für seine Reise nach Sachsen den Umweg über Eger. Trotz mißlicher Erfahrungen mit Sachsen glaubte er offenbar, Johann Georg und Arnim würden ihm Asyl gewähren. Gegen letzteres sprach allerdings die Tatsache, daß der Kurfürst 1619 den Rebellen Joachim Andreas Schlick dem Kaiser ohne Gewissensbisse ausgeliefert hatte. Ganz hoffnungslos schien Wallensteins Annahme aber nicht, denn am Dresdner Hofe lebte ständig eine Gruppe böhmischer Emigranten. Daß sein Ziel wirklich Sachsen war, davon zeugt die Missiva – ein in Pilsen am 21. Februar verfaßtes und abgefertigtes Sendschreiben, adressiert an den friedländischen Landeshauptmann Dietrich Malovec von Malovice. Es enthielt die Anordnung, alle Dukaten aus der Kammer zu Gitschin über Reichenberg, Rumburg und Ansbach Hauptmann Graf Kinský oder einer anderen, von diesem zu bestimmenden Person zu übergeben. Der Brief, möglicherweise von Wallensteins eigener Hand, enthält noch einen tschechischen Zusatz: Der Adressat möge sich damit beeilen und allein das Geld in Ansbach übergeben.

Die ganze Nacht zum 22. Februar wurde fieberhaft gepackt, ehe Wallenstein in der Frühe seine letzte Reise antrat. Mit ihm gingen 1.300 Personen seiner Begleitung, eingeschlossen einige Reiterabteilungen. Unklar ist, ob sich auch Mitglieder seiner Leibwache darunter befanden. Wallenstein litt unter Schmerzen; er mußte daher in der Sänfte, die möglicherweise zwischen zwei starken Pferden hing, reisen. In Pilsen ließ er seine Artillerie und den Großteil des Fußvolkes zurück. Am Abend vor der nächtlichen Rast in Mies begegnete Wallensteins Zug Reitern aus dem Regiment Piccolomini. Es kam zu einem kurzen Geplänkel, das zeigte, daß auf jeder Seite Kaiserliche standen und nicht etwa auf einer Schweden. In Mies meldete sich Oberst Walter Butler mit seinem Dragonerregiment bei Wallenstein. Dessen Befehl, zu ihm zu stoßen, hatte ihn in Kladrau erreicht. Er teilte sich mit seinem Onkel ein Dragonerregiment, mit dem er in polnischen und später kaiserlichen Diensten gekämpft hatte und gehörte zu den Irish geese (umherziehende Gänse) – wie man die katholischen irischen und schottischen Söldner zumeist nannte, die praktisch in allen europäischen Armeen Dienst taten. Butler befolgte den Befehl Wallensteins, schickte zugleich aber seinen Kaplan Patrick Taaffe mit einem Brief an Gallas oder Piccolomini. Er versicherte ihnen, er gehorche dem Befehl nur unter Zwang, hoffe aber, sich bald einer „heldenhaften Tat" rühmen zu können. Am folgenden Tage verschwanden aus Wallensteins Kondukt vier Kompanien des sachsen-lauenburgischen Regiments, um samt Kommandeur auf die kaiserliche Seite überzuwechseln. Am 23. Februar führte Butler mit Wallenstein ein langes Gespräch, über dessen Inhalt allerdings nur Butler selbst informierte und den Taaffe erst 1653, lange nach Butlers Tode, aufzeichnete. Seine Relation ist für die Ereignisse der folgenden Tage zugleich die Hauptinformationsquelle. Wallenstein bemühte sich, Butler zu gewinnen und versprach ihm den Generalsrang. Das aber mochte den Obersten nur mißtrauischer machen, der schon am 20. Februar das Treuebekenntnis für Wallenstein nicht unterschrieben hatte. Die folgende Nacht vom 23. zum 24. Februar verbrachte dieser in Plan, wohin Oberstleutnant Walter Leslie vom Fußregiment Trčka kam. Mit der Treue dieses Regiments konnten Adam Erdmann Trčka und Wallenstein rechnen, weniger schon mit der des 35jährigen ehrgeizigen Offiziers. Leslie war sicher bereit, mehr zu riskieren als der ältere Butler. In Eger öffnete Oberstleutnant und Stadtkommandant John Gordon selbst dem einziehenden Wallenstein die Tore. Dieser bezog Wohnung im Pachelbel-Haus am Marktplatz. Dort vermochte er sich zwar gut einzurichten, aber es konnte nicht mehr als den Generalissimus, seine Pagen und eine Handvoll Leute seiner Wache beherbergen. Die übrigen Angehörigen seiner Begleitung wurden in Häusern am Platze und in den angrenzenden Gassen untergebracht. An diesem 24. Februar abends kamen Leslie und Gordon bei Butler zusammen und überlegten lange, was weiter zu tun sei. Während des Abendessens bei Wallenstein traf ein Eilbote aus Pilsen ein, der ihn in Gegenwart Leslies mit dem Original des kaiserlichen Patents bekannt machte. Weiter berichtete der Bote über die in Pilsen herrschende Verwirrung. Darüber geriet der Generalissimus in unverhohlene Wut. Derart über den Stand der Dinge sicher unterrichtet, eilte Leslie zu seinen Kumpanen. Ohne besondere Schwierigkeiten überredete er sie, am nächsten Tage, bevor Wallenstein etwas unternehmen könnte, den Befehl des Kaisers auszuführen: Wallenstein zu töten oder gefangen zu nehmen.

Am Sonntag, dem 25. Februar, lud Feldmarschall Illo die drei – Gordon, Butler und Leslie – zu sich und nötigte ihnen einen weiteren Treueeid zu Wallenstein ab. Das war der fünfte seiner Art, und die schottischen Söldnernaturen nahmen ihn wohl kaum noch ernst. Nach dem Besuch bei Illo, beim Mittagessen, beschlossen sie, Wallenstein von seinen verbliebenen Anhängern zu sondern, die Dragoner alle Tore besetzen zu lassen und in den Wachen die Musketiere des Regiments Trčka auszutauschen. Eine von den Kompanien der Butlerschen Dragoner sollte schließlich die Exekution ausführen. Illo, Trčka, Graf Kinský, der aus Dresden eingetroffen war, und Wallensteins Sekretär Dr. Heinrich Niemann erhielten eine Einladung zu einem Bankett, das Gordon als Stadtkommandant und Hausherr für den Abend auf der Kaiserburg anrichten ließ.

Die eigentliche, handgreifliche Exekution übertrug Butler drei Offizieren seines Dragonerregiments: Mac Daniel, Deveroux und Geraldin, jeder von einem halben Dutzend soldatischer Halsabschneider begleitet. Die Einladung auf die Burg erhielten Illo und die anderen gegen sechs Uhr abends. Das Gastmahl verlief ganz und gar ruhig. Um sieben Uhr etwa entfernte sich Leslie für eine Weile, ließ die Zugbrücke hochziehen und nahm alle Schlüssel an sich. Mac Daniel gab er die Weisung, jedwedem das Verlassen der Burg zu verwehren. Nach Leslies Rückkehr stürmten Geraldin und Deveroux mit ihren Soldaten in den Bankettsaal; Kinský erschlugen sie schon am Tisch, Illo und Niemann nach kurzer Gegenwehr, und Trčka, der bis zum Burgtor lief, wurde von Mac Daniel getötet. Trotz aller Abriegelung drang die Nachricht vom Blutbad auf der Burg in die Stadt, Wallenstein aber vernahm sie nicht. An ihm war die Reihe gegen zehn Uhr. Butler kam selbst zum Pachelbel-Haus, Geraldin ließ alle Ausgänge besetzen und erschlug die Wachen, während Deveroux mit seinem Trupp die Treppe emporstürmte und einen der Pagen erstach, wobei sein Degen zerbrach. Mit einer Hellebarde bewaffnet, drang er in Wallensteins Schlafgemach ein und stand dem Generalissimus gegenüber, der mit einem Nachthemd bekleidet war. Die später abgefaßte Relation Taaffes unterscheidet sich in einigem von einem Bericht, der ursprünglich französisch niedergeschrieben wurde und vielleicht von einem an der Exekution Beteiligten, möglicherweise von Deveroux selbst, stammt. Demzufolge habe Hauptmann Deveroux nach einem Augenblick des Zögerns die Brust des Generalissimus durchstochen. Einer der Dragoner wollte den Toten aus dem Fenster werfen. Deveroux hinderte ihn daran, und Wallensteins Körper wurde in eine enge Truhe gezwängt. Man überführte ihn ins Franziskaner-Kloster zu Mies, wo er so lange warten mußte, bis der Kaiser den Verwandten huldvoll erlaubte, ihn neben seiner ersten Gemahlin Lukrezia in der Kartause von Waldiz bei Gitschin beizusetzen. Als diese unter Kaiser Joseph II. säkularisiert und in ein berüchtigtes Gefängnis umgewandelt wurde, überführte man das, was von Wallenstein übrig war, nach Münchengrätz in die St.-Annen-Kapelle. Dort ruhen die restlichen Gebeine bis heute.

War das Verrat?

Unmittelbar nach dem politischen Mord zu Eger wurde in Wien eine Kommission gebildet, die Material gegen den Hochverräter Wallenstein sammeln sollte. Sein letzter Brief, von Pilsen am 21. Februar nach Gitschin an den Landeshauptmann gesandt mit der Forderung, bares Geld nach Sachsen zu senden, hat sich nicht erhalten. Aber in einer Kopie, vom Landeshauptmann geschrieben und heute in der Handschriftensammlung des Staatlichen Zentralarchivs in Prag aufbewahrt, erfahren wir, was mit dem Original geschah: Am 21. März 1634 verlangte es Graf Puchheim vom Landeshauptmann Malovec und sandte es nach Wien an Hofrat Reinhard von Walmerode. Es ist wahrscheinlich, daß die Berichterstatter der Wiener Kommission auch anderswo als in Gitschin nach Wallenstein-Dokumenten fahndeten, aber wir wissen, daß sie in Friedland keine fanden und von dort keine nach Wien geschickt wurden. Über die Tätigkeit der Walmerode-Kommission hat sich im Wiener Haus-, Hof- und Staatsarchiv nichts erhalten. Die Kriegskanzlei Wallensteins, die man wohl in Eger beschlagnahmte, hatte offensichtlich an Bedeutung verloren und blieb auf dem Weg dorthin in Böhmisch Budweis hängen, wo die Akten lange auf dem Boden des Rathauses lagerten.

Im April 1634 mußte die Kommission bereits feststellen, daß es enttäuschend wenige Beweise für den Hochverrat Wallensteins gab. Sie konnte sich lediglich auf die Aussage Oberst Schliefs stützen, aber der bekannte, daß er die Information keineswegs von Wallenstein, sondern von Graf Kinský hatte. Auch Herzog Franz Albrecht von Sachsen-Lauenburg bot keine anderen Beweise als die Bemühungen Wallensteins um Waffenstillstand und Frieden. Erst im Oktober 1634 erschien der „Ausführliche und Gründliche Bericht über den schändlichen Friedländischen Verrat", J. Putz von Adlersthurn, einem kaiserlichen Kammerrat, zugeschrieben. Doch auch hier ist der Mangel an Beweisen durch starke, aber nicht belegbare Worte und Verleumdungen ersetzt. Bei den Zeitgenossen fand die Relation ebenso keinen Glauben. Im Oktober verteidigte sich Kaiser Ferdinand in einem Brief an die geistlichen Kurfürsten und vor der öffentlichen Meinung gegen die Fama, daß in Eger ein grausamer, von den Jesuiten angestifteter Mord geschehen sei. Schlagende Beweise für hochverräterische Umtriebe Wallensteins und Trčkas sollte die Relation Sezima Rašíns liefern, die von Vilém Slavata inspiriert und ergänzt wurde. Obwohl eine Reihe tschechischer Historiker dieser Quelle vertrauten, wird sie heute als Bericht für unglaubhaft gehalten. Ebenso wenig überzeugt ein seltsames Dokument, das irgendein Kapuziner erst 1637 nach Wien übersandte. Darin versichert Graf Thurn den schwedischen König, allerdings schon 1631, der Bereitschaft Wallensteins zu Verhandlungen. Im Mai war die Kommission am Ende und schlug vor, Beweise über die Folterkammer zu beschaffen.

Am Ende legitimierte Kaiser Ferdinand den Mord von Eger in Gestalt glänzender Geschenke, mit denen er die Häupter der gegen Wallenstein angezettelten Verschwörung beglückte: Gallas, Schlick, Colloredo, Butler, Piccolomini, Millesimo, Isolani und Marradas. Die handgreiflichen Meuchelmörder erhielten ihren Blutlohn ein ganzes Jahrzehnt später. Die Nachkommen Maximilians von Waldstein, der wie durch ein Wunder nicht in die Ermittlungen hineingezogen wurde und am Ende die Herrschaft Münchengrätz behielt, gaben sich mit der Konfiskation der Wallenstein-Güter nicht zufrieden und gedachten schließlich einen Prozeß anzustrengen.

Die Hauptlast der Verantwortung nahm also Ferdinand II. selbst auf sich, dessen unterstellter Gefährte Wallenstein mindestens seit 1614 war. Dieser hatte voll auf Ferdinand von Steiermark gesetzt, eher als auf die sich durchsetzende Politik der spanischen Habsburger, vertreten durch ihre Wiener Gesandten. Gelegentlich, so im Frühjahr 1619, arbeitete er mit Kardinal Dietrichstein, dem Haupte der spanischen Hofpartei, zusammen, zu gleicher Zeit aber auch mit Karl d.Ä. von Žerotin, der bestrebt war, die Neutralität Mährens zu erhalten. Zu dieser Hofpartei, die nach dem Tode Kaiser Rudolfs II. von Prag nach Wien übersiedelte, gehörte Johann Ulrich von Eggenberg, ebenfalls Parteigänger Erzherzog Ferdinands. Eggenberg wurde, nachdem Wallensteins Schwiegervater Graf Harrach und Karl von Liechtenstein gestorben waren, zum führenden Mitglied des kaiserlichen Geheimen Rates. Damit konnte sich Liechtensteins Bruder Gundakar, Erbe Karls und Feind Wallensteins, nicht abfinden. Eggenberg wurde, zwei Jahre bevor der Kaiser Wallenstein zum Herzog von Friedland erhob, Herzog von Krumau. Beide verfolgten mindestens seit 1622 gemeinsame wirtschaftliche Interessen. Damals taten sie sich mit Karl von Liechtenstein zur sog. Kalada, einer quasi kriminellen Münzverschlechterung, zusammen. Hinsichtlich kultureller Maßstäbe unterschieden sie sich allerdings deutlich: Eggenberg brachte aus Spanien eine interssante Auswahl von Büchern mit, in Wallensteins Prager Palast soll sich nur ein einziges Buch befunden haben. Eggenberg stand bis zur zweiten Januarhälfte 1634 auf Wallensteins Seite, war gegen dessen gewaltsame Beseitigung und verzichtete aus Protest gegen die brutale Liquidierung des Feldherrn auf seinen Sitz im Geheimen Rat. Da er in seine Bücher stets nicht nur das Ankaufsdatum, sondern auch einen Satz zur Charakterisierung des Werkes eintrug, können wir verfolgen, wie er in seinen letzten Monaten (er starb ebenfalls 1634) gänzlich in Resignation verfiel und keinen Sinn mehr im Leben sah.

Mit Vilém Slavata war Wallenstein schon von Jugend an bekannt. Beide traten aus karrieristischen, weniger aus Glaubensgründen, zur katholischen Konfession über, beide verbanden ihre Interessen mit denen des Hauses Habsburg. Slavata und Jaroslav Martinic, aber auch Karl von Liechtenstein, gerieten, wiederum aus materiellen Motiven, mit Wallenstein in Konflikt. Schon im Jahre 1624, als Wallenstein militärischer Befehlshaber in Böhmen war, verfaßte Slavata ein umfängliches „votum cuiusdam secreti consiliarii", in welchem er Wallenstein des Betruges bei Heereslieferungen bezichtigte. Der Präsident des Hofkriegsrates, Graf Heinrich Schlick, nach seiner Konversion zum katholischen Glauben Oberst des mährischen Fußvolkes, wurde später zum Gönner des Generals Wallenstein und entzweite sich mit diesem wahrscheinlich erst seit ihrer Begegnung in Schlesien im Sommer 1633.

Der Kaiser und Wallenstein gehörten derselben Generation an und waren im Grunde der gleichen Ansicht über die Stellung der böhmisch-österreichischen Habsburger. Es nimmt daher nicht wunder, daß Ferdinand II. seinen Generalissimus bis zum Januar 1634 verteidigte. Von den Mitgliedern des Geheimen Rates besaß keines einen solchen Einfluß, um Wallensteins Fall herbeizuführen. Weder Maximilian von Bayern noch sein Wiener Agent Richel vermochten mehr als an Wallensteins hohe Position zu rütteln. Die übrigen Reichsfürsten hatten nur unbedeutenden Einfluß auf kaiserliche Entscheidungen. Der Großherzog von Toskana, vornehmster Fürst des damaligen Italien, begnügte sich, wie der Vatikan und die Republik Venedig, damit, alle aus Wien und Wallensteins Hauptquartier eingehenden Nachrichten aufmerksam zu verfolgen. Es blieb also eine einzige Großmacht, die Wallensteins Schicksal entscheidend mitbestimmen konnte – die Monarchie der spanischen Habsburger. Wir wissen nicht, ob Wallenstein jemals nach Spanien gelangte, aber viel näher stand ihm Italien. Die Spanier teilten seit der Botschaftertätigkeit Baltazar Zuñigas und dem Oñate-Vertrag von 1617 ihre Interessen zwischen der Auseinandersetzung mit der Türkengefahr, vor allem in Nordafrika, und der Festigung ihrer Position in jenen Gebieten, die der Umklammerung des bourbonischen Frankreich dienten. Die Schwankung zwischen beiden Problemen trat zeitweilig in den Hintergrund, als die Spanier zur Sicherung ihres camino real, des Italien und die Niederlande verbindenden Königswegs, im Reich ein selbständiges Armeekorps unter spanischer Führung aufstellen wollten. Wallenstein zeigte für die spanischen Interessen in Italien und den Niederlanden wenig Verständnis. Ungeachtet dessen pflegte er bis Sommer 1633 zum spanischen Botschafter in Wien gute und enge Beziehungen, und im übrigen sorgte der baskische Adelige Paradis de Echaide für direkte Kontakte mit Madrid.

Aus alledem ergibt sich die Frage, ob einer der einheimischen böhmischen oder Wiener Gegner über genügend Macht verfügte, um den Sturz des Generalissimus zu bewerkstelligen. Die These, es sei ihm um Hochverrat gegangen, ist kaum durch Tatsachen zu beweisen. Im Winter 1633/34 war er sicher nicht völlig gesund, litt aber eher an psychischen als an körperlichen Beschwerden. Mit den Gebrechen des Körpers war er bis dahin fertig geworden. In die Rolle des Hochverräters wurde er durch das kaiserliche Patent vom 24. Januar 1634 hineinmanövriert, und erst nach dem 21. Februar, da ihm dessen Inhalt bekannt wurde, konnte er zu der Überzeugung gelangen, daß ein Einvernehmen mit Wien nicht mehr möglich war. Doch selbst an seinen letzten Lebenstagen besaß er genügend Urteilskraft und Sinn für Realität, um zu erkennen, daß er nicht über Kräfte und Möglichkeiten verfügte, um gegen das Haus Habsburg einen Aufstand wagen zu können. In Eger hatte er nur zwei Regimenter bei sich, der Kommandant des einen war noch dazu unzuverlässig. Die Urheber des Mordes stellten auch voller Überraschung fest, daß Wallenstein nicht viel Geld in seiner Kasse hatte. Es war zu wenig, um auch nur für einen Monat Sold zahlen zu können. Da weder die böhmischen noch die Wiener Archive Akten bewahren, die eine weitreichende Planung seinerseits belegen, kann geschlossen werden, daß einfach keinerlei Belege für hochverräterische Pläne Wallensteins existierten, weder unter den von der Wiener Kommission angehäuften Dokumenten noch unter anderen Akten. Es ist sicher kein Zufall, daß sich in den Familienarchiven der Hauptgegner Wallensteins (Gallas, Piccolomini, Schlick und Coloredo) keine Quellen finden, die über seinen Sturz Aufschluß geben könnten. Umso weniger ist zu erwarten, derlei Quellen seien in Wallensteins Familienarchiv vorhanden. Die schriftliche Hinterlassenschaft seiner übrigen Gegner – Slavata, Dietrichstein, auch Karl von Žerotin d.Ä. – enthält nicht mehr als nachträgliche Kommentare und Anschuldigungen. Es existieren allerdings noch Informationsquellen, die bislang nicht genutzt wurden: die Relationen des Dr. Navarra, spanischer Agent bei Wallenstein, und Stücke der diplomatischen Korrespondenz zwischen Wien und Madrid. Danach in Wien zu fahnden wäre freilich vergeblich. Die abschließende Antwort auf die Frage, worin die eigentliche Ursache für Wallensteins Fall bestand, ist also in den Peripetien spanischer Politik der Jahre 1633/34 zu suchen.

Schluß

Wallensteins Tod und die große europäische Politik

Es sei das Los von Ministern, daß ihre Autorität schwankt und nicht bis zu ihrem Tode zu dauern pflegt; sei es, die Könige werden müde eines Menschen, dem sie schon so viel gegeben haben, daß sie ihm nichts mehr bieten können; sei es, sie beginnen scheel auf jene zu blicken, die sich in einem Grade verdient gemacht haben, daß ihnen alles gehört, was noch zu schenken übrig bleibt. – Das schrieb einer in seinen Memoiren, der einige Male nur knapp der Ungnade seines königlichen Herrn entging – Jean Armand du Plessis, Kardinal Richelieu (1585–1642). Er widmete dem Fall Wallensteins volle acht Seiten. Nach Auffassung des französischen Staatsmanns starb Wallenstein als Opfer des Neides der Generäle und des Hasses der Spanier, die mächtigen Einfluß auf den Wiener Hof ausübten. Der die Macht in Madrid handhabte – Graf Gaspar Olivares de Guzmán, Herzog von Sanlucar (1587–1645) – wurde zwar nicht erschlagen, starb aber in der Verbannung. Hatte Richelieu recht? Hatte Olivares wirklich Anteil an der Egerer Exekution vom 25. Februar 1634?

In der tschechischen wie in der Weltgeschichtsschreibung seit dem 17. Jahrhundert geht bis heute der Streit darum, was die Ursache für Wallensteins Sturz und Tod war. Auf einem Symposium zu Eger, das dies zum Gegenstand hatte, meinte J. Janáček, Autor der letzten großen Biographie des Generalissimus, dieser habe in seinem unbezähmbaren Größenwahn versucht, die Grenzen seiner Zeit zu überschreiten und habe darum unvermeidlich Schiffbruch erleiden müssen. Es habe aber am Ende nicht daran gelegen, da Wallenstein am 25. Februar schon so krank gewesen sei, daß seine Tage gezählt gewesen seien. Es scheint, diese Ansicht ist von einem Vortrag des Anthropologen Emanuel Vlček beein-flußt, der seinerzeit den kometenhaften Aufstieg und jähen Fall Wallensteins aus der Tatsache erklärte, daß sich Wallenstein in jungen Jahren an Lues infiziert hatte. Auf Grund von Knochenschwund-Untersuchungen kam Vlček (und spä-ter mit ihm übereinstimmend auch der Neurologe Ivan Lesný) zu dem Schluß, daß es sich bei Wallensteins Leiden um tabes dorsalis, eine Rückenmarkserkran-kung infolge Lues, handelte, die zu Knochenschmerzen, früher aus der Gicht hergeleitet, führte. Die Berichte über seinen Gesundheitszustand in den letzten Wochen seines Lebens erwähnen aber nichts davon, daß eine Verschlechterung eintrat oder der Tod nahe bevorstand. Das klinische Bild war unverändert: Wallenstein litt an den Symptomen der tabes dorsalis (Knochenschmerz in den unteren Gliedmaßen, unsicherer Gang, Schreibstörungen), daneben zeigten sich bei ihm Anzeichen einer fortschreitenden Paralyse (psychische Merkmale, neu-rasthenische Beschwerden). Beide Arten von Beschwerden zusammenfassend, kam Prof. Dr. Eugen Vencovský zu dem Schluß, daß Wallenstein an einer beson-deren Art von Syphilis erkrankt gewesen sein muß, die eine Kombination von progressiver Paralyse und tabes dorsalis bewirkte. Wallenstein war demnach imstande, vernünftig zu handeln – wenn auch unter Leiden und Schmerzen. Seine Psyche hatte allerdings offensichtlich Schaden genommen. Er war launisch, in seinen Urteilen schwankend, aber man kann nicht sagen, daß sein Intellekt in der Streßsituation versagte.

Es steht außer Zweifel, daß er bis zu seinem Ende voll zurechnungsfähig war, aber stellten seine Verhandlungen und Schritte Hochverrat dar? Alles hing davon ab, unter welchen Bedingungen er sein zweites Generalat antrat; sie waren im April 1632, wie bereits erwähnt, ausgehandelt worden, und zwar im öster-reichischen Göllersdorf zwischen Eggenberg und dem Generalissimus. Berichten einiger diplomatischer Agenten zufolge hatte demnach Wallenstein als Ober-befehlshaber der kaiserlichen und verbündeten Armeen das Recht, diese in be-liebige Gebiete, ausgenommen die „Erbländer", zu verlegen. Daneben war er ermächtigt, vor allem mit Sachsen über einen Waffenstillstand oder Frieden unter Billigung des Kaisers zu verhandeln. Er hatte also das Recht, dies „in absolutis-sima forma" zu tun. Die schriftliche Form der Göllersdorfer Vereinbarung, die zehn Punkte umfaßt haben soll, ist nirgends und nie aufgefunden worden. Wenn sie existiert haben sollte, dann lag es im Interesse der Habsburger, sie zu ver-nichten.

Im November nahm Wallenstein an der Schlacht bei Lützen teil und wurde verwundet. Danach verhängte er strenge Strafen über einige Deserteure, und es ist möglich, daß er damit einen Teil der Offiziere gegen sich aufbrachte. Im Laufe des Jahres 1633 errang er in Schlesien Erfolge, aber verlor dadurch das Vertrauen der Sachsen, Schweden und der böhmischen Emigranten. Sein Ziel war es offen-sichtlich, die antihabsburgische Koalition zu sprengen, Sachsen und möglicher-weise auch Brandenburg zu gewinnen und so eine „dritte Partei" zu bilden, verkörpert in einer sächsisch-wallensteinschen Armee, die stärker als die Schweden sein und der kaiserlichen Politik seine Richtung aufzwingen sollte. In diesem Sinne waren seine wiederholten Friedensvorschläge aufrichtig, sofern von Aufrichtigkeit gesprochen werden kann in einer Zeit, da in der Diplomatie das „Vorspiegeln" als größte Tugend galt. Daß er im Winter 1633/34 Hochverrat plante, ist unwahrscheinlich. In Eger stand ihm nicht einmal eine Leibwache zur Seite, und seine Barschaft hätte nicht gereicht, um die Armee auch nur einen Monat besolden zu können. In einer seiner letzten Anweisungen forderte er seine friedländischen Beamten auf, ihm alles flüssige Geld über Zittau nach Ansbach zu senden. Aber das war genauso ein vergeblicher Befehl, wie jene, die er an die ihm noch treu erscheinenden Abteilungen erteilte, sich bei Laun zu sammeln. Wenn er also kein „Einiger des Reiches" und kein „böhmischer König" werden wollte, wie ältere deutsche und tschechische Geschichtsschreiber be-haupten – worum ging es ihm dann eigentlich?

Er verfolgte eine eigene Politik, er unterhielt vielfältige Kontakte, auch zum spanischen Hof, der seinerseits in Wallensteins Umgebung Beobachter hatte: Pater Quiroga und Dr. Navarro. Ende 1633 schickten die Spanier Graf Oñate als Sondergesandten nach Wien, obwohl dort schon der reguläre Botschafter Castañeda residierte. Es ging darum, kaiserliche Militärhilfe gegen die Niederländer und in Italien zu bekommen; gegen beides stemmte sich Wallenstein entschieden. Im Frühjahr 1634 bereiteten die Spanier die Entsendung einer großen Armee vor, die der Kardinalinfant auf Reichsboden führen sollte. Aber weder er noch sein Schwager, der ungarische König Ferdinand III., waren gewillt, unter Wallenstein zu dienen. Die spanische Diplomatie suchte in jener Zeit Wallenstein zum Verzicht auf den Oberbefehl zu bewegen und sich mit dem Titel eines General-Leutnants zu begnügen. Sie bot ihm eine monatliche Rente, Güter in Sizilien, sechs andalusische Hengste und Württemberg als Ersatz für das verlorene Mecklenburg. Doch er fuhr bis zu seinem Ende fort, mit dem Kürzel AHzM (Albrecht Herzog zu Mecklenburg) zu signieren. Wallenstein wollte die Kurpfalz, doch die Oberpfalz war schon dem bayerischen Kurfürsten versprochen, und die Unterpfalz hielten die Spanier aus strategischen Gründen selbst besetzt. Oñate kam schon mit dem Gedanken nach Wien, ein zweites Mal den „Retter Habsburgs" zu spielen. Er schrieb sich schon 1617 in unglückseliger Weise in die Geschichte Böhmens ein, als er in Prag maßgeblich für die Besetzung des böhmischen Throns durch Ferdinand II. gewirkt und den Habsburgern Geld und Soldaten für ihren Krieg gegen die Prager Stände und pfälzische Königsmacht beschafft hatte. Über seine nunmehrige Wiener Mission gibt es nur wenig Nachweise, weil auch Oñate ein Meister der Verstellung war, aber er vertrat eindeutig die spanische Politik in Wien und nicht der weit in Madrid entfernte Olivares. Dessen Ansichten über eine Zusammenarbeit mit Wallenstein und seinem langjährigen Freund Eggenberg waren weit weniger schroff als die Oñates. Auch Wallenstein bekam die traditionelle Zweigleisigkeit der spanischen Politik und die Tatsache zu spüren, daß die Interessen zweier Generationen in Wien aufeinander stießen. Die Spanier wollten um keinen Preis einen neuen „Bruderkrieg im Hause Habsburg" zulassen. Oñate gewann auf Grund der Denunziationen Ottavio Piccolominis und mit Hilfe der alten Widersacher Wallensteins am Wiener Hofe das Übergewicht über Eggenberg, der den Generalissimus verteidigte. Wenn Wallenstein durch die Mordwaffen irischer Dragoner am 25. Februar 1634 starb, dann Hans Ulrich Eggenberg als gebrochener Mann Ende desselben Jahres. Richelieu hatte also recht: Die Spanier trugen zu Wallensteins Sturz bei, auch wenn dieser Anteil nicht so offen lag wie er glaubte.

Quellen

Documenta bohemica bellum tricennale illustrantia, Bd. IV: Der Dänisch-Niederdeutsche Krieg und der Aufstieg Wallensteins, Prag 1974, mit Vorwort von Josef Kollmann.

Documenta bohemica, Bd. V: Der Schwedische Krieg und Wallensteins Ende, Prag 1977, mit Vorwort von Miroslav Toegel.

Förster, F. (Hg.): Albrecht von Wallensteins Briefe und amtliche Schriften aus den Jahren 1627 bis 1634..., 3 Bde., Berlin 1828/1829.

Hallwig, H. (Hg.): Fünf Bücher Geschichte Wallensteins, 3 Bde., Leipzig 1910.

Ders.: Wallensteins Ende. Ungedruckte Briefe und Akten, 2 Bde., L.eipzig 1879.

Ders.: Briefe und Akten zur Geschichte Wallensteins 1630–1634, 4 Bde., Wien 1912.

Lorenz, G. (Hg.): Quellen zur Geschichte Wallensteins, Darmstadt 1987.

Literatur

Bücheler, H.: Von Pappenheim bis Piccolomini. Sechs Gestalten aus Wallensteins Lager, Sigmaringen 1994.

Diwald, H.: Wallenstein, München/Esslingen 1969, Neuaufl. Frankfurt a.M./Berlin 1987.

Dvorský, F.: Albrecht z Valdštejna až na konec roku 1621 (Albrecht von Wallenstein bis zum Ende des Jahres 1621), Prag 1892.

Ernstberger, A.: Wallenstein als Volkswirt im Herzogtum Friedland, Reichenberg 1929.

Ders.: Hans de Witte. Finanzmann Wallensteins, Wiesbaden 1954.

Frisch, M.: Das Restitutionsedikt Kaiser Ferdinands II. vom 6. März 1629, Tübingen 1993.

Gaedeke, A.: Wallensteins Verhandlungen mit den Schweden und Sachsen 1631–1634, Frankfurt a.M. l885.

Geiger, A.: Wallensteins Astrologie, Phil. Diss., Graz 1983.

Gindely, A.: Waldstein während seines ersten Generalats im Lichte der gleichzeitigen Quellen, Prag 1886.

Hroch, M.: Valdštejnova politika v severním Německu v letech 1629–1630 (Die Politik Wallensteins in Norddeutschland in den Jahren 1629–1630), in: Sborník historický V, Prag 1957.

Irmer, G.: Die Verhandlungen Schwedens und seiner Verbündeten mit Wallenstein und dem Kaiser 1631 bis 1634, 3 Bde., Leipzig 1888–1891.

Janáček, J.: Valdštejn a jeho doba (Wallenstein und seine Zeit), Prag 1978.

Kampmann, Ch.: Reichsrebellion und kaiserliche Macht. Politische Strafjustiz im Dreißigjährigen Krieg und das Verfahren gegen Wallenstein 1634, Münster 1993.

Mann, G.: Wallenstein. Sein Leben erzählt von Golo Mann, Frankfurt a.M. 1971, weitere Aufl.

Meyer, G.: Die Wallensteinsche Flotte in der Ostsee 1627 bis 1632, 2 Teile, in: Schiff und Zeit, H. 36 und 37, 1993.

Mieck, I.: Wallenstein 1634. Mord oder Hinrichtung? in: Das Attentat in der Geschichte, hg. von A. Demandt, Köln/Weimar/Wien 1996.

Opel, J.O.: Der niedersächsisch-dänische Krieg, 3 Bde., Halle/Magdeburg 1872–1894.

Pekař, J.: Wallenstein 1630–1634. Tragödie einer Verschwörung, 2 Bde., Berlin 1937, 2. Aufl., tschechische Erstaufl. Prag 1895.

Polišenský, J.: Wallenstein. I Protagonisti della Storia Universale, Mailand 1969.

Ders.: Der Krieg und die Gesellschaft in Europa 1618–1648. Documenta bohemica I, Prag 1971.

Ders.: The Thirty Year's War, Berkeley 1971.

von Ranke, L.: Geschichte Wallensteins, Berlin 1869 (Sämtliche Werke, Bd. 23, Leipzig 1880), neu hg.von H. Diwald, Düsseldorf 1967.

Rieder, H.: Wallenstein – General, Herzog, Verräter, Graz/Wien/Köln 1967.

Seidler, H.: Das Prager Blutgericht l633, Memmingen 1962.

von Srbik, H. Ritter.: Wallensteins Ende. Ursachen, Verlauf und Folgen der Katastrophe, Wien l920, Neuaufl. Salzburg 1952.

Suvanto, P.: Wallenstein und seine Anhänger am Wiener Hof zur Zeit des zweiten Generalats 1631–1634, Helsinki 1963.

Wagner, G.: Wallenstein. Der böhmische Condottiere, Wien 1958.

Ortsnamen

deutsche – nichtdeutsche Form

c – tschechisch
sl – slowakisch
p – polnisch
u – ungarisch
r – russisch
nd – niederländisch
fr – französisch
B – Böhmen
M – Mähren

S   – Schlesien
Pom – Pommern
Pr – Preußen (Ost-, West-)
P   – Polen
U   – Ungarn
Sl – Slowakei
Nd – Niederlande
Belg – Belgien

Aicha – Dub (c, B)
Altdamm – Dąbie (p, Pom/P)
Altmark – Stary Targ (p, Pr/P)
Arnau – Hostinné (c, B)
Auspitz – Hustopeč (c, M)
Aussig – Ústí nad Labem (c, B)

Bielitz – Bilsko – Biała (c, p, S)
Bischofteinitz – Horšův Týn (c, B)
Blumenau – Plumlov (c, M)
Böhmisch Aicha – Český Dub (c, B)
Böhmisch Leipa – Česká Lípa (c, B)
Brandeis – Brandys (c, B)
Braunau – Broumov (c, M)
Breslau – Wrocław (p, S/P)
Brünn – Brno (c, M)
Budweis – Budějovice (c, B, M)
Bütow – Bytów (p, Pom/P)
Bunzlau – Bolesławiec (p, S)

Damaš – Damásd (sl, u, U)
Danzig – Gdańsk (p, Pr/P)
Deutsch Brod – Německý Brod (c, B)
Dünkirchen – Dunkerque (fr, Belg)
Dux – Duchcov (c, B)

Eibenschitz – Ivančice (c, M)
Eger – Cheb (c, B)
Elbing – Elbląg (p, Pr/P)
Elbogen – Loket (c, B)

Eperies – Prešov (u, U, sl)

Falkenau – Sokolov (c, B)
Frauenberg – Hluboká (c, B)
Freiwaldau – Frývaldov (c, S)
Friedland – Frýtland (c, B)
Fülek – Fil'akovo (u, sl, Sl)

Gaya – Kyjov (c, M)
Gesenke – Jeseníky (c, M)
Gitschin – Jičín (c, B)
Glatz – Kladsko – Kłodzko (c, p, S)
Goeding – Hodonín (c, M)
Goldberg – Zlotoryja (p, S)
Gran – Esztergom (u, U)
Gratz – Hradec b. Opava (c, S)
Graudenz – Grudziądz (p, Pr)
Greifenberg – Gryfino (p, Pom)
Greifenhagen – Gryfino (p, Pom)
Grottkau – Grodków (p, S)
Groß-Glogau – Glogów (p, S)
Groß-Skal – Hrubá Skála (c, B)

Habern – Habry (c, B)
Helfstein – Helfštyru (c, M)
Hermsdorf/Herrndorf – Heřmanice (c, B)
Herzogenbusch – s'Hertogenbosch
    (nd, Nd)
Hirschberg – Doksy (c, B)
Hochwald – Hukvaldy (c, M)
Hohenelbe – Vrchlabí (c, B)

Holleschau – Holešov (c, M)
Honigfelde – Tszciano (p, Pr/P)
Horitz – Hořice (c, B)
Hosteiner Berge – Hostýnské vrchy (c, M)
Hron – Gran (sl, Sl) – Fluß
Hühnerwasser – Kuří Vody (c, B)

Iglau – Jihlava (c, M)
Jablunka-Paß – Jablunkovský průsmyk
 (c, S)
Jablunkau – Jablunkov (c, S)
Jägerndorf – Krnov (c, S)
Jauer – Jawor (p, S)

Karlstein – Karlštejn (c, B)
Käsmarkt – Kežmarok – Késmárk
 (sl, u, Sl)
Kammin (Cammin) – Kamień (p, Pom)
Kaschau – Kassa – Košice (u, sl, Sl)
Klingenberg – Zvíkov (c, B)
Klosterbruck – Louka (c, M)
Königgrätz – Hradec Králové (c, B)
Königsberg – Kaliningrad (r, Pr)
Kolberg – Kołobrzeg (p, Pom)
Kosel – Koźle (p, S)
Kosteletz – Kostelec nad Orlicí (c, B)
Kremsier – Kroměříž (c, M)
Krossen – Krosno Odrzańskie (p, Pr)
Küstrin – Kostrzyn (p, Pr)
Kuttenberg – Kutná Hora (c, B)

Łagiewniki – Langenöls (p, S)
Landsberg – Gorzów Wielkopolski (p, P)
Laun –Louny (c, B)
Leipnik – Lipník (c, M)
Leitmeritz – Litoměřice (c, B)
Leitomischl – Litomyšl (c, B)
Lemberg – Lwów (p, P)
Lomnitz – Lomnice (c, B)
Lucka – Lukov (c, B)
Lundenburg – Břeclav (c, M)

Małbork – Marienburg (p, Pr/P)
March – Morava (Fluß)
Marienwerder – Kwidzyn (p, Pr/P)
Melnik – Mělník (c, B)
Meseritsch – Valašské Meziříčí (c, M)
Mies – Stříbro (c, B)
Münchengrätz – Mnichovo Hradiště (c, B)
Mürau – Mírov (c, M)

Nachod – Náchod (c, B)

Neuhäusel – Nové Zámky – Érsekujvár
 (sl, u, U)
Neuhof – Nové Dvory (c, B)
Neumühle – Nový Mlýn (c, B)
Neuschloß – Nový Hrad (c, B)
Neustadt a.d. Metau – Nové Město nad
 Metují (c, B)
Neustadt a.d. Waag – Nové Město nad
 Vahem (c, M)
Neustadt – Prudnik (p, S)
Nikolsburg – Mikulov (c, M)
Nimburg – Nymburk (c, B)
Nitra (Nytra) – Neutra (sl, u, Sl)
Novohrad – Nógrád (sl, u, U)

Odrau – Odry (p, S)
Olmütz – Olomouc (c, M)
Opava – Troppau (c, S)
Opole – Oppeln (p, S)
Opotschno – Opočno (c, B)

Pardubitz – Pardubice
Pilgram – Pelhřimov (c, B)
Pillau – Baltisk (r, Pr)
Pilsen – Plzeň (c, B)
Pleß – Pszczyna (p, S)
Prerau – Přerov (c, M)

Preßburg – Bratislava – Pozsony (sl, u, Sl)
Proßnitz – Prostějov (c, M)

Raigern – Rajhrad (c, M)
Rakonitz – Rakovník (c, B)
Raudnitz – Roudnice (c, B)
Rokitzan – Rokycany (c, B)
Rosenau – Rožnov (c, B)

Saaz – Žatec (c, B)
Sagan – Żagań (p, S)

Schweidnitz – Świdnica (p, S)
Seedlowitz – Židlochovice (c, M)
Seemühl – Semily (c, B)
Skalitz – Skalice (c, M)
Straßnitz – Strážnice (c, M)
Strehlen – Strzelin (p, S)
Szécsény – Sečany (u, sl, U)

Teltsch – Telč (c, M)
Teschen – Těšín (c, S)

Tobitschau – Tovačov (c, M)
Trentschin – Trenčín – Trencsén (sl, u, Sl)
Tschenstochau – Częstochowa (p, P)
Tschirnhaus – Černohousy (c, B)
Tyrnau – Trnava – Nagyszombat (sl, u, Sl)

Ungrisch-Radisch – Uherské Hradiště
    (c, M)

Waag – Váh (Fluß)
Walditz – Valdice
Weißwasser – Bělá (c, B)
Wiltschitz – Vlčice (c, B)
Wischau – Vyškov (c, M)
Wittingau – Třeboň (c, B)

Znaim – Znojmo (c, M)

Aaron J. Gurjewitsch

Stumme Zeugen des Mittelalters

Weltbild und Kultur der einfachen Menschen

Aus dem Russischen von Ulrike Fromm

1997. 340 Seiten. Gebunden mit Schutzumschlag.
ISBN 3-412-14496-7

Der russische Historiker Aaron J. Gurjewitsch tritt dem immer noch verbreiteten Vorurteil des "dunklen Mittelalters" entschieden entgegen. Seine Aufmerksamkeit gilt besonders den einfachen Menschen, die selbst keine Textzeugnisse hinterlassen haben, ihrem Denken, Fühlen und ihrer Weltwahrnehmung. Seine Quellen sind die hohe Literatur des Mittelalters und vor allem Predigten, Heiligenviten und Sagen. Gurjewitsch läßt sie in völlig neuem Licht erscheinen und weist nach, daß sie nicht nur die Absichten ihrer gelehrten Verfasser widerspiegeln, sondern auch Weltbild und Lebenseinstellung, Probleme und Sehnsüchte der dargestellten Personen. Bis dahin stumme Zeugen des Mittelalters werden so wieder zum Sprechen gebracht: "Ich bin von der Feststellung ausgegangen, daß dem Bauern fast überhaupt kein Platz in der mittelalterlichen Kultur eingeräumt wurde. Die Figur des Bauern steht tatsächlich nicht im Vordergrund, und man braucht bestimmte ‚Reagenzien', um sie sichtbar zu machen. In diesem Sinne erinnert diese Kultur des Mittelalters an ein Palimpsest, bei dem neue Schriftzeichen den alten Text verbergen. Ihn zu lesen, stellt eine Forderung dar, zu der die historische Wissenschaft bisher noch nicht vorgedrungen ist." (Aaron J. Gurjewitsch)

"...Gurjewitsch' naturhafte Darbietungsfreude reißt einfach mit."
DIE ZEIT 29.8.1997

BÖHLAU VERLAG KÖLN WEIMAR WIEN
Theodor-Heuss-Str. 76, D - 51149 Köln

Jurij M. Lotman

Rußlands Adel

Eine Kulturgeschichte von Peter I. bis Nikolaus I.

Aus dem Russischen von Gennadi Kagan

1997. V, 456 Seiten. 69 s/w Abbildungen.
Gebunden mit Schutzumschlag. ISBN 3-412-13496-1
(Bausteine zur Slavischen Philologie und Kulturgeschichte.
Neue Folge. Reihe A: Slavistische Forschungen, Band 21)

Wie erlebte der russische Adel das sogenannte goldene Zeitalter Rußlands? Wie reagierte die Adelsschicht auf die tiefgreifenden Umwälzungen im Rußland des 18. und beginnenden 19. Jahrhunderts, auf die Reformen Peters des Großen, die Erschütterungen der Napoleonischen Kriege und das Aufkommen moderner liberaler Geisteshaltungen? Welchen Anteil hatte der russische Adel am geistigen Leben und an der russischen Literatur, die in dieser Zeit zu einer seltenen Blüte gelangte?
Jurij M. Lotman, einer der bedeutendsten Kulturhistoriker Rußlands, beantwortet diese Fragen auf sehr anschauliche und lebensnahe Weise. Er richtet sein Augenmerk vor allem auf die konkrete Alltagswirklichkeit der Menschen und beschreibt ihre Rituale, ihren Habitus, ihre Frisuren, ihre Gesten und ihre Redeweise. Sein Buch führt in Kinderstuben und Ballsäle, auf Schlachtfelder und an die Kartentische, auf die Landsitze und an die Austragunsorte erbitterter Duelle. Es läßt uns an allem teilhaben, was das Leben dieser Menschen ausmachte, was sie fühlten, dachten, sich erträumten.

BÖHLAU VERLAG KÖLN WEIMAR WIEN
Theodor-Heuss-Str. 76, D - 51149 Köln

Richard Bünemann

Robert Guiskard 1015-1085

Ein Normanne erobert Süditalien

1997. VIII, 357 Seiten. 55 s/w-Abbildungen, 13 Karten.
Gebunden mit Schutzumschlag.
ISBN 3-412-13096-6

Die letzte Biographie von Robert Guiskard erschien 1797 in Schillers
„Horen". Richard Bünemann unternimmt es, die Lebensgeschichte
dieses großen Normannen, Titelgestalt eines Dramas von Heinrich
von Kleist, auf den neuesten Stand zu bringen. Robert hat die politische und religiöse Landkarte Südeuropas verändert: die Byzantiner
aus Süditalien verdrängt, die Herrschaft der Araber auf Sizilien erschüttert. Seine Sizilienfeldzüge hatten Kreuzzugcharakter. Er ermöglichte der römischen Kirche die Re-Christianisierung Siziliens und die
Re-Katholisierung Süditaliens. Sein Lehnsverhältnis zu drei Päpsten
erlaubte es diesen, sich von ihren Schutzherren, den deutsch-römi-
schen Kaisern, zu emanzipieren. Das Reich, dessen Grundlage Guiskard schuf, überdauerte ihn mehr als sieben Jahrhunderte. Sein letztes
Ziel, die Eroberung Konstantinopels, erreichte er nicht mehr, siebzig-
jährig starb er an Typhus.
Robert war einer der überragenden Soldatengestalten des elften Jahrhunderts. Wer ihn jedoch als Glücksritter abqualifiziert, übersieht
seine politischen Leistungen und Ziele. Wegen seiner Grausamkeit
war er gefürchtet als „Schrecken der Welt". Nach der Befreiung Gre-
gors VII. aus der Engelsburg zerstörte der Feldherr mit seinen Normannen Rom – verheerender als zuvor die Goten und Vandalen.

BÖHLAU VERLAG KÖLN WEIMAR WIEN

Theodor-Heuss-Str. 76, D - 51149 Köln